做一个理想的法律人
To be a Volljurist

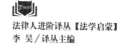

法律人进阶译丛【法学启蒙】
李 昊 / 译丛主编

法律研习的方法

作业、考试和论文写作 第9版

Juristische Arbeitstechnik
und wissenschaftliches
Arbeiten, 9. Auflage

〔德〕托马斯·M. J. 默勒斯 / 著
申柳华 杜志浩 马强伟 / 译

著作权合同登记号　图字：01－2018－3218
图书在版编目（CIP）数据

法律研习的方法：作业、考试和论文写作：第9版/（德）托马斯·M.J.默勒斯著；申柳华，杜志浩，马强伟译.—北京：北京大学出版社，2019.6
（法律人进阶译丛）
ISBN 978－7－301－30286－6

Ⅰ.①法… Ⅱ.①托… ②申… ③杜… ④马… Ⅲ.①法律—学习方法 Ⅳ.①D9－4

中国版本图书馆CIP数据核字（2019）第033945号

Juristische Arbeitstechnik und wissenschaftliches Arbeiten, 9. Auflage, by Thomas M. J. Möllers

© Verlag Franz Vahlen GmbH, München 2018
本书中文版由原版权方弗兰茨·瓦伦公司授权翻译出版。

书　　　名	法律研习的方法：作业、考试和论文写作（第9版） FALÜ YANXI DE FANGFA：ZUOYE、KAOSHI HE LUNWEN XIEZUO（DI－JIU BAN）
著作责任者	〔德〕托马斯·M.J.默勒斯　著 申柳华　杜志浩　马强伟　译
丛书策划	陆建华
责任编辑	王丽环　陆建华
标准书号	ISBN 978－7－301－30286－6
出版发行	北京大学出版社
地　　　址	北京市海淀区成府路205号　100871
网　　　址	http://www.pup.cn　http://www.yandayuanzhao.com
电子信箱	yandayuanzhao@163.com
新浪微博	@北京大学出版社　@北大出版社燕大元照法律图书
电　　　话	邮购部 010－62752015　发行部 010－62750672 编辑部 010－62117788
印　刷　者	三河市北燕印装有限公司
经　销　者	新华书店
	880毫米×1230毫米　A5　11.75印张　350千字 2019年6月第1版　2022年9月第5次印刷
定　　　价	49.00元

未经许可，不得以任何方式复制或抄袭本书之部分或全部内容。
版权所有，侵权必究
举报电话：010－62752024　电子信箱：fd@pup.pku.edu.cn
图书如有印装质量问题，请与出版部联系，电话：010－62756370

"法律人进阶译丛"编委会

主 编

李 昊

编委会

（按拼音排序）

班天可　陈大创　杜志浩　季红明　蒋　毅
李　俊　李世刚　刘　颖　陆建华　马强伟
申柳华　孙新宽　唐志威　夏昊晗　徐文海
查云飞　翟远见　张　静　张　挺　章　程

做一个理想的法律人（代译丛序）

近代中国的法学启蒙受之日本，而源于欧陆。无论是法律术语的移植、法典编纂的体例，乃至法学教科书的撰写，都烙上了西方法学的深刻印记。即使中华人民共和国成立后兴盛一段时期的苏俄法学，从概念到体系仍无法脱离西方法学的根基。20世纪70年代末，借助于我国台湾地区法律书籍的影印及后续的引入，以及诸多西方法学著作的大规模译介，我国重启的法制进程进一步受到西方法学的深刻影响。当前中国的法律体系可谓奠基于西方法学的概念和体系基础之上。

自20世纪90年代开始的大规模的法律译介，无论是江平先生挂帅的"外国法律文库""美国法律文库"，抑或许章润、舒国滢先生领衔的"西方法哲学文库"，以及北京大学出版社的"世界法学译丛"、上海人民出版社的"世界法学名著译丛"，诸多种种，均注重于西方法哲学思想尤其英美法学的引入，自有启蒙之功效。不过，或许囿于当时西欧小语种法律人才的稀缺，这些译丛相对忽略了以法律概念和体系建构见长的欧陆法学。弥补这一缺憾的重要转变，应当说始自米健教授主持的"当代德国法学名著"丛书和吴越教授主持的"德国法学教科书译丛"。以梅迪库斯教授的《德国民法总论》为开篇，德国法学擅长的体系建构之术和鞭辟入里的教义分析方法进入到了中国法学的视野，辅以崇尚德国法学的我国台湾地区法学教科书和专著的引入，德国法学在中国当前的法学教育和法学研究中的地位日益尊崇。然而，"当代德国法学名著"丛书虽然遴选了德国当代法学著述中的上乘之作，但囿于撷取名著的局限及外国专家的视角，丛书采用了学科分类的标准，而未区分注重体系层次的基础教科书与偏重思辨分析的学术专著，与戛然而止的"德国法学教科书译丛"一样，在基础教科书书目的选择上尚未能充分体现当代德国法学教育的整体面貌，是为缺憾。

职是之故，自2009年始，我在中国人民大学出版社策划了现今的"外国法学教科书精品译丛",自2012年出版的德国畅销的布洛克斯和瓦尔克的《德国民法总论》(第33版)始,相继推出了韦斯特曼的《德国民法基本概念》(第16版)(增订版)、罗歇尔德斯的《德国债法总论》(第7版)、多伊奇和阿伦斯的《德国侵权法》(第5版)、慕斯拉克和豪的《德国民法概论》(第14版),并将继续推出一系列德国主流的教科书,涵盖了德国民商法的大部分领域。该译丛最初计划完整选取德国、法国、意大利、日本诸国的民商法基础教科书,以反映当今世界大陆法系主要国家的民商法教学的全貌,可惜译者人才梯队不足,目前仅纳入"日本侵权行为法"和"日本民法的争点"两个选题。

系统译介民商法之外的体系教科书的愿望在结识季红明、查云飞、蒋毅、陈大创、葛平亮、夏昊晗等诸多留德小友后得以实现,而凝聚之力源自对"法律人共同体"的共同推崇,以及对案例教学的热爱。德国法学教育最值得我国法学教育借鉴之处,当首推其"完全法律人"的培养理念,以及建立在法教义学基础上的以案例研习为主要内容的教学模式。这种法学教育模式将所学用于实践,在民法、公法和刑法三大领域通过模拟的案例分析培养学生体系化的法律思维方式,并体现在德国第一次国家司法考试中,进而借助于第二次国家司法考试之前的法律实训,使学生能够贯通理论和实践,形成稳定的"法律人共同体"。德国国际合作机构(GIZ)和国家法官学院合作的《法律适用方法》(涉及刑法、合同法、物权法、侵权法、劳动合同法、公司法、知识产权法等领域,由中国法制出版社出版)即是德国案例分析方法中国化的一种尝试。

基于共同创业的驱动,我们相继组建了中德法教义学QQ群,推出了"中德法教义学苑"微信公众号,并在《北航法律评论》2015年第1辑策划了"法教义学与法学教育"专题,发表了我们共同的行动纲领:《实践指向的法律人教育与案例分析——比较、反思、行动》(季红明、蒋毅、查云飞执笔)。2015年暑期,在谢立斌院长的积极推动下,中国政法大学中德法学院与德国国际合作机构法律咨询项目合作,邀请民法、公法和刑法三个领域的德国教授授课,成功地举办了第一届"德国法案例分析暑期班"并延续至今。2016年暑期,季红明和夏昊晗也积极策划并参与了由西南政法大学黄家镇副教授牵头、民商法学院举办的"请求权基础案例分析法课程"暑期培训班。2017年暑期,加盟中南财经政法大学法学院的"中德法教义学苑"团队,成功举办了"案例分析暑期培训班",系统地在民法、公法和刑法三个领域以德国的鉴定式模式开展了案例分析教学。

中国法治的昌明端赖高素质法律人才的培养。如中国诸多深耕法学教育的启蒙者所认识的那样,理想的法学教育应当能够实现法科生法律知识的体系化,培养其运用法律技能解决实践问题的能力。基于对德国奠基于法教义学基础上的法学教育模式的赞同,本译丛期望通过德国基础法学教程尤其是案例研习方法的系统引入,能够循序渐进地从大学阶段培养法科学生的法律思维,训练其法律适用的技能,因此取名"法律人进阶译丛"。

本译丛从法律人培养的阶段划分入手,细分为五个子系列:

——法学启蒙。本子系列主要引介关于法律学习方法的工具书,旨在引导学生有效地进行法学入门学习,成为一名合格的法科生,并对未来的法律职场有一个初步的认识。

——法学基础。本子系列对应于德国法学教育的基础阶段,注重民法、刑法、公法三大部门法基础教程的引入,让学生在三大部门法领域能够建立起系统的知识体系,同时也注重增加学生在法理学、法律史和法学方法等基础学科上的知识储备。

——法学拓展。本子系列对应于德国法学教育的重点阶段,旨在让学生能够在三大部门法的基础上对法学的交叉领域和前沿领域,诸如诉讼法、公司法、劳动法、医疗法、网络法、工程法、金融法、欧盟法、比较法等有进一步的知识拓展。

——案例研习。本子系列与法学基础和法学拓展子系列相配套,通过引入德国的鉴定式案例分析方法,引导学生运用基础的法学知识,解决模拟案例,由此养成良好的法律思维模式,为步入法律职场奠定基础。

——经典阅读。本子系列着重遴选法学领域的经典著作和大型教科书(Grosse Lehrbücher),旨在培养学生深入思考法学基本问题及辨法析理之能力。

我们希望本译丛能够为中国未来法学教育的转型提供一种可行的思路,期冀更多法律人共同参与,培养具有严谨法律思维和较强法律适用能力的新一代法律人，建构法律人共同体。

虽然本译丛先期以德国法学教程和著述的择取为代表，但并不以德国法独尊，而注重以全球化的视角，实现对主要法治国家法律基础教科书和经典著作的系统引入，包括日本法、意大利法、法国法、荷兰法、英美法等，使之能够在同一舞台上进行自我展示和竞争。这也是引介本译丛的另一个初衷。通过不同法系的比较，取法各家，吸其所长。也希望借助于本译丛的出版，展示近二十年来中国留学海外的法学人才梯队的更新，并借助于新生力量，在既有译丛积累的丰富经验基础上，逐步实现对外国法专有术语译法的相对统一。

本译丛的开启和推动离不开诸多青年法律人的共同努力，在这个翻译难以纳入学术评价体系的时代，没有诸多富有热情的年轻译者的加入和投入，译丛自然无法顺利完成。在此，要特别感谢积极参与本译丛策划的季红明、查云飞、蒋毅、陈大创、黄河、葛平亮、杜如益、王剑一、申柳华、薛启明、曾见、姜龙、朱军、汤葆青、刘志阳、杜志浩、金健、胡强芝、孙文、唐志威（留德）、王冷然、张挺、班天可、章程、徐文海、王融擎（留日）、翟远见、李俊、肖俊、张晓勇（留意）、李世刚、金伏海、刘骏（留法）、张静（留荷）等诸位年轻学友和才俊。还要特别感谢德国奥格斯堡大学法学院的托马斯·M. J. 默勒斯（Thomas M. J. Möllers）教授慨然应允并资助其著作的出版。

本译丛的出版还要感谢北京大学出版社副总编辑蒋浩先生和策划编辑陆建华先生，没有他们的大力支持和努力，本译丛众多选题的通过和版权的取得将无法达成。同时，本译丛部分图书得到中南财经政法大学法学院徐涤宇院长大力资助。

回顾日本和我国台湾地区的法治发展路径，在系统引介西方法律的法典化进程之后，将是一个立足于本土化、将理论与实务相结合的新时代。在这个时代，中国法律人不仅需要怀抱法治理想，更需要具备专业化的法律实践能力，能够直面本土问题，发挥专业素养，推动中国的法治实践。这也是中国未来的"法律人共同体"面临的历史重任。本译丛能预此大流，当幸甚焉。

李　昊

2018 年 12 月

中文版序

这本书适用于那些愿意去阅读、思考、练习、批判和从事学术研究工作的学生。在本书的九个版本中,我都强调了关于学习成功所必需的三项技能:阅读、思考和练习(Lesen Sie, Denken Sie, Üben Sie)。本书虽是为德国学生而作,但同样有益于中国学生。

近年来,中国法律考试的结构发生了变革,也开始采纳类似德国的闭卷考试(Klausur)的形式(见本书第二章)。对读者非常有帮助的首先是第一章中关于有效学习方法的部分。从事所有重要的学术工作之前,人们都需要进行思维训练,此时,第三章所介绍的"法律论证"技术也能为中国学生所用。本书同时也是法学学术论文写作的指南。撰写学术论文时,需要在图书馆以及互联网上进行法律文献的检索(见本书第五章)。学术论文的写作,意味着要对各种论题和结构不断地进行推倒重建。这一过程就好比是反复地拼、拆一个1000块的拼图,直至找到所有合适的位置。千万不要在拼第900个拼图的时候放弃,从而功亏一篑。在写论文时,所有人都需要普遍重视的一个问题是相关文献的正确引用规则(见本书第六章)。剽窃会导致丧失博士学位、受到罚金刑,乃至政治生涯提前结束。前国防部长卡尔-特奥多尔·楚·古滕贝格男爵(*Karl Theodor Freiherr zu Guttenberg*)的剽窃丑闻就是前车之鉴。家庭作业、学期论文、学士学位论文和硕士学位论文要求写作者在特定的时间内,根据论文的类型,采取不同的方法。根据论文类型的不同,这些方法可以是问题的具体化,或者某种特殊的处理路径(见本书第七章)。第八章则特别介绍了博士学位论文的写作方法。写完论文之后,常常需要对论文主题进行报告。第九章介绍了演讲和口试中的各种修辞技巧。第十章则是各种拓展案例及答案。本书还适时介绍了"微软 Word 软件 2016 版"的使用指南。

本书也有益于所有希望在德国读书或者写作硕士或者博士学位论文的中国学生。与此相关，最有帮助的章节自然是"法学语言风格"一章（见本书第四章）。

2017年年底，我在C. H. Beck出版社又出版了《法学方法论》（Juristische Methodenlehre München）一书。比较而言，本书描述了从事学术工作所必需的研究技术和技能，而《法学方法论》一书则着重论证支持法律决定的理由。法律人可能需要在法律争议的程序中提供帮助；法官则需要通过法律的论证说服当事人，努力使案件双方都能满意。《法学方法论》介绍了一百多种论证手段，可资世界各国的法律人在论证法律裁判时引作参考。

在此，我衷心感谢执笔本书翻译的我的学术助手申柳华博士、北京大学和奥格斯堡大学联合培养的马强伟博士和哥廷根大学博士生杜志浩。正因他们的辛勤工作，中文版才得以如期问世。同时，北京航空航天大学法学院李昊副教授、北京大学出版社陆建华编辑、北京大学刑法学2017级博士生唐志威对本书中文版的校勘、出版与发行提供了巨大的帮助，在此一并感谢。

我真诚希望读者在阅读中收获乐趣，同时也欣然采纳本书的建议。

托马斯·M. J. 默勒斯教授（博士）

2018年早春于德国奥格斯堡

目录

第一章　成功的学习 ··· 001
第一节　作为方法论的学术研究 ···························· 001
第二节　组织能力 ··· 011
第三节　学习技巧 ··· 020

第二章　案例分析和闭卷考试 ······························ 037
第一节　分析题干和案情 ···································· 038
第二节　撰写草稿：借助提纲展开案例分析 ··············· 041
第三节　结论的检查 ··· 065
第四节　考试答卷 ··· 067

第三章　法律论证 ·· 072
第一节　提出争议 ··· 072
第二节　法学方法论和论证结构 ···························· 079
第三节　学术论文中的创新性和原创性 ··················· 093
第四节　拥有批判性的对话伙伴 ···························· 097

第四章　法学语言风格 ······································· 098
第一节　法学德语的问题 ···································· 098
第二节　糟糕的法学语言风格及其产生的原因 ··········· 101
第三节　恰当的法学语言风格的标准：紧凑、简单、
　　　　清楚、直观而精确 ·································· 111
第四节　论文的修改与缩减：抓住主旨脉络 ·············· 123

第五章　法律检索及文献分析 … 129
- 第一节　文献检索作为法律工作中的重要组成部分 … 129
- 第二节　法律 … 137
- 第三节　法院的裁判 … 145
- 第四节　法学文献 … 151
- 第五节　合理地筛选文献和开始深入的撰写工作 … 160

第六章　文献引用的规则 … 169
- 第一节　学术研究的基本原则及抄袭 … 169
- 第二节　引用的基本规则 … 178
- 第三节　引用的形式规则 … 184
- 第四节　引用互联网上的内容 … 208
- 第五节　文献索引 … 212
- 第六节　法律规范和案例索引 … 216

第七章　大学学习阶段的学术论文：家庭作业、研讨课论文及学士、硕士学位论文 … 217
- 第一节　撰写论文：有目的性的工作 … 217
- 第二节　以目标为导向的写作过程：展现并阐述自己的观点 … 221
- 第三节　家庭作业 … 224
- 第四节　研讨课论文、学士学位论文和硕士学位论文 … 226
- 第五节　外在形式 … 233

第八章　博士学位论文 … 240
- 第一节　博士的工作阶段 … 240
- 第二节　有目的性的安排论文结构——论文报告 … 247
- 第三节　有目的性的写作和润色 … 249
- 第四节　论文形式和口头结辩 … 251
- 第五节　博士学位论文的出版 … 254

第九章　学术报告——演讲和口试的修辞技能 ············· 261
　　第一节　演讲对法律人的重要性 ····················· 261
　　第二节　口头表达的构成 ························· 266
　　第三节　脱稿的报告 ··························· 273
　　代结语　这一切究竟是为了什么？ ···················· 282

第十章　提问和答案 ···························· 284
　　第一节　成功的学习（对应本书第一章） ················· 284
　　第二节　案例分析和闭卷考试答案（对应本书第二章） ··········· 286
　　第三节　法律论证（对应本书第三章） ·················· 288
　　第四节　法学语言风格（对应本书第四章） ················ 290
　　第五节　图书馆及电脑上的法律检索（对应本书第五章） ·········· 294
　　第六节　文献引用的规则（对应本书第六章） ··············· 295
　　第七节　演讲和口试的修辞技能（对应本书第九章） ············ 295

附录一　学术论文 ······························ 297
附录二　法律检索相关的重要网站 ······················ 299
附录三　重要引用规则概要 ························· 303
附录四　利用微软 Word 2016 工作的 12 个步骤 ················ 313
附录五　封面和目录 ···························· 325
术语索引 ································· 329
译后记 ·································· 353

那些今天开始学业的同学,请花一点时间来思考你对学业的期待是什么的问题。首要的是现实目标,即为了从事某特定的职业而学习与储备知识,同时获得学士和硕士学位以及那些与现今的职业发展相关的证书。有时候,家庭传统也扮演着一定的角色,例如家庭成员从事的职业、父亲作为榜样的力量或者其愿望以及来自家庭关系的压力等环境性因素。在这些时候会出现这样一种想法——尽管许多年轻人不能清晰表达,但我相信,它存在于年轻人的潜意识中。这种思想认为,大学的学习并不仅仅是为了获得更佳的学术和社会上的机会,不是仅为符合职业发展的需要,而是为极大地发挥人类的天赋,为适当地实现自我决定提供机会。如上所述,围绕这些目标进行工作,去实现这一设想(的活动)的概念就是教育。

麦克斯·霍克海默(Max Horkheimer)*

第一章　成功的学习

第一节　作为方法论的学术研究

一、本书的目的

(一)法学的技能

1952年,麦克斯·霍克海默(Max Horkheimer,社会哲学教授)先生用

---

* 为编写本书所使用的所有网络上的资料来源,最后登录日为2018年2月15日。Horkheimer, Gesammelte Schriften, Bd. 8, 1985, S. 409 ff.

上述语言欢迎法学院的新生。本书希望不仅能传授重要的能力，更重要的是传达学习的快乐。在你面前的这本书面向的是那些有意愿去阅读、去思考问题（提问、质疑和批判）的学生——简而言之，就是愿意从事学术工作的人。为此，你应当具有一定程度的好奇心，也就是带着对知识的饥渴。不是你自己选择了这门专业吗？用尤利安·尼达－鲁莫林（Julian Nida－Rümelin，德国前文化部长）的话来说："如果教育无非是为了引导，从最大限度地实现人的自我发展、人格（美德）的自我完善以及是一个真正的人类生命形式的实践，在此意义上，那么教育本身就是自身的目的。"[1]

3　　目前特别需要警戒的是法学的"被侏儒化"[2]：德国法学课堂仅主要介绍实体性的知识。基本的学习方法和技能，比如，如何在图书馆工作以及如何利用网络工作和正确地引用，如何较好地使用德语以及有意义地书写诉讼请求结构的能力等，都会被认为是理应具备的学习能力和前提。因此，不以为奇的是，最后，在笔试中，在第二次国家司法考试的见习工作中，在读博期间，甚至律师职业期间，自己的这一重大缺陷才被发现，即未掌握那些完成法学学术研究的基本技能。我们希望通过这本 2001 年年初问世的《法律研习的方法》（Juristische Arbeitstechnik und wissenschaftliches Arbeiten）一书来填补此空白。在此期间，也有越来越多的德国大学学习美国的法学教育体系，设立了法律研究和法律写作等课程。[3]

4　　本书希望能够鼓起你的勇气[4]并在法学学习中给予你帮助。法学是一门有着高要求，却又非常吸引人的专业。请训练自己，因为教育塑造人格。正如本书第八版所指出的，这些学生非常喜欢在互联网和维基百科（Wikipedia）上花大量的时间。[5] 你需要具备什么呢？原则上，要获得学业的成功需要具备三种技能：阅读、思考和练习。

---

[1]　*Nida-Rümelin*, Philosophie einer humanen Bildung, 2013, S. 52.
[2]　*Larenz/Canaris*, Schuldrecht, Bd. II 2, 13. Aufl. 1994, 前言；相似的还有 *Rüthers/Fischer/Birk*, Rechtstheorie, 9. Aufl. 2016, Rn. 38.
[3]　例如，奥格斯堡大学（Augsburg）法律学院、科隆大学（Köln）法学院和柏林洪堡大学（Berlin Humboldt）法学院。
[4]　参见本书第九章中的"代结语"。
[5]　如果您在中学的德语、数学和第一外语专业都有良好成绩的话，在法学的学习中会站在一个良好的起点上。关于这些专业成绩与第一次国家司法考试层级之间的关系，参见 *Finkenstaedt/Heldmann*, Studierfähigkeit konkret, 1989, S. 130.

阅读和好奇心：只有乐于阅读的人才会成为一个优秀的法律人。阅读是法律人每天所必需的面包（食粮）。[1]通过美文欣赏，语言水平会得到提高。通过阅读好的教科书，知识将会得以深化（本书第一章边码58）。[2]

阅读（跨）区域的地方报纸中的"政治"或"经济"栏目中的文章时，你将会发现每天都有需要用法律来解释的问题。在互联网上人们经常会获得快捷的知识，它们仅由寥寥数行构成。但是，只有在书本中，思想才有足够发展和深化的空间。

思考：法律人经常会总结出最后的话，因为他们不满意于（已找到的）旧的答案。与政治家相反，法律人不是提出一定框架内的政治愿望，而是找到符合法律要求的解决方案。

练习：只有那些掌握丰富知识的人，才能提取并运用他的知识。在考试中，多年学习的法学知识将受到检验。在准备过程中，只要你具备乐于阅读和大量阅读的热忱，具备一定的语感以及在紧凑时间内运用所学知识的能力，你就能取得学业成功，以后也会获得很好的职业前景。

摆在你面前的本书不能被认为是一本缺乏学术要求和相关引用依据的简单指南，而应当是帮助你练习和学会如何进行学术研究的助手。此外，为了避免剽窃的嫌疑（本书第六章边码1及以下），本书当然必须有相关的脚注。

5

本书按照经典的学习进度编写，希望能够提出有效的建议和帮助你更好地通过第一次国家司法考试。本书开篇是第一章的组织能力和各种学习技巧。第二章主要介绍了案例分析技术和在笔试（Klausur）中应当特别注意的要点。在本版中，我们还把法律的论证独立成章，这对其他学术研究都是非常重要的（见本书第三章）。在技能部分，例如，第四章的法学语言的风格被提前了，此部分还包括在图书馆里和互联网上的法律检索和有关引注的安全处理规则（见本书第五章、第六章）。家庭论文（Hausarbeit）、研讨课论文以及学业论文（Seminar-und Studienarbeit）都要求在相对短的时间内运用具体的技巧，例如，提出具体化的问题以及特别的搜索和阅读技能（见本书第七章）。为了简化工作，在附录中我们还采用了当前占统治地位的工作

---

〔1〕 关于阅读技巧的部分，参见本书第五章边码87及以下。
〔2〕 Klimke，Jura 2016，1125 ff.

软件 Word 作为例子。第八章专门介绍了完成博士学位论文（Dissertation）需要特别注意之处。最后，还需要演示你的论文，比如说，在研讨课上作报告或者在答辩（Disputation）中讲解论文。因此，第九章专门介绍了报告和口语考试中的各种修辞技能（rhetorischen Fertigkeiten）。第十章再次强调了前文各章中应当重点理解和练习的要点。

6　　本书的定位是一本实用性的研习指南。新生在学习之初就不应当仅仅限于阅读本书中的章节，而是应当直接运用之，即应当练习。你不需要在第一学期就运用本书中的所有章节。你在第二或第三学期才需要运用关于研讨课论文和家庭论文的技能，此后才是硕士论文或者博士论文。此书将会伴随你的整个学习生涯。在最理想的情况下，当学习结束之时，本书所给的建议都会成为自然而然的事。

（二）学术研究的目标

7　　法学教学不仅是向学生介绍必要的法律知识，而更要教会其进行法学研究和运用法律的方法。[1] 学术研究（wissenschaftliches Arbeiten）[2] 对于法律人而言意味着什么呢？[3] 学术是一种讨论，并被视为是一种长期的研究对话[4]：

---

〔1〕 类似观点参见 § 2 Abs. 1 STO JF Augsburg。

〔2〕 学者的观点可以参见 *Stickel - Wolf/Wolf*, Wissenschaftliches Arbeiten und Lerntechniken, 8. Aufl. 2016；Theisen, *Wissenschaftliches Arbeiten*, 17. *Aufl.* 2017；*Preißner*, Wissenschaftliches Arbeiten, 3. Aufl. 2012；*Krämer*, Wie schreibe ich eine Seminar - oder Examensarbeit, 3. Aufl. 2009；一位英国学者：*Standop/Meyer*, Die Form der wissenschaftlichen Arbeit, 18. Aufl. 2008；一位美国学者：Grätz, *Wie verfasst man wissenschaftliche Arbeiten? - Ein Leitfaden vom ersten Semester bis zur Promotion*, 3. *Aufl.* 2006；一位文献学者：*Eco*, Wie man eine wissenschaftliche Abschlussarbeit schreibt, 13. Aufl. 2010；从两位信息学者观点来看：Messing/Huber, *Die Doktorarbeit: Vom Start zum Ziel. Lei(d) tfaden für Promotionswillige*, 4. *Aufl.* 2007。

〔3〕 Kosman, *Wie schreibe ich juristische Hausarbeiten*, 2. Aufl. 1997；研讨课与博士论文的领域可参看 *Mann*, Einführung in die juristische Arbeitstechnik, 5. Aufl. 2015, Rn. 340 ff.；很大程度上限于学习计划的内容可见 *Lange*, Jurastudium erfolgreich, 8. Aufl. 2015；内容太少 *Putzke*, Juristische Arbeiten erfolgreich schreiben, 6. Aufl. 2018；*Schimmel/Weinert/Basak*, Juristische Themenarbeiten, 3. Aufl. 2017；来自于瑞士视角的文献：*Forstmoser/Ogorek/Vogt*, Juristisches Arbeiten. Eine Anleitung für Studierende, 5. Aufl. 2014；Gerhards, Seminar - , Diplom - und Doktorarbeit, 8. Aufl. 1995；*Wyss*, Einführung in das juristische Arbeiten, 3. Aufl. 2009；来自于奥地利视角的文献：*Kerschner*, Wissenschaftliche Arbeitstechnik und Methodenlehre für Juristen, 6. Aufl. 2014。

〔4〕 博士学位答辩（Disputation）和博士学位口试（Rigorosum）中关于学术口试中的语言见第八章边码28。

——学术工作是一种系统性的工作。在学术工作中需要明确提出问题,对研究对象进行精确的描述并清晰地展现思路。[1]

——学术工作意味着客观论证。对法律人来说,学术工作首先意味着法律及其相关的文本。然而,在很多时候,案件事实不能简单地被涵摄于(Subsumtion)法律的字面意义中,因为构成要件总是提供了各种解释的可能性。首先被寻找的是普遍有效的论述[2],而不是保证绝对能够被提起的真实的请求。

——学术工作以大量的文献分析为基础,以保证特定的论述(bestimmte Aussagen)是可以被理解以及再检验的。[3]合理的规定强制性地要求使用他人以前的言论时必须标明引注,以区别于自己的作品。

——法律的论文一般都涉及一系列的法律问题和争议焦点。因此,学生必须熟悉运用一系列的论证技术。

——作者在学术研究工作中,首先需要搜寻新的知识。[4]一个好的法律人必须要具备理解、运用、判断、分析法律以及提出问题的能力。他必须为还未判决的案件寻找解决方案,并时刻准备着在公开的讨论中发展出新的观点,衡量之,甚至可能推翻之。[5]

——学术工作要求有接受批判性争论和开放地接受新观念的能力。[6]任何论点都需要通过说理来论证,因此也是可以被质疑的。[7]因此,一个被充分论证的论点也是成为一篇优秀学术论文的重要条件。总而言之,法学作为一门学科,其目标旨在获得正确的法律知识。它通过尽可能全面地理解关系与论据的知识,以发展出能够应对普遍问

---

[1] *Eco*, Wie man eine wissenschaftliche Abschlussarbeit schreibt, 13. Aufl. 2010, S. 40.

[2] *Preißner*, Wissenschaftliches Arbeiten, 3. Aufl. 2012, S. 1 f.; s. auch *Krämer*, Wie schreibe ich eine Seminar – oder Examensarbeit, 3. Aufl. 2009, S. 1.

[3] *Eco*, Wie man eine wissenschaftliche Abschlussarbeit schreibt, 13. Aufl. 2010, S. 44.

[4] *Eco*, Wie man eine wissenschaftliche Abschlussarbeit schreibt, 13. Aufl. 2010, S. 41 f.

[5] 参见本书第三章边码 1 关于法律论证的部分。紧接着会学习对法律的批判性的理解及其进一步发展,§ 2 Abs. 1 STO JF Augsburg; ähnlich § 2 Abs. 1 STO JF Humboldt。

[6] So *Canaris*, in: FS Medicus, 1999, S. 25, 28.

[7] 哲学方面可以看 *Nida – Rümelin*, Philosophie einer humanen Bildung, 2013, S. 134:"我们相信,对理由的衡量使得我们的思考连贯,由此得以接近真相。"

题的解决方案。[1]

9　　本书同时也是为顺利度过学术论文写作中的典型工作阶段服务的辅助工具。学术论文从准备时的计划阶段到第一次草稿、修改稿、成稿、直至出版，都会遇到许多问题，本书将为这些问题提供解决办法。在学习生涯中，你将需要面对各种各样的家庭论文、入门研讨课论文（propädeutisches Seminar）、研讨课论文或学业论文，甚至学士学位论文（Bachelorarbeit，以下简称学士论文）、硕士学位论文（Masterarbeit，以下简称硕士论文）或者博士学位论文（Dissertation，以下简称博士论文）。

　　本书将帮助你解决如何围绕目标编写提纲、写作以及完善学术论文这个问题。因此，本书向你展示的难度将逐渐增加，而你也会掌握许多必要的技能和技术。

二、各类法学论文/报告

（一）法律笔试

10　　法律笔试是法学院学生最典型的考试类型，伴随整个学习过程直至参加国家司法考试。它的范围通常不限于重新展现所学的知识。更多时候，你需要分析一个通常并未见过的案例。这里，你可以运用已掌握的知识进行案例分析，首要的仍然是涵摄，即在一个未知的案件事实中运用法律、已学过的法律制度、概念，等等。此外，应试者通常还需要针对未知的法律问题指明立场并得出正确的答案。

11　　直至第一次国家司法考试，应试者在笔试中通常都是只与法律条文打交道，而不会直接评价司法判决和法律文献。笔试的设计通常是非常合理的，因其给出明确的考题类型和考试时间（两个小时、之后三个小时，甚至五个小时）。本书将会在第二章中介绍笔试的结构。[2]

（二）家庭论文

12　　大多数大学的学生在入门和进阶学习阶段都会遇到家庭论文。它非常类

---

[1] 参见 Schulze – Fielitz, JöR 50 (2002), 1, 8。
[2] 分级是根据分级计量表（"很好"到"不及格"是 18 – 0 分），"很满意"有自己的分级标准（12 – 10 分），在笔试中则是 9.00 – 11.49 分，相关内容见 § 4 Abs. 2 BayJAPO。

似于笔试，在考题中通常会采用案例分析形式。例如，在民法中经常选择写请求权结构的法律鉴定。因此，涵摄、结构和讨论技术的规则与笔试一样。

家庭论文与笔试的区别也在于前者有更充分的时间——一般而言有四周到八周的时间。在这段时间内，你应当使用图书馆，评价为解决案例所搜寻到的相关法律来源和法律文献，提出自己的立场并证明之。因此，家庭论文会要求你具备如下三种附加能力：第一，与笔试中特别设计的问题相反，家庭论文会更重视文献搜集和评价文献。你必须有目标地草拟提纲、写作和组织。[1]第二，相对于笔试，家庭论文将会期待你更准确和更详细地论证每一个争议点；第三，你需要具备法学方法论的基础知识，特别重要的是格式、法律风格和正确的引用。

（三）研讨课论文和学业论文

《法学教育改革法》（das Gesetz zur Reform der Juristenausbildung）[2] 赋予法学院在自己的领域内有 30% 的考试权。在第一次国家司法考试中，考试成绩，70% 记入总分，30% 来自本学校的平时考试成绩。[3] 在大学考试中，你需要选择一个重点专业领域来深化自己的知识并参加专门的讲座和课程（见本书第一章边码 29）。你选择一个专业方向，这不仅仅是战术角度上的考虑，即用最少的投入获得尽可能高的产出，需要更多考虑的是，今后是否希望在这个领域攻读博士学位或者在这个领域执业。[4]

在大多数法学院中，专业考试都采用笔试、口试和研讨课论文的形式。[5]在全德国，学术论文的成绩都会直接记入毕业考试成绩。学术论文不再是"故弄玄虚"（l'art pour l'art），其分数会被记入毕业总成绩。为了界定考试的难度和实现机会上的公平，有些法学院限制了学术论文的范围

---

[1] 参见本书第七章图表"学术论文的时间和工作安排"部分（边码 13）。
[2] 参见《法学教育改革法》（Gesetz zur Reform der Juristenausbildung v. 11. 7. 2002，BGBl. I，S. 2592）。
[3] 可参见 Hommelhoff/Teichmann，JuS 2002，839；Windel，Jura 2003，79。
[4] 不是所有人都打算做监狱主管（Gefängnisdirektor）的。
[5] 某些法学院中，把这样的研讨课论文（Seminararbeit）视作学习论文（Studienarbeit），把入门研讨课论文视为研讨课论文（das propädeutische Seminar als Seminar）。

（如奥格斯堡大学法学院要求研讨课论文不多于 4 万个字符，约 20 页）。[1]
为了帮助学生准备这类考试，法学院会提供入门练习或者研讨课，在这些练习和研讨课上学生可以学习和练习写作学术论文的基础技能。[2] 如相关教育规范所规定的研讨课论文应当具备的足够的学术标准。[3] 入门的研讨课论文的要求类似于家庭论文，需要书面提交，运用法律鉴定语言评析法律文献。关于总结和分析法律文献的内容，请参见有关家庭论文的论述（见本书第一章边码 12）。

16　　研讨课论文和家庭论文的区别在于前者没有案例，而只是对某领域的主题进行研究。研究者围绕一个主题（These）来工作，而不是去分析具体案情。首先遇到的难题就是如何根据预先假设的主题，正确限定其范围，找到正确的、需要解决的问题。相较于笔试而言，学生们经常会在编写提纲和文章布局方面遇到更多困难，因为针对这种布局的训练相对较少。[4]

17　　最后，研讨课论文还会以报告形式进行演示。此时会大量运用到修辞学的技能。[5] 通常情况下，文稿会被缩短或者时间仅够介绍论文的部分章节。

（四）学士论文

18　　在一些大学和应用技术学院中，在传统的法学专业之外，还有经济学与法学专业（Wirtschaftsjuristen）。[6] 在这个专业中，学生通常需要书面提交一份学士论文（之后是硕士论文）作为毕业设计。一般而言，学生需要在 3 个至最多 6 个月时间内完成学士论文，类似于一篇内容翔实的研讨课论文。

---

[1] 参见《奥格斯堡大学法学院学习和考试规则》，2004 年 8 月 10 日版，第 18 条第 1 款第 8 句（§ 18 Abs. 1 S. 8 Studien – und Prüfungsordnung für das Studium der Rechtswissenschaft an der Universität Augsburg v. 10. 8. 2004.）。

[2] *Mosenheuer/Strasser/Wißmann*, JuS 2005, 669 ff.; *Noltensmeier/Schuhr*, JA 2008, 576 ff.

[3] 例如，《奥格斯堡大学法学院学习和考试规则》第 7 章 "考试和研讨课规则" 规定："一篇书面论文只有在作者经常参加研讨课，最后做报告（Referat）并在格式上和内容上符合学术论文的要求时，才能视为研讨课论文。" § 7 Übungs – und Seminarordnung der JF Augsburg.

[4] 这种能力对于第一次国家考试也非常有意义，其中主题的笔试（Themenklausuren，类似于论述题，考试题目更为抽象——译者注）至少会可能作为附加问题，例如：*Möllers*, Originale Examensklausur: Der Verbraucherschutz im deutschen Zivilrecht, JuS 1999, 1191 ff.

[5] 参见本书第九章边码 1。

[6] 在拜仁州，例如奥格斯堡大学（Universität Augsburg）和埃尔兰根大学（Universität Erlangen.）的法学院。

（五）硕士论文

目前几乎在德国所有的法学院都开始了供外国学生或德国学生选择的硕士项目。[1] 其数量越来越多，而且有些还有外国学习学期。硕士论文也是为证明学术研究能力服务的。[2] 与博士一样，硕士生也有笔试部分和口试部分。硕士论文在硕士学习的最后阶段编写，一般要花费2至6个月时间。它一共80页，比研讨课论文要长，但是明显短于博士论文（Doktorarbeit.）。

（六）博士论文

博士论文[3]与家庭论文、研讨课论文和硕士论文类似的是，研究者都需要反向对所收集的法律来源和学术文献进行分析和评价。具体而言，它与研讨课论文类似的是，学位候选人通常都是从一个笼统的任务出发，随后必须限制其范围；与家庭论文和研讨课论文相比，博士论文更详细地记录了学术研究成果。[4]

博士论文与研讨课论文、学业论文的区别在于，前者研究的主题和法律问题明显更全面和更复杂。博士生常常会进入一个全新的学术领域。因此，他也会有更多的时间，在写作方面也明显会有更多的空间来研究和讨论法律问题。[5]这种自由也要求非常严格的自律，博士生通常也是那个持续研究该主题的人。因此，不能在预期内完成预定的博士课题的风险也是非常大的，其结果是读博士所用的时间差距很大：有些博士生10到11个月完成博士论文；有些需要3—4年，甚至5年。博士论文通常是150—250页。[6]除了博士论文之外，攻读博士还要求一个口语考试（mündliche Prüfung），即所谓的博士学位口试（Rigorosum）或者答辩（Disputation）（见本书第八章边码

---

[1] 例如，在加强和深化欧洲与国际经济法的学习方面，参见奥格斯堡、慕尼黑和哈勒（Halle）大学法学院的做法。关于奥格斯堡方面，参见网页：www. jura. uni - augsburg. de。

[2] 例如，§ 8 Abs. 3 MO JF Augsburg。

[3] 来源于拉丁语的 *disserto*，含有阐明、探讨和讨论之意。

[4] 这同样适合于流行的学徒作品（Gesellenstück），某些情况下，会把教席资格论文（die Habilitationsschrift）视为真正的大师作品（Meisterstück）。

[5] 详细可参见本书第八章博士论文部分。

[6] 以前博士论文篇幅大概60—80页（*Weinmann*, Die wissenschaftliche Arbeit. Anleitung zur Anfertigung der Referendararbeit, der Doktordissertation und der wissenschaftlichen Assessorarbeit, 1932, S. 83）或者50 - 200页（*Brinkmann*, Die rechtswissenschaftliche Seminar - und Doktorarbeit, 1959, S. 176）。

28)。成绩分为如下几个档次：成绩优异（summa cum laude）、良好（magna cum laude）、中等（cum laud）、及格（rite）和不及格（insufficienter）。[1] 口语考试的成绩按照规定通常25%至33%计入总成绩中（die Gesamtnote）。

三、如何评价一篇学术论文

22 符合下面标准的学术作品将有机会得到较好的评价。信息学家梅新（Messing）和胡贝尔（Huber）先生指出，为了获得好的评价，博士论文应当符合下面的标准[2]：

学术质量：是否细致认真地进行了研究并记录下来？相关的文献是否标明了出处？是否精确表述与使用概念？主张是否得到扎实论证？是否独立完成？

叙述清晰：文章是否布局合理，写作是否流畅？作者的陈述是否努力运用了易懂的语言？

原创性：这里介绍的是一篇新的文章，还是重新咀嚼一篇旧知识——旧胎翻新？或者仅仅将已知的句子重新组合？是否有相似的文章？

重要性：该作品是否可以归入已发表的文献中？结论是否重要？是否是有意义的主题？涉及一个重大（中心）问题，还是一个边缘问题？论文标志着一个显著的进步，还是一小步的前进？

23 这些指标就能够保证学术论文更加层次分明和易于调整。在写作学术论文时，你需要完成文献综述和解释的任务，也需要做到立意与评价：

——笔试应有合乎逻辑的结构（einen schlüssigen Aufbau，见本书第二章）。评价中还包含了熟练运用论证（Argumentation，见本书第三章），语言和风格（Sprache und Stil，见本书第四章）等技能。

——在家庭论文中将会有附加的要求，即清楚地列出每个研究主题的状态和争议点。充分的文献检索（见本书第五章）与正确的引用是绝对必要的（见本书第六章）。

---

[1] 在一些攻读博士的规则中"summa cum laude"表示优异，即非常优秀；"magna cum laude"表示良好，即成绩特别好（例如，Art. 10 der PO Augsburg；§ 4 Abs. 1 PO Humboldt）。在其他攻读博士规则中则相反，"magna cum laude"则表示好，即达到平均水平，而"summa cum laude"表示非常好的成绩（例如，§ 20 Abs. 1 PO München）。

[2] *Messing/Huber*, Die Doktorarbeit, 4. Aufl. 2007, S. 39.

——研讨课论文和学业论文通常要求围绕问题工作，选择出相关问题，通过自己的努力思考推理出结论（见本书第七章）。一篇好论文的重要指数是连贯的结构和简明的思路。

——人们期待硕士论文和博士论文不仅仅是处理法律情况，而且是有说服力地论证自己的论点，因此，也要指出对立的观点并加以论证，然后反驳之。一篇好的博士论文的标准，请看本书第八章的具体论述。

——这也适用于演示报告（见本书第九章）：思路越清晰、易懂，论文的内容越具说服力。

第二节　组织能力

一、目标计划（Zielplanung）和时间管理（Zeitmanagement）

（一）资金筹备（Finanzierung）、附加的资格证明（Zusatzqualifikationen）和职业经历（berufliche Erfahrungen）

法学学习由于"试考"（Freischuß）制度缩短了时间；奥格斯堡大学的法学学习时间平均为八个学期。[1]然而，如果缺乏一个相应的中期学习计划，你将不能有效地学习。你是否有目标（zielstrebig）驱动呢？就是说，需要计划将来，在紧接着的或下两个学期里，你在大学可以选择的课程和机会。

只有非常少的学生知道，在学习期间（至少一部分）能够有机会获得奖学金（Stipendium）的资助。除了优秀的成绩之外，来自政治组织或者教会方面的奖学金还要求学生具备对社会政治的热情。除了提供资助外，这些奖学金还提供一些具有启发性的研讨课和会议（Tagungen），并将其作为推动思想进步的一部分。你可以在网络上找到这些组织的地址。有关地方和联邦层面的奖学金提供者的部分相关信息，你可以在自己大学的课程

---

[1] 在学习时间这方面，奥格斯堡大学法学院的学生比其他大学的同学快，参见 Winkler, Beck'scher Studienführer Jura 2017/2018, München 2017。

表（Vorlesungsverzeichnis）中找到。[1]

德国联邦层面最重要的基金和协会包括：德国公民学习奖学金协会（Studienstiftung des Deutschen Volkes e. V.）、阿登纳基金（Konrad-Adenauer-Stiftung e. V.）、弗里德里希·艾伯特基金会（Friedrich-Ebert-Stiftung e. V.）、费里德里希-瑙曼基金会（Friedrich-Naumann-Stiftung e. V.）、汉斯-赛的基金会（Hanns-Seidel-Stiftung e. V.）、海因里希·伯尔基金会（Heinrich-Böll-Stiftung e. V.）、罗莎-卢森堡基金（Rosa-Luxemburg-Stiftung e. V.）、库萨努斯促进机构（Cusanuswerk）、德国经济汉斯-伯克勒基金会（Stiftung der Deutschen Wirtschaft Hans-Böckler-Stiftung）和电子伙伴网（E-Fellows）。对于拜仁州非常有意义的是马克思-韦伯项目（Max-Weber Programm）及其学习奖学金。

25 在学习期间，学生还有机会获取一系列附加的资格证明（Zusatzqualifikationen）或者职业经历（beruflichen Erfahrungen）。值得一提的是，除了外语培训（Fremdsprachenausbildung[2]）之外，还有境外学期的学习、奖学金，在教席中担任学生助理（studentische Hilfskraft），在律师事务所实习等，这些都可以深化专业领域的法律知识和进入硕士专业的学习。中期考试之前的分数都不会计入第一次国家司法考试。外国学习、奖学金或者在教席工作中得到的评价，目前都属于学习中的成绩（Leistungen），而且也是一个重要的选拔标准（ein wichtiges Auswahlkriterium），因此其含金量较高（bares Geld wert）。

（二）境外学习和法学硕士（LL. M.）

26 外国法和外语知识对于法学院学生而言也是一个越来越重要的资质。你必须明白的是，许多律师事务所都是国际化工作，因此合同都是用英文起草的。

那些为各种资质提供层次鲜明的培训方案的法学院，较为值得选择。可取的是，例如，在第一至第三学年通过选择一门法学专业外语培训获得外语

---

[1] 联邦教育和科研部（das Bundesministerium für Bildung und Forschung）也提供奖学金提供者的信息概览。

[2] 例如，通过奥格斯堡大学法学院法律专业的外国语培训（FFA）以及帕绍（Passau）大学等。

知识。在第三个学期就可以利用伊拉莫斯欧洲交换生项目（der Erasmusprogramme）到欧洲其他国家学习。除欧洲交换生到其他欧洲国家学习的项目之外，目前为止，仅有很少的法学院为特别优秀的学生提供到美国大学学习的机会。[1] 你必须要有 12—18 个月的准备时间，包括申请、签证、奖学金和找房子等准备工作。

这些语言能力有助于你更有重点地学习外国法和国际法。在第一次国家司法考试之后，你就可以紧接着在一个德国或者外国的大学攻读法学硕士学位（LL. M）。一些大学允许学生在第一次国家司法考试之前就参加硕士的学习。[2]

一些机构和组织会提供到外国学习的经济支持。提供去美国学习的奖学金机构[3]，例如，德意志学术交流中心（DAAD）[4] 和富布赖特委员会（die Fulbright - Kommission）。[5] 而且，如果你以前获得过普通的奖学金，也可能得到同一个基金会的资助到外国学习生活。

（三）准备大学考试（die Universitätsprüfung）

法学教育改革后，研讨课论文或者学业论文已成为目前所有法学院的必修课。在研讨课论文中，你可以学到论证技术（Argumentationstechniken，见本书第三章边码 1 及以下）和练习脱稿发言（die freie Rede，见本书第九章

---

[1] 除了汉堡博锐思法学院（Bucerius Law School）和海德堡大学法学院外，德国还有奥格斯堡大学和帕绍大学法学院。

[2] 硕士学习通常可以在第五和第六学期开始，但是只有通过第一次国家司法考试之后才能得到学位证书。例如，奥格斯堡大学与友好学校乔治华盛顿大学（George Washington）、芝加哥大学（Chicago）、肯特大学（Kent）和圣克拉拉（Santa Clara）大学的合作。

[3] 到美国学习的机会参见，DAJV（主编）- Reihe *Biene/Eumann*, USA - Studienführer für Juristen, 6. Aufl. 2005 und *Ackmann u. a.*, USA - Masterstudium für Juristen (LL. M., M. C. L., M. C. J.), 3. Aufl. 2008; Koch (Hrsg.), Der LL. M. 2017, 2017; *Großfeld/Vieweg*, JuS - Auslandsstudienführer. Jurastudium und Wahlstation im Ausland, 3. Aufl. 2010; Allgemein *Clausnitzer/Keller*, Das Auslandsstudium, in: Jura Extra, Das Jura - Studium, 2. Aufl. Reprint 2013, S. 127; *Roth/Nikolay*, Rechtsstudium in den USA, 2000. Für Praktikumsmöglichkeiten in den USA gibt es aus der DAJV (Hrsg.) - Reihe folgende Publikationen: *Eckner*, USA Praktikumsführer für Juristen, 3. Aufl. 2009 und *Kochinke/Wilske*, Bewerbungsführer für Juristen, 2009。

[4] 参见每年年初出版的 *DAAD* 说明, Studium, Forschung und Lehre im Ausland, Förderungsmöglichkeiten für Deutsche。

[5] 也有些俱乐部和基金会提供奖学金，例如 Rotary Club, Lions Club und der Fritz - Thyssen - Stiftung. 有些律师事务所也为到国外学习的法律硕士提供奖学金，例如，Gleiss Lutz, Linklaters 或者 Freshfields Bruckhaus Deringer。

边码 1 及以下）。研讨课论文提供了一个理想机会去写作学术论文、甚至发现其乐趣。因为学生将会熟悉其中运用的相关工作技巧，在之后的博士生阶段，也将不会遇到其他候选人于读博初期通常遇到的典型新手问题。如果一名学生在研讨课论文中取得好的成绩，相对于之前没有与之直接接触过、申请读博资格的学生而言，他更容易被教授接纳为博士生。

30　　大学的法学考试（die Juristische Universitätsprüfung）的内容来源于你自己选择的专业领域，一般要在四个学期内，学习 16—24 周的时间。专业课的学习（Schwerpunktausbildung）内容一般在高年级学习阶段，也就是在第三和第四个学年。作为考试的组成部分，除了上面提到的学业论文（Studienarbeit）之外，还有一个口试和一些其他类型的考试，例如笔试（Klausuren）和报告（Referate）等。法学考试是否会适用于相关国外学士和硕士的学制，将其包含在国家考试中，目前仍是一个开放的话题。[1]

（四）准备第一次国家司法考试（das Erste Juristische Staatsexamen）

31　　离开相关的学习技巧（Lerntechniken，本书第一章边码 51 及以下）来准备第一次国家司法考试将会无功而返。因此，学生们应当首先掌握学习的三步骤，复习（Wiederholen）、主动和结构性的学习（dem aktiven und dem strukturierten Lernen）。[2]

32　　（1）第一次国家司法考试成绩包含大学的法学考试（die Juristische Universitätsprüfung）成绩以及第一次国家司法考试（die Erste Juristische Prüfung）中的成绩，如下规则同样适用于上述考试：

33　　复习应当通过独立完成笔试的形式来进行，因为你此时不是抽象地复习所学的内容，而是要将其应用到具体的案例中。你可以检验出来，自己是否适合法律工作。一开始，你要尽可能多地去参加笔试（Klausuren）[3]：认识到自己的错误，并将所学到的知识运用到具体的案例中。尽管颁发大的或者小的考试证明（Scheinen）的笔试（在定量上 quantitativ）并没有司法考试

---

〔1〕 相关值得阅读的文献有：Hirte/Mock, Beilage zu JuS 12/2005, 3, 12 ff. Einige Juristische Fakultäten haben diese Abschlüsse bereits eingeführt, etwa Universität Mannheim。

〔2〕 参见 Lange, Jurastudium erfolgreich, 8. Aufl. 2015, Kap. 11。

〔3〕 有些人认为，在参加第一次司法考试之前，应当做 50、70 甚至 100 个国家的笔试（Staatsexamensklausuren）卷。

那么宽的范围，但是限定在单一法律领域范围内的笔试，却可以通过家庭论文形式，（在定性上 qualitativ）达到国家司法考试笔试的水平。

如果你已经在基础学习阶段（Grundstudium）熟练掌握了一个法律领域的知识，例如刑法总论，那么在这个领域中，你可能随后也学习不到更多重要的知识，因为你已经熟知了各种不好的意外情况。那些在大证明（die großen Scheine）考试中只得到及格成绩的学生，很可能是在最初的两年内并没有好好学习。相反的是，那些在练习中得到两位数成绩的学生，极可能顺利通过国家司法考试。简而言之：他们从第一学期就开始了司法考试的准备。在直接的司法考试准备阶段，参加一门笔试课程（Klausurenkurs）是非常值得推荐的。第一次国家司法考试前，每周都参加模拟的笔试，答卷都会被批改，因此，这是非常理想的练习方法。大学里以及商业性地帮助学生准备司法考试的教师（kommerzielle Repetitoren）都会提供这种课程。 34

此外，一个私下的学习小组（private Arbeitsgemeinschaft）将会有助于考试准备。找到你的朋友并组成这样一个学习小组。尽管这不能取代自己学习的部分，但是对案例的讨论和辩论会激发你学习的兴趣，这在学习期间和考试准备阶段都会对你非常有帮助（见本书第一章边码59）。 35

在研究一个法律领域时，要尝试着运用系统性的学习方法，寻找普遍性的法律原则并将其应用到其他的法律问题中。根据兴趣和法律提出可以进行比较研究的问题。要找到法律之间的系统性交叉连接（systematischen Querverbindungen im Gesetz）。 36

《德国民法典》（BGB）中的"善意取得"（der gutgläubige Erwerb）可以在下列条文中找到：第892条、第932条、第2366条、第1207条；下列条文规定了它的排除条件：第932条第2款、第935条、第818条第4款、第819条、第989条、第990条。[1]

在第一个学期的时候，学生往往还不能完全理解考试中的提问，特别是民法总论部分。在第一年里，法学院学生学习的是基础知识，在高级练习阶段课程中（Fortgeschrittenenübungen）他们将会进行第二次深化学习。在考试准备阶段（Examensvorbereitung）开始第三轮学习，也就是在第三和第四 37

---

［1］ 深化的例子，*Medicus/Petersen*，Bürgerliches Recht, 26. Aufl. 2017，§ 22。

学年重新深化（vertiefung）和网络化（vernetzung）所学的知识，这也是一个好的法律人的重要标志。简而言之：第一年学习规则（die Regel），第二年学习例外（die Ausnahme），第三年学习例外中的例外（die Ausnahme von der Ausnahme）。

38　　在后面学期的复习中，你不仅使用那些"检验你的知识"的书籍，还要选择那些将总论与侵权法（Deliktsrecht）、不当得利（Bereicherungsrecht）、家庭法（Familienrecht）和继承法（Erbrecht）融会贯通起来的读物（Lektüre），例如德国民法典概述（Gesamtdarstellungen zum BGB）。[1] 非常有用的方法，比如，将最重要的民法中的请求权基础（die wichtigsten Anspruchsgrundlagen）按照法律后果的顺序整理出来。这种方法同样适用于有难度的证明锁链（die schwierigen Verweisungsketten）。[2]

39　　（2）为了准备考试，你需要有一个非常清晰的时间计划（einen klaren Zeitplan）。应当计划，你何时在选择的专业重点方向（Schwerpunk）内通过法学院的大学考试并毕业，如何将获得大学成绩证明（Leistungsnachweise）与准备国家司法考试联接起来。

40　　为了参加第一次国家司法考试，你需要学习20—30个法律领域（Rechtsgebiete），复习并特别深入地学习核心学科（die zentralen Fächer）。依据《德国联邦法律教育和考试规则》（der Juristischen Ausbildungs‑und Prüfungsordnung，简称JAPO）可以查询到这些相关的法律领域，其中，也规定了哪些法律领域必须要深入了解，哪些领域只需要掌握基础知识。你必须在考试准备期（12—18个月）[3]内，把足够的时间分配给所有的法律领域，尽可能有两到三个持续的计划方案并留有足够的休闲时间。一个固定的时间计划是非常有帮助的。

41　　要计划得现实一点！不要安排太多，也需要留有足够的时间给复习和模拟笔试训练。你在实施的过程中也会意识到某项任务需要多长时间。请设计一个易于执行的时间表，这样你就会发现也易于坚持。

---

〔1〕尤其经典的是，*Medicus/Petersen*, Bürgerliches Recht, 26. Aufl. 2017；也可见 *GernGrunewald*, Bürgerliches Recht, 9. Aufl. 2014。
〔2〕参见本书第二章图表，边码33。
〔3〕*Deckert*, JuS 1994, L 25, 27；*Warringsholz*, JuS 2000, 311 ff.

强调一下，一个有意义的考试准备方案应当是怎样的呢？请将学习资料分配到你可支配的时间中。[1]

如果在一天的时间内搭配复习不同法律领域的知识，你的理解能力（Aufnahmekapazität）会得到提高，例如，不要几周都只是学习物权法（Sachenrecht）。任何学习版块（Lernblock）的学习时间都不要超过两到三个小时，因为之后你的理解能力会明显地下降。要交替着学习民法、刑法和公法。而且，周六下午和周日也应当作为休息阶段（Erholungsphasen）空闲出来。休息会明显提高学习能力（die Produktivität，见本书第一章边码 45）。具体而言，一周的时间计划可以如表 1-1 所示：

表 1-1 考试准备阶段的日和周计划

	星期一	星期二	星期三	星期四	星期五	星期六	星期日
8:00-10:30	物权法	物权法	物权法	物权法	物权法	考试课	自由
10:30-11:00	休息						
11:00-13:30	刑法总论	刑法总论	刑法总论	刑法总论	刑法总论		
13:30-14:30	午休						
14:30-17:00	建筑法	建筑法	建筑法	建筑法	建筑法		
17:00-18:00	休息						
18:00-20:30	自由	私人学习小组	私人学习小组	私人学习小组	自由		

需要在每个学期都制定一个日和周的学习计划。这里需要考虑的是，也必须同时复习上课的内容并学习新的法律领域知识。

（五）博士论文（Doktorarbeit）

写作博士论文同样也需要一个时间计划。经常有法学院的学生直到第一次国家司法考试的口试之后或者第二次国家司法考试之后才有读博士的想法。此时，已虚度宝贵的时间。应当充分利用笔试和口试之间的时间。在考试准备期间，就应当关注最新攻读博士的题目（Promotionsthemen）。如果潜在的博士生导师面临的不是一个无助的提问，诸如"您有什么建议

---

[1] 答案参见本书第十章边码 2。

吗？……"他会对你留下更为深刻的印象。[1]博士论文是否应当在第一次国家司法考试之后或者第二次国家司法考试之后完成，则不是一个能一概而论的问题，而更多地与个人因素有关系（von individuellen Faktoren abhängig）（具体详见本书第八章边码8及以下）。

二、注意力集中能力（Konzentrationsfähigkeit）、休闲（Muße）和放松（Entspannung）

44　　为了能够学习和进行学术研究，你必须集中注意力。要保证充足的睡眠（Schlaf）、光线（Licht）、位置（Platz）和安静（Ruhe）。即使不容易做到经常保持安静和遵守时间，也不要中断工作；要尽量回避噪音来源（Lärmquellen），比如交通、对话、电台和经常响铃的智能手机。写作学术论文最重要的要求是充分的休闲[2]和时间（Muße und Zeit）。在20分钟的时间内，你无法充分地准备任何一个题目。你至少要学习一个小时，尽可能两到三个小时。在45分钟之后，你可以短暂休息一下。[3]写作学术论文通常需要一整天的时间来深思熟虑和思前想后（直译为：事前思考、事中思考与事后思考——译者注；Nach-, Mit- und Vordenken，见本书第三章边码37），才能足够地安静下来思考该题目。期待在一周的工作时间内，花费40或50个小时的时间就写完博士论文是不现实的。

45　　紧张（Spannung），即集中精力（Konzentration）的同时也需要放松（Entspannung）。连续坐着看书三四个小时甚至五个小时的人，同时也会发现其集中注意力的能力也降低到零。请保持你身体的健康。[4]当你发现已经无法吸收阅读的内容时，继续阅读就是浪费时间了。每天都需要多次或短或长的休息时间。要把周末或者至少周日空闲出来，在一年内，也需要安排几周的度假时间。年底的时候，就会达到最高的"产出"（output），

---

〔1〕关于寻找主题（Themensuche）参见本书第八章边码9及以下。
〔2〕Schopenhauer 在《处世之道的格言》（Aphorismen Lebensweisheit）中如此写道，"没有用精神来填写的休闲就是死亡和活人墓。"
〔3〕经验表明，人们在一天内有效学习的时间不能超过六到七个小时。可行的时间计划建议见第一章边码42。
〔4〕值得推荐的是：Lauren/Clark, Fit ohne Geräte, Trainieren mit dem eigenen Körpergewicht, 12. Aufl. 2013。

好像全年一直工作一样。[1]

三、工作的助手（Arbeitshilfen）

（一）用电脑工作——优点和缺点

电脑当然也属于工作助手。[2] 在最近的十年内，电脑自然而然地成为每一个学生的工作助手。然而人们也应当意识到，用电脑工作在有大量优点的同时，也有其特殊的弊端。

在过去那些年里，电脑给法律人寻找相关法条的工作带来了革命性的变化（见第五章边码5）。在 CD 光盘里、在例如 Juris、Jurion、Beck - Online、Westlaw、HeinOnline 或者 LexisNexis 这样的法律数据库里，以及在互联网上存在无限量的信息。在最短的时间内，法律人凭借关键字就可以找到相关的法律渊源（Rechtsquellen），复制后就能添加到自己的文字里，文献检索必须花费的时间可以明显地减少。用电脑操作可以更好地管理文字，它甚至可以替代满墙壁的书柜。笔记本电脑更是提高了电脑的移动能力。人们在电脑里可以无限制修订（Überarbeitung）和修改（Korrektur）自己的文字。因此它也改变了工作的风格，此前人们只能从用手写字开始（见本书第四章边码48）。

用电脑工作和读纸书是完全不一样的。人们往往不容易意识到长期看屏幕会给眼睛增加负担[3]，而且也不太容易通过屏幕阅读完整本书。

人们不再完整地评价整本书，也不再反复地领会（nachvollziehen）作者的深刻思路（vertieften Gedankengang），取而代之的是，书籍（Lektüre）常常仅被单纯地用于寻找关键词（Schlagwortsuche），重要的信息经常会被缩略后采用。[4] 人们在用电脑写作的时候也常常会忽视错误，会出现屏幕眼盲

---

〔1〕 休息时间参见 *Juvenal*, Satiren X 356: Mens sana in corpore sano ("Ein gesunder Geist in einem gesunden Körper"). *Hülshoff/Kaldewey*, Top - Training, Erfolgreich lernen und arbeiten, 3. Aufl. 1999, S. 20 ff. 有关整体时间安排的进一步细节，可以参见 *Seiwert*, Wenn du es eilig hast, gehe langsam, Sonderausgabe 2012。

〔2〕 关于运用微软 Word 文档进行文件处理，见本书附录四。

〔3〕 "使用显示屏设备工作的最低安全和健康要求"通过欧盟指令 90/270/EWG（die Richtlinie 90/270/EWG v. 29. 5. 1990）对劳动者进行了特别的保护，参见 ABl. Nr. L 256, S. 14。

〔4〕 *Crawford/Gorman*, Future Libraries: Dreams, Madness, and Reality, 1995. 更多的问题参见本书第五章边码7。根据美国茨大学做的一项研究表明，电子书（E - Book）具有和经典纸书相似的容易阅读（gut aufgenommen）的特点，www. uni - mainz. de/presse/48646. php。

(bildschirmblind)。最后，运用电脑软件中预设的、快速修改文字功能的做法也会提高错误率，因为软件中的一个原先作为参照的句子可能不再是准确的。打印的文字看起来是非常官方和正式的。如果没有被充分（多次）地修改，它经常会存在非常多的错误。因此，经常需要在打印稿上进行修改，而不是直接在电脑上。

（二）工作场所——图书馆或家

49　你需要验证一下，在家里还是在图书馆里更能够集中精力地工作和学习。两处都要求自律，不要被自己或他人干扰。如果在家里工作，那么必须家里就有文献资料，或者之后再到图书馆去查阅。你要准备足够的辅助工具，以保证能够完成学术工作。只有在安静的时候，思路才能得到展开并成型于纸上。这自然要求尽可能地拥有自己的书房，一张带台灯的大书桌，充足的纸张和文件夹。必备的工具书还有《杜登新德语正字法字典》和一本德语语法书（ein Grammatikwörterbuch）。

50　大学目前还提供配备电脑的计算机房，这是由联邦政府投资的所谓"CIP-Pools"（计算机设备援助工程）计划支持的。自己拥有手提电脑的人则不依赖于计算机房，也可以在听课期间使用自己的笔记本电脑。大量的图书馆会为博士生在一定时期内保留一个固定的学习位置（隔间），即所谓的"单间"（Carrell）。

第三节　学习技巧

一、认识（Wahrnehmen）、遗忘（Vergessen）和长期的记忆（Langzeitgedächtnis）——复习是学习之母（Repetitio est mater studiorum）

51　在中小学时，人们经常在考试的前一天下午才学习该科的内容。这就足够通过考试了。但是，人们并没有长期地掌握这些材料的内容。在大学里，不是只有少数学生会在假期后不再记得上学期学过的内容，采用这种学习策略（Lerntaktik）是无法通过司法考试的。法学院学生必须为两个司法考试中的笔试储备大量知识，而且长期掌握这些知识，并非是为了考试。没有掌握基本知识的法学院学生将无法理解问题以及创造性地找到答案。考试中被考察的并不是简单的学习材料的堆砌（ein bloßes Ansammeln von Stoff），而是对法律之间交互关系的深刻理解。只有已经掌握了单个法律领域，才可能认识到其法律结构里的第二和第三层次的关系。在学习和理解了法律体系的基本结构后，你才能一步一步地形成法学的思考和工作方式（juristische Denk – und Arbeitsweise）。[1] 许多学生失败了，因为他们从来没有学会如何正确地学习。

我的一个朋友用磁带录音机录了所有的上课内容。笔试前的24小时他来找我问："我又有一个难题，我录制了30个小时的课堂录音，但是我只有24个小时的时间来听，我是否应当快速播放磁带呢？"

到第一次司法考试之前，法学院学生必须掌握30个法律领域。人们只有通过严格训练，才能自如地运用这些法律资料（Stoff）。你需要学习策略（Lernstrategien）。这要求获取知识（Wissenserwerb）、检验知识（Wissenskontrolle）和把知识运用到具体案件中（Wissensumsetzung im konkreten Fall）。

学习，也就是获取知识，只能亲力亲为。人类的记忆是善忘的，就像个是筛子一样（ein Sieb）。阅读和倾听并不意味着知道。从60万个周围的信息中，人们只会有意识地接受一个，其他信息根本没有被接纳。[2] 一个小时以后，从之前的每三十个有意识接纳（记忆）的信息（bewusst wahrgenommenen Informationen）中，人们可以在短暂记忆中（Ultrakurzzeitgedächtnis）回忆起一个；在一个月之后，从之前的三百个信息中，人们仅可以在长期记忆中（im Langzeitgedächtnis）回忆到一个。[3] 你必须要成功地将希望记忆的信息首先存在暂时记忆中，然后在短期内继续将其存储到长期记忆中。

如果依次在第二天后、一周后和一个月后复习所听和所读的材料，遗忘率（die Vergesslichkeitsquote）将会降低到90%。半年后如果再次检查所学的知识，并把遗忘的东西重新按照上述的频率复习，那么你将有机会把90%的材料内容、记忆长期地保持并可以回忆出来（如图1－1所示）。

---

[1] *Broemel/Stadler*, Jura 2014, 1209, 1211.
[2] 人们在城市里行走的时候只会注意到交通标志、广告和人等资讯洪流（die Informationsflut）。参见 *Vester*, Denken, Lernen, Vergessen, 36. Aufl. 2014, S. 67 ff。
[3] *Beelich/Schwede*, Denken, Planen, Handeln, 3. Aufl. 1983, S. 57.

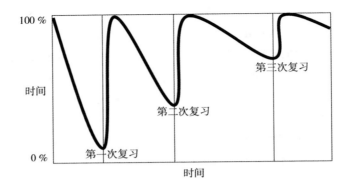

图 1-1

54 "复习是学习之母"(Repetitio est mater studiorum)。必须要提醒的是:只有通过不断地复习,才可能牢固地掌握法律领域的知识。复习也是为更好地检查知识。只有掌握了多个法律领域的知识,才可能认识到法律之间的横向和纵向联系。复习在某些意义上甚至比进一步深化研究法律资料更重要。这里使用索引卡(Karteikarten)或思维导图(Mind Maps 又译树状图)会非常有帮助。[1]

二、动机和主动学习(Motivation und aktives Lernen)

(一)运用多种学习方法,特别是私人学习小组

55 你完全可以采取不同的学习方法。根据感觉器官的不同,人们区分出听力的、视觉的、交流型和运动型的学习类型。"以理解为本的学习",除了要求复习之外,还要求"主动的学习"(aktives Lernen)。你要通过听、说、读、写的方法,将视觉和听觉方面的方法结合起来学习。

56 1. 在讲课中,授课老师能够比教科书的作者更了解教科书的权重(Gewichtungen)在哪里;在听课中,如果只是坐着,那就是在浪费时间。要抛弃"中学生的心态"(Schülermentalität),即,仅在学期期末、考试前的几个小时才开始学习。这是远远不够的!

57 只有连贯地工作,(思路)才能一直与学习材料保持联系。大概应当花

---

[1] 可以比较本书第一章边码 78 及以下。

费与上课一样多的时间来准备和复习课堂学习内容。[1]那些一周挪用了30个小时学习时间的人，无法有意义地预习和复习（vor - und nachbereiten）。你必须选择必要（notwendige）的课程和学习小组（Arbeitsgemeinschaften），因此你要慎重思考，通过选课，希望自己的学习专注于哪个法律领域，选出好的课程，根据讲义做笔记（如果可能的话也预习）。[2]你也需要计划重要知识的复习时间，只有这样，你才可以有效率地利用选课的内容来实现自己的目标，即得到超过平均水平的考试成绩。[3]

相应的动机也是人们能够保持长期成功学习的一个重要因素。要经常用自己的目标激励自己，以保证自己一直能够成功且目标明确地学习。

2. 通过阅读一本书可以快速地钻研一个法律领域

你要找到所有重要的教科书，并钻研透它。你还需要采用画出重点句子或者在索引卡片（Karteikarten）上写下核心内容的做法。总之要主动地学习。盲目背诵（Blindes Auswendiglernen）没有任何好处。

你也许知道这个笑话：教授要求学生背诵当地电话簿，医学院的学生回到："背到什么时候？"法律专业的学生问："为什么？"

3. 主动地学习（Aktives Lernen）首先意味着独立的思考（eigenständiges Denken）

必须自己找到答案而不是背诵。你可以在第一学年就练习会谈（Dialog）。在课堂、在大学和私人的学习小组中（privaten Arbeitsgemeinschaft[4]）找到你的对话伙伴。重要的是学习小组不要太大，关于成员数量的推荐，一般以三到五位同学为宜。[5]成功的学习小组的优势也在于组员之间的学习计划是可以互相协调。私人学习小组的意义在于互相学习和补充新的知识，重新思考先前的立场，学会更多的宽容。[6]通过学习小组，在特定程度上训练主动学习，例

---

[1] *Lange*, Jurastudium erfolgreich, 8. Aufl. 2015, S. 132.
[2] 我经常去参加那些比相关法律领域的教科书更有趣和具有更多信息内容的课程。
[3] 关于有效地利用课程的信息，参见 *Mann*, Einführung in die juristische Arbeitstechnik, 5. Aufl. 2015, Rn. 5 ff。
[4] 例如，*Lange*, Jurastudium erfolgreich, 8. Aufl. 2015, Kap. 10；*Ehlert/Bleckmann*, JuS 1995, L 25 ff., 33 ff.；*Deppner/Feihle/Lehnert/Röhner/Wapler*, Examen ohne Repetitor, 4. Aufl. 2017, S.27f.；*Niederle*, 500 Spezial - Tipps für Juristen, 13. Aufl. 2017。
[5] *Mann*, Einführung in die juristische Arbeitstechnik, 5. Aufl. 2015, Rn. 12.
[6] *Schräder - Naef*, Rationeller Lernen lernen, 21. Aufl. 2003, S. 57 f.

如你可以将此用到具体案例的准备中。[1] 私人学习小组还有助于检验知识和把知识运用到具体案例中。这会增强你的社会竞争力（soziale Kompetenz）。通常，在研讨课中可以学习到这些技术。你可以通过某次扮演"少数派辩护人"（advocatus diaboli）的方式来特别训练自己对特定问题的理解和辩论能力（Argumentationsfähigkeit），你要试图代表相反的立场与坚持反方观点。

最后，私人学习小组也经常地帮助你保持动力，因为经常要准备学习小组的作业，有这种"外来的自我控制"（selbst kontroller von Außen）约束着。

来源：*Greser & Lenz*，FAZ v. 20. 5. 2001，S. 50.

图 1-2

（二）单个的学习手段——图表（Graphiken）和索引卡（Karteikarten）

主动地学习（Aktive Lernen）要求记忆，但不是"盲目地"，而是用心和带着理解地阅读和学习（"用心地学"）。只有被记住，而且被真正理解的知识，才能够与新的见解（neuen Einsichten）结合起来，继续发展并保持下来。[2] 通过动手能够更好地学习，假设你能够乐在其中的话就更好了。

---

[1] 非常好的最新案例分析见 JuS 判决评论（Entscheidungsrezensionen der JuS），法学的索引卡片（Karteikarten）和"Rechtsprechungsübersicht（RÜ）"杂志（Alpmann & Schmidt 出版）。关于考试准备（Examensvorbereitung），参见 § 1 Rn. 31 ff.。

[2] 在网站 www.juraexamen.com/forum，可以找到许多对法学教授的关于法律学习和考试建议的访谈。

1. 针对每一个法律领域，都要设计自己的索引卡片（Karteikarten）[1]，在上面记录下从讲义和一两本教科书中总结出来的最重要的内容。在处理争议点或者复习的时候，这种方式非常理想。在第一学期的时候就应当明确定义作为请求权基础（Anspruchsgrundlagen）的构成要件特征，列出结构图（以及类似的问题）。你应当尝试用自己做的图表总结重要问题。这会鼓励你把这些材料吸收成为自己的东西。应当尝试着把这些关系和结构直观形象化。

思维导图（Mind Maps）[2]是非常有益的。人们可以在学习每一个新的法律领域之初就着手画思维导图。然后在学习中再进一步加工和拓展这些图。人们可以通过建立思维导图在早期就理清一个法律领域的结构和关系。

它可以在开始阶段提供一个概览，方便你了解请求权规则的结构和弄懂构成要件的前提。下文（如图1－3、图1－4所示）以《德国民法典》第823条第1款为例，举例说明应当如何形象化地列出思维导图：

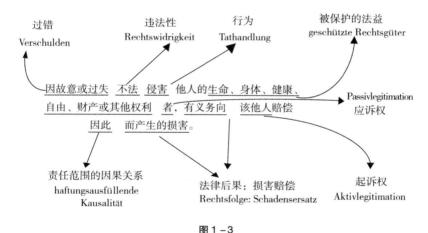

图1－3

请求权人（Der Anspruchsinhaber）即受侵害人（der Geschädigte）作为起诉权人，在符合下列条件时，可以向作为应诉权人（Passivlegimierten）

---

[1] 参见 Klaner, Richtiges Lernen für Jurastudenten und Rechtsreferendare, 5. Aufl. 2014, S. 123 ff。

[2] 创立思维导图（Mind Map），参见本书第一章边码78及以下。出版社也提供了不同法律领域的思维导图，例如，出版社CF Müller的Khalil的作品和JuraMindMaps的刑法。

的致害人（der Schädiger）提起损害赔偿请求（einen Anspruch auf Schadensersatz）：

(1) 行为（Tathandlung）：作为（Tun）或者不作为（Unterlassen）；

(2) 损害一个被保护的法益（der geschützen Rechtsgüter）：生命、身体、健康、自由、财产或其他权利；

(3) 责任成立的因果关系（Haftungsbegründende Kausalität）；

(4) 损害（Schaden）；

(5) 责任范围的因果关系（Haftungsausfüllende Kausalität）；

(6) 违法性（Rechtswidrigkeit）；

(7) 过错（Verschulden）；

65 在第二个步骤中，人们需要确定的是如何经常性地把构成要件要素与法律规范联系起来。可以用相关的规范组建一个模块化的系统（Baukastensystem）。在考试中，需要在思考了一个规则之后，继续按照顺序考量下面相关的规则。这同样适用于区分请求权基础（die Anspruchsgrundlagen）和所谓的责任扩大规则（Haftungserweiterungsnormen），后者经常与请求权基础一起进行检验，自身并没有构成请求权事由，例如《德国商法》第 25 条第 1 款第 1 句（§ 25 Abs. 1 S. 1 HGB）。但是基本法（die Grundrechte）也通过间接的第三人作用（die mittelbare Drittwirkung）或者作为私法中的保护义务（Schutzpflichten）发挥作用。[1]

(1) 行为（Tathandlung）：作为（Tun）或者不作为（Unterlassen）。

(2) 损害一个被保护的法益（der geschützen Rechtsgüter）：生命、身体、健康、自由（《德国基本法》第 2 条第 2 款，Art. 2 Abs. 2 GG），财产（Eigentum，见《德国民法典》第 903 条）或者其他权利：所有的定限物权（beschränkt dinglichen Rechte，例如《德国民法典》第 1018、1094、883 条），合法的直接占有（der rechtmäßige unmittelbare Besitz，见《德国民法典》第 854 条）；特别的人格权（besondere Persönlichkeitsrechte，见《德国民法典》第 12 条，《德国商法典》第 17 条，《德国艺术品版权法》第 22—24 条 KunstUrhG）；一般人格权（allgemeines Persönlichkeitsrecht，见《德国基本法》

---

[1] 参见本书第三章边码 14。

第1条、第2条第1款）；已设立并经营的企业的权利（营业权）（Recht am eingerichteten und ausgeübten Gewerbebetrieb）。

（3）责任成立的因果关系（Haftungsbegründende Kausalität），在合适的情况下，《德国民法典》第830条作为独立的请求权事由。

（4）损害（Schaden），一般损害，例如，《德国民法典》第249—254条；特别损害，例如《德国民法典》第842—850条。

（5）责任范围的因果关系（Haftungsausfüllende Kausalität）。

（6）违法性（Rechtswidrigkeit）：正当化事由（Rechtfertigungsgründe）；《德国民法典》第227—231条，第904条；《德国刑法典》第193条；冲突权利间的权衡（Abwägung mit kollidierenden Rechten），例如，《德国基本法》第5条第1款。

（7）过错（Verschulden）：一般过错见《德国民法典》第276条；特殊过错见《德国民法典》第827—829条。

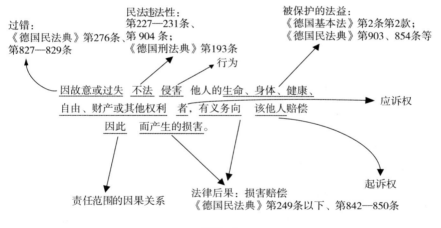

图1-4

在学习过程中，你仍可以完善自己做的索引卡片和思维导图。法律教育杂志（die Ausbildungszeitschrift Jura）经常会重复发表与教学有关的索引卡片，大量的复习教材（Repetitorien）也用索引卡片的形式介绍法律领域。

索引卡片非常适合于学习。由此可以很容易地区分出重点与非重点，你应当把已经掌握的卡片抽出来，而不是总重复已经掌握的知识。

67　2. 你为具体的法规或者特定的主题寻找范例和适用的案例

在处理非常规案例（直译为病态案例——译者注，pathologischen Fällen）之前，你需要先在正常案例中构思每一句法条和重要的构成要件或者争议焦点。

对于初学者（部分对高级阶段）很有帮助的是 C. H. 贝克出版社（Beck – Verlages）的丛书"测试你的知识"（Prüfe Dein Wissen – PdW）。[1] 这些为深化民法典学习提供了大量案例练习的书，例如，C. H. Beck 出版的《法律研究课程》（der Juristische Studienkurs）[2]；C. F. Müller 出版的《案例和解决方案》（die Reihe Fälle und Lösungen）[3]；或 Luchterhand 出版的《在法律核心领域的复习和深化课程》（der Wiederholungs – und Vertiefungskurs in den Kerngebieten des Rechts）。[4] 附带法院原始判决的《判例的汇编》也是非常有帮助的工具书。[5]

68　　图形比抽象的概念更容易记忆。因此，尝试着"带图形地学习"（bildhafte Lernen）。带图形地学习首先可运用于法条的处理。概念和法律问题经常可以被归纳于个别的构成要件要素中。

在第二步时，通过把所学概念与图形联系起来，你也可以把抽象的概念形象化，这通常适用于把问题和案件事实（Sachverhalte）联系在一起的情况。

共犯的主观性理论（die subjektive Theorie）主要表现在帝国法院"浴缸案"（Badewannenfall）中。[6] 典型社会行为是否会导致合同上的义务则被明确于"汉堡停车场案件"（Hamburger Parkplatzfall）中。[7]

69　　刑法上的打击错误（aberratio ictus）可以认为是由于因果关系的偏离，

---

〔1〕 有关民法典方面的书，例如 *Köhler*，BGB Allgemeiner Teil，*Köhler/Lorenz*，Schuldrecht Allgemeiner Teil，*Köhler/Lorenz*，Schuldrecht Besonderer Teil。

〔2〕 民法之外的书，例如，*Teichmann*，Vertragliches Schuldrecht；*Beuthien/Weber*，Schuldrecht II；*Buchner/Roth*，Schuldrecht III；*Rimmelspacher*，Kreditsicherungsrecht。

〔3〕 例如，*Marburger*，BGB Allgemeiner Teil；*Gursky*，BGB Sachenrecht。

〔4〕 例如，*Thiele/Fezer*，BGB Allgemeiner Teil；*Thiele/Fezer*，Schuldrecht，Allgemeiner Teil；*Thiele/Fezer*，Schuldrecht，Besonderer Teil；*Werner*，Sachenrecht。

〔5〕 例如，*Schack/Ackmann*，Das Bürgerlichen Recht，in 100 Leitentscheidungen，2011；类似参见本书第五章边码48内容中的脚注。

〔6〕 RG, Urt. v. 19.2.1940，3 D 69/40，RGSt 74, 84, 85 – 浴缸案（*Badewannenfall*）。

〔7〕 BGH, Urt. v. 14.7.1956，V ZR 223/54，BGHZ 21, 319, 334 f. –（汉堡停车场案）Hamburger Parkplatzfall。

导致结果发生在另一个行为对象身上,而非行为人所希望的人身上的情况。[1]初学者不容易理解这样的定义。他只能记住:"T 向 O 射击,但是却击中 A。"即使是这样的描述,却仍然不是很直观(anschaulich)。

你应当试图用自己的图像和电影来描述相关的法律问题,并赋予一个标题(Schlagwort)。最好尽可能地直观和显著地记住这些问题。越是令人难忘的和引人注目的电影,越容易被人想起,即越能够长时间地被记住。你可以用下面的案例来加深对打击错误的印象:

"周日弥撒案"(*Sonntagsmessenfall*):被欺骗的丈夫带着枪躲在篱笆后面,等待正在做弥撒的妻子。在毫不知情的妻子离开教堂时,丈夫朝妻子开了枪。正在此时,牧师却挡在了妻子的前面,牧师被子弹击中心脏倒地。[2]

运用这种所谓的影片联想法(Filmmethode)后,你将不会忘记"周末弥撒案"。在这个标题之下,你会把"打击错误"及其定义都关联上并很可能记忆非常长的时间。

根据常识,人们不能同时记忆七样东西。人们认为七是个神秘的数字。[3]因此,根据关键词学习,而且尝试着根据关键词联系到争议的不同观点。例如,关于过失的意思表示(der fahrlässigen Willenserklärung)的问题由意思(Willens-)、表示(Erklärungs-)和过失意思表示的理论(der Theorie der fahrlässigen Willenserklärung)组成(见本书第三章边码11),而不要将大量的法律理论都简化成一个标题。

"贵族案"(*Edelmannfall*)中澄清了"签订合同时的过错是否可以导致一个未公证的买卖合同产生无效的法律后果这一问题"。[4]

间接正犯(der mittelbaren Täterschaft)则需要研究"猫王案"(der Katzenkönigfall)。[5]

---

[1] 参见 *Roxin*, Strafrecht Allgemeiner Teil, 4. Aufl. 2006, § 12 Rn. 160。

[2] 例如,*Klaner*, Richtiges Lernen für Jurastudenten und Rechtsreferendare, 5. Aufl. 2014, S. 134 f。

[3] *Miller*, 63 The Psychological Rev. 81 ff. (1956); *Beelich/Schwede*, Denken, Planen, Handeln, 3. Aufl. 1983, S. 54.

[4] RG, Urt. v. 21.5.1927 V 476/26, RGZ 117, 121, 124 f——"贵族案"(*Edelmann*)。

[5] BGH, Urt. v. 15.9.1988 4 StR 352/88, BGHSt 35, 347, 351 ff. ——"猫王案"(*Katzenkönig*)。

《德国基本法》第 12 条中关于职业自由的具体化则要参考"药店案判决"（Apothekenurteil）[1]中发展出来的三阶段理论（der Dreistufentheorie）。

记忆口诀（Eselsbrücken）也可以实现图像学习的效果。

刑法上的保证人义务可以用图像来形象化：

"骑士案"（Reiterfall）：疾行如风的骑士鲁迪（Rudi）试图与他的马一起跳过一个三米宽的湍急的小溪，但不幸落入水中。不会游泳的萨宾娜（Sabine）和鲁迪都是新学期的法学学生，她正穿着新夹克和她的狗在散步。萨宾娜是否必须要跳进水里拯救鲁迪呢？

对你来说，这里的记忆口诀"REITQV"会非常有帮助：法条（Rechtssatz）、紧密的生活关系（Enge Lebensgemeinschaft）、由前行为引起的先行为义务（Ingerenz aus vorangegangenem Tun）[2]、实际上承担了保证责任（Tatsächliche Gewährsübernahme）、危险来源（Gefahrenquelle）和合同（Vertrag）。然而这些法律义务当然是没有被系统化地推导的。[3]

三、结构性思维（Strukturdenken）和结构性地学习（strukturiertes Lernen）

（一）法学是对逻辑性要求比较高的学科

法律人技能的基本要求是，把逻辑和结构性思维运用到日常的法律工作中。这种结构性思维铸造了法律人，同时也区分了法律人和非法律人。[4]结构性思维将清晰的、逻辑上令人信服的思路（klaren und logisch zwingenden Gedankengang）与含糊不清、不明确和有瑕疵的（fehlerhaften）论述，即与"混乱与空谈"（Chaoten und Schwätzern）区分开来。[5]德国联邦最高法院（BGH）将思维规则（die Denkgesetze）视为所谓的"不成文法的法律规范"（Normen des unge-

---

[1] BVerfG, Urt. v. 11.6.1958, 1 BvR 596/56, BVerfGE 7, 377, 397 ff.
[2] 这里是 Roxin, Strafrecht, Allgemeiner Teil, Bd. 2, 2003, Rn. 143 ff.。
[3] 关于骑士案的答案（Reiterfalls），参见本书第十章边码 1。
[4] 关于法律的结构思维，参见 Haft, Juristische Rhetorik, 8. Aufl. 2009, S. 25 ff.。
[5] 参见 Haft, Verhandlung und Mediation, 2. Aufl. 2000, S. 69 ff.；类似的见 Schnapp, Logik für Juristen, 7. Aufl. 2016, S. 20："概念是原材料，似乎也是法学（Jurisprudenz）的'仙丹'（das Lebenselixier）；没有完全掌握它的人，就等同于没有认识到自己的工具；因为我们的法律书籍是概念的集合体……"

schriebenen Rechts）[1]；思维上的瑕疵（Denkfehler）会引起复审（上诉 Revision）。[2] 这种结构性思维有助于工作中的布局（见本书第二章边码 64 及以下），有助于口试时的言谈（见本书第九章边码 1 及以下），也有助于阅读法律论文（见本书第五章边码 81 及以下）。依靠结构图可以更好地记忆案情和法律问题。思维导图（Mind Maps）也非常有助于结构的描述。[3]

（二）一个结构图由诸多语言要素（sprachlichen Elementen）并通过 74
"和"或者"或"的关系组合而成

有一种结构图叫"线状图"（lineare Strukturen），像历史一样，按照时间顺序将原因（Ursachen）和效果（Wirkungen）的链条联系起来。在论证锁链（Argumentationsketten）的情况下，应当是一个思路后面跟着另一个思路。为了列出复杂的案情和法律问题的结构，要运用递阶结构（hierarchische Strukturen），又称为树干结构（Baumstrukturen）。在大量材料需要整理的情况下，树干结构（Baumstrukturen）是非常有帮助的。结构必须是容易理解和简单的。为了不让读者或观众的记忆能力（Merkfähigkeit）超负荷，每一个阶层不要超过两个或者三个要点。通常情况下，复杂案情需要写纲要。[4] 正反方的论证观点都可以在一个条目下形象化地列出来。线状结构和递阶结构图可以如图 1-5 所示：

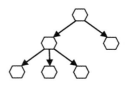

线状结构　　　　　　　　　　递阶结构

图 1-5　线状结构和递阶结构图

----

〔1〕 BGH, Urt. v. 18. 3. 1954 3 StR 87/53, BGHSt 6, 70, 72; BGH, Urt. v. 23. 2. 1990 V ZR 188/88, BGHZ 110, 294, 297.

〔2〕 根据 § 546 ZPO 和 § 337 StPO; s. Meyer-Goßner/Schimitt, StPO, 60. Aufl. 2017, § 337 Rn. 30; Thomas/Putzo, ZPO, 38. Aufl. 2017, § 546 Rn. 12。

〔3〕 详细的内容参见本书第一章边码 78 及以下。

〔4〕 关于写案情的提纲，请参见本书第二章边码 5 及以下。

线状结构（Lineare Strukturen）的例子经常可以通过改写（Umschreibungen）得到，例如阴险（Heimtücke）这个概念：阴险是指利用受害人的无知和无抵抗力的情形（die Arg – und Wehrlosigkeit）。

递阶结构（Hierarchische Strukturen）通常存在于概念金字塔中（Begriffspyramiden）。一个简单的两个层次的概念金字塔清晰地区分了肯定（Zustimmung）、同意（Einwilligung）和允许（Genehmigung）。同意和允许是肯定的上位概念，因为它们都包含一个上位概念的特征：事前或事后的肯定（认可Zustimmung）（见《德国民法典》第182条及以下）。

结构性的思维简单，也容易被运用于口诀中。在上述"骑士案"中关于保证人义务的口诀"REITQV"也可以运用于线状结构图。相比之下，在论证每一个保证义务的时候，就派生出"监督的保证义务"和"监护的保证义务"（Überwachungs – und Beschützergarantenpflichten），如图1-6所示。[1]

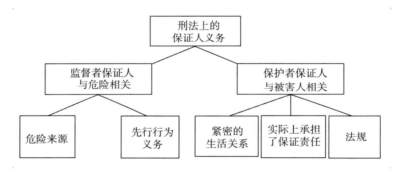

图1-6 刑法上的保证人义务（Strafrechtliche Garantenpflichten）

四、帮助表现创造性思路的工具（kreativer Denkvorgänge）

（一）聚类分析（Clustering）

一篇好的学术作品不可或缺地以一定程度的创造性（Kreativität）为前提。大部分作者缺乏的不是思想（die Ideen），而是组织结构与展开论证的

---

〔1〕 参见 Haft, Verhandlung und Mediation, 2. Aufl. 2000, S. 69 ff.; Haft, in: Gottwald/Haft, Verhandeln und Vergleichen als juristische Fertigkeiten, 2. Aufl. 1993, S. 14, 22。

过程（ein Verfahren）。这里推荐一个非常有效的方法，即被李克（Rico）首次提出并科学论证的所谓聚类分析法（Clustering）。[1]与法律案例分析中的请求权检验（Anspruchsprüfung）相区别的是，学术论文与其说是解决线性问题（lineare Problemlösung），毋宁说是要处理一个主题领域（Themenbereich）中的广泛问题。在这种情况下，应当考虑应用"聚类分析法"，因为它是基于自由组合（Prinzip der freien Assoziation）的原理构建的。通过这种方法，应用者可以拓展大量的思路（Gedanken）。

你应当作出如下处理[2]：人们从一个核心概念出发（Kernbegriff），首先将其写在一张白纸上，然后围绕它画一个圈。之后人们放任其思路去思考，不要试图去控制它，也不要试图使其集中起来。人们跟随着思维运动，把一个个冒出的念头联系起来。你要赶紧把这些被发现的念头（即核心概念的联系点）写下来，每一个念头有一个自己的圆圈。这些圆圈从中心点向四周发射。每一个新的概念都用一条线与那些思维上联系的概念（gedanklichem Zusammenhang）连接起来。下一步要做的是，针对这些被发现的概念再次寻找它们之间的关系，将其与每一个上位概念（Ausgangsbegriff）联结起来。在多次重复这些过程之后，在卡片上会显示一个有很多新分支的思路和想法的网络，其中原始的核心概念会像光源一样被包围起来，这时它可以被称为"思路地图"（Gedankenlandkarte）。

这种方法的优点在于，作者可以从单轨的、线性的思维强制中解放出来。根据逻辑的基本原理，你可以玩耍般地克服来自思维概念方面的阻碍性停顿（die hemmende Zäsur）。应用者可以最大限度地发挥他的创造性潜能（kreatives Potential）和主动性（Spontanität）。我们推荐感兴趣的读者将所描述的这种方法首先运用于简单的概念（例如学习、家庭等）的练习，这样你会为"聚类分析法"令人惊讶的高效所折服。

（二）思维导图（Mind Mapping）

从聚类分析法（Clustering）进一步发展就是思维导图了（Mind Map-

---

[1] Von *Cluster*, engl. für Traube, Büschel.
[2] 根据 *Rico*, Garantiert Schreiben lernen, 1984, S. 30 f.

ping）[1]，这是有方向的思考（zielorientiertem Denken）和自由的联想（freier Assoziation）之间的一条折中路线。应用者不是自由放任其思维的发展，而是根据关键词概念（Schlüsselbegriffen），有方向、有系统性地从初始概念（Ausgangsbegriff）里发展出来。你应该简明扼要地总结问题的主要方面。这种方法的特别之处在于，每一个关键词概念都被其自身的关系领域所包围。一个主题领域只会涉及很少的一些概念。[2]

79 在搜索其他关键概念（Schlüsselbegriffen）的过程中，思维导图会随着直觉（intuitiv）和联想（assoziativ）被拓展开来。应用者会为他的思维设定一个特别的方向。通过这种方式找到的概念，将根据类似聚类分析一样的方法排列起来。应用者在把这个概念写进思维导图时，将进一步检验其适当性（Tauglichkeit）。[3]

80 在写思维导图时，首先将纸张横向置于你的面前，请将需要处理的主题（behandelnde Thema）写在中心位置。你还需要画出主题的要点的分支。重要的是每一个分支上只能写很少的词（最好只写一个）并把这个词写于分支上。另外，可以使用不同的颜色以及词语直观地配上图形。思维导图的优点在于可以将文字的结构形象化（visualisieren）。这会更容易记忆，因为两个脑半球都被启动起来。[4]

81 特别是那些你在考试前必须要学习的法律领域，更有必要尽早建立起一个体系化、方便修改关键词并有助于长期记忆的系统。思维导图是特别适合法学院学生的工作方式，它可以系统化地去拓展一个特定的问题范围（bestimmten Problemkreis）。因为根据德国法律占统治地位的立法技术的杰作，一个特定的法律资料往往与各种各样的其他基本法规，或者甚至需要与整体法规相联系，才能被理解和运用。法律学生可以凭借思维导图，形象地看到这些联系，并整理出自己的思路结构。这将简化对这些资料的理解，同时也减轻学习者的负担。

---

[1] 关于思维导图的概况参见 Beyer, BrainLand. Mind Mapping in Aktion, 3. Aufl. 1997; Buzan/Buzan, Das Mind‑Map‑Buch, erweiterte Aufl. 2013; Sauerwald, Mind Mapping in Studium und Referendariat, 2006。

[2] Beyer, BrainLand. Mind Mapping in Aktion, 3. Aufl. 1997, S. 8, 10, 19.

[3] Beyer, BrainLand. Mind Mapping in Aktion, 3. Aufl. 1997, S. 16.

[4] Tony Buzan 在 Mind Map – Die Erfolgsmethode, 2005, S. 20–35, 如此创建一个思维导图。

例如，联邦总统的职责可以通过下面的思维导图来表现（如图 1－7 所示）：

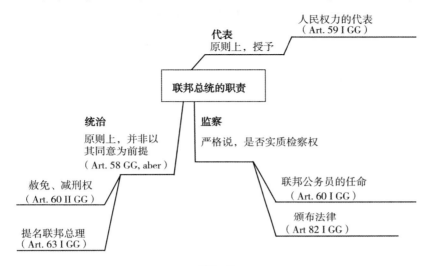

图 1－7

此外，思维导图还可以用于作报告（演讲 Vortrag）时提示思路。[1]　　82

你将会证明：学习之初越是富有激情和主动性，就更容易理解法律问　　83
题，并不易忘记它们。学习到的知识必须存储在长期记忆里
（Langzeitgedächtnis）。这里将本章所介绍的学习技术[2]总结为三条黄金
法则：

（1）阅读：作为学生要思考。不喜欢阅读的人，学习会非常困难。缩略
版的书对于入门阶段和复习阶段非常好，而大部头则是为了深化理解。

（2）思考：在上课时，不要记下老师说的每一句话，只需记下关键词。
不应把自己训练成秘书，而是要尝试一起思考，让自己的思维跟上老师的思
路。在上课或者读书时不动脑筋的人，还不如去咖啡馆或者在沙发上休息。
如果在开始的时候感到非常困难，那么就应当提问，大部分老师都会非常乐
意回答你的问题。

---

〔1〕　参见本书第一章边码78。
〔2〕　提供各种很好的学习技术概述的是 Klaner, Richtiges Lernen für Jurastudenten und Rechtsreferendare, 5. Aufl. 2014, S. 112 ff.

(3) 练习：要寻找法条的应用案例来进行练习。好的法律人能够论证。要与私人学习小组里的同学交流和讨论所听到的内容。要学会写提纲：你要创造自己的有关法律问题的图表（Graphiken）和概述（Übersichten）。

同时：复习（Wiederholen）和再加工（Nacharbeit）都会让人受益。

第二章　案例分析和闭卷考试

法律人经常需要论证判决的法律理由，闭卷考试会练习这些思维和方法，尽管练习中的那些没有争议的案情明显比实践中的真实案例更简单。

闭卷考试[1]的时间通常分为四个阶段：第一，整理题干（Bearbeitervermerk）和案情（Sachverhalte）；第二，撰写草稿提纲；第三，检查结论；第四，成稿。

第一学期民法的一个典型案件如下所述：

"斑马线案"（*Zebrastreifenfall*）：在一个阳光明媚的周日，法拉利司机费迪南（F）与其兴奋的女友弗朗西丝卡开车横穿弗莱堡。这对坠入爱河中的情侣眼中只有对方，费迪南没有看见老奶奶格雷琴（G）正一边思念着其唯一的亲人——孙子爱德华（E），一边牵着她的狗慢慢地走过斑马线。老奶奶和狗被法拉利撞倒并于三天后死亡。

题干（Bearbeitervermerk）：请分析法律状况（Rechtslage）？

案例变体（Abwandlung）：如果费迪南以每小时 40 公里的速度行驶，老奶奶与其汪汪叫的腊肠犬（Dackel）忽然从一个拐弯的盲区转入

---

[1] 关于闭卷考试技巧（Klausurtechnik）的概述，参见 s. *Beaucamp/Treder*, Methoden und Technik der Rechtsanwendung, 3. Aufl. 2015, Rn. 395 ff.; *Braun*, Der Zivilrechtsfall, 5. Aufl. 2012, S. 32 ff.; *Bringewat*, Methodik der juristischen Fallbearbeitung, 3. Aufl. 2017; *Drehsen*, Bonner Rechtsjournal, 2013, 106 ff.; 2014, 50 ff.; *Fritzsche*, Fälle zum BGB Allgemeiner Teil, 6. Aufl. 2016, Rn. 37 f.; *Mann*, Einführung in die Juristische Arbeitstechnik, 5. Aufl. 2015, Rn. 154 ff.; *Valerius*, Einführung in den Gutachtenstil, 4. Aufl. 2017, S. 47 ff.; *Schimmel*, Juristische Klausuren und Hausarbeiten richtig formulieren, 12. Aufl. 2016, Rn. 530. 关于第二次国家司法考试的闭卷考试技巧，参见 *Knöringer*, Die Assessorklausur im Zivilprozess, 16. Aufl. 2016; *Schuschke/Kessen/Höltje*, Zivilrechtliche Arbeitstechnik im Assessorexamen, 35. Aufl. 2013, Rn. 465 ff.; *Wimmer*, Klausurtipps für das Assessorexamen, 4. Aufl. 2009, S. 17 ff.

而在街道上与车碰撞时，本案的法律状况又是如何呢？

第一节　分析题干和案情

2　　很多时候，人们没有充分阅读题目和案情，并忽视重要的提问。为此，你必须要保证有足够的时间。

一、题干

3　　对于应试者而言，最重要的提示是在闭卷考试的最后部分。此处将会提示需要解决的是何种问题。例如，在民法的闭卷考试中，有的时候只会针对特定的请求权（例如物权请求权）进行提问；在刑法中有时可能只检验特定参加人，或不需要检验某个构成要件。在公法的闭卷考试中，则会在题干说明，究竟是要求检验案件的合法性（Zulässigkeit）及采取法律措施的合理性（Begründetheit）或者是要求检验其一。在进阶阶段和司法考试的闭卷考试中也会有一些不常规的问题，例如，评估一个起诉或者法律手段（Rechtsmittel）成功的可能性，设计一份合同或者要求回答法律问题。你要认真地通读题干，避免多余的工作。

在"斑马线案"中，若题干只提问《德国民法典》第823条第2款之外的请求权，就无需再对《德国刑法典》（StGB）、《德国道路交通法》（StVG）和《德国道路交通规则》（StVO）等进行讨论了。

在阅读案情之前，你先阅读题干。这样你可以尽早避免在一些本来就没有涉及的问题上过多纠缠。

二、第一次阅读案例和头脑风暴

4　　大多数时候，通读案例时产生的初步想法都是正确的——请务必记在一张纸条上，最后能与提纲（结构）进行比较，以保证没有忽略提问点。运用不同的颜色进行标记是一个更好地总结案情的技巧。[1]

在"斑马线案"中：老奶奶死亡，谁可以为老奶奶提起有效的诉讼请

---

〔1〕你要针对不同的人或者不同的程序和实质性问题使用不同的颜色。

求？可能存在的继承人，例如，她的孙子爱德华（Eduard），这在案情中只是被间接提及。

三、视觉的辅助工具：草图和时间表

通常情况下的案情都非常复杂，不限于两个人之间的关系。画一个草图会对理清案情非常有帮助，便于作者可视化地再加工具体的法律问题，并整理人际关系。恰恰在法律问题比较一般性的时候，你就更能清楚地识别，谁能够针对谁行使请求权。即使是所提及的法律问题仅是单向的问题，例如，老奶奶（G）或者孙子（E）是否有权向费迪南（F）提起诉讼，你也可以根据草图认清，在抵销权（Aufrechnung）的范围内是否有可能提出相反的请求。我们的斑马线案可以画如图2-1所示的草图：

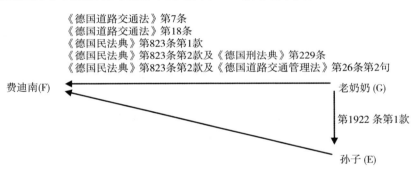

图2-1

拓展：最有名的依据是基普先生独创的双重功效理论（die Kipp'sche Doppelwirkung）[1]：对古董没有任何概念的17岁的V，从刚去世的奶奶处继承了一个文艺复兴时期的柜子，价值5万欧元。V将其以4000欧元的价格出售给古董商人K，因为K恶意隐瞒该柜子的年代和价值，欺骗了V。K把柜子转卖给D。D明知该欺骗的历史，并不介意V是未成年人。请自己编

---

[1] 基普的双重功效理论（Kipp'schen Lehre von der Doppelwirkung），参见 Kipp, in: FS von Martitz, 1911, S. 211 ff.；Fikentscher, Methoden des Rechts, Bd. 4, 1977, S. 363；Palandt/Ellenberger, BGB, 77. Aufl. 2018, vor § 104 Rn. 35。

写一个案情草图。[1]

6　　在物权法和继承法的闭卷考试中，通常也会包含时间的规定（Zeitangaben）。应试者必须理清所涉及的法律相关行为的时间顺序。通过一个时间表（Zeitstrahls），人们可以把各种时间和法律行为的顺序清楚地展现出来。

四、完全理解案情

7　　尽可能轻松地阅读相关的案情，并用充足的时间来完全理解它。完全理解案情的前提是重复以及集中注意力地阅读。不能忽略或者按照自己的意愿改变案情。[2]通常情况下，任何关于案件的说明都是重要的，应当与特定的法律问题联系起来考虑。请不要漏掉任何东西（或者忽略那些与你的法律结论不相符的案件说明），要仔细地检查每一个特定条件下的案件事实，至少要思考它的法律意义。因此，重要的通常不仅仅是每一个人、每一个日期和每一句案件描述，还有每个单独的词汇，它们都可能与闭卷考试有直接的联系。这些都必须在答案中重新表现出来。为了有利于检查，人们可以把自己的答案设想为案情的"镜像"（Spiegelbild）：所有在案情中提到过一次的东西——尽管之后未提及——也需要在自己的答案中或多或少地重现。你要标记出所有相关的数据，包括在草图和时间表上。因为在这个阶段的努力就如同"复活节找蛋"（Ostereiersuche）一样将会得到好的回报。

　　哪一方参与人没有遵守交通规则？案情中是否还有结论未定之处？老奶奶过马路时是否环顾四周了？在另一情景中，如果狗把老奶奶拉到大街上，这一事实是否有意义？

8　　当然，你不可能就每个构成要件都能在案情中找到提示信息。请思考，案件事实究竟没有提供哪些信息。可能犯的最大的错误是所谓的"扭曲案情"，即你错误认定了一个不相关的案件事实。[3]特别是在你做过类似案例的时候，实际上两个案情并不是一样的，反而在一个非常重要、没有注意到的点上有所区别。对案例分析的题目本身进行质问、批评，或者怀疑案例描述的事实是否真

---

〔1〕 答案参见本书第十章。
〔2〕 参见 Mann, Einführung in die juristische Arbeitstechnik, 5. Aufl. 2015, Rn. 157。
〔3〕 参见 Mann, Einführung in die juristische Arbeitstechnik, 5. Aufl. 2015, Rn. 159。

实发生过,都是不恰当的做法。请根据案情的本来面貌分析案情。[1]

(1) 如果案情不明确或者有歧义,那么就要根据生活中的正常情况来推测。案情中不会存在例如邮递不准时的问题,题目假设的前提是邮件会准时到达。

(2) 需要自问,是否需要根据证明责任规则(Beweislastregeln)来裁判。首先需要遵守的自然是法定的举证规则,这是你在闭卷考试中无需查看法典评注(Kommentar)就应当掌握的内容。例如《德国民法典》第891条及以下。[2]

(3) 如果不如上所述,就应当有足够的勇气把这些要点列为事实问题(Tatfrage),而不做出论断。当然也必须保证闭卷考试的案例是能够找到分析结论的。应当提出一个建议性的答案,而不是几个建议,也不要让结论待定。

如果案情中未提示,则可以认为人们是遵守了交通规则的:在基本案例中,老奶奶先到达街上,她就应当从右向左察看了周围。在修正案例中,违反了交通规则的是司机,而不是老奶奶。

在这个阶段,可以安静地、尽情地记录下头脑风暴中想到的所有要点。不仅提示部分需要关注,还需要特别关注的是,参与人在案情中具体参与、实施的法律部分。[3] 这些法律的观点虽然不是有约束力的,但是案例分析人通常应当特别关注案件中特别提示的法律问题,并详细地研究和理解它。应当搜集所有潜在的请求权基础(Anspruchsgrundlagen)和判决理由(Entscheidungsgrundlagen)。

第二节 撰写草稿:借助提纲展开案例分析

一、提纲的优点和形式

是否已经理解了案情和提问,这是寻找案例法律答案的开始。对于简单的案例,人们可以仅凭头脑琢磨就能找到答案;对于闭卷考试中的答案,应当用书面形式,也就是以提纲为基本形式(参见本书第二章边码64)。请你

---

[1] 通常都是虚构的案情;在后面的实践中人们才学习如何去调查案情。关于事实的诠释学(Sachverhaltshermeneutik)参见 Möllers, Juristische Methodenlehre, 2017, § 14 Rn. 11 ff.。
[2] Velte, Jura 1980, 193, 195.
[3] Velte, Jura 1980, 193, 196.

运用"展开"（entwicklen）这个概念的字面含义——推导：没有任何一个法律案例是凭借少量的"思维火花"（Gedankenblitzen）就能寻找到答案的。答案至少需要通过非常谨慎的步骤推导才能得到。这些措施能够让人尽早弄懂闭卷考试的结构，认清重点，有时候也会纠正你的解题思路（Lösungsweg）。此外，如果目标明确地推导（写作）案例分析答案，文字会更加简短和精确。

建议在一张或多张草稿纸上书写提纲，并运用典型的打草稿的方式［用关键词简短地记录重要的思路，缩写得合目的，并运用指示箭头、（＋）／（－）等符号标识］。

11 应当注意的是答案草稿（Lösungskonzept），其应当是一目了然和便于理解的，以便于你随后能够没有阻碍地把答案写下来。你应当在答案草稿相应的位置上标出你之后想要进一步思考的内容。应当注意的是，提纲不要太详细：不是所有论证都需要记录下来，这也保证了手稿书面的干净。

（1）在民法中典型的提问是："谁基于何种请求权基础想从谁那里得到什么？"

（2）在刑法中是："谁做出了怎样的可罚行为？"

（3）在公法中："行政行为、措施或者法律是否形式或者实质上违法并因此侵害了告诉人的权利？"

二、民法中的请求权结构[1]

（一）请求权的目标和参与人

12 民法涉及主体（Subjekten）、客体（Objekten）、主观权利（subjektiv-

---

〔1〕 参见 *Zimmermann*, Klage, Gutachten und Urteil, 20. Aufl. 2011；*Braun*, Der Zivilrechtsfall, 5. Aufl. 2012, S. 21 ff.；*Diederichsen/Wagner*, Die BGB - Klausur, 9. Aufl. 1998；*Metzler - Müller*, Wie löse ich einen Privatrechtsfall, 7. Aufl. 2016；*Fahse/Hansen*, Übungen für Anfänger im Zivil - und Strafrecht, 9. Aufl. 2001；*Klaner*, Wie schreibe ich juristische Hausarbeiten, 3. Aufl. 2003；*Michalski*, Übungen im Bürgerlichen Recht für Anfänger, 3. Aufl. 2005；*Quittnat*, Der Privatrechtsfall, 6. Aufl. 2005；*Wimmer*, Klausurtipps für das Assessorexamen, 4. Aufl. 2009；*Wörlen/Schindler*, Anleitung zur Lösung von Zivilrechtsfällen, 9. Aufl. 2009. 有益的教科书还有 *Brox*, *Köhler*, *Leipold* zumBGB, *AllgemeinerTeil*sowie *Medicus/Petersen*, GrundwissenzumBürgerlichenRecht. 此外，还可以找到 2002 年 1 月 1 日债法改革后的所有的案例汇编，例如 *Dauner - Lieb*（Hrsg.），Das neue Schuldrecht - Fälle und Lösungen, 2002；*Köhler/Fritzsche*, Fälle zum neuen Schuldrecht, 2002；*Fritzsche*, Fälle zum Schuldrecht I, 7. Aufl. 2016；*Becker*, Vertragliche Schuldverhältnisse, 2002；*Kornblum/Stürner*, Fälle zum Allgemeinen Schuldrecht, 8. Aufl. 2017.

en Rechten）和法律关系（Rechtsverhältnissen）。首先应当确定当事人（Parteien，即主体）和请求的目标（Anspruchsziele，即主观权利）。对此请制作一个大的表格作为书写答案的草稿，并请从一些重要的问题开始：

谁想从谁那里得到什么？

法律的语言意味着，你必须按照如下规则分解法律问题：

（1）请求人（Anspruchssteller），即谁想要主张什么？（Wer will etwas?）

（2）请求的对象（Anspruchsgegnern），即谁想要向谁主张？（Wer will etwas von wem?）

（3）请求的目标（Anspruchszielen），即要主张什么？（Was wird jeweils gewollt?）

在具体问题的提问中会有解题的提示（例如，请检验 A 可以向 B 以及 B 可以向 C 银行提出哪些请求），即使在概括性问题的情况下，也应是有所区别的（例如，当事人有哪些请求权，或者法律状况如何）。文字对问题会有精确地描述，谁针对谁可以提出有效的请求（例如，A 要求 B 损害赔偿，B 反驳认为，C 应当为其承担责任），因此尽管是概括性的问题，案例分析的范围也仅限于该问题中所提及的请求人。如果在问题中没有任何限制性的提示，那么在概括性问题中需要分别检验所有当事人的请求（也就是说，每个当事人针对其他当事人的请求）。[1]

在提纲卡片上，需要列出所有需要检验的请求人，例如：

A. A 对 B 的请求

B. B 对 A 的请求

C. A 对 C 的请求

……

或者以斑马线案为例：

A. G 对 F 的请求

B. E 对 F 的请求

---

[1] 关于提纲的结构，参见本书第二章边码 65 及以下。

14　下一步你要查证每一个请求人相应的请求目标（例如，请求交付一辆被售的汽车、请求损害赔偿）。你得清楚地区分易混淆的各请求目标[例如，请求赔偿（Schadensersatz）和用益返还请求（Nutzungsherausgabe）]。你的答案草稿可能如下所示：

A. G 对 F 的请求

原则上存在，但是此人死亡了。

B. E 对 F 的请求

对 G 的请求权的继承，第 1922 条。

a. 请求支付医院的费用

b. 请求赔偿狗死亡的损害

c. 请求精神赔偿金等

（二）请求权基础

15　现在才开始真正的法学工作。要考虑的是，哪些请求权基础（哪些法律关系）可以支持所需证明的请求权。但凡法律规范抽象的法律后果能实现具体请求目的的，都应纳入考虑。你可以将上面提及的这些问题扩展为提问：谁希望从谁那里得到什么？

16　首先需要寻找、收集并考察每一个请求权可能涉及的请求权基础。此时，适用如下原则：合同优先于法律，即合同的请求权基础应当先于法定的请求权基础加以检验，以避免因请求权基础的条款是以其他条款的解释为前提，导致出现繁琐的"嵌套式"的证明（Schachtelprüfungen）。[1] 应先想到的是合同上的请求权，比如请求付款，类似《德国民法典》第 433 条第 2 款。义务违反（Pflichtverletzungen）是需要思考的次级请求权（Sekundäransprüche），例如，因合同磋商行为中的过错产生的请求权（见《德国民法典》第 311 条第 2、3 款，第 241 条第 2 款）或者积极侵害债权（positive Forderungsverletzung，见《德国民法典》第 280 条第 1 款）。与合同相类似的请求权（vertragsähnliche Ansprüche），例如，也应当检验《德国民法典》第 677 条的无因管理请求权（Ansprüche aus Geschäftsführung ohne Auftrag）。

---

[1] 详见 *Medicus/Petersen*, Bürgerliches Recht, 26. Aufl. 2017, Rn. 7 ff.；*Braun*, Der Zivilrechtsfall, 5. Aufl. 2012, S. 19 f。

接下来需要按照特定的顺序检验请求权基础。检验合同上的请求权基础；在检验侵权（deliktische，参见《德国民法典》第823条）和不当得利请求权（bereicherungsrechtliche Ansprüche，参见《德国民法典》第812条）之前，应当继续检验物上请求权（dingliche Ansprüche），例如，《德国民法典》第987条的所有人—占有人关系（Eigentümer-Besitzer-Verhältnis）。如下检验顺序是必须要遵守的：

（1）合同请求权（Vertragliche Ansprüche）可能会影响其后所有的请求权基础。由此可以根据合同关系推导出《德国民法典》第986条意义上的占有的权利，来论证首先根本不存在"所有人—占有人"关系（Eigentümer-Besitzer-Verhältnis）。此外，可以根据合同确定责任减轻（Haftungsprivilegierung），例如，《德国民法典》第521条修改了侵权法框架下的过错的检验。这样的考虑同样适用于类似合同的债务关系（vertragsähnliche Schuldverhältnisse），例如，好意施惠（Gefälligkeitsverhältnis）情况下的责任减轻（Haftungsprivilegierung）问题。合同往往为不当得利法（Bereicherungsrecht）上的后果提供了一个法律理由。在其他的案例中，为了避免这些，你必须注意检验合同关系，至少在头脑里要预先检验一下合同上的请求权（die vertraglichen Ansprüche）是否成立。

（2）在开始检验侵权责任和不当得利请求权基础前，应当首先思考一下物上请求权（dingliche Ansprüche），例如，是否会出现"所有人—占有人"关系。这里人们也希望能够避免混乱的嵌套式的论证（Schachtelprüfung）。根据《德国民法典》第993条第1款和第2款，"所有人—占有人"关系将会阻断用益和损害赔偿的请求（在适用范围和例外上存在争议）。

（3）采用侵权法和不当得利法中的哪些请求权基础，通常是闭卷考试考察的目的和重点所在。[1]

具体而言，适用如下检验顺序：

①合同请求权（Ansprüche aus Vertrag）

A. 主请求权（Primäransprüche，例如履行）；

---

[1] *Medicus/Petersen*, Bürgerliches Recht, 25. Aufl. 2015, Rn. 11.

B. 次请求权（Sekundäransprüche，例如损害赔偿）。

②类似合同法律关系的请求权（Ansprüche aus vertragsähnlicher Beziehung）

例如缔约过失责任以及无因管理之债（Verschulden bei Vertragsverhandlungen, Geschäftsführung ohne Auftrag）。

③物上请求权（Dingliche Ansprüche）

特别是出于所有人——占有人关系（Eigentümer – Besitzer – Verhältnis）。

④侵权行为请求权（Ansprüche aus Delikt）

⑤不当得利请求权（Ansprüche aus ungerechtfertigter Bereicherung）

21 （4）如果在某个特殊关系中需要思考多个请求权的法规（Anspruchsnormen），首先需要检验的是特殊规范（Spezialnorm）。如果有作为前提条件的特殊规范（Spezialnorm），则不需要再检验概括性的规范（allgemeine Norm）。只有在没有牵涉特殊规范时，才会检验概括性的规范。[1]

22 在德国的闭卷考试中，请求权结构（Anspruchsaufbau）占统治地位。在学习过程中，你应当收集相关的请求权基础，系统化并牢记之。而哪个请求权基础将会被运用到具体案例中，则取决于案例提问中所提及的法律后果（Rechtsfolge）。[2]

根据请求权基础类别进行归类之后，你的草稿提纲大致如下所示：

①G 向 F 主张的请求

原则上可行，但是 G 死亡了。

②E 向 F 主张的请求

G 请求权的转让（或继承，Rechtsnachfolge），《民法典》第 1922 条[3]：

A. 要求支付住院费（Krankenhauskosten）

a.《德国道路交通法》第 7 条第 1 款

b.《德国道路交通法》第 18 条第 1 款

c.《德国民法典》第 823 条第 1 款

d.《德国民法典》第 823 条第 2 款与《德国刑法典》第 229 条之结合

e.《德国民法典》第 823 条第 2 款与《德国道路交通条例》第 26 条第 1 款

---

[1] Mann, Einführung in die juristische Arbeitstechnik, 5. Aufl. 20150, Rn. 198.

[2] Medicus/Petersen, Bürgerliches Recht, 25. Aufl. 2015, Rn. 3.

[3] 关于索赔的法律后果，参见 Palandt/Weidlich, BGB, 75. Aufl. 2016, § 1922 Rn. 10, 26。

之结合

B. 因为腊肠犬的死亡而请求损害赔偿（Schadensersatz）

a.《德国道路交通法》第 7 条第 1 款

b.《德国道路交通法》第 18 条第 1 款

c.《德国民法典》第 823 条第 1 款

d.《德国民法典》第 823 条第 2 款与《德国刑法典》第 303 条之结合

e.《德国民法典》第 823 条第 2 款与《德国道路交通条例》第 26 条第 1 款第 2 句之结合

C. 根据《德国民法典》第 823 条第 1 款、第 253 条第 2 款请求（精神或肉体损害的）赔偿金，等等。

（三）涵摄

现在开始最艰苦的写作阶段：在具体的案件中，检验每一个请求权基础的条件是否得到满足。这里要想能够周全考虑到每一个请求权基础，主要经过两个思考步骤。请自问如下问题：请求权的成立依赖哪些法律前提（条件）？这些前提（条件）在具体的案例中是否成立？

1. 第一个思考步骤是对一个请求权基础的法律前提进行工作

对于某些请求权基础而言相对简单。其请求权成立的条件（Anspruchsvoraussetzungen）可以从请求权规范（Anspruchsnorm）中简单地看出来，因为根据请求权规范就可以鉴别出其构成要件（Tatbestandsmerkmalen）（例如《德国民法典》第 433 条第 1 款）；另外一些请求权基础则需要与其他相关（很可能是嵌套式）的法条联系起来考察，才能找到请求权成立的条件。

例如，根据《德国民法典》第 280 条第 2 款、第 286 条的迟延损害请求权（Verzugsschaden）：存在《德国民法典》第 286 条第 1 款的给付义务（Leistungsverpflichtung）、给付到期（Fälligkeit der Leistung，规定于《德国民法典》第 271 条）、未给付（Ausbleiben der Leistung，《德国民法典》第 286 条第 1 款）、催告（Mahnung，《德国民法典》第 286 条）、未给付并非债务人无须负责（Ausbleiben nicht unverschuldet，《德国民法典》第 286 条第 4 款）、产生延迟支付的损害（Eintritt eines Verzugsschadens，《德国民法典》第 280 条）。

25 请求权的要件不仅仅包含积极的成立要件（例如《德国民法典》第823条第1款要求存在一个对法益的损害或者在合同请求权中须具备双方达成合意的意思表示），而且也要求不存在生效障碍事由（例如缺乏行为能力、违反善良风俗）、消灭原因（例如撤销、履行、履行不能），以及抗辩理由（例如延期清偿、诉讼时效）。为了不遗漏每一个请求权的要件，应当从以下三个问题对每一个请求权基础进行考察：

（1）请求权是否成立（entstanden）？

（2）请求权是否消灭（erloschen）？

（3）请求权是否存在障碍（gehemmt）？

26 在"请求权是否成立"的论证方面，需要检验成立条件（Entstehungsvoraussetzungen）和生效障碍事由（Wirksamkeitshindernisse）；在"请求权是否消灭"的论证方面，需要检验可能存在的"消灭原因"；在"请求权是否存在障碍"的论证方面，需要检验是否存在一个可能的请求权抗辩理由。

请在答卷上列出相应请求权需要的所有条件（要件），例如：

根据《德国民法典》第823条第1款的（参见本书第一章边码64）请求权要件：

（1）法益侵害（Rechtsgutsverletzung）：身体、健康等；

（2）侵害行为（Verletzungshandlung），作为或不作为（Tun oder Unterlassen）；

（3）责任成立的因果关系和可归责（Haftungsbegründende Kausalität und Zurechnung）；

（4）违法性（Rechtswidrigkeit）；

（5）过错（Verschulden）：故意或过失（Vorsatz oder Fahrlässigkeit）；

（6）损害结果（Schaden）；

（7）责任范围的因果关系（Haftungsausfüllende Kausalität）。

27 2. 在已经思考了一个请求权基础的法律要件并且列出这些要件之后，就可以开始第二个思考步骤，即考虑把这些规范归类列入真实的案件事实中

(*Lebenssachverhalt*)。[1]

你需要检验这个具体的案例是否满足了每一个要件，即每一个构成要件是否得到满足。这种在考试和实践中的涵摄是对法律人要求最高的工作。这种方法依赖于一个三段论（Syllogismus），其中有两个前提（Prämissen），即所谓的大前提（Obersatz）、小前提（Untersatz）和结论（Schlussfolgerung, *conclusio*）。因此，大前提是被应用的法律规范，小前提是生活的案件事实，结论是法律的推论。[2]

涵摄中需要注意如下几点：

（1）一些构成要件通常是很容易被证实的，（例如，一个被撞凹陷的汽车挡泥板是否构成财产损害）。在这种情况下不需要一个完整的涵摄；此处简单地确认（kurze Feststellung）案件事实符合构成要件就足够了。

（2）相反，在其他构成要件中，人们不能简单地说，具体案件是否符合了该构成要件，例如，特定合同是否违反了善良风俗（sittenwidrig），或者堵住一辆小汽车是否构成了对财产的损害。例如，通过清楚提示要回答的问题来开始你的论证：

需要检验的是，堵住一辆小汽车是否也可以看作是《德国民法典》第823条第1款意义上的财产损害。

（3）之后便是对法律规范或某个构成要件进行解释的技艺。如果你首先介绍一个可能的反对意见，接着论述支持己方观点的理由，最后以强烈、有说服力的论证结束（参见本书第三章边码2及以下），那么泛泛的理由（Umfangreiche Begründungen）也会变得有说服力。

如果堵住一辆小轿车构成财产损害的观点成立的话，需要满足如下理由：关于……此处的反对观点认为……然而具有决定性的是对……的考量。

请你在解释或者说明法律规范时，务必与具体的案例相联系。抽

---

[1] Mann, Einführung in die juristische Arbeitstechnik, 5. Aufl. 2015, Rn. 208.
[2] 详细内容请参见Engisch, Einführung in das Juristische Denken, 11. Aufl. 2010, S. 45 ff., S. 52。

象的讨论与太纯粹的"理论讨论",不属于闭卷考试(中要回答的部分)。

你应当采用按顺序检验请求权构成要件的叙述方法。如果你对请求权某个要件的检验得出否定的结论(即最后认为请求权不成立),那么你在考试中应当否定相关的请求权基础。

尽管很可能非常有趣,你也务必不要继续检验其他请求权要件。一旦缺乏一个请求权要件,也就意味着即使其他要件都具备,该请求权仍然不成立。你可以如此写结论:

> 因为老奶奶 G 已经死亡,她不能成为请求人。因此老奶奶 G 自己的请求权不能成立。

31　　(4) 在检验了一个请求权的全部条件之后,你可以明确自己的结论。然后以同样的方式,继续检验下一个请求权基础的条件。如此进行,直到你检验了所有的请求权基础。你应当总是一次性检验完与请求目的相关的所有的请求权基础,即便你同时看到了其他相对可能成立的请求权,例如:

> 根据《德国民法典》第 823 条第 1 款,E 可以向 F 主张……的请求权。根据《德国民法典》第 823 条第 2 款和《德国刑法典》第 229 条,A 可以向 B 主张损害赔偿请求。

32　　在学生生涯中,你应当认识大量的请求权基础。因此,非常有必要,尽可能早地开始收集《德国民法典》中的请求权基础,并很好地掌握它们,例如,像我们提到的"斑马线案"(参见本书第二章边码 1 及以下)。针对重要的请求权基础可以按表 2-1 所示,列出一个请求权的体系:

表 2-1 民法中的请求权体系（Das bürgerlich - rechtliche Anspruchssystem）

1. 根据法律关系进行分类（Gliederung nach Rechtsverhältnissen）：

(1) 谁向谁主张（Wer von wem）：

(3) 根据什么（woraus）：

(2) 什么 (was)	① 特别关系的合同, 家庭法, 继承法 (Sonderbeziehung Vertrag, FamR, ErbR)	② 类似合同债务 (Vertragsähnliche SchuldV)	③ 物上请求权 (Dingliche Ansprüche)	④ 侵权行为 (Unerlaubte Handlung)	⑤ 不当得利 (Ungerechtfertigte Bereicherung)
履行 (Erfüllung)	a) 合同请求权, 例如, 第433条, 第241条, 第311条第1款 b) 家庭法第1353条 c) 继承法, 例如第2174条	第677条	特殊的, 例如第1108条	—	—
退回或返还 (Rückgabe oder Herausgabe)	a) 特殊的, 例如, 第546、604、488、695条, 第495条与第355条结合, 第355条与第312条, 357条结合 b) 概括性的, 例如, 第346条, 第326条第4款, 第346条 (证明链需要注意的是, 例如, 第480条, 第437条第2项, 第440条第1款, 第323条第1款, 第346条第3项, 第636条第3款, 第323条第1款, 第346条)	第667、681、677、687条, 第2款或者第684条, 第812条	a) 特殊的, 例如, 第1100、1223、1227、1065、2018条等 b) 第861、985、1007条更改土地登记簿 (GB-Berichtigung), 第894、888条 (而不是第1004条)	第823条等与第249条第1句 (回复原状 Naturalrest.), 第826条	a) 特殊的, 例如, 第2287、818条 b) 概括性的, 例如, 第812条等 aa) 第816条第1款之1、2, 第816条第2款 bb) 第813、817条 cc) 第812条第1款之1、2 dd) 第822条

续表

(2) 什么 (was):		(3) 根据什么 (woraus):			
	①特别关系的合同、家庭法、继承法 (Sonderbeziehung Vertrag, FamR, ErbR)	②类似合同债务 (Vertragsähnliche SchuldV)	③物上请求权 (Dingliche Ansprüche)	④侵权行为 (Unerlaubte Handlung)	⑤不当得利 (Ungerechtfertigte Bereicherung)
损害赔偿 Schadensersatz	a) 特殊性的，合同方面的，例如，第437条第3项，第440条，第281条第1款，第280条第1款，第3款 b) 概括性的，例如，履行不能（Unmöglichkeit）第283条第1句，第280条第1款，第3款，延迟（Verzug）第280条第1款，第2款，第286条，第281条第1款，第3款，其他义务违反（sonstige Pflichtverletzungen），第280条第1款，第241条第2款	第678条，第687条第2款，第670条，第241条第2款，第311条第2款，第280条（缔约过失）	a) 特殊的，第1065条 b) 概括性的，第989，2023条等	a) 危险责任（Gefährdungshaftung），例如《德国道路交通法》第7条，《德国药品法》（AMG）第84条，《德国产品责任法》（PHG）第1条，《德国环境责任法》（UHG）第1条 b) 推定过错责任（Haftung für vermutetes Verschulden），例如，第831，836条，《德国道路交通法》第18条 c) 过错责任（Verschuldenshaftung），第823条等、第826条,第823条第2款结合《德国刑法典》第211条等保护法性法律（Schutzgesetzen）	证明锁链 Verweisungskette: 第819，第818条第4款，第292条，第989条等
赔偿金（Wertersatz）或者收益（Erlös）	a) 特殊性的，例如，第667条 b) 概括性的，例如，第285条	第667，681，677条	a) 特殊性的，第951条结合第812条第1247条第2句 b) 概括性的，例如第285条	第249条以下，第852条第3款与第818条结合	第816条或第818条第2款至第818条第4款，第285条

续表

(3) 根据什么 (woraus):

(2) 什么 (was):	①特别关系的合同，家庭法，继承法 (Sonderbeziehung Vertrag, FamR, ErbR)	②类似合同债务 (Vertragsähnliche SchuldV)	③物上请求权 (Dingliche Ansprüche)	④侵权行为 (Unerlaubte Handlung)	⑤不当得利 (Ungerechtfertigte Bereicherung)
收益 (Nutzungen), 使用 (Verwendungen)	a) 特殊性的，例如，第446条第1款 b) 概括性的，例如，第346条，第347条	第670, 677, 683条	a) 特殊性的，例如，第1030, 970条 b) 概括性的，例如，第987, 994条等，第2022条	第850条	第812, 818条使用条件 (Verwendungskondiktion)
妨碍去除 (Beseitigung), 不作为 (Unterlassung)	a) 特殊性的，例如，第550条 b) 概括性的，例如，第311条第1款，第241条		第12, 1004, 1004条类推可以结合第823条第1款，(第1065, 1227条) 第1134, 862, 1029条, 第1090条第2款	第823条结合第249条第1句，回复原状 (Naturalrestitution)	
请求偿还 (Rückgriff) (索赔 Regress)	第255, 401, 426条 (第427, 769, 774条), 第670条,《德国不当竞争法》(VVG) 第67条,《德国社会保障法》(SGB X) 第五卷 第116条	第670, 677, 683, 1607, 1608, 1615b条	第268条第3款，第1143条第1款 (第1150条 (第1182, 1173条), 第1219条第2款, 第1225, 1249, 1247条	第426条 (第840条)，第255条	第812条第1款之1和2 求偿型不当得利 (Rückgriffskondiktion)

2. 在一个请求权基础内需要检验的内容

（1）请求权成立 （Anspruch entstanden）		（2）请求权嗣后消灭 （Anspruch später weggefallen）		（3）请求权可得抗辩 （Anspruch einredebehaftet）		
正常的成立要件 （normaler Entstehungstatbestand） 例如，双方的合意（Einigung über Parteien），第117条以下，第125,134, 138, 142条（第119, 123条），第158条	生效原因 （Ausschlussgründe） ①特殊的，例如第817条第2句，第2078条等 ②合同概括性的规定，例如，第104条以下，第125,134, 138, 142条（第119, 123条），第158条 ③待给付（Leistung），例如，对待给付（Gegenleistung），例如第433条	给付障碍 （Leistungsstörung 仅针对合同请求权） ①解除（Rücktritt） ②终止（Kündigung） ③解除买卖合同（Rücktritt beim Kaufvertrag），例如第437条第2项，第441条 ④第275条 ⑤第326条 ⑥第280条第1款，第311条第2款、第241条第2款（缔约过失）更确切地说，第313条合同基础事由的障碍（Störung der Geschäftsgrundlage）穿透抗辩（Einwendungsdurchgriff），第359条	消灭 （Erlöschen） ①第362条 ②第364条 ③第378条 ④第387条 ⑤第397条	转让 （Weitergegeben） ①第398条 ②第414条 ③第311条第1款转让合同Vertragsübernahme	永久的（强制性）的（dauernd peremptorisch） ①第214条第1款 ②第438条第4款 ③第821条 ④第853条 ⑤《德国撤销权法》（Anfechtungs G）第9条	暂时的（延期的）（vorübergehend dilatorisch） ①第273条 ②第320条 ③第519条 ④第771,770条 ⑤第1000,999条 ⑥第2014条 ⑦《德国商法典》第369条	第三人异议 （fremde Einreden） ①第404条 ②第768条 ③第1137条 ④第1211条
权利阻却的抗辩 （rechtshindernde Einwendungen）		权利消灭的抗辩 （rechtsvernichtende Einwendungen）		权利障碍性抗辩权 （Rechtshemmende Einreden）		

（4）异议的排除
（Ausschluss von Einreden）

宣示承认债务
（deklaratorisches Schuldanerkenntnis），
第307-309条、第495条、第355条

无异议的让与（einredefreier Erwerb），第405条（注意第406条），第1138, 1157, 892, 1208, 936条

三、刑法中的案例结构（Der Fallaufbau im Strafrecht）

（一）刑法相关的行为

与民法的请求权结构不同的是，刑法中不会问某人是否可以向他人提出请求权的问题，而是问某个参与人如何作出了刑事可罚的行为。这意味着在闭卷考试中，采取的是完全不同于民法的推导方法。在民法的闭卷考试中需要为有关的请求权基础寻找相关的法律后果，即谁想从谁那里主张什么；而在刑法中需要思考的是，哪些实际发生的作为（Handlungen）或者哪些实际发生的不作为（unterlassenen）具有刑法相关性，以及可能符合哪个犯罪构成要件。[1]

（二）行为综合体的建立（Bildung von Tatkomplexen）

在对每一个构成要件进行鉴定式检验之前，首先需要对案件的行为结构，根据其意义进行分类，即所谓的行为综合体（Tatkomplexe）。这对于案件的成功处理是不可或缺的，尤其适用于案情复杂并有多个参与人的情况。这种根据行为综合体构建的结构需要注意，每一个行为综合体都需要独立封闭式地完成。[2] 按照时间顺序定位整个案件事实时，需要设立一个新的行为综合体的提示，可能是时间上的重大转折点或者场景的变化。

在一个行为综合体内部，应该按照参加人的顺序进行归类。这里应当再次指出的是，仅检验题干中提及的参与人的刑事可罚性，从最开始的行为开始检验，并且先检验行为人，然后是参与人（即先主犯，再从犯）。这是逻辑上的强制要求，因为从犯是以主犯的行为为前提的，从犯有从属性（akzessorisch）。通过这种方式可以避免复杂的重复论证。

当他人自己决意自杀时，递给其麻绳或者提供致命毒药的帮助犯不能被刑事处罚。自杀不具有刑事可罚性（straflos），因此帮助犯（Beihilfe）的刑事可罚性在对主犯的检验中就已经被否定。[3]

---

[1] *Arzt*, Die Strafrechtsklausur, 7. Aufl. 2006; *Jäger*, Examens-Repetitorium Strafrecht Allgemeiner Teil, 8. Aufl. 2017; *Kühl*, Strafrecht, Allgemeiner Teil, 8. Aufl. 2017; *Rengier*, Strafrecht Allgemeiner Teil, 9. Aufl. 2017; *Rotsch*, Strafrechtliche Klausurenlehre, 2. Aufl. 2016; *Wessels/Beulke/Satzger*, Strafrecht, Allgemeiner Teil, 47. Aufl. 2017.

[2] *Beulke*, Klausurenkurs im Strafrecht I, 7. Aufl. 2016, Rn. 35.

[3] 参见 *Wessels/Hettinger/Engländer*, Strafrecht, Besonderer Teil I, 41. Aufl. 2017, Rn. 48；有争议的是，在自杀进入无意识状态后，在场的帮助人的刑事可罚性如何判断。

38　　在论证间接正犯［mittelbaren Täterschaft，参见《德国刑法典》第 25 条第 1 款第 2 项］的幕后人（Hintermann）之前，首先要否定的是人作为"工具"的可能性。[1]只有在存在一致的行为或在共同正犯（Mittäterschaft，参见《德国刑法典》第 25 条第 2 款）情形下，所有人都以可归责的方式（zurechenbarer Weise）实现了整个犯罪的某一部分时，同时检验几个行为参与人才是可以被考虑的。

（三）大前提的措辞

39　　如果已经把案件事实划入行为综合体，下一步你应当起草一个可规制考试的大前提模板。在民法的闭卷考试中，需要验证相关的请求权基础并寻找关联的法律后果；而在刑法的考试中，需要思考的是，哪些事实行为或者不作为具有刑事相关性，或者因此可能符合了哪个犯罪构成要件（Tatbestände）。因此，也有包含了回答如下问题的大前提的措辞：谁鉴于其针对谁的什么行为而应当受到刑罚？

40　　可以通过如下的例子来说明：

　　A 重重地打了 B 一记耳光，导致 B 的脸颊剧痛。A 是否应当受到刑事处罚？

　　这个案情相应的大前提可以如下所示：根据《德国刑法典》第 223 条第 1 款，A 由于扇 B 耳光的行为，可能受到刑事处罚。

　　重要的是，这里总要与实际案件的行为相关，并且正确地填写大前提。特别是，不能只是简单地列举犯罪构成要件（Straftatbestand）来代替大前提。

（四）检验每一个构成要件

41　　基于《德国基本法》第 103 条第 2 款的保障机能（无犯罪即无刑罚——nulla poena sine lege），刑法的犯罪构成要件是否得以实现是检验的核心。[2]为此，需要寻找的是由侵害行为（Verletzungshandlungen）造成的行为后果以及由此引发的相关行为（Verhalten）。

---

[1] Wohlers/Schuhr/Kudlich, Klausuren und Hausarbeiten im Strafrecht, 4. Aufl. 2014, S. 39. Anders beim „Täter hinter dem Täter", Roxin, Täterschaft und Teilnahme, 9. Aufl. 2015, §24；可以看参见 in: Satzger/Schluckebier/Widmaier/Murmann, StGB, 3. Aufl. 2016, §25 Rn. 920 ff.；Rotsch, Strafrechtliche Klausurenlehre, 2. Aufl. 2016, Rn. 365ff。

[2] Roxin, Strafrecht Allgemeiner Teil, Bd. I, 4. Aufl. 2006, Rn. 860 ff.

与民法中需要以鉴定风格模式进行检验一样，同时需要检验的是每个犯罪构成要件是否成立，是否存在有利于行为人的正当化事由和阻却罪责的事由（Rechtfertigungs – oder Entschuldigungsgründe）或者具体情况中是否存在刑法量刑情节或者刑法追诉中需要注意的问题。

在闭卷考试中，应当根据侵权行为的种类来决定具体犯罪构成要件的结构（der Aufbau）。[1] 人们要区分故意的作为犯（vorsätzlichen Begehungsdelikt）、过失犯（fahrlässigen Delikt）、不作为犯（Unterlassungsdelikt）和未遂犯（dem versuchten Delikt）。

检验一个单独犯罪人（Alleintäter）的故意作为犯（vorsätzliche Begehungsdelikte）时，可以按照如下的结构进行：

X 对 Y 的什么行为，根据《德国刑法典》第几条应当受到处罚（Strafbarkeit des X gegenüber Y gemäß § …… StGB durch ……）：

（1）构成要件符合性（Tatbestandsmäßigkeit）；

（2）违法性（Rechtswidrigkeit）；

（3）有责性（Schuld）；

（4）量刑（Strafzumessung）；

（5）刑事追诉条件（Strafverfolgungsvoraussetzungen）；

（6）结论（Ergebnis）。

闭卷考试中的重点通常是提纲中的前三点，即构成要件符合性（Tatbestandsmäßigkeit）、违法性（Rechtswidrigkeit）和有责性（Schuld）。如果你运用了正确的证明结构，这通常也会保证你能在案例鉴定中对案情所涉及的法律问题采取正确的立场。

（五）加重情节

当行为人的行为满足了基本构成要件的同时，又符合加重的构成要件（Qualifikationstatbestand）时，案例分析的结构具有特殊性。在这种情形下，应当先检验加重的构成要件（Qualifikationstatbestand），然后仅将同时实现的

---

[1] 具体的结构模板可以在下面的书中找到例子：*Wessels/Beulke/Satzger*, Strafrecht, Allgemeiner Teil, 47. Aufl. 2017, Rn. 1200 ff., oder bei *Fahl/Winkler*, Definitionen und Schemata Strafrecht, 7. Aufl. 2017。

基本构成要件在竞合（Konkurrenzen）的框架内提及。[1] 因为加重构成要件中已经包含了基本构成要件的全部内容，只是在与特殊构成要件竞合时，基本构成要件需要让位（lex specialis）。[2] 加重构成要件的排他性检验方法有一个优点，即避免重复、繁琐的双重论证。你一定要注意把握正确的重点！

如果改动上面例子的案情，A 不是打了 B 一记耳光，而是用一根棒球棍殴打 B，那么需要运用下面的案例结构：

1. 根据《德国刑法典》第 223 条第 1 款、第 224 条第 1 款第 2 项：A 的刑事可罚性：

（1）构成要件符合性（Tatbestandsmäßigkeit）

①客观构成要件（Objektiver Tatbestand）

a. 针对身体的不当行为及/或健康损害（Körperliche Misshandlung und/oder Gesundheitsschädigung）；

b. 因果关系和客观归责（Kausalität und objektive Zurechnung）；

c. 加重的构成要件（Qualifikationsmerkmal）：武器（Waffe）或者危险工具（gefährliches Werkzeug）。

②主观构成要件（Subjektiver Tatbestand）

根据《德国刑法典》第 15 条，与上条 a、b 和 c 项相关的故意（Vorsatz）。

（2）违法性（Rechtswidrigkeit）

（3）有责性（Schuld）

2. 竞合（Konkurrenzen）

《德国刑法典》第 224 条第 1 款第 2 项排斥（优先于）《德国刑法典》第 223 条第 1 款。

（六）结果加重犯

在结果加重犯（Erfolgsqualifikation）的情况下，存在一些特别之处。尽管此时仍然在基本构成要件的框架内有可能同时检验结果加重犯，鉴于其复

---

[1] *Rengier*, Strafrecht Allgemeiner Teil, 9. Aufl. 2017, § 56 Rn. 29; *Haverkamp/Kaspar*, JuS2006, 895, 898. 当然可以先检验基本构成要件（Grundtatbestand），最后再检验加重的构成要件（Qualifikationstatbestand），参见 *Beulke*, Klausurenkurs im Strafrecht I, 7. Aufl. 2016, Rn. 53 ff。

[2] *Rengier*, Strafrecht Allgemeiner Teil, 9. Aufl. 2017, § 56 Rn. 29.

杂性，还是建议不采取这种方式。似乎更有意义的是，先完整地检验基本构成要件，然后在第二阶段检验结果加重犯的构成要件。

A 重重地击打 B 的脸颊，导致 B 的一只眼睛失明。A 的刑事可罚性？

1. 根据《德国刑法典》第 223 条第 1 款的刑事可罚性

（1）构成要件符合性（Tatbestandsmäßigkeit）

①客观构成要件（Objektiver Tatbestand）

a. 对身体或健康的侵害行为（Körperliche Misshandlung und/oder Gesundheitsschädigung）。

b. 因果关系和客观归责（Kausalität und objektive Zurechnung）。

②主观构成要件（Subjektiver Tatbestand）

根据《德国刑法典》第 15 条，与上条 a、b 和 c 项相关的故意（Vorsatz）。

（2）违法性（Rechtswidrigkeit）

（3）有责性（Schuld）

（4）根据《德国刑法典》第 230 条提起的刑事诉讼（Strafantrag gemäß §230 StGB）

2. 根据《德国刑法典》第 226 条第 1 款第 1 项选项 1（§226 Abs. 1 Nr. Alt. 1 StGB）的刑事可罚性

（1）实现了《德国刑法典》第 223 条第 1 款基础犯罪的违法性（见上）

（2）严重后果：一只眼睛的视力丧失

（3）客观归责（Objektive Zurechnung）

（4）与特定犯罪构成要件相关的危险关系（Tatbestandsspezifischer Gefahrzusammenhang）

（5）对严重后果的过失（Fahrlässigkeit bzgl. der schweren Folge）

①客观的违反义务及可预见性（Objektive Pflichtwidrigkeit und Vorhersehbarkeit）。

②主观的违反义务及可预见性（Subjektive Pflichtwidrigkeit und Vorhersehbarkeit）。

3. 竞合（Konkurrenzen）

《德国刑法典》226 条第 1 款第 1 种变化排斥（优先于）《德国刑法典》

第 223 条第 1 款。

(七) 竞合

46　　最后，每一个行为综合体（Tatkomplexes）都需要对每一个参与人（jedem Beteiligten）进行检验，如果其实施了多个犯罪行为，还需要针对每一个犯罪构成要件确认其是否存在竞合（Konkurrenzen）。[1] 作为整个作业的结论，还需要从整体案情出发，考虑每个参与人应当如何处罚。

四、公法中的案例分析结构（öffentliches Recht）

(一) 不同的诉讼类型（Die verschiedenen Klagearten）

47　　公法的闭卷考试与民法和刑法的闭卷考试的区别在于，其命题多是对一个起诉或申请可否成功的预测。[2] 在实体法之外，通常也需要对程序上诉的合法性要件（die prozessualen Zulässigkeitsvoraussetzungen）进行检验。这里需同样适用的是，务必准确地阅读题干中的提示：命题要求是一个完整的检验或者在非实质性检验要求之外，仅需要验证关于诉的合法性的若干点。

48　　原则上，法律救济程序（Rechtsbehelfen）的三种基本类型是有区别的：联邦宪法法院的法律救济程序（Rechtsbehelfe zum Bundesverfassungsgericht），行政法院的法律救济程序（verwaltungsgerichtliche Rechtsbehelfe）和异议程序（Widerspruch）。[3] 诉讼合法性要件都在《德国联邦宪法法院法》（BVerfGG）和《德国行政法院法》（VwGO）中有特别的规定。在学习过程中，在国家组织法的框架下，可以练习到行政法的诉讼类型、宪法诉讼和法律救济程序的内容。

49　　在行政法的闭卷考试中经常出现的是，行政机关实施或拒绝实施一个行

---

〔1〕关于考试中竞合部分，参见 Rengier, Strafrecht Allgemeiner Teil, 9. Aufl. 2017, § 56 Rn. 1 ff.

〔2〕Lindner, Öffentliches Recht 2017；Frenz, Öffentliches Recht, 7. Aufl. 2017；Schwerdtfeger, Öffentliches Recht in der Fallbearbeitung, 14. Aufl. 2012；Heyen/Collin/Spieckergen. Döhmann, 40 Klausuren aus dem Verwaltungsrecht, 11. Aufl. 2017；深化部分参见 Maurer/Waldhoff, Allgemeines Verwaltungsrecht, 19. Aufl. 2017. Zum Staatsrecht：Degenhart, Klausurenkurs im Staatsrecht I, 4. Aufl. 2016；本作者, Klausurenkurs im Staatsrecht II, 8. Aufl. 2017；Heimann/Kirchhof/Waldhoff, Verfassungsrecht und Verfassungsprozessrecht, 2. Aufl. 2010。

〔3〕在一些联邦地区，异议程序（Widerspruchsverfahren）在很多领域是可有可无的。例如，《巴伐利亚州行政法院规则实施法》第 15 条（Art. 15 BayAGVwGO – Gesetz zur Ausführung der Verwaltungsgerichtsordnung）、《北威州司法法》第 110 条（§ 110 JustG NRW）和《黑森州行政法院规则实施法》第 8 条第 a 款（§ 8a Nds. AGVwGO）；但仍有可能作为特殊案例，因此你必须检验异议程序的执行。

政行为是否侵犯了起诉人的权利。在宪法诉讼的考试中提问的，则常常是是否侵犯了起诉人的基本权利。国家组织机构法则主要是关于不同国家机构的职权和法律对它的监督。

运用哪种法律救济（Rechtsbehelf）可以达到目标？

基于实践意义，下面将选一个行政法上的法律救济程序作为例子。关于其他法律救济程序，则请继续阅读相关文献资料。[1]

（二）公法中的案情分析

公法考试的案情总是被设计得能够包含结构模板（Aufbauschema）中的每一个考察点。因此，在第一次阅读完相关的案情时，你首先要在一张单独的纸上先写下相应的考试模板（框架），然后一句接着一句地再次阅读案情。你要尽力在每一句中过滤和找到相关的信息，并将其归类到仍然"空白的"考试模板（参见本书第二章边码58）[2]的每一个考察点中。通过这种方式，你才会完整地评估所有的案件信息，而不会遗漏任何问题。

（三）行政法的法律救济程序的大前提（Obersatz eines verwaltungsrechtlichen Rechtsbehelfs）

请你根据结构模板来把握公法的方向。考试总是从行政法律路径的启动和法院的管辖权开始，紧接着开始两部分独立的验证，即诉的合法性（Zulässigkeit）和实体理由（Begründetheit）。

考试答题时，最典型的大前提可以如下表述：

> 如果原告向有管辖权的法院提起诉讼，且具有诉的合法性以及有实体理由的话，行政途径会被启动，那么起诉将会成功。

（四）行政法的法律救济程序的结构（Aufbau eines verwaltungsrechtlichen Rechtsbehelfs）

首先需要检验的是行政途径的启动和所诉法院的管辖权，即检验被诉的机构。[3]

---

[1] 参见本书第二章边码47内容中的脚注。
[2] 这些做法也被我的同事克希霍夫（*Kirchhof*）教授推荐给奥格斯堡大学的学生们。
[3] 除了这里推荐的具有代表性的三段论结构之外，仍可运用其他结构的可能性，深入的讨论参见 *Lindner*, Öffentliches Recht, 2. Aufl. 2017, Rn. 1058 und Fn. 1496。

54 紧接着需要进行的,是法律救济程序的诉的合法性的检验(die Zulässigkeitsprüfung des Rechtsbehelfs)。在诉讼的适当性(Statthaftigkeit der Klage)之外,需要检验的是起诉人的诉讼权能(Klagebefugnis)、期限(Frist)、形式(Form)、诉讼参与人的参与能力和诉讼能力(die Beteiligten – und Prozessfähigkeit der Parteien),甚至普遍的权利保护需求(das allgemeine Rechtsschutzbedürfnis)。在具体情况下,还可以讨论特定的主题,例如,提起诉讼之前,是否符合规范(ordnungsgemäß)地提起了先行程序(Vorverfahren)。[1]另外,还需要检验特殊的合法性要件(Zulässigkeitsvoraussetzungen),例如,根据《德国行政法院法》第43条的规定,确认诉讼(Feststellungsklage)中有确认利益(Feststellungsinteresse)。

55 在实体理由部分,通常需要检验应诉权(Passivlegitimation)、国家措施的合法性(die Rechtmäßigkeit[2] einer hoheitlichen Maßnahme)以及原告的申诉(die Beschwer des Klägers)。一个措施只有当它在形式和实质上都是合法的时候,才是合法的。当相关的管辖权、程序和形式都不存在违反法律(Rechtsverstöße)之处,那么它具备形式合法性(die formelle Rechtmäßigkeit)。当该国家措施(die hoheitliche Maßnahme)具有法律基础(Rechtsgrundlage),而且具有合比例性(verhältnismäßig)时,该行政措施的实质合法性得到肯定。法律理由必须是合法的,特别是合宪的。特别的法律基础应当优先于普通的法律基础。

56 在公法的闭卷考试中,考察的重点常常是检验实质违法性(Materielle Rechtswidrigkeit)。考试的核心经常是检验国家机构的措施是否具有合比例性(verhältnismäßig)。[3]这个时候的任务是衡量两个对立方的利益(eine Abwägung der entgegenstehenden Interessen)。这里会包含大量的论证点并要求

---

[1] 在巴伐利亚州仍有《巴伐利亚州行政法院规则实施法》第15条第1款(Art. 15 Abs. 1 AGVwGO)的运用领域。

[2] 比如,合宪性(Verfassungsmäßigkeit)。

[3] *Pitschas* 载: Hoffmann – Riem/Schmidt – Assmann/Voßkuhle, Grundlagen des Verwaltungsrechts, Bd. 2, 2. Aufl. 2012, § 42 Rn. 107 ff. ; *Maurer/Waldhoff*, Allgemeines Verwaltungsrecht, 19. Aufl. 2017, Rn. 17, §10 Rn. 50f; *Schwerdtfeger/Schwerdtfeger*, Öffentliches Recht in der Fallbearbeitung, 14. Aufl. 2012, Rn. 455 ff. ; 国家法参见 *Pieroth/Schlink/Kingreen/Poscher*, Grundrechte Staatsrecht II, 32. Aufl. 2016, Rn. 297 ff.

进行详细的论证。

合比例性（verhältnismäßig）的要求是从法治国原则中（Rechtsstaatsprinzip，参见《德国基本法》第 20 条第 3 款 Art. 20 III GG）推导出来的，并适用于每一个国家行为。合比例性（verhältnismäßig）的检验由下面四个部分组成[1]：

（1）该措施是否有合法的目的，例如，公共福利（Gemeinwohl）、公共利益（öffentliche Interessen）？

（2）该措施是否具备实现该目的的普遍适当性？

（3）该措施是否必须，换言之，这是否是实现该目的的最轻微（das mildeste）并达到同样效果（gleich wirksame Mittel）的手段？

（4）该措施是否是相当的，即"目标—手段的相关性"（Ziel – Verhältnis Relation）？

对（1）到（3）点的论证必须尽可能简单，但是必须小心地与考试中案情所涉及的措施的相当性的确认联系起来。通常需要对案情中的每一个利益进行大量的讨论，在写作中，必须要提及这些被侵犯或者被贯彻的利益。

举例：慕尼黑市政府通过一个规定，禁止在公共场所和街道喂鸽子。请问这个规定是合比例的吗？[2]

（1）该禁止是为合法的目的（legitimes Ziel）服务的，为了让鸽子远离公共场所和建筑，以保护建筑物外部不受鸽粪的污染。同时也服务于保护公共卫生和健康的目的，因为鸽子是病菌的携带者。

（2）在规定框架内，禁止喂鸽子饲料具有普遍适当性（generell geeignet），其目标是使鸽子因无饲料而更少地出现在公共场所。

（3）禁止喂鸽子饲料（Ein Taubenfütterungsverbot）也是必须的（erforderlich），因为无法找到另一种更轻缓的并能够让鸽子远离公共场所的方法。

（4）禁止喂鸽子饲料的背景是适合的，同时也是与实现目标相当的手段。尽管这个禁止可能违反《德国动物保护法》第 1 条（§ 1 TierSchG）的规定，同时也可能违反了《德国基本法》第 20a 条的规定（Art. 20a GG），即根据动物的舒适来进行保护。但是，这些对动物保护的侵犯（Eingriff）通过合理的

---

[1] *Maurer/Waldhoff*, Allgemeines Verwaltungsrecht, 19. Aufl. 2017, § 10 Rn 51.

[2] OLG Hamm, Beschl. v. 22. 2. 20072 Ss OWi 836/06, NuR 2007, 633 f.

理由得到了正当化，因为这个禁止是保护公共健康法益所必须的。此外，它对个体行为自由的侵犯也仅限于非常小的领域，因为这个禁止只涉及城市的设施。这种限制在保护公共健康的背景下是合适的，也是可以接受的。

57 你如果得到的结论是，被检验的措施是违法的，则需要继续检验该行政措施是否确实侵害了其主观权利（subjektiven Rechten）。

检验模板可为如下所示（Prüfungsschema）：

58 撤销一个诉讼的成功可能性（Erfolgsaussichten einer Anfechtungsklage），根据《德国行政法院法》第42条第1款第1选项

1. 行政法律途径的启动和管辖权（Eröffnung des Verwaltungsrechtswegs und Zuständigkeit）

（1）行政法律途径的启动（Eröffnung des Verwaltungsrechtswegs）：根据《德国行政法院法》（VwGO）第40条第1款第1句

（2）行政法院的管辖权（Zuständigkeit des Verwaltungsgerichts）

①事实上的管辖权（Sachliche Zuständigkeit）：根据《德国行政法院法》第45条

②属地上的管辖权（örtliche Zuständigkeit）：根据《德国行政法院法》第52条，与《巴伐利亚州行政法院规则实施法》（BayAGVwGO）

2. 诉的合法性（Zulässigkeit）

（1）诉的适当性（Statthaftigkeit der Klage）：根据《德国行政法院法》第42条第1款第1选项、《巴伐利亚州行政程序法》（BayVwVfG）第35条第1款

（2）诉讼权能（Klagebefugnis）：根据《德国行政法院法》第42条第2款

（3）先行程序（Vorverfahren）：根据《德国行政法院法》第68条，与《巴伐利亚州行政法院规则实施法》（BayAGVwGO）第15条第2款、第3款

（4）期限（Frist）：根据《德国行政法院法》第74条第1款、《巴伐利亚州行政程序法》（BayVwVfG）第41条

（5）形式（Form）：根据《德国行政法院法》第81条及以下

（6）参与能力和诉讼能力（Beteiligten - und Prozessfähigkeit）

①参与能力（Beteiligtenfähigkeit）：根据《德国行政法院法》第60条

②诉讼能力（Prozessfähigkeit）：根据《德国行政法院法》第61条

3. 实体理由（Begründetheit）

诉讼是有理由的，当原告针对正确的被告提起诉讼（根据《德国行政法院法》第 78 条第 1 款），即有争议的行政行为是非法的，原告的权利因此被侵犯（根据《德国行政法院法》第 113 条第 1 款第 1 句）。

（1）应诉权（Passivlegitimation）：根据《德国行政法院法》第 78 条第 1 款

（2）行政行为的违法性（Rechtswidrigkeit des Verwaltungsakts）

①形式违法性（formelle Rechtswidrigkeit）

a. 管辖权（Zuständigkeit）

b. 程序（Verfahren）

c. 形式（Form）

②实质违法性（materielle Rechtswidrigkeit）

a. 法律基础（Rechtsgrundlage）

b. 构成要件前提（Tatbestandsvoraussetzungen）

c. 与上位法的一致性（Vereinbarkeit mit höherrangigem Recht）、合比例性原则的检验（Verhältnismäßigkeitsprüfung）

（3）原告受到的法律侵害（Rechtsverletzung beim Kläger）

4. 结论（Ergebnis）

第三节　结论的检查

一、合理性检验

如果已经检查了所有相关的法律规范，那么你已经完成最困难、最艰苦的工作。现在可以思考一会儿，从结果反思：你认为该结论公平与合理吗？如果答案是否定的，那么应该考虑再次检查该答案，也许某个地方犯了一个错误。这样一来，你将保证在大多数情况下，你的解决方案不会完全跑题。

二、替代性解决方案

如果发现有两种答案可供选择，则需要思考，哪一种"选择"更容易获得好的考试成绩。你需要对"闭卷考试策略"进行衡量。如果一种选择会导致闭卷考试中的试题变成根本不需要检验且成为显而易见的问题,那么这种答题方案极可能是考官所不青睐的。[1]

三、如何处理不认识的问题

61　当然,在考试中会碰到一些难以继续下去的困难,因为可能找不到特定法律问题的答案或者不知道是否需要将特定的案情写入答案中。在这种情况下,重要的是不能失去控制。尽管你的知识有"缺口",但在这种情况下,仍然应尽量把最佳的答案写在纸上。

62　如果不能马上就考试的问题找到一个答案,就先把这个问题放到一边:让相关的请求权基础先空着,将考试继续下去。当完整思考一遍闭卷考试考题后,你通常会得到答案。如果在考试进行到一半的时候,你仍然没有找到答案,那么请先写下那些目前能够想到的答案。对于尚未解决的问题,你仍可以通过添加答题纸的方式把答案在最后写进去。

如果完全不能解答一个问题,那么要尽量精确地、并尽可能多地去描述和分主题写。这样可以表示你至少认识到了问题所在。

在斑马线案(Zebrastreifenfalls)的变化案例中,比如可以讨论,在假设 F 遵守了交通规则的情况下,双方与有过失(Mitverschulden)的问题。这也是目前一个有争论的问题。在危险责任(Gefährdungshaftung)的范围内,行人的行为也是司机驾驶时应当预见到的运行风险(Betriebsgefahr)。[2]

63　当你不能找到"教科书中的标准答案"时,应当通过自己的论证努力找到一个自己的答案。放飞你的法律想象,尝试着从"人类常识"的角度看问题、解决问题。你需要注意的是,少数闭卷考试会对教科书中已知的问题提问。大多数情况下,考官不会考这些问题,而是想看到你如何对待那些新的、未知的法律问题。这里最后起决定作用的是你论证的质量与描述的语言水平的高低。

---

[1] *Velte*, Jura 1980, 193, 197 及进一步的论证。
[2] 参见 Palandt/*Grüneberg*, BGB, 77. Aufl. 2018, § 254 Rn. 10。

第四节 考试答卷

一、提纲的意义（Zur Sinnhaftigkeit einer Gliederung）

在你开始写答卷之前，应当先写一个提纲（Gliederung）。通过这个提纲，你不但可以强迫自己去梳理思路，而且能方便他人阅读你的论述。你要确定的是，该提纲草稿也能在答卷中找到对应的标题。但是，应当注意：会得到评分的，只有书写在答卷上的内容，而不是写在无需上交的草稿上的原始提纲。

不要割裂你的答卷。你要注意的是，所有的文字结构都是以答卷的书写流畅为前提，而且是可阅读的。你可以在大段论述的时候通过采用一个简短的副标题和在关键词下面画线来区别。

（一）提纲系统的选择（Die Wahl des Gliederungssystems）

不仅是内容，甚至形式上都要尽可能保持结构清晰：一目了然的结构（例如简单易懂的标题）将有助于对文本内容的理解。大纲是行文简练的重要手段。有数字提纲（如图2-2所示）和字母提纲两种形式。

```
1.
    1.1.
    1.2.
        1.2.1.
        1.2.2.
        1.2.3.
            1.2.3.1.
            1.2.3.2.
                1.2.3.2.1.
                1.2.3.2.2.
2.
etc. （…）
```

图2-2

数字提纲不常见，也不流行于法律人中。字母提纲更受到青睐，因为它可以被分为九个层次。它由部分、段落或章或节、大写拉丁字母，罗马数字，阿拉伯数字，小写拉丁字母，两位数的拉丁字母，阿拉伯数字加括号和加括号的拉丁字母组成（如图2-3所示）。[1]

```
1. Teil（部分）
§ 1 oder 1. Abschnitt oder 1. Kapitel（第一节或第一章）
§ 2
            A.
            B.
                I.
                II.
                    1.
                    2.
                        a)
                        b)
                            aa)
                            bb)
                                (1)
                                (2)
                                    (aa)
                                    (bb)
2. Teil（部分）
§ 1 etc.（…）
```

图2-3

（二）提纲作为结构

1. 提纲是答卷的"名片"

提纲提供了重要的第一印象以及表明了作者是否思维清晰并能统一结构。一个片面的提纲通常也表明了作者的思路片面。[2] 如果你的思路是明确的，那么后面的结论就会如前面的构架所示。在你的写作中，对于下面将继续论证的问题，只需要提示出其所在的章节即可（例如，何处将继续论述本问题），这些部分也应当只在下面论述，因为读者还没有把前后的内容关联起来，如果提前论述，通常是过高要求了读者。

2. 标题作为提纲的点应当准确地反映段落或者章节的内容，不要造成读者的误解

标题应当是不言自明的[3]，并应当总结了下面的相关文字的内容。应当避免双重歧义的标题。

---

[1] 不应当采用希腊字母（例如α，β，γ，δ，ε）。
[2] Theisen, Wissenschaftliches Arbeiten, 17. Aufl. 2017, S. 211.
[3] 正如Beyerbach, Die juristische Doktorarbeit, 2. Aufl. 2017, Rn. 174 ff.

不明确的标题例如"构造""组合""无异议""可能的批评"。

标题作为理想的定位辅助工具应当尽可能简短,也尽可能只限于一行;首字母应当大写,通常不要用句子或者提问的形式 。

例如不要这样写:"原因:法官法、宽泛的范围,对完善与调整是持开放的态度"或者"对法院即最高法院的解决问题的能力具有不同强度的信心"。[1]

3. 提纲也意味着框架

在一个四到五页的长篇论述中,没有提纲会增加清晰思路迷失的风险,也可能会将不同的点混淆在一个提纲要点中。请使用比如大写字母标志当事人,对于诉讼请求使用罗马数字,对于请求权基础使用阿拉伯数字,对于请求权基础内的每一个独立的构成要件使用小写字母。

4. 四到五个层次的提纲划分会带来困惑,不利于全面理解全文[2]

不要分裂文章。对于闭卷考试而言,三到四个层次的提纲足矣。不是每一个句子都要在文章中以一个段落来表现。一个单独的句子也很少就是一个提纲要点。你需要把每个简短论述都归类在构成要件要素之内,然后总结在一个提纲要点之内。

5. 提纲标题需要与其内容对应

只有当至少有两个独立的要点需要列出时,才开始一个新的提纲层次,因为一个提纲层次在逻辑上至少需要两个提纲支项。出于清晰的原因,一个提纲层次不应当超过七个要点。[3]

可以把个别的观点归纳到一个广泛的提纲要点下。如果支持一个请求目标(Anspruchsziel)的只有一个请求权基础(Anspruchsgrundlage),那么把这个请求权基础单独列出来的做法就是不妥的,即不要采取如下的方式:

(1)慰抚金的请求权(Anspruch auf Schmerzensgeld)

《德国民法典》第 823 条第 1 款、第 253 条第 2 款(§§ 823 Abs.

---

〔1〕 双重歧义,无意义的搞笑句子,例如:"妇女会在六十分钟内搞懂"(Frauen verstehen in 60 Minuten),"事实上会有更多的欺骗"(In Wahrheit wird viel mehr gelogen),"容许,殡葬者!B 和更多的奇珍异宝"(Gestatten, Bestatter! B und weitere Kuriositäten)。参见 Forschung & Lehre 2011, S. 988。

〔2〕 许多出版社建议在论文集中只使用三个层次的提纲。

〔3〕 关于神奇的数字"7",参见本书第一章边码 72 的论述(§ 1 Rn. 72)。

1，253 Abs. 2 BGB）

（2）针对……的请求权（Anspruch auf …）

应当把本案的请求目标和请求基础都归类在提纲的要点中，例如：

（1）根据《德国民法典》第 823 条第 1 款、第 253 条第 2 款的赔偿金请求（§§ 823 Abs. 1，253 Abs. 2 BGB）

（2）针对……的请求权（Anspruch auf …）

74　6. 在闭卷考试中，可以在标题下划线

在家庭作业和研讨课作业（Haus – und Seminararbeiten arbeiten）中，最好用粗体或者用大号字体来标识标题（参见本书附录四边码 42）。在本书中也有足够的例子。

二、书写文稿时的重点

75　在考试中，不能多次改写文字，因此应采取如下方针：只写事实部分。不要写多余的内容，这些通常都是错误的。[1] 在把提纲中的内容誊写下来时千万记住，不要记录下思维中的多余内容。

如下的论述是不妥当的：

（1）重复描述法律字面意思或者案情，因为这些已为公众熟知。

（2）检验没有被提问的请求权或者明显无关的请求权。

（3）与所提具体问题无关的纯理论论述。一定要小心的是，不要简单地显摆自己的知识。所写的内容应当与被提问的请求权具有逻辑关联性或者与最初的提问有关。

（4）解释答案或者结构。一个好的答案是可以不言自明的，一个无用（unbrauchbare）的答案通过解释也不会得到改善。

76　在誊写文稿时，请注意命题人期待你应当关注的那些焦点。无需充分论证那些无争议的部分。未受到争议的构成要件特征和请求权只需要简单地描述。当真正存在问题，或者构成要件要素有争议，或者存在多种答案的可能性时，才需要对该法律问题进行详细论述。在这些地方，你需要详细地展开

---

〔1〕参见 Braun, Der Zivilrechtsfall, 5. Aufl. 2012, S. 4。

论证和涵摄（见本书第三章）。这里受到评价的不仅是你正确的法律论证，还有你是否成功地论证到这些要点（Schwerpunkte）。[1]

直到第二次国家司法考试的仍容易犯的一个典型错误是，花几页去论证一个不存在歧义的合同订立（Vertragsschluss）、要约邀请（invitatio ad offerendum）与区别要约（Angebot）和承诺（Annahme）。通常情况下，只需要半句话就足以说明合同已订立。

如果被害人在车祸中多处骨折，那么就已经能确定是身体损害了，在这种情况下不需要再检验此犯罪构成要件，而可以直接运用判决式风格（Urteilsstil）确认这一结论。

三、格式和字体

原则上，至少要将 50% 的时间用于书写。特别推荐阅读本书中关于法律论证（参见本书第三章）和法学语言风格（见本书第四章）的章节，特别是鉴定风格和判决风格的部分。[2]

如果被提问的是多个问题，请务必回答所有问题。一个简短的回答也比完全没有回答到要好得多，因为漏答一个问题就会被评价为"不及格"。

在练习中，也应当在抬头中写上如下信息：考试科目、教授姓名（出题人）、日期，当然还有你的姓名及学号。请务必只写单面并且在左边或右边留出 1/3 的空白页，以便于改卷人批卷，同时你需要把所有考卷都按顺序标注页码。

另外，在格式之外还需要注意的是，应当尽力书写方便阅读的字体。阅卷人只有在能阅读你的论述的基础上，才可以理解你的思路。如果阅读有困难的话，通常会降低给分。并且，那些无法识别的内容，将会被视为没有作答。你需要提醒自己的是：你的作品越赏心悦目，阅卷人对它会越仁慈。

---

〔1〕 Mann, Einführung in die juristische Arbeitstechnik, 5. Aufl. 2015, Rn. 221.
〔2〕 用鉴定体和判决体解答斑马线案的答案，请看本书第四章边码 42。

> 法律解释，尤其是对宪法的解释通常会带有讨论（diskurs）的性质，即使是方法论上完美无瑕的那些论证也不可能是绝对正确的，它们不过是根据专家的意见罗列出的一些不受质疑的论述，应当有效地论证，陈述相反观点的理由，最后给出更好的驳回理由（Ausschlag）。

联邦宪法法院*

第三章 法律论证

1   法学学习的目标之一是解决法律案件。在这个过程中，你通常会发现有数个代表性的观点。一个好的法律人因此要熟知法律论证中的正反两方观点。此处，我只想作一个简单的导论。正如上面联邦宪法法院评论中所透露的，你应当有说服力地论证自己所持的观点。本章第一节中首先提到了如何区分论点和论据。之后在第二节中你将了解到和法学方法论相关的大量论据。紧接着的第三节是关于一定的法律创新性的要求。第四节则可在与持批判性意见的谈话伙伴争论时提供帮助。

第一节 提出争议

2   仅仅单纯展示法律现状（Rechtslage）并不是学术研究的成果。[1]你必

---

* BVerfG, Beschl. v. 5.4.19902 BvR 413/88, BVerfGE 82, 30, 38 f.

〔1〕 同样，关于法律比较的研究，参见 *Zweigert/Kötz*, Einführung in die Rechtsvergleichung auf dem Gebiet des Privatrechts, 3. Aufl. 1996, S. 42:"Kommentarlose Gegenüberstellung der Lösungen verschiedener Rechtsordnungen ist noch keine Rechtsvergleichung; sie beginnt danach".

须要对法律现状提出批判性的意见、表达具体的观点,并在论证中表明立场。此处,要区分提出争议点与表明立场。[1]这种方法可以用于笔试、家庭作业、研讨课作业以及学习论文中,并且扮演着重要的角色。[2]与笔试一样:你只需简单提及无争议的问题,并应详细处理存在问题(即存在争议)的地方。

一、论点和论据

参加笔试的人很多时候都相信,在提出一个主张之时就已经是提出了一个论点(命题,Thesis)。请你区分假设(Prämissen)和论据(Argumente)。假设仅仅是论点,即作者主张的东西。仅仅持有主张,而没有理由支持,就无法说服别人。非常有必要的是,你至少要有一个理由并提出一个支持论点的论据。[3]

3

父母问你去国外学习的优点和缺点。下面两个说明中你认为哪一个更有说服力,为什么?

4

说明 A:参加国际学习有大量的优点,但是,也有一定的缺点。

非常肯定的优点是,人们在国外拥有非常好的机会去完美地学习一门外语。现在优秀地掌握一门外语是许多雇主招聘的前提。

与此同时,在国外学习也让你有机会去熟悉该国的法律体系。掌握外国法律的基本条文是许多大律师事务所的要求;这同时也加深了对本国法律条文的理解。

不过,尽管掌握的外国法律知识与第一次司法考试并不相关;在外国停留也会延长学习时间,在我看来,优点还是胜过缺点,因此我计划到外国去学习。

说明 B:国际学习无论如何是值得的。

人们有非常多的机会学习当地的语言和文化。这些在今天是非常重要的。

但是,人们在考试中基本运用不到在国外学习到的知识。

无论如何,它会给我带来巨大的乐趣。

---

[1] Brinkmann, Die rechtswissenschaftliche Seminar – und Doktorarbeit, 1959, S. 119.
[2] 关于如何设定笔试中的重点,常见上面第二章边码75(§2 Rn. 75 ff.)。
[3] 详见 Möllers, Juristische Methodenlehre, 2017, § 1 Rn. 48 ff.

5 哪个说明更能说服你？说明 B 中包含两个论点，但却缺乏理由支持[1]，它的说服力明显不如 A。A 说明也明显比 B 更显得结构清晰。

二、观点—反面观点—所持立场

6 （1）当不同的观点导致不同的结论时，你只需要陈述观点和提出结论来推动一个争议的进行。与结论不相关的大量争论不仅是多余的，而且也放错了重点。

在作业或者笔试中，你通常不需要为自己的观点辩论。不过，应当展示出，你对所述问题形成了自己的意见。你应当解释的是：为什么认为这个观点比其他观点更有说服力。如果没有提出论据，只是同意了一个说辞，这也是可行的，但是人们就会追问"为什么"。在博士论文和其他学术出版物中，人们会期待作者发展并提出自己的论点或立场（Position）。[2]

7 在第一步中，你需要描述那些你将要研究和讨论的法律问题。在这种情况下，一般都存在至少两个彼此矛盾的观点，通常还会有一个第三方提出调和的观点，即折中观点（vermittelnde Meinung）。如果针对一个问题存在着大量不同的观点，那么就应当总结一下。通常人们会罗列出各种意见，并把相应的论据涵摄在这个观点下。在有大量争议的情况下，也可以以问题为导向来设置论证的结构。

8 论据应当按照说服力强度来排列。将说服力最强的用在开始，以说服力最弱的作为结束。如果你想让读者感到无趣的话，也可以从说服力最弱的开始。最理想的方式是，人们在开始和结束时都使用最强有力的论据，在其之后接着论证说服力弱的部分。[3]最有效的论证是，你能够质疑反方观点的不当之处，例如，其前提或者法律后果不能适用于具体案例。这包括了归谬法（argumentum ad absurdum）——一方的法律义务或者法律后果明显会导致一个荒谬的或者不公正的后果。[4]更聪明的做法通常不是简单地把所有正方和

---

〔1〕"这些在当今是非常重要的"，以及"无论如何，它会给我带来巨大的乐趣"，参见本书第十章的答案（Lösung § 10）。

〔2〕参见第一章边码 20，下面第四章边码 57、第七章边码 19 和第八章。

〔3〕Gast, Juristische Rhetorik, 5. Aufl. 2015, Rn. 864.

〔4〕论证参见第三章边码 42 及以下的烟花案（Feuerwerkskörperfall）和第十章边码 5 的游乐火车案（Spieleisenbahnfall），关于归谬法参见 Möllers, Juristische Methodenlehre, 2017, § 5 Rn. 62 ff.

反方的观点都对立地罗列起来,而是把每组对应的正方和反方的观点归纳与排列出来。

(2)在回答的过程中,例如也可以考虑把自己的主张与针对反方的构成要件进行的质疑联系起来一起论证——质疑其构成要件并未成立,或者也可以质疑对方的证明材料。也可以反驳涉及对方的法律依据(Rechtsausführungen)。在这个范围内,结论或者理由都可以被质疑。在民法的作业中,可以通过说明一个请求存在抗辩来提出反驳。

因为有抗辩(Einwendungen)的存在,一些请求根本无法成立(例如《德国民法典》第125条中因形式瑕疵而无效),消灭(Vernichten,例如《德国民法典》第362条第1款的因履行而消灭)或者障碍(hemmen,例如《德国民法典》第214条第1款——见第二章边码34)。典型的权利障碍的抗辩(die rechtshemmenden Einwendungen)必须是由债务人(Schuldner)明确提出的,因此,它在实体上被定义为抗辩权(Einreden)。[1]

(3)你要从目前的争论中提出自己的观点作为自己的立场(或主张)。如前面所介绍的,首先要提出一个问题,其次罗列争论的观点,最后提出自己的立场(或主张)。

三、作为民法总论典型案例的"特里尔葡萄酒拍卖案"(Der Trierer Weinversteigerungsfall)

"特里尔葡萄酒拍卖案"(Trierer Weinversteigerungsfall):斯蒂芬·舒尔兹(Stephan Schulze)与他的朋友维尔纳·旺克尔曼(Werner Wunkelmann)相约去参加一个葡萄酒拍卖会。当舒尔兹看见旺克尔曼时,向其挥手。但是,他没有注意到拍卖人在不久之前就在叫:"第一,第二",此时,正是拍卖人喊"第三"声时候,因此,他以2700欧元的价格,拍到了一瓶1992年产自奥本海默蟾蜍喷泉牌子的贵腐甜白酒(Oppenheimer Krötenbrunnen Trockenbeerenauslese)。该合同有效吗?请列出争议意见。[2]

---

[1] Medicus/Petersen, Bürgerliches Recht, 25. Aufl. 2015, Rn. 732;关于抗辩和抗辩权的请求权结构可见§2 Rn. 33 f。

[2] 其他有说服力的列举争议观点的方法,参见 Armbrüster, in: MünchKomm, BGB, 7. Aufl. 2015, § 119 Rn. 94 ff.; Petersen, Duldungspflicht und Umwelthaftung, 1996, S. 66 ff。

（1）在意思表示的主观前提（subjektive Voraussetzungen einer Willenserklärung）中，应区分行为意思（Handlungswille）、表示意识（Erklärungsbewusstsein）和法律效果意思（Geschäftswille）。毫无争议地是，一个意思表示首先必须具有的是行为意思；与此相反的是可以缺少效果意思，即引发特定法律后果的意愿，因为行为人也可能以错误（Irrtums）为由撤销（意思表示）。有争议的是，表示意识是否可以缺少。

（2）根据客观理论或者表示理论（die objektive oder Erklärungstheorie），表示意识不是意思表示的本质要求，因为只有这样才可能对法律交易给予充分保护。意思表示人随后只可以通过《德国民法典》第119条第1款的规定撤销其意思表示。

根据主观理论或者意思理论（der subjektiven oder Willenstheorie），"意思表示人有意识（das Bewusstsein）地引发其行为的法律后果"属于意思表示的生效条件。私法自治（Privatautonomie）要求依自己意思做出决定。

联邦法院则寻找中间路线，在两个限制条件的前提下承认所谓的过失的意思表示（fahrlässige Willenserklärung），即表示过失理论（Theorie der Erklärungsfahrlässigkeit）：表意人必须能够认识到其表示是作为意思表示实施的。此外，表意接受人（der Empfänger）也必须将其视为意思表示。联邦法院表述如下[1]：

> 尽管缺乏表示意识（Erklärungsbewusstsein），当表意人在尽到实施日常交易行为所必需的注意义务之际（Sorgfalt），应当认识或者可以避免（认识）到，其表意根据诚实信用原则和交易惯例可以被视为意思表示，而且表意接受人实际上也是如此理解之时，仍然成立一个意思表示。它可以根据《民法典》第119条、第121条、第143条类推被撤销。

（3）立场："客观理论或者表示理论"（der objektiven oder Erklärungstheorie）主张对比"缺乏表示意识"（Erklärungsbewusstsein）和"缺乏效果意思"（法律效果意思，Geschäftswille），后者指的是在《德国民法典》第119条第1款中规定的内容错误和表示错误（Inhalts - und Erklärungsirrtums），该理论同时主张

---

[1] BGH, Urt. v. 7.6.1984 IX ZR 66/83, BGHZ 91, 324, 330; BGH, Urt. v. 2.11.1989 IX ZR 197/88, BGHZ 109, 171, 177 m. jeweils w. Nachw.

二者具有本质的同等性。表意人在上述两种情况下，都是在没有足够的自我决定（Selbstbestimmung）基础上作出的意思表示。在内容错误（Inhaltsirrtum）的情况下，自我决定是有瑕疵的，因为完全缺乏表示意识（Erklärungsbewusstsein）。从结果上看，两种错误都会导致相似的灾难性影响，例如，当表意人说"卖"，但是实际上却是要表达"购买"（内容错误）的意思时。既然它们的客观构成要件是一致的，那么，所谓的"信赖保护"（Vertrauensschutz）和"法的安定性"（Rechtssicherheit）似乎就不能成为区别对待二者的正当理由了。[1]这些利益通过法律的衡量得到了确定：表示理论（Erklärungstheorie）相关性的提示也系统地说明了《德国民法典》第116条中的真意保留（der geheime Vorbehalt）的规定，其后作为秘密保留的愿望将会被法律忽略。这份合同将根据《民法典》第157条兼顾到"交易习惯"一并考量。

主观理论或者意思理论（Die subjektive oder Willenstheorie）则相反，它拒绝这种与这种在《德国民法典》第119条意义上的有瑕疵的意思表示所进行的比较。这种《德国民法典》第119条意义上的有瑕疵的意思表示（fehlerhafte Willenserklärung）无论如何仍然包含有一部分自我决定，而在缺乏表示意识（Erklärungsbewusstsein）的情况下，则是完全没有自我决定。某人完全无意愿或者是有其他意愿，这两者有非常关键的区别。私人自治（Privatautonomie）原则要求，只在自己愿意的范围内承担责任。在法律中，我们也能够陆续找到这种系统性的思考：根据《德国民法典》第133条的规定，应当寻找到意思表示人的"真实的意思表示"。同时，在《德国民法典》第118条中关于戏谑表示（Scherzerklärung）的条文中，也能找到意思理论（Willenstheorie）的支持。按照法律规定，缺乏表示意识（Erklärungsbewusstsein）的情形应当导致无效（Nichtigkeit）的法律后果。根据这种观点，当缺乏表示意识时，原则上不存在有效的意思表示（gültige Willenserklärung）；对于表示受领人的信赖保护可以通过类推适用《德国民法典》第122条来实现。[2]

这两种观点在法益（Interessen）和法律条文中都能够找到支持，但是在

---

[1] 与安布鲁斯特（Armbrüster）的观点相比较，载 MünchKomm, BGB, 7. Aufl. 2015, § 119 Rn. 94 ff.; kritisch *Wolf/Neuner*, Allgemeiner Teil des BGB, 11. Aufl. 2016, § 32 Rn. 23。

[2] *Canaris*, NJW 1984, 2281 f.; *Singer*, JZ 1989, 1030 ff., 1034 f.

历史上,立法者决定既不采用"意思理论",也不采用"表示理论"。"保护交易中的信赖利益"和"自我决定"作为"私人自治"(Privatautonomie)的一部分,也是为这两种理论都认可的价值,当然在此处它们也是互相对立的和排斥的法律原则。德国联邦最高法院选择走中间路线,也是基于瑕瑜互见的考虑,因为它可以为交易双方设立注意义务(Sorgfaltspflicht),以避免产生瑕疵行为(fehlerhafte Handeln)。

12 为了更好地记住这些,你应当把上述争论点用构图方式直观化。"过失的意思表示"(fahrlässige Willenserklärung)可能存在的争论点,可以如图3-1所示列举出来:

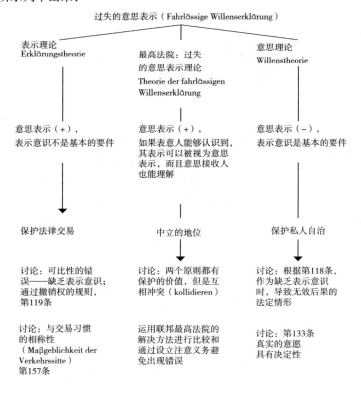

图 3-1

第二节　法学方法论和论证结构

在笔试和家庭作业中你有机会应用法学辩论的方法（Argumentationsfiguren）和相应的论据来练习论证。通过法律方法论的学习，正面和反面辩论的法律思维都会得到特别好的训练。[1] 在这里会作一个简单的介绍，以避免答卷人仅运用教义解释（解释法规，Auslegungskanon）来支持自己的论点。在经典的立法解释之外，对法条和法律原则的具体化运用具有特别重要的意义。特别需要注意的是相关的判例（Präjudizien）和占统治地位的观点（即通说）。

一、解释规则作为论证的辅助手段（Auslegungskanon als argumentationshilfe）

当不存在立法者的法定概念、法院判决或者文献认可的解释建议时，解释法律规范总是非常重要的。因此，在这种情况下应当注意检验构成要件是否被正确地解释。[2] 学者和司法判决从萨维尼（Savigny）[3] 的基本观点中发展出四条经典的解释方法（Auslegungsmethoden）来解释法律规范。[4] 这些分别是：

（1）文义解释（grammatische Auslegung）：这种方法是根据构成要件的字面语义来进行解释。

（2）体系—逻辑的解释（systematisch - logische Auslegung）：它的标准是在法律规范体系中的构成要件的地位。规范应当被解释得与整个法律体系都不冲突和不矛盾。

---

〔1〕 Möllers, Juristische Methodenlehre, 2017; Reimer, Juristische Methodenlehre, 2016; Rüthers/Fischer/Birk, Rechtstheorie, 9. Aufl. 2016; Rückert/Seinecke（Hrsg.）, Methodik des Zivilrechts - von Savigny bis Teubner, 23. Aufl. 2012; Beaucamp/Treder, Methoden und Technik der Rechtsanwendung, 3. Aufl. 2017; Engisch,（hrsg. von Würtenberger/Otto）, Einführung in das Juristische Denken, 11. Aufl. 2010; 从瑞士的视角参见 Kramer, Juristische Methodenlehre, 5. Aufl. 2016。

〔2〕 *Butzer/Epping*, Arbeitstechnik im Öffentlichen Recht, 3. Aufl. 2006, S. 32.

〔3〕 Von *Savigny*, System des heutigen römischen Rechts, Bd. I, 1840, S. 213 ff.

〔4〕 *Butzer/Epping*, Arbeitstechnik im Öffentlichen Recht, 3. Aufl. 2006, S. 32; *Mann*, Einführung in die juristische Arbeitstechnik, 5. Aufl. 2015, Rn. 227.

（3）历史—谱系的解释（historisch - genetische Auslegung）：这种解释方法的基础是过去的规范和立法者在过去立法过程中形成的意图。这些信息大量地存在于立法资料中。

（4）目的解释（teleologische Auslegung）：它立足于用现在的视角来观察法律规范的意义和目的。法律规范解释的社会影响也是要顾及的。[1]

（5）合宪性解释（verfassungskonforme Auslegung）：这种方法是根据宪法来解释基本的法律。因此会受到第三方因素，例如，宪法的保护义务的影响。[2]

（6）合欧盟法解释（europarechtskonforme Auslegung）：欧盟的法律享有对国家法的优先权。国家法律如果违反了欧盟的条约或者《欧盟运行条约》（AEUV），那么该国家的法律是不能被适用的。[3]国家法应当在欧盟法律指令的指导下进行解释。

15 当然，你不需要在一个学术作业中，针对每一个构成要件的特征，全部运用这六种方法进行一次广泛的检验；也不需要像奴隶一样依赖于解释方法。只要培养出你自己的解释方式（Auslegungsfiguren），论据可以支持自己的法律立场就足矣，例如：

> 条文的文字意思可以推论出这样一种假设……但是，这与以下规定是矛盾的……此外，该规定的目的是确保……正是出于目的论的原因（teleologische Argument），我们需要如下地理解法条……

二、法律续造的简单形式

16 在你的学习过程中，你至少在笔试或者家庭作业中遇到过这样一种情况——无法根据法律规范的解释把案情涵摄（subsumiert）于该规范的字面意思内，但最后却表明在具体的案件应用中，该规范以及规范规定的法律后

---

[1] 这里特别适合举例的是"特里尔葡萄酒拍卖案"（Trierer Weinversteigerungsfall），见本书第三章边码 11。

[2] 进一步深化的资料参见 Stern, Das Staatsrecht der Bundesrepublik Deutschland, Bd. III/1, 1988, S. 1568, 1572; Canaris, AcP 184 (1984), 201, 213, 227; Canaris, JuS 1989, 161 f。

[3] 多个欧盟法院相关的案例参见如下：EuGH, Urt. v. 15.7.1964, 6/64, EU：C：1964：66, 1259, 1269 – Costa/E. N. E. L。

果确实是有意义并相适应的。这种情况下，你需要检验是否通过类推（Analogie）适用一条相应的规范就可弥补法律规范可能存在的漏洞（Regelungslücke）。

反之亦然，有可能出现具体的案情可以涵摄于一个规范内，然而根据该规范规定的法律后果，却显示出了不恰当或者不正确的情况，或者在具体的案例中，规范的目的不适用于该案情。在这些情况下，存在着对这些规范进行目的性缩限解释（die teleologische Reduktion der Norm）的可能性。

法律漏洞的填补是通过法官的法律续造来实现的。法官必须根据"法律的精神"[1]来填补这些漏洞并成功地找到一个具有代表性的解决方案。如刚才所提及的，个别类推（Einzelanalogie）和进行目的性缩限解释（teleologische Reduktion）都属于法律续造的简单形式。

（一）个别类推（Einzelanalogie）

个别类推不是一种独立的解释类型（Auslegungstopos），而是一个为了确定"立法意旨"（die *ratio legis*）的解释过程的特别称谓。[2]一个构成要件的法律后果符合案情，然而案情却不能被涵摄于这个构成要件之内。第一步要确认的是，该具体的案情无法涵摄到这个规范之下，因此可能存在法律的"漏洞"。第二步是探讨规范的目的。第三步是确定可比较性（die *Vergleichbarkeit*），即将该构成要件扩大适用于法律没有规定的案件中的做法是具有正当性的（rechtfertigt）。这样，才确定了法律规定的构成要件与缺乏规定的构成要件特征之间的部分的相似性，使之得以关联。值得讨论的地方是"相似性论证"，即如何通过以小见大（argumentum a maiore ad minus）或者以大见小的方法（argumentum a minore ad maius）[3]将"举重

---

[1] *Larenz*, Methodenlehre der Rechtswissenschaft, 6. Aufl. 1991, S. 110 mit Verweis auf *Schönfeld*, Die logische Struktur der Rechtsordnung, 1927, S. 53; auch *Brox/Walker*, Allgemeiner Teil des BGB, 41. Aufl. 2017, Rn. 65.

[2] *Möllers*, Juristische Methodenlehre, 2017, § 6 Rn. 87ff; *Raisch*, Juristische Methoden, 1995, S. 153.

[3] 类似比较请参见 RG, Urt. v. 9.3.1918, V 354/17, RGZ 92, 295; *Larenz*, Methodenlehre der Rechtswissenschaft, 6. Aufl. 1991, S. 375, 382。

以明轻"(Erst‐recht‐Schluss)与曲径通幽式的论证(Umgehungsargument[1])联系起来。到第四步,此时才可以通过个别类推弥补漏洞。

19　　"周六晚上购买地产案"(Samstag‐Abends‐Grundstückskauf):买家克劳斯(Klaus,以下简称 K)在本周发行的广告上发现了一个非常便宜的位于慕尼黑的房屋,售价为 10 万欧元。在周六的晚上,他与卖家维克托(Victor,以下简称 V)见面,维克托表示马上将房屋卖给他。在 K 邀请 V 吃完饭的时候,双方签署了一个书面的预约合同(Vorvertrag)。在这个预售合同中,双方约定 V 有义务在公证处把房子卖给 K。当 K 在周一与 V 约定公证时间时,V 拒绝了 K 的要求,因为他在早上找到了一个愿意出双倍价格购买房屋的买家。K 是否可以根据 V 违反了预约合同,向 V 要求损害赔偿?根据预售合同因损害赔偿提出的请求权:

(1)两个互相合意的意思表示

(2)但是因为违反《德国民法典》第 311b 条第 1 款第 1 句而无效(Unwirksamkeit),《德国民法典》第 311b 条第 1 款第 1 句只直接适用于土地买卖合同(Grundstückskaufverträge)。

(3)此处是预约合同(Vorvertrag),它规定了缔结土地买卖双方的义务:

①漏洞(Lücke):预约合同(Vorvertrag)并非直接被规定于《德国民法典》第 311 条第 1 款第 1 句。

②《德国民法典》第 311b 条第 1 款第 1 句的"规范的目的",具有对买卖双方的催促、证明、咨询功能。

③可以直接适用于法律中的已有规定与法律中无相关规定的案例之间的可比较性(或关联性 Vergleichbarkeit)。

这个保护的功能同样应当适用于土地买卖合同和因缔结一个土地购买合同而负义务的预约合同。如果预约合同中的对证书进行公证的义务没有约束力,那么土地买卖合同的保护功能也会落空。如果卖方根据预售合同被责以损害赔偿责任,那么等同于在经济上设置了一种类似卖方必须要转让其同意

---

[1] RG, Urt. v. 8.12.1925, VI 350/25, RGZ 112, 199, 201 ‐ Vorvertrag.

卖出的土地的义务。[1]

```
在法律层面
                    可比较性（Vergleichbarkeit）？

《民法典》第311条第1款第1句：            《民法典》第311b条第1款第1句：
土地买卖合同需要公证证明         ═══    类推：对于预约合同需要公证
（notarielle Beurkundung              证明（notarielle
für Grundstückskaufvertrag）           Beurkundung für Vorvertrag）

① 《民法典》第311条第1款第1句的漏洞。
② 《民法典》第311b条第1款第1句的规范目的（Regelungszweck）：
   催促（Übereilungs）、证明（Beurkundungs）、咨询功能（Beratungsfunktion）
③ 可比较性（Vergleichbarkeit）：
   A. 土地购买合同的证明书
   B. 预约合同的证明书是土地购买合同的准备阶段
   讨论：相似性（Ähnlichkeit）、"举重以明轻"（Erst-recht-Schluss）与
        "曲径通幽式"的论证（Umgehungsargument）
④ 法律后果（Rechtsfolge）：通过个别类推、扩大法定的构成要件和弥补漏洞
```

图 3-2 在个别类推框架中找法

(Rechtsfindung im Rahmen der Einzelanalogie)

在具体类推中的法律发现： 20

（1）研究的论点：有漏洞。

（2）研究的论点：规范的目的可以适用于未纳入法律规定的案件。

（3）理由：规范的目的与未纳入法律规定案件之间具有可比性：此处（规范的）保护功能同样适用于土地买卖合同以及预约合同。

（4）通过个别类推填补漏洞。

---

[1] RG, Urt. v. 8.12.1925, VI 350/25, RGZ 112, 199, 201 - Vorvertrag.

```
┌─────────────────────────────────────────────────────────────────────┐
│  ┌──────────────────────┐   ┌──────────────────────────────────┐   │
│  │ 土地买卖合同：需要公证件 │   │        预约合同：               │   │
│  │ 《民法典》第311条第1款第1句│   │     法律对形式没有要求          │   │
│  └──────────────────────┘   │(1)《民法典》311b条第1款无规定(-)→有漏洞│   │
│                             └──────────────────────────────────┘   │
│                                                                     │
│          (2) 规范目的：《民法典》311b条第1款第1句：                  │
│              对买卖双方的催促（Übereilungs-）、证明（Beurkundungs-）、│
│              咨询功能（Beratungsfunktion）                          │
│                                                                     │
│          ┌──────────────────────────────────────────────┐          │
│          │ 可以比较之处(**)：预约合同可能产生的赔偿请求来源于 │          │
│          │    给付已同意出售的土地的义务所类似的经济责任      │          │
│          └──────────────────────────────────────────────┘          │
│                    ↗                              ↘                 │
│                                                                     │
│  《民法典》第311条第1款第1    (3) 可比较性(*)    《民法典》311b条第1款第1句：│
│  句：                    ─────────────────→    类推：法律保护合同双方│
│     法律保护合同双方                                 (预约合同)       │
│       (土地买卖合同)                                                 │
│                                                                     │
│  讨论：相似性（Ähnlichkeit），"举重以明轻"（Erst-recht-Schluss）与"曲径通幽式"的论证│
│                              （Umgehungsargument）                  │
│                                                                     │
│  ┌──────────────────────────────────────────────────────────┐      │
│  │  (4) 扩大《民法典》311b条第1款第1句的适用范围                │      │
│  │  ┌──────────────────────┐                                  │      │
│  │  │    法律保护合同双方     │                                  │      │
│  │  └──────────────────────┘                                  │      │
│  └──────────────────────────────────────────────────────────┘      │
└─────────────────────────────────────────────────────────────────────┘
```

图 3-3

（二）目的性缩限

21 目的性缩限从逻辑上正好是类推的相反方向。首先，根据法律的目的，案情能够涵摄于规范的应用领域。其次，相关的案情却不完全相符。[1] 再次，值得讨论的是常规的案情与本案之间可比性的缺乏，即本案案情不能被涵摄于该规范中，需要论证理由。

---

〔1〕 区别在于缩限解释将被限制在规范运用领域的语义范围内，类似参见 Möllers, Juristische Methodenlehre, 2017, § 6 Rn. 115 ff.。

作为处理此种不一致的论证方法，归谬法和反证法得出的论据都可以使用。认同法律规范规定的法律后果可能会导致荒谬的结论，最后的结论可能是案情不能涵摄于该规范内。

剪辫子案（Zopfabschneidefall）[1]：犯罪行为人用剃刀剪下受害人的辫子。行为人应当根据《德国刑法典》第224条第1款第2项的第2种选择（§224 Abs. 1 Nr. 2 Alt. 2. StGB）受到惩罚么？

（1）根据这个构成要件的字面意思，这种行为构成了危险的身体伤害（gefährliche Körperverletzung），因为行为人为了把辫子剪下，使用了刀子并损害了被害人身体的完整性。

（2）但这个条文的目的要求，仅当根据其客观的属性（Beschaffenheit）和在具体案件中的运用方式导致了明显的身体伤害时，才能把该侵害行为涵摄在内。[2]

（3）剪头发并不符合上述条件，因为剪头发并未导致明显的身体伤害。在本案中，行为人因为使用了刀具而被加重处罚将会有违生活的惯例。

（4）因此，案件事实不能归入规范之内。

在目的性缩限框架中的找法（Rechtsfindung im Rahmen der teleologischen Reduktion）：

（1）研究的论点：规范的字面解释是相关的。

（2）研究的论点：规范的目的。

（3）理由：缺乏可比性。

（4）目的性缩限。

---

[1] 案例参照 Roxin, Strafrecht, Allgemeiner Teil, Bd. 1, 4. Aufl. 2006, § 5 Rn. 29。
[2] BGH, Urt. v. 6.6.1952, 1 StR 708/51, BGHSt 3, 105, 109; BGH, Urt. v. 26.2.1960, 4 StR 582/59, BGHSt, 14, 152, 154; Satzger/Schluckebier/Widmaier Momsen/Momsen‑Pflanz, StGB, 3. Aufl. 2016, § 224 Rn. 17.

```
┌─────────────────────────────────────────────────────────────┐
│  《德国刑法典》第224条第1款第2项第2种选择：                    │
│  使用危险工具实施的危险的身体伤害…                            │
│         → (1)字面解释中可以包含剃刀                           │
└─────────────────────────────────────────────────────────────┘

(2) 规范目的: 工具必须是根据物客观的属性与其在具体案件的运用方式相适应
          并造成明显的身体伤害（常规案件中）

              (3)缺乏可比较性?
       讨论:反向推理（Umkehrschluss），不当（Unbilligkeit）或者归谬法
                （argumentum ad absurdum）

  适当性，导致明显的损害    ←————————→   在剪头发的情况下，缺乏适当性

(4) 缩限《德国刑法典》第224条第1款第2项第2种选择的运用范围

┌─────────────────────────────┐    ┌──────────────────┐
│ 《德国刑法典》第224条第1款第2项第2种 │ ←  │ 剃刀不在《德国刑法典》│
│ 选择：适当性，导致明显的损害       │    │ 第224条规范内 (−)  │
└─────────────────────────────┘    └──────────────────┘
```

图 3 − 4

深入理解参见"游戏轨道案"（Spieleisenbahnfall）：父母是否可以送给自己五岁大的儿子一个玩具轨道火车作为圣诞礼物？请你运用归谬法（argumentum ad absurdum）来限定《德国民法典》第181条的适用范围。[1]

三、法律规范的具体化（Konkretisierung von Rechtsnormen）

（1）不确定的法律概念（Unbestimmte Rechtsbegriffe）和一般条款（Generalklauseln）通常都非常模糊，以至于不可能将该法规直接解释与适用于一个具体的案件中。具体化的方法则让案情有可能被涵摄于那些规定不明确的法规中。具有普遍性的法律原则（Rechtsprinzipien）和案例群（Fallgruppe）也因此得到了发展。这不仅对基本法，还对一般条款，例如《德国民法典》第823条第1款都有效。根据《德国民法典》第823条第1款的规定，法律主体都应当负有哪些交往义务（Verkehrspflichte）呢？

---

[1] 答案参见本书第十章。

清扫案（Streufall）：房屋所有人是否应当在 22 点时仍然负有清扫门口道路的义务？

依据维尔伯格（Wilburg）[1]"动态体系"（bewegliche System）理论，为了能够更好地均衡受损害人和行为人之间的利益，冯·巴尔（von Bar）运用下面五个标准来判断是否负有风险管理的责任：

①创建或维持了危险（来源）；
②危险的控制；
③可识别的危险[2]；
④来自危险源的优势；
⑤信赖保护。[3]

关于清扫案（Streufall）：恶劣天气和下雪是不可抗力，不是房屋所有人或者承租人制造的。同时，通过晚间铲雪的方式，他也不能控制这种危险，通常他也不会知道晚上会忽然开始下雪。况且他也没有从这种危险中获得任何利益。路人也不能期待晚上有一条被维护得没有积雪的道路。所以，房主不必在晚上也保持道路上无雪。

白天则与之不同：房屋所有人或者承租人可以认识到这种危险，并且可以通过有期待可能性的方式（in zumutbarer Weise）来控制之。第三方（如邮递员）可以信赖，其所进入的土地是不会危及其财产和生命安全的。

酒馆案（Wirtsfall）：当地窖门后是一个非常陡的楼梯时，酒馆是否应当在厕所旁地窖门设安全措施？如果顾客从楼梯掉下受伤，他是否可以向酒馆要求损害赔偿？[4]

（2）当一个法律条文作为普通条款不能被运用于某个案情时，应当发展出相应的法律原则和标准。在合同订立的时候，通常也成立了说明和接受咨询的义务，这是为《德国民法典》第 311 条第 2 款、第 3 款，第 241 条第

---

[1] *Wilburg*, Die Elemente des Schadensrechts, 1941, S. 26 ff.；ders., Entwicklung eines Beweglichen Systems im Bürgerlichen Recht, 1950, S. 12 ff.；ders., AcP 163 (1964), 346 ff.

[2] 参见 *Möllers*, Rechtsgüterschutz im Umwelt – und Haftungsrecht, 1996, § 8。

[3] *von Bar*, Verkehrspflichten, 1980, S. 113 ff., 294 ff.

[4] BGH, Urt. v. 9.2.1988 VI ZR 48/87, NJW 1988, 1588 f. Die Lösung des Wirtsfalles finden Sie unter § 10.

2 款所支持的。通常情况下，合同双方自己为对方提供了这方面的信息。[1]例外情况下，一方也可能负有特定的解释和咨询义务。这需要满足三个条件，这在过去几年中得到进一步发展。

二手汽车案（Gebrauchtwagenfall）：二手车经销商是否应当向不熟悉技术的买家解释，汽车的发动机已经不能够全马力运行了？

在合同前的谈判中，根据普遍认为的观点，应当根据以下三点决定是否负有说明义务（Aufklärungspflichten）。

①在表意接收人（Aufklärungsempfänger）会得到大量信息的情况，例如银行的顾客；

②从说明义务人（Aufklärungspflichtigen）的信息渠道来看，因为他有渠道，比信息接收人更容易获得这些信息；

③从说明义务人进行说明的期待可能性（Zumutbarkeit）看，例如，银行在进行投资业务的时候。

这些标准被认为是一个动态体系（bewegliches System）的要素。在此，第三个标准有特别的意义：解释义务通常只是出于信赖关系或者基于前两个标准，如建立在说明义务人的特别专业知识基础之上。[2]

关于二手汽车案（Gebrauchtwagenfall）：二手汽车经销商相对于没有技术经验的顾客而言，对被卖的商品拥有更多的专业知识（Sachverstand）。顾客也期待二手汽车经销商在买车前会检查该车。因此经销商必须传递他的专业知识或者申明他并没有如此做（即没有检查该车）。[3]

---

[1] 原始数据参见 15，3，3 § 9（Ulpian）：*curiosus igitur debet esse creditor, quo vertatur - Der Gläubiger muss darauf achten*, wofür der Kredit verdeut wird（债权人必须注意到贷款的用途）。从货物出门概不退换，买主须自行当心（*Emptor curiosus esse debet*），也就是从所谓的买主当心的原则（caveat-emptor-Prinzip）推断出来的，顾客应当充满好奇心，特别是对其要获取必要的信息。

[2] Hopt, Kapitalanlegerschutz im Recht der Banken, S. 414 ff.; *ders.*, in: FS Gernhuber, 1993, S. 169, 186; *Breidenbach*, Die Voraussetzungen von Informationspflichten beim Vertragsschluss, 1989, § 13; ausführlich *Fleischer*, Informationsasymmetrien im Vertragsrecht, 2001, S. 985 ff.; *Grigoleit*, in: Bankrechtstag 2012, 2013, S. 25, 35; *Bachmann/G. Roth*, in: MünchKomm-BGB, 7. Aufl. 2016, § 241 Rn. 142.

[3] 参见最高法院判决：BGH, Urt. v. 21.1.1975 VIII ZR 101/73, BGHZ 63, 382, 386；进一步的证明见 Palandt/*Ellenberger*, BGB, 77. Aufl. 2018, § 123 Rn. 7。

四、主流观点和判决

（1）仅提到这是主流观点，仍不能代替实质的论证，主流观点不是论证理由。只有对主流观点提出增强其论证力的理由，才是进行了实质的论证。例如，主流观点所主张的是法律安全性，则说理责任（Argumentationslast）将按如下方式分配：首先根据主流观点，这是合理的；谁否认这个观点，就由谁承担证明责任。[1]一篇学期论文和博士论文良好的标志也可以是提出了充分的理由，成功地驳斥了一个不太严谨的主流观点。

（2）在德国，有约束力的原则上只有法律，而非法官法（Richterrecht）。因此，以前的法院判决，即判例（Präjudizien），原则上对法律运用中的解释和应用没有约束力。通常认为，该判决的效力只适用于案件的双方，法院的判决原则上也没有立法上的可比较的效力。[2]例外的是习惯法（Gewohnheitsrecht）和联邦宪法法院的部分判决——依据是《联邦宪法法院法》第31条第2款第1句（§ 31 Abs. 2 S. 1 BVerfGG）[3]以及部分欧盟最高法院（EuGH）的判决。[4]与主流观点相类似的观点主张针对以前的判决具有一种所谓的辅助性的遵守义务（subsidiäre Befolgungspflicht）。这意味着：当有更多的解决方案以及具有同样的代表性时，人们会在实践中更多地适用最高法院的判决，只要没有与判决相违背的、更好的论证理由。谁要作出与以前判决不一样的判决，就需要论证特别的理由。这种论证责任（Argumentationslast）由意欲作出不同于以前的判决的一方来承担。[5]

五、案件类比的方法

法官不能仅从法律文本出发，也应当遵守以前判决中的法律应用的例子。特别是在案件事实不能简单地涵摄于不确定的法律概念或者一般条款

---

[1] *Gast*, Juristische Rhetorik, 5. Aufl. 2015, Rn. 437 ff.
[2] *Vogel*, Juristische Methodik, 1998, S. 84.
[3] 这需要检验判决的哪些部分属于判决理由（ratio decidendi），哪些部分属于附带意见（obiter dicta）。
[4] 欧盟最高法院判决的约束力参见本书第五章边码41。
[5] *Bydlinski*, Juristische Methodenlehre und Rechtsbegriff, 2. Aufl. 1991, S. 506 ff.; vertiefend *Möllers*, in: FS Buchner, 2009, S. 649 ff.

时,教义学(又译为信条学,Dogmatik)才具有特别的意义。由于没有成文法,在盎格鲁-撒克逊法的普通法国家中,这种工作模式占统治地位。[1]

案件类比的方法(Vergleichsfallmethode) 根据一个案例与其他案例的关系来设定解释和具体化的范围。[2]如同在个别类推(Einzelanalogie)和目的缩限中,经常被提问的是,当前的案情与目前的法律是否具有部分类比性或者是完全不具有可比较性。

在法律类推中,这种思考将被限定于法律的层面(Gesetzesebene),而在案件类比方法中,这些被限制于案情的层面(Sachverhaltsebene)。两种方法的目标都是共同的,即为了继续具体化不确定的法律概念。

常规案例是出发点:根据"常规案例的方法"(Normalfallmethode),经常被提问的是,什么样的案件通常是符合规范的。具体而言,也可以根据已经判决的案件共性来寻找新的案件。不应当提倡的是,在有可比性的利益情况下,强制认为类似的案件必须要受到同等对待。值得讨论的地方是,你可以通过相似性论证(argumentum a simile)、举重以明轻(der Erst-recht-Schluss)、证明有区别(Ungleichheit)的反证法[即曲径通幽的论证方法和归谬法(argumentum ad absurdum)]将新案的部分与以前类似的案件联系起来。

危险工具(Gefährliches Werkzeug):穿了鞋的脚、拳头或者墙壁是否可以适格作为《德国刑法典》第224条第1款第2项第二种选择意义上的危险工具?这可以通过与武器或常规危险工具进行比较的方式论证。[3]

通过案例比较可以扩展规范的目的范围:仅有根据其客观属性与在案件中具体运用的方式相适应并造成了明显损害的攻击(Angriffe,实际指使用工具的行为),才能够涵摄于该规范之内。

烟花案(Feuerwerkskörper):当被问及是否允许向儿童出售烟花的问题时,应考虑德国联邦最高法院已经认可了的向儿童出售火柴和飞镖的商人

---

[1] 关于普通法系和民法法系的区别,参见 Gordley, ZEuP 1993, 498; Kötz, ZEuP 1998, 493。

[2] 详见 Möllers, Juristische Methodenlehre, 2017, § 9 Rn. 44 ff.; Haft, Juristische Rhetorik, 8. Aufl. 2009, S. 89 ff.; Bydlinski, Juristische Methodenlehre und Rechtsbegriff, 2. Aufl. 1991, S. 543 ff。

[3] 证明参见 Fischer, StGB, 65. Aufl. 2018, § 224 Rn. 9 ff。

的责任。[1]

深化的案例——损害物品（Sachbeschädigung）： 当拆除一个洗手盆、放出自行车轮胎里的空气、污染邮箱、取下杆子上的旗子以及分解、拆卸闹钟时，是否构成《德国刑法典》第303条损害物品罪呢？[2]

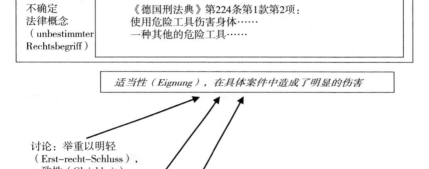

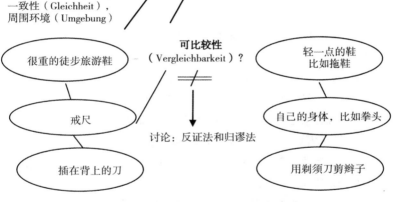

图3-5 案件类比方法中的找法

(Rechtsfindung im Rahmen der Vergleichsfallmethode)

---

[1] BGH, Urt. v. 23. 10. 1962 VI ZR26/62, NJW 1963, 101 f. - Wurfpfeile; OLG Stuttgart, Urt. v. 8. 6. 1983 4 U 185/82, NJW 1984, 182 f. - Streichhölzer. Zum Feuerwerkskörperfall s. § 3 Rn. 40ff。关于案例比较研究的方法更多的论证，参见高法院判决：BGH, Urt. v. 1. 4. 2003 VI ZR 321/02, NJW2003, 2018, 2019 = JZ2004, 95 m. Anm. Möllers - Porscherennen。

[2] 答案参见本书第十章边码7。

33　　从《德国刑法典》第 224 条意义上的危险工具的例子，人们可以认识到目的性缩限和案件类比这两种方法不是互相排斥的，而是相辅相成的。这两种方法都有助于将规范进一步具体化，前者是与法律进行比较论证，后者是与相似的案例进行比较论证。

六、以规范的目的作为案例的重要准则（Der Normzweck als fallentscheidender Maßstab）

34　　反证法和相似性论证（Ähnlichkeitsargument），或者更确切地说与"举重以明轻"的方法在逻辑上是一致的。只有当你清楚和明确地界定了规范的目的之后，才可能进行个别类推（Einzelanalogie）。具有决定性的要点是，法律漏洞是否违反计划（planwidrig）的以及可否通过类推来弥补。[1] 当然也存在着完全不能弥补的漏洞。[2]

母婴车厢案（Mutter – mit – Kind – Abteil）：在列车上有一节特别的母婴车厢。30 岁的单亲爸爸带着一岁的儿子坐在这样的母婴车厢里。列车员是否可以要求这位父亲离开该车厢，还是应当允许这位父亲与儿子一起坐在车厢里。

答案：如果从该父亲与孩子们不受打扰的玩耍的教育抚养权利以及其他乘客不受打扰的权利来看，相似性的论证是合理的。

如果一位母亲也同时需要安静的情况下，所得出的相反结论也是有说服力的。此时，（男女）自然的不平等就是优先的了。[3]

拓展的思考题：介绍伴侣的合同（Partnervermittlungsvertrag）：在《民法典》第 656 条的范围内考虑介绍伴侣的合同？[4]

根据规范的目的来回答问题通常比想象中的要困难些。通常有多种代表性观点。对论文（作业）评分起决定作用的是，你不能只是遵循一种观点，

---

[1] BVerfG, Beschl. v. 30.3.1993 1 BvR 1045/09, u. a. BVerfGE 88, 145, 165; *Larenz*, Methodenlehre der Rechtswissenschaft, 6. Aufl. 1991, S. 373.

[2] 这是一个关于"未违反计划的法律漏洞"的案例：BVerfG, Urt. v. 31.5.2006, 2 BvR 1673/04u. a., BVerfGE 116, 69, 83。

[3] *Stein*, Die rechtswissenschaftliche Arbeit, 2000, S. 51；详细的答案参见 Möllers, Juristische Methodenlehre, 2017, § 1 Rn. 44 ff.

[4] 答案见本书第十章。

而应全局地考虑各种法律立场和论证的理由。自己的观点要与法律及法律的判决相一致。这里要求你花费教义学上最少的周折（Aufwand）。这特别适用于当法律的运用人希望通过法律续造实现对现行法律的（de lege lata）[1]解释以利于论证法律意见书（Rechtsauffassung）时。如果法律的续造（Rechtsfortbildung）通过法院无法完成时，就需要立法者来承担这一未来改革法律状态的任务（de lege ferenda）。[2]他需要明确区别现在的法律状态（de lege lata）和未来的法律状态（de lege ferenda）。原则上应用法律的人不能够非法地行使立法者的权限（参见本书第八章边码7）。

第三节　学术论文中的创新性和原创性

一、法学方法作为论证的学说（Die Juristische Methodik als Argumentationslehre）

需要明确的是，哪些参数标志着一篇好的学术论文。[3]学术工作有时可以与猎人或收藏家的活动相类比。它需要搜集大量的知识和处理目前存在的法律状态（Rechtslage）。小心地选择没有漏洞的法律判决和文献来进行工作，表明了这是一个好的收藏家。

学术工作有着更多的意义，即质疑那些通常是不加思考的，同时也常常是没有足够可信度的主流观点，这同时也促进了目前法律的新发展。法律因而是一门非常令人激动的学科，因为答案往往不是阅读法条就能发现的。对此学者莱尔歇（Lerche）的表述如下：关心生活中行为的人，必须要经常前瞻性地考虑可能存在的法律冲突；他必须深入地思考现有的法律意见，并寻找未来法律的方向。[4]法学方法论有丰富的论证手段（方法），其侧重点可能各有不同，即可能是纯粹的形式论证，也可能是推定规则或强制性优先原

---

〔1〕　字面上：关于已颁布的法律。
〔2〕　字面上：关于已颁布的法律。
〔3〕　参见本书附件一的思维图。
〔4〕　关于这种区别，参见 Lerche, BayVBl. 2002, 649, 650（授予其荣誉博士学位时庆典的致辞）。

则等。[1]猎人的工作则是通过论文写作找出一个新的、原创性的论点,并且尽可能地在法教义学(Rechtsdogmatik)的框架内运用法学方法,有说服力地去论证之。准备和进一步拓展工作是以获取新的知识为目标的。上述这些目标你都应该始终牢记在心。[2]

38　学术论文是一个系统性的工作。对论点的内容进行了分析、获取了新的知识、具有原创性和有意义等都标志了这是一篇学术论文。学术论文要求描述、解释,但是也有区别与评估。运用法律比较、法律哲学,尤其是法律方法论的方法,可以深化你的论述。

39　在研讨课论文和学习论文中,你不应该经常地"反刍"争议。这对你来说是非常无聊的。最重要的是在此过程中对(以往的)观点进行修正。更重要的是找到当前的问题,批判现有方案并展示其他可能的方式。你必须要质问的是,哪里是该法律解决方案不能完全满足的地方。用我的同事缪尔博特(Mülbert)的话来说:"研讨课论文如同足球一样:前锋必须去踢那些会疼的地方。"[3]你要进入一个新的领域,通过法律方法论的方法去充分地论证,寻找到自己的解决问题的方法。恰巧研讨课论文和学习论文允许探讨与运用未来的法律(即理想状态的法律,译者注)来寻找法律解决方案。

二、严谨的思路和合乎逻辑的论证——"烟花案"

40　法律思维远不是收集主意(头脑风暴)。论证过程的清晰度和深度是你说服对手的基本前提。如果放置在错误的位置,那么就会抵销正确论证的效果。只有当你知道"旅行将去何方"时,才可以简短地涵摄。所以,事先要构思自己想说什么,并优化结构和推理过程。我的学术老师给我建议,在论文开始的时候就记录下结果,能够保证写作的针对性,且避免繁

---

[1] 详细参见 Möllers, Juristische Methodenlehre, 2017, § 14 Rn. 100 ff。

[2] 参见本书第八章边码4等。关于法律的创造性(juristischen Kreativität),参见 Möllers, Juristische Methodenlehre, 2017, § 14 Rn. 39 ff。

[3] *Mülbert*, Leitlinien für das erfolgreiche Verfassen von Seminar-und Magisterarbeiten, S. 7, abrufbar unter http://www.jura.uni-mainz.de/muelbert/Dateien/Leitlinien_Seminararbeiten%282013%29.pdf.

冗的论述。[1]为了保持文本的结构清晰，你应该始终围绕大纲（本书第二章边码 10 和 64 及以下）进行工作。对提纲进行不断的修改也是一个持续的过程。

你不但是讲故事，而且应从一个必须要得到证明的论点开始。你要用手牵着读者，逐步地展开自己的论证锁链。这意味着每一步和每一个论点都应该以清晰和合理的方式来表述并且附加论证，读者就可以跟随你（的思路），而不是对你的推理过程产生怀疑。如果一直这么做，读者就只能在论证结束的时候赞同你的观点。因此，你的思路必须是有逻辑性的，没有思维跳跃与断裂的（本书第一章边码 73）。[2]基本方案是从前提开始，然后用一条链条连接到所寻找到的结果。表述可以如下所示：

根据目前的观点……这意味着……由此进一步……因此这是正确的……

最后一个相关的例子"烟花案"（Feuerwerkskörperfall）：就德国联邦最高法院所赞同的是否允许经销商向儿童出售烟花的问题，我采取如下的批评立场[3]：

（一）关于经销商的责任和个人承担交易义务的问题

德国联邦最高法院已经认可了烟花具有相当大的危险性，尤其是在儿童和青少年手中。它还明确了，当通过禁止销售义务（einem Verkaufsverbot verpflichtet）就能避免可预见的危险局面时，经销商应当不允许将这些产品交到顾客手中，这意味着他将负有禁止销售的义务。最后，已得到确认的是，销售商也可以预计到，购买烟花的儿童会采用的点火方式并在没有适当监督的情况下点燃烟花。然而，进一步具体化经销商的义务是不可能的。

经销商在多大程度上通过调查、阅读专业文献或基于他受过的普通教育能够认识到（烟花）危险的范围的这一问题，仍未被讨论。

---

[1] 进一步明确的论述参见 Calleros, Legal Method and Writing, 7th ed. 2014, S. 272："你不可能清晰地描述，除非你首先明确了思路。"

[2] Braun, Der Zivilrechtsfall, 5. Aufl. 2012, S. 15 ff. 举例请看 Neumann, Legal Reasoning and Legal Writing, 6th ed. 2009, S. 85 ff。

[3] Möllers, JZ 1999, 24, 27 f. zu BGH, Urt. v. 26. 5. 1998 VI ZR 183/97; BGHZ 139, 43, 50 f.；鉴于篇幅所限，此处不一一列出脚注，请参见 Jansen, AcP 202（2002），517 ff.；a. A. Wagner, in: MünchKomm, BGB, 7. Aufl. 2017, § 823 Rn. 688。

（二）对过失的质疑：危险的可认识性

1. 德国联邦最高法院（BGH）的观点

与前一审级——杜塞尔多夫高等法院于 1998 年 6 月 9 日作出的判决相反，德国联邦最高法院不希望作出销售商不准向小学孩子出售烟花这一普遍性禁止，而是更愿意根据具体的情况来判断。关于经销商是否意识到风险的问题，起决定性的是生产商如何描述产品、经销商有哪些处理烟花的实际经验以及他需要把哪些信息告诉购买方。由于制造商将危险降到了最低无伤害的限度，经销商无法猜测到危险性。销售商没有实际经验，他在烟火领域缺乏必要的技术知识。此外，事实上不能避免的是，孩子们往往不小心或有侵略性。相反，卖方能够相信，"能够跟上学校教育步骤"的孩子有能力阅读并理解使用说明。

2. 批评

（1）根据德国联邦最高法院的观点，经销商可以信任生产商或进口商的信息。即使低估了这些危险，经销商仍然是不被质疑的。但这个标准已经被否认，因为制造商或进口商越是低估了危险性，经销商就越会被免除责任。其结果是最初的理由被正当化，德国联邦最高法院也认可了这会导致经销商的责任被降低到零。此外，当用手就能够触摸到危险时，对一个产品的无害性的信任不是无过错的。因为经销商自身负有保护客户的职责，所以不能盲目信任客户，而是负有小心、怀疑甚至事后调查的义务。

（2）正如德国联邦最高法院认同的那样，经销商是否是烟火技术（Pyrotechnik）的专家不是关键性的问题。这里建议道，要求经销商自己去获取相关信息，但是不需要进一步深化。工作自由权（Berufsfreiheit）强制规定了只能在非常有限的范围内限制职业资格。为销售烟花人规定的这些必要条件不是为了强迫其成为烟火技术的专家，而是使其基于日常知识（例如，从阅读报纸）能知道烟花的危险性。人们凭常识就能知道的是，烟花是会爆炸的，或者至少知道不像蜡烛那样容易控制燃烧。产品使用说明中的只能在节日使用，并迅速离开点燃的烟花等内容也在具体案例中明确表现了烟花的危险性。即使生产商低估了这种危险，经销商基于常识也应当认识到并产生怀疑，给生产商打电话询问。

（3）第三个标准是没有任何说服力的，即尽管孩子们往往有侵略性的倾向，经销商仍可以相信，小孩子们会阅读并理解使用说明。根据这种说法，德国联邦最高法院放弃了以前的判例，即故意限制了对儿童的信任原则。尽管对于更加无害的物品，针对适用范围不特定的危险，法院的判决确定了经销商必须承担责任的原则，但仍存在特别矛盾之处：一方面认为，由于孩子不成熟，很可能没有理解所阅读的使用说明；另一方面又确定，经销商应该可以相信一个8岁半的孩子能正确阅读并理解使用说明书……

3. 结论

其结果是，德国联邦最高法院仍然落后于其在20世纪60年代就经销商向儿童销售危险产品所规定的要求，直到现在才在《市场产品供应法》（ProdSG：Gesetz über die Bereitstellung von Produkten auf dem Markt）中首次发现了该法律规定。与其他国家进行的比较也令人惊讶地发现，德国法院的判决多么无法良好地保护小学年龄儿童的健康免受严重伤害。

尽管有不同理由论证了经销商需承担的责任与义务，德国联邦最高法院还是混淆了经销商与孩子们的小心谨慎义务的范围：一方面，可以盲目地相信"大蜜蜂"和"火龙"等烟花是安全的；另一方面，他可以信赖小学里一个8岁半的孩子（二年级）会独立通读使用说明并且不会错误操作、正确地燃放烟花，即使这些烟花会被加热到2200摄氏度，如果不谨慎使用会导致身体受到伤害。

第四节 拥有批判性的对话伙伴

作为学期论文、家庭作业或者博士论文的作者，你不应当是孤军奋战的。请寻找那些愿意和你讨论当前法律问题的人。我在前面已经建议过成立私人的学习小组（本书第一章边码59），这也适用于博士论文（本书第八章边码23）以及所有形式的法律论文。所以，在整个学习工作区里寻找你的学习伙伴。通过玩所谓的"少数派辩护人"（advocatus diaboli）的游戏，你要试图发展反方的观点：试图代表与其他人主张完全相反的、反方的意见。

正如国际象棋玩家必须要进入对手的角色思考一样。你的论文将会变得更加有力度，如果其中可以挑衅到其他的观点。你也要和非法律人进行辩论。通过讨论来训练自己：如果你成功地鼓励其他人对自己的题目产生激情，那么你就获胜了。没有法学知识负担的丈母娘（或婆婆）有时候能比临近交稿却焦头烂额，以至于看不到（论文）该往何方的作者更好地理解"正常人的思维"。

43

> 如果一个人不懂怎样简洁而清楚地说话，那么在他知道该怎么说话之前，最好还是先埋头工作。
>
> 卡尔·波普尔*

第四章　法学语言风格

第一节　法学德语的问题

1　早在200多年前，腓特烈大帝（*Friedrich dem Großen*）就曾在他的敕令中这样指责道：

> 我认为我们的法律实在是不合常理，因为它在很多地方所使用的语言，恰恰是它所要规范的人们看不懂的。[2]

类似这种对法律人语言的批评至今仍不绝于耳。[3] 法学德语被认为生硬、枯燥、不易理解且富有官僚气息；文牍德语可谓出了名的晦涩难懂。在这些批评者当中，最负盛名的当属活跃于20世纪中叶的路德维希·赖纳斯（Ludwig Reiners），他严厉批评了那种"糟糕的"德语和官僚们的语言，并

---

* Karl Popper, Gegen die großen Worte, in: Popper, Auf der Suchenach einer besseren Welt, 14. Aufl. 2006, S. 99, 100；以及本书第四章边码41。

[2] 腓特烈大帝1780年4月14日敕令，转引自 *Günther*, Recht und Sprache, 1898, S. 160, Anm. 226。

[3] *Johann Wolfgang von Goethe*, Dichtung und Wahrheit, 2. Teil, 7. Buch: "Die Rechtsgelehrten, von Jugend auf gewöhnt an einen abstrusen Stil"; *Günther*, Recht und Sprache, 1898; *Dölle*, Vom Stil der Rechtsprache, 1949; zum Bürgerlichen Gesetzbuch ausführlich: *Gierke*, Der Entwurf eines bürgerlichen Gesetzbuchs und das deutsche Recht, 1889, S. 27–79; *Hamann*, NJW2009, 727 ff.

且创立了一套"漂亮德语"的规则，也就是作为经典而闻名的所谓"文体学技艺"（Stillkunst）。[1]但他的作品至少可以说是被法学界所忽视了。在德国，无论是在法学教育中，还是在立法的过程中，很多时候还是不够重视"什么是恰当的法学德语"这个问题。在大学的法学教育中，尽管人们都知道事实并非如此，却还是把法学德语默认为大家已经掌握的基础知识。一个典型的佐证就是，经常会有人（不得不）给律师们提供"法学德语课"，因为（大家都知道）在之前的法学教育中这部分是缺失的。[2]

清晰透彻的语言风格本身却不是要追求的目的。[3]人们所说的毕竟还是"德语"这门语言，而非"法学"。显然，法学语言变得晦涩难懂，法律人难辞其咎。法学德语看起来冰冷、艰涩而令人望而却步：对法律人表达不待见的评论也难免层出不穷[4]；法律人从而以刚愎自用、冷酷无情而臭名昭著。[5]

那些参与立法或者起草合同条款的人，总是希望借此传达一种信息，从而对他人的行为施加影响。法律命令（Gesetzesbefehl）和合同影响着每个人。[6]正如腓特烈大帝当年所指出的，法律表达必须清晰而透彻，这一点

---

[1] Reiners, Stilkunst – Ein Lehrbuch deutscher Prosa, 1943/1991/2004; Reiners, Stilfibel: Der sichere Weg zum guten Deutsch, 1951/1990/2007; s. auch W. Schneider, Deutsch für Kenner, 8. Aufl. 2014，只有少数文献提及了这一点，例如 Gast, Juristische Rhetorik, 5. Aufl. 2015, Rn. 1220 ff.; Krämer, Wie schreibe ich eine Seminar – oder Examensarbeit, 3. Aufl. 2009, 6. Kap.；以及更一般化的介绍则参见 Schnapp, Stilfibel für Juristen, 2004; Walter, Kleine Stilkunde für Juristen, 3. Aufl. 2017。

[2] Lauterbach, Anwalt November 2000, 20 f.

[3] 尽管许多指导性的书籍看起来都这样认为，正确的看法应该是：除非时间绰绰有余，我们才有必要在语言本身大费周章。

[4] 马丁·路德称："如果上帝因为这帮可耻的法律人而决定让世界毁灭，那也毫不奇怪。"参见 Colloquia oder Tischreden, 1700, S. 959；歌德说过："如果暴民们听闻我是个法律人，那我一定会被他们乱石砸死。"参见 Johann Wolfgang von Goethe: Götz von Berlichingen, 1. Akt, 1. Szene；其他著述参见 Dölle, Vom Stil der Rechtssprache, 1949, S. 7; Heinze, Der unbeliebte Jurist, 1981, S. 54; Westermann, Über Unbeliebtheit und Beliebtheit von Juristen, 1986; Braun, JuS 1996, 287, 290。

[5] 参见 Radbruch, Rechtsphilosophie, 8. Aufl. 1973, § 14, S. 202；以及 Braun, JuS 1996, 287 ff。

[6] Dölle, Vom Stil der Rechtssprache, 1949, S. 10.

要求现在看来确实非常重要。[1]吕特斯（Rüthers）、费舍尔（Fischer）、比尔克（Birk）等人则如此形象地说道：

> 一种法律制度，只有在它的基本要素能够为市民所理解和接受时，才可能永葆生命力⋯⋯对此，法律人是否有能力清楚透彻地阐释其观点和看法，就显得十分重要。即使是某个难懂的法律问题，当我们向相关受众解释其中最基本的东西时，也必须能够让非法律人可以理解其中所蕴含的价值衡量。[2]

3 不同于德国，有些国家的人更为深刻地意识到语言的重要性。在英美法系的国家，就曾兴起一场所谓的"简明（法律）语言运动"（plain language movement），以致力于让法律条文、判决和合同变得更容易让人理解。[3]这些国家会通过举办类似"法律文书起草、法律写作和法律语言风格"等课程，让一年级的法科生就开始体会到语言对于法科生的重要意义。[4]

4 语言堪称是法律人的"手术刀"。如果有人错误地使用它，不仅会伤到自己，还会搞砸手头的事情。[5]法律人必须使人信服：他是为其他人而写作的，因而必须以最简单的方式让人理解自己。[6]语言差不多就是他唯一的媒介。如果有人没有努力研究法律语言的风格，以及没有很好地掌握德语这门语言，那他作为法律人就无法令人信服。语言上的短板很容易成为法律工作的扣分项。这一点不仅会表现在闭卷考试上，也自然适用于动辄需要花费数周或者数月时间的法律论文的写作上。既然论文写作需要这么长的时间，

---

[1] 切萨雷·贝卡里亚（Cesare Marchese di Beccaria）则早就提醒了法律条文的可理解性这个要点，参见 Cesare Marchese di Beccaria, Dei delitti e delle pene, 1774, § V, S. 12。

[2] Rüthers/Fischer/Birk, Rechtstheorie, 9. Aufl. 2016, Rn. 209.

[3] 在美国的资本市场法中，有一条被法律明文规定的"简明英语规则"，这一规则要求（法律材料的语言必须）："使用简短的句子；精准、正确的日常用语；使用主动语态，在材料较为复杂时，使用表格式的描述或者带数字的列表；并且，尽可能的，不要使用法律的专业术语，不要使用高度技术性的商业概念，也不要使用多重否定的句型。"参见 Sec. Act Rel. 7497, 66 SEC Dock. 777（1998）。关于英美法的一般性介绍，则参见 Butt, 73 Aus. L. J. 807, 812 ff.（1999）。

[4] Asprey, Plain language for lawyers, 4th ed. 2010; Calleros, Legal Method and Writing, 7th ed. 2014.

[5] 参见 Prosser, 7 Leg. Ed. 155, 156（1954）。

[6] Diederichsen/Wagner, Die BGB - Klausur, 9. Aufl. 1997, § 6. II., S. 205.

人们也通常就会期待，你的论文在拼写或语法上应当无可指摘，行文上则应当流畅易读。下文将首先介绍一些典型的错误（第二节），以此表明，好的德语如何能够帮助我们实现直观且清楚的表达（第三节）。[1]最后要介绍的是，按照一定规则修改和缩减学术论文，将有助于让论文的观点变得清楚明了，并能让论文的语言表达得更为精确（第四节）。

第二节　糟糕的法学语言风格及其产生的原因

一、"嵌套式"

托马斯·曼（Thomas Mann）可以说是"嵌套式"语言风格（Schachtelstil）的大师。不过，并非每个人都能做到像托马斯·曼那样优雅。嵌套式的语言风格有很多缺点。一般人通常只能注意7个概念，读者或听众也最多能对25个词留下印象。[2]如果各种想法并非按顺序进行介绍，而是一个嵌套着另一个，那么你的表达就很难有清楚的思路，或者说会丧失它的"主旨脉络"。最糟糕的情形莫过于，读者可能完全无法理解整句话的意思。不是每个法院都能清楚而准确地表达自己的看法。

在柏林州高等法院（KG）的某个判决中，就曾出现过下述可以说无法令人理解的表达[3]：

> 此外，本法院同意地方法院这一观点，即，在任何没有对价的情况下根据债权人的意思而作出停止侵权声明（Unterlassungsverpflichtungserklärung）的情形，依据诚实信用原则，若此时某一被当事人一致认为违反正当竞争因而构成不公平的广告被联邦最高法院认为是毫无疑问的，那么，要求债务人毫无豁免可能地遵守其承诺，就应当是被禁止的。[4]

---

[1] 关于论文修改这一独立的工作过程，参见本书第四章，边码48及以下。
[2] 关于"七"这个魔力般的数字，参见本书第一章，边码72。
[3] KG, Urt. v. 17.10.1994, 25 U 7940/93, NJW 1995, 264, 265.
[4] 由于作者意在批评法院的判决晦涩难懂，因此译者故意保留了原文较为拗口的表达，下段亦同。——译者注

帝国最高法院（Reichsgericht）对"铁路"（Eisenbahn）一词下过的定义则可以说得上是出了名的"语言怪兽"：

> （指的是）这样一种企业，其致力于在金属的基座上通过并不完全没有意义的隔离空间重复地运输人和物，这个基座由于它的连续性、特殊构造和平坦设计，而使得其专门用来实现大型重物的运输，同时还能保障在运输过程中较为重要的高速度；并且，通过同时使用其他用来促进运输的自然能源（例如蒸汽、电力、畜力或人力等，在倾斜的轨道上则还包括其集装箱或者装载物的重力），可以使得在其企业经营的过程中产生强大的能量（这一能量视具体情况的不同或者可能是符合目的而有利的能量，或者可能是摧毁人类生活或者损害人类健康的能量）。[1]

7　　**问题**：请试着从欧盟最高法院所表达的这段话当中"破译"一下它的具体想法究竟是什么？

《欧共体理事会 1990 年 6 月 13 日关于一揽子旅游（Pauschalreise）的指令》（90/314/EEC）第 6 条应当如是理解：若参加一揽子旅游的旅游者，在旅行前已经向旅游主办人付了住宿费，但由于主办人的支付不能，而不得不再次向酒店老板支付费用，否则（酒店老板）就不允许旅游者离开酒店去赶自己回程的航班，若此时要求（酒店老板）返还支付的费用，上述情形就属于本条的适用范围〔"打人的酒店老板案"（Schlagender Hotelier）〕。[2]

二、空白公式、宽泛的表达、夸大其词

8　　有些时候，法院会故意使用模糊的表达。诸如"正义""诚实信用""公平"或者"一切公平和正义的思考者的礼仪感"（das Anstandsgefühl aller billig und gerecht Denkenden）等说法，都属于法律上的空白公式（Leerformel）。因为上述概念都非常的抽象，如此才能适用于任何具体案例的判决。阐明这些空白公式的具体含义、揭示其背后隐藏的利益和价值，就是法

---

〔1〕 RG, Urt. v. 17. 3. 1879, I23/80, RGZ 1, 247, 252；也参见 Haft, Juristische Rhetorik, 8. Aufl. 2009, S. 60.

〔2〕 EuGH, Urt. v. 14. 5. 1998, C-364/96, EU：C：1998：226. 问题的答案参见本书第十章边码 9。

律人的任务。[1] 要将某个案例涵摄于作为构成要件的法律原理（Rechtsgrundsätze）或者法律原则（Prinzipien）之下，则必须首先对后者进行足够的具体化（Konkretisierung，参见本书第三章边码 26 及以下）。

《债法现代化法政府草案》[2]第 275 条第 2 款（履行义务的免除）规定如下：

> 如果债务的履行所需的费用，根据债务关系的内容和诚实信用原则，与债权人的履行利益相比严重不成比例，那么债务人可以拒绝履行。如果履行需要以债务人本人的行为为之，基于债权人的履行利益和债务人的履行障碍之权衡，该履行对债务人是不可期待的，债务人亦得拒绝履行。在确定何为债务人可期待的义务时，亦应考虑，债务人是否对履行债务的产生负有责任。

对于 2002 年生效的《债法现代化法》[3]，图林根州（司法）部长博尔克曼在联邦参议院的立法程序中如此批评道："如果我没数错的话，就这一句话里面，差不多有五个不确定法律概念和一般条款！在我们的民法规则中，估计很难再找到类似的东西。对于那些无意履行或者没有能力履行的债务人而言，这一条简直就是给他们开具了援引类似抗辩的邀请函。合同条文的明确性被忽略，而法院又不得不诉诸其他程序。"[4]现行的《德国民法典》第 275 条第 2 款虽然删除了原来的两句话，但还是保留了相当多的不确定法律概念。

9

此外，还应当避免使用不知所云的补助词。诸如"做……事是不允许的"，这类话虽然也经常见诸笔端，但它并不能算作是什么论据。像"这一请求权怎么说也应该……"这样（模棱两可）的句子不过是种小伎俩，因为这其实表明作者自己也不是很明白要说些什么。下列表达很多时候都是非常多余的，诸如：

10

---

[1] 关于"事物的本质"，参见 *Rüthers/Fischer/Birk*, Rechtstheorie, 9. Aufl. 2016, Rn. 919 ff.。
[2] Regierungsentwurf v. 11.5.2001, BR – Drucks. 338/01.
[3] Gesetz zur Modernisierung des Schuldrechts v. 26.11.2001, BGBl. I, S. 3138.
[4] BR – Plenarprotokolle 766 v. 13.7.2001, S. 426.

当然、无疑、没有疑问的、显然、没有问题的是、不需要再证明的是、根据法律的意义和目的不会得出其他的结论、大概、自然、那么、事实上、依据、进一步看、非常、相当……

11　针对持不同意见的人进行尖刻的批评、讥讽、夸大其词或者刚愎自用的评论，这些在学术论文中原则上是不该有的现象。如果他人的不同观点多少有些道理，那不要直接指责其是"错误的"。过于苛刻的批评者容易搬起石头砸自己的脚；尽量不要使用诸如"大谬特谬"（abwegig）、"无稽之谈"（unsinnig）、"难以理解"（unverständlich）之类的语词。[1] 比如，叔本华曾经有句对黑格尔的评价，就不应当被我们效仿：

一个平庸、愚钝、令人憎恶的无知的江湖骗子，他以罕有的肆无忌惮，将疯癫和荒唐融于一身……[2]

某位律师草拟的一份抗辩声明中，有这样一段同样不是很妥当的话：

对方的谬误就不必再细说了。但是，有一个谬误非常明显，那就是被告似乎试图给人一种印象，好像从一开始就只有被告那虚无缥缈的、似有非有的所谓经济上的照顾（Betreuung）。……这样的鸿篇巨帙几乎每个词都是错误的，如此来看，我们似乎完全不必为之争论或驳斥些什么了。

12　此外，各种冗长、矫揉造作的表达也应当被避免，例如：

——可以说的一点是……
——正如上文多次提到的……
——如果我们现在据此可以得出一个一定程度上说比较谨慎的结论，那么事实上似乎完全可以将下文所要讲述的内容按照此处的审慎结论来铺陈。

---

[1] *Mann*, Einführung in die juristische Arbeitstechnik 5. Aufl. 2015, Rn. 385.
[2] *Schopenhauer*, Parerga und Paralipomena, Bd. I. S. 102, 31 (Sämtliche Werke, Bd. 5, 2. Aufl. 1946), 不过此书严格意义上讲并非学术作品；更多的例证则参见 *Canaris*, AcP 200 (2000), 273, 362 ff。

此处可以使用更简单的表达："作为结论可以说……"[1]

《德国民法典》的有些条文使用了"六音步"（des Hexameter）的格式，立法者可以说就有点过于炫技了。这种格式文学上看似乎很讨喜[2]，但是却损害了它的可理解性。[3]如《德国民法典》第164条第2款规定：若以他人名义从事行为的意思不明显，则即使缺乏以自己名义为之的意思，亦无关紧要。其"六音步"格式为：

Tritt der | Wi lle, in | frem dem | Na men zu | han deln, |
nicht er | kenn bar her | vor, so |
kommt der | Man gel des | Wil lens, im |
ei gen en | Na men zu | han deln, | nicht in Be | tracht.

若要简单地表达这句话的意思，那就是："如果无从得知某人是以他人的名义行为，则其就是以自己的名义为之。"[4]在丹宁勋爵（英国最著名的法官之一）后期的某部作品中，就出现了很多饶有趣味但着实冗余的表达。[5]

最后要说明的是，还应当避免使用流行词汇、夸张语词和粗鄙的俗语。在学术著作中，不应当使用类似"显而易见"（leicht ersichtlich）、"理所当然"（selbstverständlich）这样的形容词。除非确有助于使问题更加直观，也就是说为了让问题更形象时，才适宜使用比喻之类的修辞。例如："如果对当事人人格权的'侵略'故意带有……的目的"（单引号为译者所加），这

---

[1] 此处的例子引自 Mann, Einführung in die Juristische Arbeitstechnik, 5. Aufl. 2015, Rn. 351。

[2] 所谓"六音步"的格式，包含3个音节的长短格和2个音节的、同样是首音节重读的长短格。"六音步"最富艺术性的就是它与日常语言截然不同的格律。例如，其句读是被忽略不读的（也就是不停顿——译者住）。参见：Storz, Der Vers in der neueren Dichtung, 1987, S. 163, 169. Die unterstrichene Silbe wird jeweils betont；类似的例子还有《德国民法典》第923条第3款。

[3] 对此的批评参见 Wieacker, Privatrechtsgeschichte der Neuzeit, 2. Aufl. 1967, S. 478。

[4] 参见 Schmuck, in: Römermann/Paulus, Schlüsselqualifikationen für Jurastudium, Examen und Beruf, 2003, S. 357, 375。

[5] 在 Hinz v. Berry [1970] 2 Q. B. 40, 42 这一判决中，有如下表达："此事发生于1964年4月19日。在肯特那正当风信子的时节。欣茨先生和夫人已婚数十年，他们育有四个孩子，他们都不过九岁或者更小的年纪。"参见丹宁勋爵自传，A Family Story, 1981。

句话在语言上就显得比较别扭。[1]

题目：请试着用较为清楚和简洁的表达，转换下面的例句[2]：

——这种经常对第三人的缔约过失责任所提的批评[3]，对于审计师和投资人之间的责任，只有有限的或者几乎没有说服力。对此要补充的一点是，此处成立这一责任的优点更为明显……

——然而，尽管如此，最后还是要说的是，调解程序虽然可能很有意义且着眼于将来，但是并非在家庭法所有的领域都得适用，也就是说在某些领域会导致一些问题。基于上面所说的问题领域，这里可以总结性地做一个结论。[4]

三、名词化风格

将形容词或动词名词化，可以说是一种屡见不鲜的恶习。如果有人不断罗列一些名词化的动词和形容词，那他的表达就显得很"呆板"而不好理解。这类人造名词的标志是以"-ung，-keit，-heit"等作为词尾。因此，名词化的语言风格应当尽力避免。

与经理相比，监事要做的（Ausübung）是履行（Ausführung）委托其他执行者（Ausführend）的事务。[5]

《德国民法典》的起草人也未能免俗，例如第883条第1款第1句就用了很多名词化的表达：

就土地上权利的让与或废止，或就土地上所负担之权利的让与或废止，或就该权利的内容或次序之变更，提出请求权者，得为保障其请求权而在土地登记簿上为预告登记。[6]

---

[1] BGH, Urt. v. 15.11.1994, VI ZR 56/94, BGHZ 128, 1 - Caroline von Monaco, Leitsatz2. 另一个例子是，根据《德国刑事诉讼法》第227条："检察方的职员可以和多名辩护人一同参与主审程序，并共行其公事。"

[2] 答案见本书第十章。

[3] 《德国民法典》第311条第3款。

[4] 以上皆引自某篇博士论文。

[5] BGH, Urt. v. 4.11.1953, VI ZR 64/52, BGHZ 11, 151, 153.

[6] 原文中的名词化表达，译者注作斜体字。——译者注

例外情况下，名词化的语词也是有一定意义的。比如，在编写论文的小标题时（就经常用到名词化表达），或者这些（名词描述的）行为并非句子的重点时。[1]

四、被惯常使用的被动语态

古斯塔夫·拉德布鲁赫就曾指出，法律的语言显得非常"冷酷"："（法律语言）抛弃了所有的情感基调，它非常的古板；以至于几乎不讲什么道理。如此，这种简练的语言风格可以说是一种刻意选择的'贫瘠'。这种语言风格恰如其分地表现了统治国家充满自负的威权意识。"[2] 如此的语言风格看上去非常类似于法国法院判决书的风格。[3] 所谓的"被动态语句"就是指不使用人格化的主语。如果使用被动态，就会因为省略主语而显得不够精确。（《圣经》的）第一卷《创世纪》是以这样的句子开头的："起初神创造天地。地是空虚混沌。渊面黑暗……"据说，普鲁士商务部的一名前副部长曾向他的下属如此说道： 16

> 我不得不指出的一点是，《圣经》并没有开好头：开始时，在上帝这边，天和地被创造，而后者又是一片混沌和空虚的。

有的时候，德语的法律语言之所以会使用名词化的语词和被动态，似乎是因为被动态象征着威权（Autorität）和不可冒犯，从而可以借此迫使被规制者服从。 17

> 有些社区协会的规章条款如是规定：任何费用都不得向家庭营业人（Hausgewebetreibende）征收，而应由协会承担保险公司为承保家庭营业

---

[1] 类似观点参见 Schnapp, Stilfibel für Juristen, 2004, S. 138。
[2] Radbruch, Rechtsphilosophie, 8. Aufl. 1973, S. 202；类似的批评也参见 Gast, Juristische Rhetorik, 5. Aufl. 2015, Rn. 1220 ff. m. w. Nachw。
[3] 即判决中以"因……故"（Attendu que）为开头的部分，参见 Cass. Civ. 3, 10. 5. 1968, Bull. Civ., III, N 209；weitere Nachw. beispielsweise bei Everling, EuR 1994, 127, 132；Kötz, Über den Stil höchstrichterlicher Entscheidungen, 1973, S. 7 ff.

人承担的保险额与其实际支出费用的差额。[1]

不过，这种修辞手段确实值得重新审视一番。用来支持这种语言风格的那种理据，如今看来已经过时了，毕竟，我们只能指望普通民众遵守和接纳那些易于理解的法律规范。[2]

只有当主语完全不重要或者说众所周知时，才可以被省略[3]，例如《德国基本法》第3条第3款第2句的规定："任何人不得因其残疾而被歧视。"

五、过度的抽象与援引

18 接下来要说的是（法律语言）受众的问题。在阅读法律条文、判决或者合同时，读者很多时候容易产生这样的印象，就是这些东西面向的既不是普通民众，也不是当事人自己，它们只是为专业的法律人而写。有些法律人甚至认为，只要能说服他的同仁就足够了，至于民众对这些判决、法律条文究竟能理解多少，则是次要的。因此，法律条文对于民众而言的"可理解性"（在他们看来）就是无关紧要的。[4]

如果这样想的话，那法律语言就成了一种"机密语言"。当然，偶尔使用一些法律技术性的语词是在所难免的。然而，面向普通民众的法律条文本来应当是通俗易懂的，如此才能让民众更好地遵守它。话虽如此，对于这一点也确实充斥着激烈的争议。[5] 并且，由于立法者使用了大量的抽象表述

---

[1] 作者此处的举例是一段不容易被理解的句子：Durch statutarische Bestimmungen des zuständigen Gemeindeverbandes kann angeordnet werden, dass von den Hausgewerbetreibenden Beiträge überhaupt nicht erhoben werden und dass der Verband die Kosten übernimmt, die der Kasse durch die Versicherung ihrer hausgewerblichen Mitglieder nach Abzug des Gesamtbetrages der ihr zufließenden Auftraggeberbeiträge erwachsen. 译者根据意思翻译为如上。——译者注

这一例子参见 Reiners, Stilfibel: Der sichere Weg zum guten Deutsch, 1951/1990/2007, S. 35。

[2] 关于判决的可接受性，则参见 Möllers, Die Rolle des Rechts im Rahmen der europäischen Integration, 1999, S. 54 f。

[3] 同样的观点参见 Schnapp, Jura2015, 130, 140。

[4] 参见 Günther, Recht und Sprache, 1898, S. 157 Fn. 224；Zeh, Wille und Wirkung der Gesetze, 1984, S. 545；Vogel, Juristische Methodik, 1998, S. 204。

[5] Dölle, Vom Stil der Rechtsprache, 1949, S. 24；Bydlinski, Juristische Methodenlehre und Rechtsbegriff, 2. Aufl. 1991, S. 633；a. A. etwa Zeh, Wille und Wirkung der Gesetze, 1984, S. 545；Hill, Jura 1986, 57, 63.

以及援引技术，这一问题一定程度上就显得更加突出了。[1]

例如，《德国民法典》第 2013 条第 1 款第 1 句：

> 若继承人对遗产债务负无限制的责任，则不适用第 1973 条至第 1975 条、第 1977 条至 1980 条、第 1989 条至 1992 条的规定；继承人不得申请遗产管理的命令。

在帕朗特民法典评注（Palandt）中，塞伯特（Seibert）曾如此评价："第 2013 条——可以说是过度援引技术的典型——是如此的晦涩难懂以及过分雕琢，刚接触这个法条的人，就算运气好估计也得花费一个小时才能把它搞明白。"[2]

进阶：可惜的是，民法法条语言的抽象性在债法现代化改革以后，不仅没有得到缓解，反而更加严重了。[3] 像第 307 条第 3 款这样的条款，必须和第 1 款、第 2 款结合起来才好理解，为此就需要付出相当大的耐心。[4]《德国民法典》第 307 条第 3 款的规定如下：

> （1）一般交易条款（Allgemeinen Geschäftsbedingungen）中的条项，违反诚实信用的要求，不合理的不利于除制定者之外的合同相对人的，不生效力。条款不清楚或者无法理解的，也可能发生不合理的不利之情事。
>
> （2）条款有下列情形之一者，有疑问时，应认为属于不合理的不利于合同相对人：
>
> ① 与其排除适用的法律规定之主要基本理念不相符的，或
>
> ② 基于合同本质所产生之主要权利或义务受到限制，以至于合同目的难以达成的。

---

[1] 基尔克早就对此提出了批评：Gierke, Der Entwurf eines bürgerlichen Gesetzbuchs und das deutsche Recht, 1889, S. 27–79。

[2] Palandt/*Seibert*, BGB, 10. Aufl. 1952, §2013 Anm. 1.

[3] *Braun* 在其著作（Der Zivilrechtsfall, 5. Aufl. 2012, Vorwort S. V）中就指出，当代的立法者人为地制造了这种法条理解上的高度困难。

[4] 请尝试用通俗易懂的语言重述《德国民法典》第 307 条第 3 款的意思。这个棘手问题的答案可参见本书第十章。关于立法者的语言究竟多晦涩难懂，第 310 条第 1 款也同样提供了一个例证。

(3) 第 1 款、第 2 款及第 308 条、第 309 条的规定，只适用于一般交易条款中为排除或者补充适用法律规定而约定的条款。其他条款仍得依第 1 款第 2 句并结合第 1 款第 1 句之规定而不生效力。

20 除此以外，《德国民法典》中的某些抽象概念也大可被摒弃，例如"法律行为"。[1] 为了避免如下这种指向不明的错误，法律的表述也完全可以不使用类似"前者"或"后者"以及"与之相关"或者"同一"等词汇。

当那个（derselbe）爆炸的时候，气球恰好就在商务迈耶先生花园的对面。[2][3]

或者：

这个时候，女证人的男朋友出现了，他接着先是拿走了被告人的晾衣架，然后自己接着又和他（diesem）卷入了一场争斗。[4][5]

21 此外，立法者还"勇于"推进政治上的男女平权。在修订后的《德国反不正当竞争法》（UWG）第 1 条中，立法者明确指出要保护民众中的"男消费者"（Verbraucher）和"女消费者"（Verbraucherinnen）。有些时候，立法者这样做，无非是为了表现自己那精妙而考究的语言[6]，例如《勃兰登堡高等学校法》（brandenburgische Hochschulgesetz）第 65 条第 5 款第 6 句就是如此：

如果女主席（Präsidentin）或者男主席（Präsident）在就职前曾是某个高校任职的女教授（Professorin）或者男教授（Professor），而她或者他已经退休，则她或者他可以依据她的或者他的申请，在她或者他之前的高校中担任一个与她或者他在就任女主席或者男主席之前职务相当的职务。

---

[1] 废除法律行为概念从法律技术上是可行的。例如，可以直接将合同的规则准用于其他的民事法律关系，《荷兰民法典》第 6：216 条即是如此。参见 Zweigert/Kötz, Einführung in die Rechtsvergleichung, 3. Aufl. 1996, S. 145.

[2] 德语中 derselbe 指代文中的阳性名词，而德语中"气球""花园""先生"都是阳性名词。——译者注

[3] 这个例子见于 Reiners, Stilfibel: Der sichere Weg zum guten Deutsch, 1951/1990, S. 21.

[4] 德语中 diesem 指代阳性名词，此句中"被告人""晾衣架"都是阳性。——译者注

[5] Ahrens, Der Geschädigte liegt dem Vorgang bei, 6. Aufl. 2005, S. 9.

[6] 这一恰当而带有讽刺性的评语见于 Scheffler, JZ 2004, 1162, 1163.

第三节 恰当的法学语言风格的标准:紧凑、简单、清楚、直观而精确

好的德语,或者准确点说,好的(法学)德语的语言风格应当遵循的规则,总结起来有如下三点:

(1)表达应当尽可能地紧凑;
(2)表达应当尽可能地简单、清楚而直观;
(3)表达应当尽可能地精确。

一、紧凑的风格

一个人如果能做到表达紧凑,那就表明,他懂得如何省去那些不重要的细枝末节,而仅仅提及最令人信服的部分。[1]读者为了搞明白作者的意思所需要花费的时间越少,就越有时间好好掌握其所表达的核心内容。所以请认真对待下文有关修改和缩写的工作方法(本书第四章边码48及以下),学会删掉那些冗余的表达。

二、简单、清楚而直观的风格

(一)简单与清楚

要实现紧凑的表达,写的东西就需要简单而清楚。在英美法系,流传着这样一个精辟的法则:"KISS 法则—— – Keep It Short and Simple"。你写法学文章的目的是为了说服他人。比如,法官面向的是当事人,既然判决要说服相关的当事人,并由此实现法之安定性,那么法官的表达就必须易于人们理解。[2]在法学写作的过程中,这就意味着:你必须为自己不清楚的表达承担责任。一句话不可以让人至少读两遍才能理解。

如果不确定的话就谨遵如下规则:"一句话,一个想法。"因为人类同

---

[1] 就此也可参见 *Diederichsen/Wagner*, Die BGB – Klausur, 9. Aufl. 1998, 6. II., S. 205。
[2] *Musielak/Voit/Musielak*, ZOP, 14. Aufl. 2017, § 313 Rn. 2.

一时刻只能在脑海里出现一个想法。[1]大可不必把日常生活中的概念和现象包装成似是而非的法学语汇。优先使用的永远应该是那些最容易让人理解的表达方式。当然,这并不是说,要一味地把主语、谓语、宾语僵化的这样堆砌起来。只要每个想法都是关联递进的,你就完全可以使用从句的表达方式。为了与之前的句子相联系,你可以使用诸如"weil"(因为)、"da"(因为)、"deshalb"(因此)、"so dass"(以至于)、"folglich"(结果是)、"denn"(因为)等连词。关于如何在一个句子中连贯地抛出各个想法,鲁普教授就提供了一个很好的范例:

> 如此来说,从君主制的行政法到共和制的行政法,从市民法治国家到民主社会国家,似乎实现了非常平稳的过渡,而其之所以实现,是因为之前君主所拥有的职能和特权不过是被共和制的当权者所承继了,因此在行政法系统内部的构造中依然保留着君主制宪法制度的特殊印迹。如果人们透彻地看问题,就会发现这一印迹至今仍然存在,并与当今的宪法制度形成鲜明的对照。[2]

26 不过,重要的东西还是该写在句子的开端。所以,你应当把主要的观点放在主句,而非从句中。此外,要尽量避免使用会打断读者思路的插入语。因此,句子里插入破折号也是有问题的,因为这样一来,思路就会被打断。

27 通常而言,作者在写文章时都会使用非本人视角的风格。只有在例外的情况下,要表达自己的观点时,才会使用"我"这个词。而使用"我们"

---

[1] "修辞学应当奉行如下的指导原则:人类在某一时刻只能清楚地思考一个想法,因此,不要指望他能够顾及第二个或者更多其他的想法",参见 Schopenhauer, Parerga und Paralipomena: kleine philosophische Schriften Bd. 1, 1851, § 287 S. 450。

[2] H. H. Rupp, Grundfragen der heutigen Verwaltungsrechtslehre, 2. Aufl. 1991, S. 1; 参见 Schnapp, Jura2015, 130, 140: "Schien sich somit der Übergang vom Verwaltungsrecht der Monarchie zu demjenigen der Republik, vom bürgerlichen Rechtsstaat zum demokratischen Sozialstaat äußerlich reibungslos zu vollziehen, indem die früheren Kompetenzen und Prärogativen des Monarchen lediglich durch republikanische Zuständigkeiten ersetzt wurden, so blieb doch dem inneren Gefüge des Verwaltungsrechtssystems jene spezifische Verhaftung mit der Verfassungsordnung des monarchischen Prinzips erhalten, eine Verhaftung, die, sieht man den Dingen auf den Grund, noch bis heute fortwirkt und einen ganz eigenartigen Kontrast zur gegenwärtigen Verfassungsordnung bildet."

（比如"我们认为"），则很容易给人一种自以为是的感觉[1]，因此也是应当极力避免的。

法律人如果想要说服他人，那么他就必须做到让非法律人也能够理解才行。这就需要我们把那些大众比较陌生或者说与日常词语意思不一致的法律术语，首先"翻译"成日常的德语。[2]相比大学生在法学教育中学习的那些拉丁文术语，法官在他们判决中使用的拉丁文要明显多得多，这一点不是没有原因的。但凡可以，请避免使用外来词和拉丁文的表达。如果本来就有合适的德语翻译，那就更应如此。如果实在没有对应的表达，你完全可以用德语说明拉丁文谚语的含义。[3]这个时候，你只需把拉丁文的表达放在其后的括号里就可以了。

> culpa in contrahendo 可以写作"缔约过失责任"；
> diligentia quam in suis 可以写作"处理自我事务时的注意义务"；
> venire contra factum proprium 可以写作"前后矛盾的行为"；
> 而 falsus procurator 也就是"无权代理"。

出于同样的原因，也应该避免使用那些外行人不熟悉的法律专业的缩略语，例如"WGG""pFV""EBV""cic"或者"WE"等。当然，你也不能发明独创的缩略语。相反，常用的法典的缩写，例如 BGB、StGB 则可以使用。

（二）直观的风格

如果想要表达得清楚，那就必须写得"直观"一些。有疑问的时候，应当舍弃抽象的概念，而使用直观形象的概念。你也可以通过实例来让那些抽象的概念更加具体明朗。

《德国民法典》第 1353 条第 1 款第 2 句规定："夫妻双方有义务互相结成婚姻的生活共同体。"而《法国民法典》第 212 条的表达就形象

---

[1]（这种自以为是）或者是表现于一种表示尊崇的复数形式，例如"我们，上帝恩典的威廉"（这里的"我们"实际是指代威廉皇帝自己，类似于"朕"——译者注）；或者就是强行代表了众意，例如"我们的结论是……"

[2] 在英美法系兴起的"简明法律语言运动"把那些陈旧的、难以理解的法律术语转换成了全新的词汇，参见 Butt，73 Aus. L. J. 807, 816（1999）。

[3] Liebs, Lateinische Rechtsregeln und Rechtssprichwörter, 7. Aufl. 2007.

多了:"夫妻双方互负忠诚、支持及帮助之义务"(Les époux se doivent mutuellement fidélité, secours, assistance)。

30 (在进行措辞表达的时候)你不光要试着激发别人的兴趣或者吸引他人的注意力,甚至还可以试着增加一些悬念感。[1]这个要求大概是最难实现的了。但是,在研讨课论文或者博士生论文以及判决文书中,经常能够看到这种直观形象的语言风格。联邦最高法院和联邦宪法法院已经身体力行地告诉我们,原来判决也可以表达得如此有趣甚至充满悬念:

> 1978年7月19日的那一天,原告的儿子骑着由第一被告生产的和第二被告销售的本田GL 1000"黄金之翼"摩托车,在午饭时间,以140—150公里的时速在"纽伦堡—慕尼黑"高速上向南方奔驰。在一个平缓的下坡右转弯的出口处,车子在无第三人外力的情况下开始打滑并撞向隔离带的一侧。驾驶者从摩托车上摔落,脑袋撞到了隔离带的支柱上,就此颅骨骨折;他……[2]

或者另一个例子:

> 据地方法院查明,作为一名已被确认的拒服兵役者,申诉人正在体验他人生的第一场军事演习。在他的落脚地附近,正好部署了七到十辆美国陆军的履带车(Kettenfahrzeuge)。申诉人当即对此感到非常失望,然后在一个床单上写了几个朱红色的大字:"士兵就是杀人犯(A SOLDIER IS A MURDER)。"大约10点钟的时候,他把这个标语挂到了城市东郊的一个十字路口处。大约12点的时候,一个联邦国防军的军官,也就是中校Ü先生,开车路过此地,他注意到了这个标语,于是通知了警方。警方后来……[3]

---

[1] 也参见 Reiners, Stilfibel: Der sichere Weg zum guten Deutsch, 1951/1990/2007, S. 155; dagegen immer noch Diederichsen/Wagner, Die BGB – Klausur, 9. Aufl. 1997, 6. V., S. 214 f。

[2] BGH, Urt. v. 9.12.1986, VI ZR 65/86, BGHZ 99, 167 – Honda.

[3] BVerfG, Urt. v. 10.10.1995, 1 BvR 1476/91 u. a., BVerfGE 93, 266, 269 – Soldaten sind Mörder;判决中出现的翻译错误(英语中 murder = Mord "谋杀", murderer = Mörder "杀人犯")实为申诉人的标语原貌。

三、精确的风格

然而,不能为了直观形象,而损害表达的精确性。下面的几点提示看起来似乎是不言自明的道理,但是,如果做不到这几点,会直接导致扣分乃至考试或测验的不及格。

（一）拼写和语法

也就是说,要掌握正确无误的德语表达,即使在已经实行了正字法改革的今天亦非易事。[1]如果法学文章中出现了拼写或者语法错误,那就会让读者质疑作者的能力,文章也会因此丧失说服力。参加考试的人必须时刻意识到这一点,即是说,要想顺利通过考试、胜任法官的工作或者就职更高级别的一般行政职务,就必须准确地掌握每个德语字词。[2]电脑上的书写修订软件可以提供初步帮助（参见本书附录四边码60）。此外,在遇到疑难时,《杜登词典》也随时可以为你提供参考（本书第一章边码49）,毕竟电脑程序不会发现那些逻辑关联的错误和某些拼写的失误。[3]

比如,"判例"应该写作"Rechtsprechung",而非"Rechtssprechung";在法学德语中,"损害赔偿"应当参照《德国民法典》写成"Schadensersatz",而不宜写成"Schadenersatz"。[4]此外,各个"法院"缩写的第二格,也是不用变格的,例如：Die Auffassung des BGH（"德国最高法院的观点",这里的BGH就不能写成BGHs）。

此外,动词和其他句子组成部分的搭配必须是正确的。

---

[1] 德语正字法改革是1996年发起的一次为统一德语书写规则的运动。——译者注

[2] 参见VGH Mannheim, Urt. v. 27. 1. 1988, 9 S 3018/87, NJW 1988, 2633, 2634:"并非如原告在他的上诉答辩书所说的那样,好像他只是出于紧张和考试的压力才会出现语言上的错误,他1988年1月12日那份简短的上诉答辩书已经足以说明问题,这其中除了bemägelt、Nervösität、zusammenfassend等错误的德语拼写外,还两次使用了别字'bestädigen'以及令人无法理解的词汇'einwichten',并且没有严格遵守主谓结构（例如这样的句子'weil der Erstkorrektor die äußere Form… mit ursächlich gewesen ist.'）。"

[3] 比如是wahr还是war, Beschuss还是Beschluss,更多的参见Boyan, Verwaltungsrundschau 1991, 122 ff.

[4]《杜登词典》中则把"Schadensersatz"作为常规写法,不过也提到了《德国民法典》中"Schadenersatz"的写法。有趣的介绍则参见http://www.spiegel.de/kultur/zwiebelfisch/zwiebelfisch-bratkartoffeln-und-spiegelei-a-293186.html。

立法者有时候也有点不注意规则，例如《德国民法典》第919条："……若界标被移走或变得难以辨认（wenn ein Grenzzeichen verrückt oder unkenntlich geworden ist）"。这个句子中的谓语动词本该只能和后面的"难以辨认"（unkenntlich）搭配，而不能搭配前面的"移走"（verrückt）。[1]

（二）准确使用法律术语

还有一个典型的错误就是不参考法条。有时候，写作者可能很难找到那些不怎么常用的法条，然后只好借助自己的"法感"或者说试着用"诚实信用"之类的原则去解决问题。这个时候，就很容易产生不好的后果。为此，你就必须经常跟进随时更新的各种法律法规，并且时常阅读，然后把每次做相关检索时已经完整读过的各类规范标记出来。对于法律和判决的引注要尽可能的准确，特别是要尽可能的统一。你必须准确、恰当地使用法律术语。

买卖合同只能缔结（wird abgeschlossen）或者约定（vereinbart），而不是做出（gemacht）。

根据《德国民法典》第142条被撤销的只能是意思表示（Willenserklärung），而非合同（Vertrag）。[2]

如果法律概念和日常用语不一致，那就可以对它进行定义，以提示法律术语和日常语言间的区别。

（与生活用语不同）法律术语中的"借用"（Leihe）只能是无偿的（《德国民法典》第598条）；

而"占有"（Besitz）和"所有权"（Eigentum）不是一回事（《德国民法典》第854、903条）；

"公司"（Firma）也并非经营企业，而只是商主体从事法律和交易行为的"名字"（Name）（《德国商法典》第17条第1款）。

---

［1］谓语动词 werden 作助动词的完成式应为 worden，如本句中的"被移走"，作实义动词时完成式则是 geworden，如本句中的"变得……"。——译者注

［2］原文说的是撤销"法律行为"，参见 *Brox/Walker*, Allgemeiner Teil des BGB, 41. Aufl. 2017, Rn. 439。

而所谓的"立法定义"（Legaldefinition）则是立法者在法律规范中作出的具有法律约束力的定义。[1]在当代的法律文本中，立法定义通常都出现在一部法律的开端，例如"消费者""产品""错误""生产者""建筑"（Anlage）、"环境影响"（Umwelteinwirkung）等。[2]因此，你需要提前就了解，在一部法律的什么地方可以找到立法定义，否则，你自己对某些概念的定义，可能会与立法者相抵牾。因此，自己生造的定义往往是多余的，且通常也会是错误的。

比如，《德国民法典》就给"消费者"（Verbraucher，第 13 条）、"经营者"（Unternehmer，第 14 条）、"不迟延的"（unverzüglich，第 121 条）、"物"（Sache，第 90 条）以及"同意、事前许可、追认"（Zustimmung, Einwilligung, Genehmigung，第 182 - 184 条）等法律概念作出了定义。《德国民法典》第 249 条解释了何为"损害赔偿"（Schadensersatz），第 194 条则通过将概念置于括号里的形式作出了"请求权"（Anspruch）的定义。

事实陈述存在真伪之分。法律则通常都是规范上的命令。[3]立法者可以恣意地制定规范，规范即自产生效力，而不在乎其是否真实发生或者说不在乎其是真是伪。有些法条属于"可推翻的推定"（widerlegbare Vermutungen），此时本来由原告承担的、证明支持其主张事实的责任，将转移于被告。若被告无法承担举证的责任，判决就会不利于被告。[4]

例如，根据《德国民法典》第 613 条第 1 句之推定，劳动者的职务在"有疑问的情况下"（im Zweifel）应当由其本人亲为（in Person zu leisten）。

"不可推翻的推定"（unwiderlegbar Vermutungen）则排除了任何推翻的可能性。此时，无论是否与事实相符合，这一推定都生效。

---

[1] *Adomeit/Hähnchen*, Rechtstheorie für Studenten, 6. Aufl. 2012, Rn. 32 ff.
[2] 参见 § § 2 – 4 ProdHaftG, § 3 UmweltHG。
[3] *Thon*, Rechtsnorm und subjektives Recht, 1878, S. 8; *Möllers*, Juristische Methodenlehre, 2017, § 2 Rn. 7 ff.; *Engisch*, Einführung in das juristische Denken, 11. Aufl. 2010, S. 21 ff.
[4] *Hübner*, Allgemeiner Teil des Bürgerlichen Rechts, 2. Aufl. 1996, Rn. 90.

《德国民法典》第1566条第1款即是一个不可推翻的推定,即夫妻双方若分居一年且双方均请求离婚或者被请求者同意离婚的,婚姻自告破裂。第1566条第2款则规定了另一个推定:在有离婚意愿的情况下,婚姻被认为是无法存续的[1],仅第1568条的"艰难情事条款"(Härteklausel)规定了例外。[2]

37 对于法学的初学者而言,"拟制"(Fiktionen)可能是一种更奇特的存在。拟制即是假设一种与事实不相符合的情况。[3]"拟制"与真实情况是不同的。之所以会有"拟制"这种现象,是因为法律规范并不需要是真实的,而仅仅需要规定应该怎么做。

例如,1969年前的《德国民法典》第1589条第2款规定"非婚生子女视为与其父亲没有亲属关系"[4],这在生物学上当然是无稽之谈,因为(即使非婚生)父亲也始终是孩子的生父。当时立法者这样规定的原因,是为了阻止非婚生子女主张继承的请求权。不过,如今非婚生子女和婚生子女在继承权上已经是完全平等了。[5]

原则上,权利能力始于出生(《德国民法典》第1条)。但是,未出生者(即胎儿,拉丁语:*nasciturus*)也可以继承,对此,《德国民法典》第1923条第2款规定:"继承事由发生时尚未出生但已孕育者,视为在继承事由发生之前已出生。"

(三)逻辑正确地表达

38 你还应该注意的是,表达要做到逻辑正确,使用清楚的概念,并呈现连贯的思路。因为这些都是一个合格法律人的特征。正如波普尔所言(见本书第四章边码1),如果一个人的表达含糊不清,通常说明他的思路也是混沌的。脑子里一团糟的人,说话就会颠三倒四。因此,在表达自己的想法之

---

[1] 该款规定,分居三年者不可推翻地推定为婚姻破裂。——译者注
[2] Palandt/*Brudermüller*, BGB, 77. Aufl. 2018, § 1568 Rn. 1:"只有'不合时宜'的离婚才应该被避免。"另一个例子则是《德国民法典》第612条第1款。
[3] *Hübner*, Allgemeiner Teil des Bürgerlichen Rechts, 2. Aufl. 1996, Rn. 91.
[4] 参见 *Engisch*, Einführung in das juristische Denken, 11. Aufl. 2010, S. 9 f.
[5] 此举通过《继承权平等法》实现(das Erbrechtsgleichstellungsgesetz v. 16. 12. 1997, BGBl. I, S. 2868)。

前，应当先把它捋顺了。

尽量避免使用"总是"（immer）、"从不"（nie）等词汇，因为但凡有一个反例，你的观点就会是错误的。因此，法律人经常会喜欢使用一些留有余地的表达方式，例如"原则上"（grundsätzlich）、"通常是"（in der Regel）、"时常"（oft），"并不罕见"（nicht selten）等，这不是没有原因的。

有些句子属于"排除了第三种可能性"的表达，就是说，如果有两种截然不同的判断，则两者不可能都是错的，其中必然有一个是对的。例如，"所有"（alle）和"并非所有"（nicht alle）就是一组互斥的矛盾概念。两个互相矛盾的判断中必然有一个是正确的，没有第三种可能性。[1]

例如，合同要么是有效的，要么是无效的，没有第三种选项。诉讼要么是适格的，要么不是适格的，没有第三种选项。特定的行为只能要么是合法的，要么是违法的，没有第三种选项。[2]

像"对于这一更正确的意见……表示支持"这种说法就有两处错误，为什么？[3]

注意不要多次使用同一含义的概念，不然就会犯下同义反复（Tautologie）的错误或者出现冗余的重复。

《德国民事诉讼法》第808条第1款涉及的是关于（债务人）管领的"有体物"（körperliche Sache）的扣押。这一法条就出现了同义反复，因为《德国民法典》第90条本来就将"物"（Sache）定义为"有体的客体"。对此可以提供解释的是：《德国民事诉讼法》公布于1877年1月30日[4]，早于《德国民法典》的出台，而彼时对"客体"这一概念尚未有明确的认识。

---

〔1〕 *Schnapp*, Logik für Juristen, 7. Aufl. 2016, S. 83 f.；*Schmalz*, Methodenlehre für das juristische Studium, 4. Aufl. 1998, Rn. 175；*Adomeit/Hähnchen*, Rechtstheorie für Studenten, 6. Aufl. 2012, Rn. 36 ff.

〔2〕 "践踏草坪是被严格禁止的"——这句话逻辑上是不通的，因为这其实是同义反复（赘语）。只存在"允许"和"禁止"两种情况。"允许"和"禁止"是一对互斥的概念，并没有第三种可能性。因此，不存在对一个行为"宽松"或者"严格"禁止的这种区别。

〔3〕 答案参见本书第十章。

〔4〕 Zivilprozessordnung v. 30. 1. 1877, RGBl. S. 83 ff.

根据《德国基本法》第20a条，国家"在宪法规则的框架内通过立法，且依据法律与法（Gesetz und Recht）通过行政权力和司法保护自然的生存基础"。这句话就显得赘余，因为《德国基本法》第20条第3款已经规定了"法律与法"对司法的约束。[1]

40　　法律文本中体现出来的结构性思想，以及法学精确的概念和"概念金字塔"，这一切都归因于潘德克顿科学以及20世纪的概念法学。[2]如果概念之上还存在一个上位概念，就会形成所谓的"概念金字塔"：任何下位概念都包含上位概念的所有特征，而又至少包含一个不同的特征；前者为后者所包容。

例如，相对于"法律行为"这一概念，"合同"就是一个特殊概念，因为它是一个多数人的法律行为。而"许可"（Einwilligung）属于事前的"同意"（Zustimmung），见《德国民法典》第183条。

（四）鉴定式风格与判决式风格

41　　鉴定式风格和判决式风格属于法学的"专业语言"风格。[3]你必须熟练掌握。

42　　（1）在第一次国家司法考试之前，参加每次考试时，你必须坚持使用鉴定式风格（Gutachtensstil）来解决各种问题。鉴定式风格要求以准确的语言来表达思考的过程，写作者循此可以得到特定问题的解答，并通过努力找到最有说服力的答案，而尽可能地"确保"结论的可靠性。[4]在段落的开篇，首先要列出待解决的问题，其次再开始检索各种与答案相关联的条件，

---

[1] 称其为"多余条款"者，参见 Sachs/Murswiek, GG, 7. Aufl. 2014, Art. 20a Rn. 56；另一个例子是《德国产品责任法》第4条："生产者……，即是生产……的人"（参见 Oechsler, in: Staudinger, Neubearbeitung 2014, § 4 Rn. 1 ff.）；还有就是《德国民法典》第14条第2款："有权利能力的合伙，即有能力取得权利和履行义务的合伙"（参见 Flume, ZIP 2000, 1427, 1428）。

[2] Möllers, Juristische Methodenlehre, 2017, § 4 Rn. 101 ff.；Larenz, Methodenlehre der Rechtswissenschaft, 6. Aufl. 1991, S. 23.

[3] 关于鉴定式风格和判决式风格的详细内容参见 Braun, Der Zivilrechtsfall, 5. Aufl. 2012, S. 9 ff.；Mann, Einführung in die juristische Arbeitstechnik, 5. Aufl. 2015, Rn. 204 ff.；Putzke, Juristische Arbeiten erfolgreich schreiben, 6. Aufl. 2018, Rn. 98 ff.。

[4] 对于鉴定式风格也参见 Beyerbach, JA 2014, 813 ff.。

并将事实涵摄于法律条文的文义之下，最后给出结论。

"斑马线案"（Zebrastreifenfall）[1]：

E 或许可以（könnte）根据《德国民法典》第 823 条第 1 款的规定向 F 请求赔偿住院之费用。为此，F 须（müsste）已侵害了死者 G 基于《德国民法典》第 823 条第 1 款之规定受保护的某种权利。F 驾车撞到了 G 并造成其身体之伤害。这一身体伤害也是非法的，因为并不存在阻却违法之事由。F 的行为可能（könnte）存有过错。根据《德国民法典》第 276 条第 2 款，若行为人未尽通常之谨慎义务（die verkehrsübliche Sorgfalt），即属于有过错的行为。F 当时只顾瞅着其女友 Franziska 而忽视了 G。一个谨慎的驾驶者本应当及时地发现 G。故此（also），F 未尽到通行之谨慎义务，因而（mithin）对其行为负有过错。由此，其行为应当说与 G 之损害存有相当之因果关系。所以（folglich），E 作为 G 的权利继受者，根据《德国民法典》第 823 条第 1 款的规定，享有对 F 请求损害赔偿之权利。

德语中（表示因果关系的）"also ⋯, folglich ⋯, mithin ⋯, somit ⋯, daher ⋯, infolgedessen ⋯"等单词都是（这类鉴定式风格文体中出现的）典型的连接词。

（鉴定式风格的）另一种写法则可以是这样："对此，有意义的问题是，是否"（Hierfür ist von Bedeutung, ob...），"由此产生的问题是……"（damit ergibt sich die Frage...），"需要研究的是……"（zu untersuchen ist...），"需要查明的是……"（zu prüfen ist...），"进一步需要思考的问题是……"（zu denken ist weiter daran, ...），"最后需要考量的是……"（schließlich ist zu erwägen, ...）。

鉴定式风格的另一个显著特点是使用"虚拟式"（Konjunktiv）。案例分析经常以一个三段论的"大前提"（Obersatz）为开端，并采用虚拟式的表达方式，指出接下来所要查验的问题。

---

[1]"斑马线案"的案情事实参见本书第二章边码 1；关于"涵摄"的一般性介绍参见本书第二章边码 23 及以下。

"为此，F须（müsste）已侵害了死者G基于《德国民法典》第823条第1款规定受保护的某种权利"，或者"A或许可以（könnte）根据《德国民法典》第433条第2款之规定请求B支付200欧元的货款。这以双方当事人之间已缔结有效的买卖合同为前提。为此，须（müsste）存在分别以要约（第145条）和承诺（第147条）为形式的两个意思表示。"

44　（2）判决式风格（Urteilsstil）[1]则和鉴定式风格截然不同。在判决式风格里，首先写明的是判决的结论，然后才会提供判决的理由。

E作为G的权利继受者，根据《德国民法典》第823条第1款的规定，享有对F请求损害赔偿之权利。因为（indem）F撞到了G，故而（nämlich）损害了其身体。彼时发生之驾车行为存有过错，因为（denn）F未尽通行之谨慎义务，因其当时并未注意交通之情势。

45　3. 需要注意的是，你的写作必须主次分明。对于那些没有争议的问题就不需要多费笔墨了（本书第二章边码76）。[2]文体风格的形式应当因内容的重要程度而有所不同。在案情事实完全清楚的情况下，就可以使用"鉴定式风格和判决式风格的混合形式"（Mischform zwischen Gutachten – und Urteilsstil）。这样做的好处就是，不必在涉及每个问题时都使用"需要解决的问题是，是否……"或者"需要查明的是，是否……"之类的表达。如果都这样写的话，那读起来就非常容易让人厌倦。

与其写成"进一步需要查明的是，A是否符合《德国民法典》第990条第1款第1句规定的取得占有之恶意的要件"，不如写的简单点："此外，A在取得占有时还应当是恶意的（《德国民法典》第990条第1款第1句）。"[3]

与其写"问题在于，买卖合同是否已经被缔结"，如果对此没有争议的话，不如直接写"K通过对书面订单进行签字，而作出了自己的意

---

〔1〕具体参见Schuschke/Kessen/Höltje, Zivilrechtliche Arbeitstechnik im Assessorexamen, 35. Aufl. 2013, Rn. 561 f.。

〔2〕也就是说，写作要"以问题为导向"，参见Lagodny/Mansdörfer/Putzke, ZJS2/2014, 157, 160。

〔3〕例子来源于K. Müller, JuS 1996, L 49, 51。

思表示"或者更简单:"有效的合同已于……缔结。"

不过,即使在写研讨课论文和家庭作业时,也不能忽略鉴定式风格的作用。恰恰因为,论文的目的就在于表达见解和发表观点,因此,如果你能做到一步步循序渐进地论述你的想法和观点(参见本书第三章边码 40 及以下),你的论文就会有更大的说服力。

（五）法律批评的语言风格

"刚强其实,温柔其表"（Fortiter in re, suaviter in modo）的古训至今依然适用。[1]论证要让人信服,取决于论据的质量,而非某种咄咄逼人的表达（本书第四章边码 11）。此外,对于文中介绍的各种争论,通常应当根据争论的内容而安排结构,如此,这些争论才能上升为"某说"[2]。如果只是根据你手头的法学文献,依次罗列不同作者的争论,那就实在没有什么创意了。[3]

第四节　论文的修改与缩减:　抓住主旨脉络

一、论文修改:独立的工作步骤与一个好提纲的重要性

既然严谨的论证以及连贯的思路是学术论文质量的标尺,那么,对自己的观点进行多次修改,就是不可省略的工作步骤(参见本书第四章边码 48 及以下)。为此,一方面,你要准备好经常修改论文提纲(本书第二章边码 10);另一方面,已经成文的部分也不得不多次修改,必要时还需调整结构。注意,即使已然诉诸笔端或者说敲进了电脑里,很多时候也并不意味着这就是终稿。众所周知的是,温斯顿·丘吉尔（Winston Churchill）会在一个 45 分钟左右的演讲上花费八至九个小时对每个表达字斟句酌。[4]早在两百年前,布莱兹·帕斯卡（Blaise Pascal）就这样写道:"我现在写的信之所以这么冗长,完全是因为我根本没有时间缩短

---

[1] Aquaviva, Industriae ad curandos animae morbos, 2, 4.
[2] 例如"表示说"和"意思说",参见本书第三章边码 11。
[3] 也就是说,你不要这样写:(1) X 教授认为……(2) Y 教授则认为…… 等等。
[4] Manchester, The Last Lion – Visions of Glory (1874 – 1932), 1983, S. 32 f.

它。"[1]要缩写自己的东西，那还真不是一件让人神清气爽的事情，因为之前写东西的时候费了九牛二虎之力，任谁都不愿意割舍（"怎么看都觉得句句是金句"）。还有可能就是，对于自己写的东西已经厌烦，不想再抽精力去一句一句地修改了。

49　　津瑟（Zinsser）在其销量过百万的《写作技巧》（On Writing Well）中，开篇就用了一百页的篇幅强调了论文修改（Überarbeitens），也就是说"重写"（Rewriting）的必要性。[2]我们都知道，没有人天生就是"大家"，每个写好的词句，背后都是千辛万苦的努力工作。他非常中肯地指出：

> 写作是艰辛的工作。清晰透亮的句子不可偶得。那些在初稿甚至到三稿都准确无误的句子是很少的。在深处疑惑之时，你完全可以据此聊以自慰。如果你发现写作很困难，那原因再简单不过：它本来就是困难的。[3]

50　　不过，在这个被考试主导的时代，如今的法学教育并没有涉及如何对学术文章进行必要的修改的问题。然而，对学术论文的草稿进行多次修改是不可避免的，作者必须借此表明，他能够区分什么是重要的，什么是不重要的。对于那些有篇幅限制的研讨课论文、家庭作业和学业、学位论文而言，更是如此。在完成精校稿之前，你怎么也得修改七八次手稿，直到自己的思想被清楚地表达于纸面，此时你的论文才可以被称得上是真正有说服力的、严谨的论文。此时，格外重要的一点是，应当按照提纲的各个大标题，将自己的思想层次分明地表达出来。

二、几种修改的可能性

（一）学术论文中描述部分的篇幅

51　　在参加法学笔试时，如果案件事实没有什么争议点，你就不必对"当事人之间是否已经缔结了合同"之类的问题多费笔墨。同样的道理，在学

---

[1] *Pascal*, Provinzialbriefe über die Sittenlehre und Politik der Jesuiten, Sechzehnter Brief, Bd. 3, 1775, S. 189, 227.
[2] 参见 *Zinsser*, On Writing Well, 7th ed. 2006, Chap. 2。
[3] *Zinsser*, On Writing Well, 7th ed. 2006, p. 9.

术论文或者说以后可能需要写的法律文书中，你也不必对那些不重要的问题作过多的描述。在写作的任何时候，你都需要搞明白自己论文的"学术性"究竟体现在哪里。如果在司法实践和学术研究中对某个问题已经有过充分的讨论，那你（对这些问题）的论述就要尽可能的简略。或许你认为，对当前法律状况的描述（Darstellung des jetzigen Rechtszustandes）是让论文有理有据的第一步。但是，对判决和法律文献的描述除非是前人未踏足过的新大陆，否则这些东西就算不上"独创"。这里（"新大陆"）指的主要是那些新颁行的法律，因为还没有相关的判决和文献诞生。请谨记这样的经验法则："若有必要，已知的东西尽可能少说；若有可能，自己的东西尽可能多写。"

（二）思路的严谨性

（1）在写研讨课论文或者博士论文的时候，你就是相关问题的专家，而读者相比而言可能对相关问题知之甚少。把问题为读者呈现得越清楚，你论文的说服力就越高。而对问题的论述越艰涩、复杂与难懂，那么人们就越容易质疑你给读者描述的东西到底能否经得起推敲。

思路要清晰，以论文存在一个贯穿每个章节和整篇论文的主旨脉络（roter Faden）为前提。（在写论文的时候）你通常不能（像考试那样）按照"请求权结构"依葫芦画瓢，因此，一个高质量的提纲（参见本书第二章边码64及以下）本身已经是重要的独创性内容。对于博士论文而言，这一点尤其难以实现，因为面对的不再是15至25页，而是150页或者更多的篇幅，你需要为之安排提纲，从而使得思路得以清楚地表达。千万不要让读者在读到某个地方的时候心生"为什么这个地方要这样写"的疑惑。

清晰的思路构建了论文的主旨脉络，而这又以逻辑严谨的论证为前提。新写的每句话都应该以之前的句子为前提。最理想的情况是做到有力而逻辑顺畅的论证。[1]因此，很多时候，从文稿中删除部分句子或片段完全是可以乃至是必须的。不必墨守成规，即使在将要交稿之时，你也可以推翻之前的部分提纲。

---

〔1〕 关于论证的"线性结构"，参见本书第一章边码73及以下。

55　　时刻记住这句话：质量比数量重要，而深度比广度重要。如果脱离了主旨脉络，而读者因此很难把握作者思路的话，论文可以说就没有达到一篇学术论文所应有的平均水平。

56　　（2）有时候你会发现，写了很多看似有价值的东西，但它们很可能与文章的主旨脉络无关或者说无助于呈现出一个清晰的思路。在判决书中，就有所谓的"判决理由"（ratio decidendi）与"附带说明"（obiter dicta）之分。只有"判决理由"构成裁判之根据，判决的这一部分才有法律上的约束力，而"附带说明"则可以被省略。[1]因此，在写论文的时候也要检查一下，看看究竟哪些论述对于论文整体的进展来说是无关紧要的。（有的论文会在标题部分）注明"题外话"（Exkurs），这就已经表明这部分描述对论文接下来的论述而言并非必要。写论文时应尽量避免写这类"题外话"。

（三）清楚地形成自己的观点

57　　学术论文的目的在于促进思想（Idee）以及法律制度的发展，并用最具独创性、迄今为止未有人尝试过的方式和方法，为法律问题提供开创性的解决方案。你需要经常扪心自问：你在论文中打算论证的观点到底是什么。唯有服务于论证自己观点的论述才是最有意义的。其他部分充其量不过是"描述性"的内容。博士论文不能和"法律评注"（Kommentar）混为一谈。很多时候，对于当前法律状况的描述，法律评注比你写的要更加漂亮、精确与完整。即使是写研讨课论文，也不能让自己的观点消失无踪，而是应当恰如其分的对其进行强调。要做到这一点有很多办法，比如，可以在论文的开篇就长驱直入地说明自己的观点。[2]在"前言"部分我就使用了"1000块拼图"的比喻：如果你能很快地结束拼图，那也同样会令人印象深刻。这里我们也可以借用克里彭朵夫的一段话[3]：

> 请努力写出"好读"的文章，究竟是否好读，可以遵从自己的内心去评判。你的文章必须做到让每个人都想读。你可以假设这个文章不

---

[1] 关于判决的约束力，参见本书第五章边码41及以下。
[2] 参见本书第七章边码19。
[3] *Krippendorf*, in: Narr/Stary, Lust und Last des wissenschaftlichen Schreibens, 3. Aufl. 2000, S. 27, 35.

是自己写的，然后看自己是否乐意读下去。

三、为改善语言风格而修改论文

最后，还需要多次修改论文，以打磨出简单、明朗的语言风格（本书第四章边码23及以下）。

58

四、《杜登词典》的修改符号

在修改论文的时候，可以使用《杜登词典》上推荐的修订符号。

59

1. Falsche Trennungen werden am Zeilenschluss und folgenden Zeilenanfang gekennzeichnet.

2. Fehlende Buchstaben werden angezeichnet, indem der vorangehende oder folgende Buchstabe durchgestrichen und zusammen mit dem fehlenden wiederholt wird. Es kann auch das ganze Wort oder die Silbe gestrichen und auf dem Rand wiederholt werden.

3. Fehlende Wörter (Leichen) werden in der Lücke durch Winkelzeichen gemacht und auf dem Rand angegeben.

4. Fehlende oder überflüssige Satzzeichen werden wie fehlende oder überflüssige Buchstaben angezeichnet.

5. Überflüssige Buchstaben oder Wörter werden durchgestrichen und auf dem Rand durch (für deleatur, d.h. „es werde getilgt") angezeichnet.

6. Wegfall eines Absatzes verlangt man durch eine den Ausgang mit mit dem Einzug verbindende Linie:
Die Presse bestand aus zwei Säulen, die durch ein Gesims verbunden waren.
In halber Manneshöhe war auf einem verschiebbaren Karren die Druckform befestigt.

((Anmerkungen, die vom Verlag nicht übernommen werden sollen, werden in doppelte Klammern gesetzt.))

图4-1 修改规则[1]

---

[1] 该修改规则仅适用于德语，故示例未作翻译。——译者注

任务：请试着修改下文的语言并对其进行缩减。[1]

前已详述，董事会和监事会所具有的较高的忠诚义务，产生于公司和公司组织之间特殊的信任关系。其所享有的组织上的权限使得其可以对公司的财产发挥影响，而这要受到如下原则的限制，即其不得为任何危害公司的行为，且公司的利益在与其个人利益相冲突时应居于优先地位。不过这一原则性的论断还需要考虑各主体义务高低及其相应具体行为方式的不同。因此，首先要对董事会和监事会二者进行区分。前者全职地履行领导企业之责，而后者只是兼职地承担监事之职能。此外，忠诚义务也不能延伸于公司组织成员生活的方方面面，必须区分作为组织而为的行为以及组织功能之外的行为。

董事会的忠诚义务：正如前文多次提到的，董事会成员的职务活动是全职。董事会应将其全部的劳动力贡献于企业。作为对价，其获得实质上高于监事会成员的薪酬。同时还需要注意的事实是，董事会领导公司的事务，也因此享有比监事会更多的权限。

结论上说，公司与董事会之间的关联要比其与监事会之间的关联更加紧密。这在后果上就会影响他的忠诚义务。可以说的是，董事会的忠诚义务使其要受到比于监事会而言更严格的限制。

---

[1] 答案见本书第十章边码14。

第五章 法律检索及文献分析

第一节 文献检索作为法律工作中的重要组成部分

英美法系中有大量研究法律文本体系化检索的著作[1],与之相比,德国在这一领域的成果相对要少得多。[2] 这可能是由于我们欧盟大陆的法律体系是基于成文法,看上去要比主要基于判例法构造的英美法系简单一些。然而,事实并非如此。法学教育并非只要通过掌握一些简单的基础知识就可以掌握某一具体法律领域。对法及其体系的掌握,还必须要深入地研究判决及理论学说。高级的学术研究工作是这样,实务中解决案例也是如此:在起草一份案例分析鉴定时,除了法条外,还要运用判例及学说。但可惜的是,德国的大学有关法律检索方法的教学并不多。因此,之前学生通常都是自己尝试去搜集和熟悉相关的文献,如法条、判决及目前的学说。但如果他们的作业中缺少一些关键的判决或相关法律文献时,则又不可避免地会被扣分。

因此,你应当首先熟悉图书馆、数据库及互联网检索各自的优缺点(本

1

2

---

[1] 参见 *Blumenwitz/Fedtke*, Einführung in das angloamerikanische Recht, 7. Aufl. 2003; *Holland/Webb*, Learning Legal Rules, 9th ed. 2016; *Mann*, The Oxford Guide to Library Research, 4th ed. 2015; *Bott/Talbot – Stokes*, Nemes and Coss' Effective Legal Research, 6th ed. 2015; *Bar kan/Mersky/Dunn*, Fundamentals of Legal Research, 10th ed. 2015; *Watt/Johns*, Concise Legal Research, 6th ed. 2009; *Stott*, Legal Research, 3rd ed. 2004。

[2] 值得关注的著作如:*Bergmans*, Juristische Information: suchen – bewerten – beschaffen – aktualisieren, 2007; *Wilke*, Informationsführer Jura: Juristische Recherche on – und offline, 4. Aufl. 2003。

章第一部分)。法律文本，包括作为法源的法条（本章第二部分）[1]、法院的裁判文书（本章第三部分）、理论学说以及其他法律文本（本章第四部分）。本章接下来还要讨论的是（德国）国内法、欧盟法及国际法在法律适用实务中的法律意义。[2]这一部分主要介绍了不同法律文本中的一些重要部分。[3]最后探讨的是，文献综述、文献搜集和文献评价之间的区别（本章第五部分）。

一、图书馆中的文献检索

3　　对学业刚刚开始的法学院学生来说，去参观学校图书馆是一件非常理所应当的事。为了完成学业中要求的各种家庭作业和研讨课论文，你应尽早掌握正确的法律检索技能。

在学校图书馆中查找文献常用的是联机公共查询目录（Online Public Access Catalogue，简称为 OPAC）。在输入作者姓名及（或）书名或其他关键词后，便会显示图书的位置及书架号。通过这一系统，原则上可以很快地找到自己需要的著作。要注意的是，每个大学的联机公共查询目录只能找到图书馆馆藏的图书。如果要找的是图书馆没有收藏的书，则可以通过汇总图书目录（Meta-Kataloge）查找，如选择卡尔斯鲁厄（Karlsruher）的电子目录。[4]

4　　如果学校的图书馆没有自己要找的著作，你还可以通过馆际互借（Fernleihe）的方式获得，也就是说，你可以（付费）预定保存在其他图书馆中的著作或文章。如果图书馆没有自己想要找的文章，你也可以自己付费购买。[5]

二、互联网的日益重要性

（一）优点及缺点

5　　目前互联网上有无数个与法律相关的网站，不仅有商业运营商（域名以

---

〔1〕 有争议的是，除了法律条文和法院判决外，哪些规范可以被称作第二位的法律渊源；参见 *Bydlinski*, Juristische Methodenlehre und Rechtsbegriff, 2. Aufl. 1991, S. 510；*Möllers*, in: FS Buchner, 2009, S. 649 ff.。

〔2〕 州的法律仅会在例外情况下被强调，关于法律体系参见 *Merkl*, Prolegomena einer Theorie des rechtlichen Aufbaus, 1931。

〔3〕 *Bergmans*, Juristische Information: suchen - bewerten - beschaffen - aktualisieren, 2007.

〔4〕 关于卡尔斯鲁厄的电子目录，请阅读本书第五章边码 72 及以下。

〔5〕 例如通过 www. subito - doc. de，另外参见本书第五章边码 76。

.com 结尾），还包括大学或国际组织的网站（域名以.org 或.gov 结尾）。有的网站是收费的，如下文要讲的法律数据库，也有一些是免费的。在学习研究中使用互联网时要十分注意，不要盲目地相信这个工具，首先要明白其中的机遇与风险。[1]

优点在于：无论何时何地，你都可以在任何一台电脑上获取互联网上的信息。互联网不停地在扩张，其数据量以及网页数量几乎是无限的。我们自己的法律体系甚至域外法律体系的法律、判例以及越来越多的法律文献，因为有互联网的存在，可以一键下载保存。这一不断增长的数字化过程，对法律适用和学术研究产生了深刻的影响，由此带来的结果是：

（1）电脑及互联网可以替代整个图书馆。新的虚拟图书馆不断产生，并且随时可以通过任意一台电脑访问。[2]

（2）借助关键词可以迅速地找到相关文献，复制并粘贴在自己的文本中。

（3）与传统出版物不同，互联网上可以毫无迟延地获取最新资料。[3]

（4）通过互联网也可以更简单地获取国外的法律文献。

最终，你在文献检索上花费的必要时间明显减少，而获取的结果却又明显变多。

然而，人们同样也要明白网络检索过程可能带来的风险[4]：

（1）在电子媒介上，查阅者只有在使用"正确"的关键词搜索时，才能发现具体的问题。因此，这里包含的一个隐患是网络检索变成了搜索关键词，而不能再深入地去阅读学术文献。

（2）法律数据库也不是详尽的。如（Beck - online）只包含了 Beck 出版社及其合作出版社的期刊。而实际上能在数据库中访问的期刊范围，也取决

---

[1] 与电脑相关的常见工作参见本书附录四边码 31 及以下。
[2] 关于虚拟图书馆的优点和缺点，参见 *Noack/Kremer*，NJW 2006, 3313, 3317。
[3] 另参见 *Noack/Kremer*，NJW 2006, 3313, 3314。
[4] 参见 *Mann*, The Oxford Guide to Library Research, 4th ed. 2015, Chap. 10; *Wirth*, Das Ende des wissenschaftlichen Manuskripts, Forschung & Lehre 1/2002, 19 ff。

于你订阅的范围。[1]

(3) 网站推荐的相似文献常常是不合适的。在有疑问时,使用者会忽略这些可能有用的知识。相反,在法律图书馆中,书架上的书是按照合理的标准系统地摆放的;这种情况下,常常会偶然发现有价值的文献,但在电脑上则不能。

(4) 现代的信息技术一方面提供的信息还不足,另一方面又提供了太多的信息。信息不足是因为,在互联网及法律数据库中只是包含了所有法律出版物的一小部分。相反,我们通过关键词在互联网上查到的相关文献又是非常的广泛。这其中的大部分是没有价值的,因为,多数资料不存在质量控制程序。[2]所以,如果它们是一些利益相关者的作品,则结果很可能是错误的,或含有相关利益倾向。[3]而由出版社出版的图书或文章,在摆到读者面前之前,通常是经过两到三次的筛选程序的。[4]因此,你必须要检查一下,从互联网上获取的文本是否真的可以使用或引用(参见本书第六章边码 91 及以下)。[5]此外,也有在互联网上引用到失效法条的风险。

(5) 只有在图书馆才可以免费访问部分收费的数据库。由于著作权的保护,网络服务如法律数据库以后仍然会保持收费。

8 在可预见的未来,电子媒介仍然不可能完全替代传统的图书馆。尽管如此,本书还是不能略过对这一媒介的介绍:由于信息获取的无限可能,每一个法律人必须要利用(掌握)这一技术工作。[6]下面简要介绍互联网上一些比较重要的法律数据库和文献。

---

[1] 奥格斯堡大学的订阅内容不包括《法学教育》(JuS)和《法学工作报》(JA)。除了一些合作的出版社,Beck-Online 也没有其他出版社的期刊。合作的期刊如莫斯贝克(Mohr Siebeck)出版社的《法学家报》(JZ)或者 RWS 的《经济法杂志》(ZIP)等其他数据库一般没有的期刊。另外参见本书第五章边码 11。

[2] 通过互联网发表的工作初稿也是如此。关于互联网上的资料考证,另参见 *Basak/Schimmel*, ZJS 4/2008, 435, 436。

[3] 可参见 Schimmel, JA 2015, 643, 646 f.

[4] 博士论文通常需要有两位评阅人评阅,之后再找到出版社出版,最后才会进入到图书管理员的手中。

[5] *Wirth*, Forschung & Lehre 1/2002, 19, 对学生缺少资料考证的批评。

[6] *Noack/Kremer*, NJW 2006, 3313 f.

（二）一些重要的法律数据库

（1）德国的法律数据库包括 Juris、Beck‐online 以及 Jurion。[1]此外，还有一些其他的法律数据库包含了德国法的内容。国外的法律数据库，如美国的（LexisNexis 和 Westlaw）。这些数据库一般来说不是免费的。但对于学生来说，通常是可以通过（法律）图书馆来访问一些数据库的。图书馆经常也会有这方面的培训。另外，EUR‐Lex 和 PRE‐Lex 是可以免费访问的，它们包含了一些欧盟法的内容。

（2）成立于 1985 年的 Juris 数据库[2]（收费的）坐落于萨尔布吕肯（Saarbrücken），并受到联邦司法部的青睐。[3]通过 Juris 数据库，人们可以免费访问联邦法律法规以及各州的法律法规。此外，它还提供联邦宪法法院和五个最高法院的裁判文书，以及其他法院的精选裁判文书。因此，在查找案例时首推 Juris 数据库。这个数据库可通过日期、页码和关键词来查询。[4]当你找到想要的裁判文书时，除了会显示该裁判文书在所有官方案例集中的页码，数据库还会列出该裁判文书在其他汇编中的位置。

最后，Juris 数据库中还有丰富的参考文献。但是，在 Juris 标准数据库中，文章或专著都是不提供全文的。[5]此外，这个数据库还收录了施陶丁格的大型法律评注。

（3）除 Juris 数据库外，Beck‐Online 数据库[6]是有关德国法最重要的收费法律数据库。除了可以查询到目前生效的法律法规、C. H. 贝克出版社

---

〔1〕 参见 *Noack/Kremer*, Studie：Professionelle Online‐Dienste für Juristen, v. 2009, abrufbar unter, www. s451554149. online. de/wp‐content/uploads/2013/02/2004Potsdam‐Kremer. pdf；*Noack/Kremer*, NJW 2006, 3313 ff。

〔2〕 参见 www. juris. de。

〔3〕 参见 *Schlagböhmer*, JZ 1990, 262 ff。

〔4〕 进一步熟悉 Juris 数据库可阅读 Juris 的简要引导，参见 www. juris. de/jportal/cms/remote_ media/media/jurisde/pdf/information/Kurzanleitung_ 6_ 07. pdf。

〔5〕 但在高级版的 Juris 数据库中，是可以按次计费方式查询到一些文章和评注的全文的。

〔6〕 参见 www. beck‐online. de。

(CH. Beck)的期刊[1]外,还有大量的评注[2],如慕尼黑评注和 2015 年以后最新上线的 Beck 民法在线评注(beck – online. Großkommentar)。[3]此外,数据库还提供一些合作出版社[4]的期刊。

在 Beck – Online 数据库中可以通过关键词或根据法律领域、页码、法条、法院、作者或日期展开查询。[5]法学期刊的内容不是按原文 1:1 展现的,所以尾注中的注释有所变化;但是总页数是与印刷版吻合的。这个数据库的内容还在不断完善丰富,但一些模块可能需要另外付费订阅。

(4) Jurion(前身为 LexisNexis. de)[6]是世界上最重要的在线数据库 LexisNexis 的德国分支。[7] Jurion 提供大约超过 85 万份欧盟、德国联邦和各州的裁判文书及法律规范。此外也包括行政法规、规章等,另外还有各种不同的法律文献模块,包括评注、手册、文书模板和专业期刊等。[8]

(5) EUR – Lex 数据库[9]主要开发的是欧盟法。与前面几个数据库不同,这个数据库是免费的,并且实时更新官方公报。EUR – Lex 数据库除了提供几乎每日更新的官方公报外,还包括其他欧盟条约、国际协议、次要法律规范(主要是指令和条例)等,另外还有欧盟最高法院、欧盟法院及各专门法院的所有案例。[10]数据库和其中的大部分文件都提供欧盟 24 种官方语言版本。所有文件都根据年份清楚地归类。可以通过关键词、日期、官方

---

[1] 例如,自 1981 年以来的《新法学周刊》(NJW)、《新行政法学杂志》(NVwZ)、《欧盟经济法杂志》(EuZW)和《银行与资本市场法杂志》(BKR)等。可惜的是,法学教育类期刊《法学教育》(JuS)通常不在大学图书馆的订阅范围之内。

[2] 如班贝格尔(Bamberger)等合著的 Beck 民法典在线评注(Beck'sche Onlinekommentar zum BGB),以及慕尼黑评注系列。

[3] *Gsell/Krüger/Lorenz/Mayer* (Hrsg.), beck – online. Grosskommentar zum Zivilrecht, München, 2017.

[4] 例如《企业顾问》(BB)和《有价证券法通讯》(WM)。

[5] Beck – Online 数据库的引导中提供了许多搜索的建议,参见 http://beck – online. beck. de/rsw/upload/beck. net/WEB_ BO_ Kurz_ 2015_ hoch. pdf。

[6] 参见 www. jurion. de。

[7] www. lexisnexis. com。

[8] 根据 *Noack/Kremer*,NJW 2006,3313,3316 所称,LexisNexis. com 的文献数量增长速度要明显高于 Juris、Legios 和 Beck – Online 数据库。

[9] www. eur – lex. europa. eu。

[10] 欧盟法院的判决也可以通过法院的官方网站:www. curia. europa. eu 查询。另外参见本书第五章边码 43。

公报中的页码或文件编号进行搜索。比较特别的是,这个数据库还可以根据 CELEX 识别码来搜索。EUR – Lex 数据库中的每一个文件都有这样一个识别码,使得查找文件更为简易。一些情况下,次要法律规范的立法过程资料也可以通过"法律规定程序"[1]获得。为了欧盟内不同语言下术语的统一使用,一些数据库开展了名为欧盟术语互动百科(LATE[2])的工作。

(6)欧盟及各成员国经济法的详细介绍可以通过奥格斯堡免费的数据库:www. kapitalmarktrecht – im – internet. eu(或缩写为:www. caplaw. de;www. caplaw. ed)来了解。这个数据库既适用于研究学习者,对于实务工作人员也有帮助。通过这个数据库,你不仅可以初窥经济法的概貌,还可以了解到经济法的最新发展。它由我教席的工作人员来管理,这个数据库清楚地展现了欧盟法对各成员国经济法的影响。它的特色是将法条和裁判文书按照主题排列并相互关联,此外还提供了英语、德语和法语三个版本,有些文件也提供了中文版本。

数据库的重点领域在资本市场法,也展示了竞争法的一些重要发展。数据库中有超过 1000 多条的数据项和 5000 多个文件,访问者可借此了解到欧盟主要法律规范(也称为基础性规范或一级规范,Primärrecht)和次要法律规范(也称为派生性规范或二级规范,Sekundärrecht)的现状,并可查阅到欧盟成员国详尽的法律条文和行政法规等。数据库里面每一个数据项都不是孤立的,而是和欧盟及成员国的法律相联系的。[3]

(7)(Westlaw)[4]是关于英美法系的法律数据库,里面包括了大量的文章、联邦和州的法律及行政法规等。在 Westlaw 中检索的一大便利在于,数据库中的每个文件都有钥匙码。之前 Westlaw 只有美国法的内容,现在共同市场法律报告(Common Market Law Reporter)中也包含了欧盟最高法院的裁判文书。

---

[1] www. eur – lex. europa. eu/collection/legislative – procedures. html.
[2] www. iate. europa. eu
[3] 资本市场法中查询法律的七个不同层次,可参见:Möllers,NZG 2010,285。
[4] www. westlaw. com(WestLaw 的标准版本)。lawschool. westlaw. com 网站还提供了 WestLaw Next(内容更丰富)和 TWEN 两种版本。TWEN 是一个网络论坛,主要是为法学课堂教育准备的。老师们可以将讲义、法律检索训练和作业上传到这里,也可以设置讨论,还可以设置学生提交作业的期限。TWEN 是美国法学院常用的师生间在线交流的工具。

17　　芝加哥肯特法学院的杰里·高曼（Jerry Goldman）教授毕生呼吁的将最高法院信息化和媒体化的"Oyez"项目[1]，提供了美国最高法院目前所有的裁判文书、法院的虚拟参观程序、关于法院的详细信息以及自1955年以来的审判录音。

18　　HeinOnline[2]也是关于美国法的数据库。这个数据库中包含了大量扫描版的法律评论，另外还包括了最早到17世纪的历史文献。

19　　最后，LexisNexis. com 包含了美国、英国、加拿大、澳大利亚、新西兰和亚洲地区的法律信息。欧盟的法律也包括在内。通过这个数据库可以查询到超过40个国家的法律文本。一些国家或地区的法律数据库也合并到了 LexisNexis. com 中。尽管这个网站包含了大量的文献，但是通过关键词查找时会被要求选择某一具体数据库。如德国的用户可以选择德国子库或欧盟子库。[3]欧盟法有一个独立的分库，包括欧盟的法律和欧盟法院的判决。英联邦的法律，尤其是英国的法律也是比较容易找到的。[4]搜索时关键词可以另外附加"和""或"以及"否"来进行限缩或扩展。另外有专门的一栏可以进一步限缩当事人与标题等。在 HeinOnline 数据库中的法律评论是原版扫描的，LexisNexis. com 数据库则与之不同，将脚注转换为尾注。

三、互联网

20　　除司法部的官方数据库[5]外，通过免费数据库所能检索的数据通常要少于收费数据库的。但是，先在互联网上展开检索，仍然是有意义的。搜索引擎经常可以指引出搜索的目标或者至少提示接下来要检索的关键点。而且，这些信息原则上都是免费的。[6]但是在引用这些信息时要注意特殊的引

---

[1] www. oyez. org.
[2] www. heinonline. org.
[3] 在这里，用户可以看到大量日报或周报的全文，如《法兰克福汇报》（Frankfurter Allgemeine Zeitung）、《南德报》（Süddeutsche Zeitung）、《新苏黎世报》（Neue Zürcher Zeitung）、《日报》（Tageszeitung）、《镜报》（Spiegel）等。
[4] 这里以丹宁（Denning）勋爵著名的"Hinz v. Berry [1970] 2 QB 40"（参见本书第四章边码13）案为例，在 SECONDARY LEGAL 分库搜索，不仅可以找到该案的判决全文，还可以找到之后援引该案的判决。
[5] 这里是指司法部和 Juris 合作的项目：www. gesetze - im - internet. de.
[6] Noack/Kremer, NJW 2006, 3313, 3314.

用规则（参见本书第六章边码 91 及以下）。

维基百科[1]尽管不是专业法律数据库，但是一个非常全面的包含不同语言的词典。这个由互联网用户共同创造的免费数据库一直在增长，它提供的信息有时非常有用。但由于没有质量控制过程，所以不能盲目地引用维基百科上面的内容。事实上，关于法律的专业内容最好不要只通过维基百科学习，非法律方面的内容最好也只是作为参考使用。

最后，其他有用的在线工具还有法律搜索引擎[2]、翻译工具[3]、在线百科[4]、引用词典[5]、法学院[6]和教授[7]的主页或者法律书店。[8]谷歌扫描相关图书的计划也慢慢凸显其重要性，这一计划对法律文献的检索很有帮助。[9]

第二节 法律

20 世纪 30 年代梅尔克（*Merkl*）提出了法律的层级构造理论。[10]根据这一理论，法律规范可划分为不同的阶层，由法律规范组成的不同阶层按照上下级关系排列。上位法是下位法适用的基础，而且规制下位法的制定程序，在一些情况下也规制下位法的内容。因此欧盟法要优先于德国法，而德国联邦法又优先于州法。

---

〔1〕 www. wikipedia. org.
〔2〕 例如：www. abogado. de。
〔3〕 如：www. freetranslation. com；www. dict. leo. org。
〔4〕 如：www. britannica. com。
〔5〕 www. zitate. de。
〔6〕 如甚有参考价值的萨尔布吕肯（Saarbrücken）法学院主页（www. jura. uni‐sb. de）和法律图书馆及法律文献网（www. ajbd. de.）。
〔7〕 如：www. stephan‐lorenz. de；www. thomas‐moellers. eu（www. kapitalmarktrecht‐im‐internet. eu 或缩写为：www. caplaw. de；www. dauner‐lieb. de. ）
〔8〕 如：www. schweitzer‐online. de. 旧文献参见：www. alibris. com 或 www. zvab. com. 在互联网上进行法律检索还可参考：*Basak/Schimmel*，ZJS 4/2008，435 ff.
〔9〕 参见 www. books. google. de。
〔10〕 *Merkl*, in: FS Kelsen, 1931, S. 252, 272 ff. *Kelsen*, Reine Rechtslehre, 2. Aufl. 1960, S. 228 ff.; *Röhl/Röhl*, Allgemeine Rechtslehre, 3. Aufl. 2008, S. 308 f.; *Rüthers/Fischer/Birk*, Rechtstheorie, 9. Aufl. 2016, Rn. 272 f.

一、欧盟法律渊源

（一）欧盟法律

23　　欧盟层面法律的地位日益重要（如何引用参见本书第六章边码47及以下）。《欧盟官方公报》（以下简称《官方公报》）每天都会以所有官方语言发布正式法律汇编（offizielle Gesetzessammlung），每年大约有340份。公报自1952年首次发行，从1968年起分为两个部分：《官方公报》L卷（Législation）主要是与立法相关，包括欧盟法律规范如条例和指令，根据《欧盟业务运作条约》第297条第1款和第2款的规定，这些法律规范必须要经过公布才能生效。裁判文书、决议、建议和声明虽然原则上也公布，但是根据《欧盟业务运作条约》第297条的规定，并非是强制性的。《官方公报》是根据相关的共同体法律来公布的。它缩写为 ABl. Nr. L.〔1〕

《官方公报》的C卷（信息和通知）包含了通知和公告，以及立法建议和草案。

24　　欧盟层面的法律可以在官方门户网站 EUR - Lex 上面检索。〔2〕除了《官方公报》，这个网站上有时就一些具体的法律事件还会提示与之相关的欧盟法院的判例。〔3〕LexisNexis.com 和 Juris 数据库当然也包含欧盟的法律法规。〔4〕

25　　欧盟的立法史也可以在 EUR - Lex 网站查阅。〔5〕这个网站提供了有关立法历程和所有 KOM 及 SEK 文件的概要，可以通过《官方公报》的页码来查询（如何引用参见本书第六章边码55）。KOM 文件是指委员会的立法建议，优先于欧盟层面的所有次级立法。此外，在某一政治领域向公众介绍未来发展路线的绿皮书和白皮书，也经常以欧盟委员会文件的形式发布。SEK 文件

---

〔1〕如何正确的引用，参见本书第六章边码48以下。英文中人们将官方公报的L卷简称为"O. J."关于如何在英国查找欧盟法律，参见 Inns of Court (ed.), Evidence and casework skills, 3rd ed. 1991, S. 261。

〔2〕www. eur - lex. europa. eu/de/index. htm。

〔3〕《欧盟官方公报》L卷和C卷的内容以及C卷和E卷中没有以纸质版公布的文本都可以通过订阅数据存储光盘方式获得。光盘的数据提供一种语言，每月进行更新。

〔4〕EUR - Lex 的光盘包括欧盟所有的法律，一部分法律也提供了简短的法律沿革。

〔5〕www. eur - lex. europa. eu/collection/legislative - procedures. html。

是委员会的内部工作文件,网站有时也会提供。EUR – Lex 网站除了有关委员会的页面,也提供立法最新发展动态,如一些指令的草案等。[1]

欧盟条约的条文已经数次由变更条约所改变。[2]这些条文的对照表也比较混乱,导致例如不易理解一些较早时期的法院裁判。欧盟条约所有条文的对照表可以在 www.kapitalmarktrecht – im – internet.de(简短域名为:www.caplaw.de)这一网站查询(参见本书第五章边码 14)。

以可替换活页形式出版的非正式法律汇编有:

(1) Beutler/Bieber/Pipkorn/Streil, Das Recht der Europäischen Union (Nomos).

(2) Sartorius II, Internationale Verträge, Europarecht(C. H. Beck)sowie für die wichtigsten Richtlinien

(3) von Borries /Winkel, Europäisches Wirtschaftsrecht(C. H. Beck).

此外,欧盟条约还存在着非常多的平装版本。[3]

《欧盟条约》(EG – Vertrags,现称为《欧盟业务运作条约》)早期版本的制定历史是无法查阅的,因为当时的谈判没有记录在案。但值得高兴的是,欧盟次级法律渊源(条例和指令)的立法资料是非常丰富的。发布条例或指令的重要原因一般可以在导言结尾处的脚注中找到。

(二)欧盟机构的法律文本

《官方公报》的 C 卷部分(ABl. Nr. C)包含欧盟机构日常的工作信息,尤其是有关欧盟最高法院的司法程序、会议报告和公开声明。欧盟每年会发布这一年欧盟的行动总报告(由欧盟各委员会合著)。[4]欧盟最新动态的公报在 2009 年 7 月份以前都是按月公布的(由欧盟各委员会合著)。[5]在所有

---

[1] 欧盟委员会的页面:www.ec.europa.eu/ commission/index_ de.;如何检索欧盟法,参见 *Desax/Christen/Schim van der Loeff*, EG/EU – Recht: Wie suchen? Wo finden?, 2. Aufl. 2001。

[2] 参见《马斯特里赫特条约》《阿姆斯特丹条约》《尼斯条约》《里斯本条约》。

[3] 另外,*Halsbury's Laws of England*(一部有关英国的综合性法律百科全书或者 *Encyclopedia of European Union Laws*(*Sweet & Maxwell*)中也有欧盟法的内容。Encyclopedia of European Union Laws 是早期的版本名称。——译者注

[4] 往年的和最新的报告可在 www.publications.europa.eu. 网站查询。

[5] 在 www.ec.europa.eu/archives/bulletin/de/welcome.htm 网站中可以找到截至 2009 年 8 月的公报存档。

欧盟成员国中都有一个欧盟档案中心,保存有欧盟的法律文件。[1]此外,所有的欧盟成员国中还有委员会的代表机构。而欧盟门户网站的信息也非常丰富[2],这里面也有一些这些代表机构的日常工作和行动信息。[3]

二、国内法

(一)法律汇编及立法历程文件

30　　(1)国内法律主要包括联邦法和州法,以及行政法规和规章。自1949年开始,根据《德国基本法》第82条第1款的规定,联邦法律在《联邦法律公报》(Bundesgesetzblatt,简称为BGBl.)[4]中公布,是正式的法律汇编;州的法律在相应的州法律或行政法规公报中根据有关规定公布(如何引用参见本书第六章边码49及以下)。[5]《联邦法律公报》分为两个部分:第一部分公布联邦法律。这一部分也有对发表在联邦司法部公报上的行政法规的指引,或者对德国法有影响的欧盟法的指引。第二部分是国际条约。《联邦法律公报》的所有版本是按照数字排序的,可以在互联网上免费获取。[6]《联邦公报》(Bundesanzeiger,简称为BAnz.)分为官方部分、非正式部分、法院部分和其他一些公报部分,部分公报内容可以在互联网上获取。[7]官方部分还包括一些行政法规、规章。州的行政法规在部长会议公报中公布。《联邦税务公报》(Bundessteuerblatt,简称为BStBl.)不仅公布税法法律法规,还公布联邦最高税务法院的裁判文书。[8]

31　　一些州的官方出版物中也包含有法律,如巴登-符腾堡州的法律公报(Gesetzblatt für Baden - Württemberg,缩写为GBl. BW)或者拜仁州的法律法规公报(Gesetz - und Verordnungsblatt,缩写为GVBl.)。

32　　(2)非正式的法律汇编往往用可替换活页的形式,根据法律变更的情

---

[1] 有关欧盟档案中心的简要信息,参见www.europa.eu/europedi - rect/meet_us/。
[2] www.europa.eu。
[3] 如第四行政总局——竞争:www.europa.eu/european - union/topics/competition_de。
[4] 1871年至1945年的法律在帝国法律公报(RGBl.)中公布。
[5] 如巴登-符腾堡州(Baden - Württemberg)的法律公报(GBl. BW)。自治团体的章程根据各州的规定公布。
[6] www.bgbl.de。
[7] www.bundesanzeiger.de。
[8] 指引参见www.bundesfinanzministerium.de。

况，补充最新发布的法律。一般来说，法律的开始部分有这一法律的修订概览。[1]在教学和实务中，常用的活页形式的非正式汇编有（这些汇编会持续寄送最新的法律法规以更新汇编的内容）：

（1）Schönfelder und Schönfelder Ergänzungsband, Deutsche Gesetze: Sammlung des Zivil -, Straf - und Verfahrensrechts（C. H. Beck）.

（2）Sartorius, Verfassungs - und Verwaltungsgesetze der Bundesrepublik Deutschland（C. H. Beck）.[2]

另外，还有无数特别法的活页法律汇编，如以国际法为内容的 Schönfelder II，又如以拜仁州法律为内容的 *Ziegler/Tremel*，Verwaltungsgesetze des Freistaates Bayern.[3]

此外，C. H. Beck 出版社、Deutschen Taschenbuchverlag（dtv）出版社和 Nomos 出版社也出版有成卷的法律汇编。这些汇编的法律法规包含了由司法部制定的《联邦立法及联邦法律修订引用码》。

（3）互联网上也可以查阅到大量的法律。联邦司法部和 Juris 合作开通了一个法律网络检索平台，在这个平台上可以免费查阅到联邦所有的法律以及联邦法律公报第一部分的最新更新（www. gesetze - im - internet. de）.[4]这个网站不仅包括一些法律的修订版本，还包括一些法律修订前的版本。州的法律同样可以在互联网上查阅（如拜仁州的法律可以在 www. gesetze - bayern. de 查阅）。

此外通过数据光盘或 Beck - Online 数据库也可以查阅到 Schönfelder 和 Sartorius 的汇编数据。[5]州的规定通常也可以在互联网上查阅。[6]在线法律

---

[1] *Kölble*（Hrsg.），Das Deutsche Bundesrecht: Systematische Sammlung der Gesetze und Verordnungenmit Erläuterungen（Nomos），本汇编包括了联邦所有的法律。

[2] 活页的汇编也会作为一个整体的著作，每年出版两次。

[3] 参见 *Hirte*, Der Zugang zu Rechtsquellen und Rechtsliteratur, 1991, S. 37。

[4] 其他需要提及的数据库，免费的有：www. rechtliches. de、www. dejure. org、www. urlm. de/www. jusline. de、www. kapitalmarktrecht - im - internet. de（简短域名为：www. caplaw. de）；收费的有：www. beck - online. de 和 www. vd - bw - neu. de 参见下文附录二。

[5] *Müller*, Jura 1996, 273 f.

[6] 如拜仁州的法律参见：www. gesetze - bayern. de，巴登 - 伍腾堡州的法律参见：www. landesrecht - bw. de，图宾根的法律参见：www. landesrecht - thueringen. de 等。联邦各州法律概览可参见：www. rechtliches. de。

图书馆集中提供了最为重要的法律规范。[1] 由牛津大学的欧盟和比较法研究中心组织的 IUSCOMP 项目，提供有德国法律的英文译本。[2]

34　　（4）立法史，因为可以从中得知立法者制定规则的初始意图，立法史也是值得关注的。在历史解释的框架内，立法史在历史解释论证方面扮演了重要的角色（参见本书第三章边码 14）。

《德国基本法》的法律史，是以《联邦德国成立前档案（1945－1949）》（der Akten zur Vorgeschichte der Bundesrepublik Deutschland 1945－1949）[3] 和《西德议会委员会（1948－1949）决议内容》（der Ausgabe Der Parlamentarische Rat 1948－1949）[4] 为根据不断再版的。

《德国民法典》是在 1896 年 8 月 18 日通过的，并自 1900 年 1 月 1 日起实施。1899 年穆格丹（Mugdan）编纂的《德意志帝国民法典材料汇编》（Die gesamten Materialien zum Bürgerlichen Gesetzbuch für das Deutsche Reich）最先收集了民法典的草案、动议和记录，此后该汇编多次重印。[5]

35　　（5）联邦新近的立法规划可以在联邦议会出版物和联邦参议院出版物中查阅（如何引用，参见本书第六章边码 56 及以下）。其中包括所有的法律草案、议会党团或联邦政府的提案、建议、立法计划委员会的报告以及立法理由。这些出版物自第八次选举期开始，有些部分自 1949 年开始[6]，可以根据文档编号在互联网上免费查阅（www.bundestag.de/dokumente/drucksachen/index.html）。另外，通过议会动态的档案和信息系统（das Dokumentations - und Informationssystem für parlamentarische Vorgänge，DIP）也可以在互联网上

---

[1]　www.online-rechtsbibliothek.de.

[2]　参见 www.iuscomp.org。

[3]　5 Bde., Hrsg. Bundesarchiv und Institut für Zeitgeschichte in München, München 1976 - 1981.

[4]　Akten und Protokolle, 11 Bde., Hrsg. Deutscher Bundestag und Bundesarchiv, München 1975 - 1997.

[5]　穆格丹汇编中没有收录的文献参见：Die Vorlagen der Redaktoren für die erste Kommission zur Ausarbeitung des Entwurfs eines Bürgerlichen Gesetzbuches (Hrsg. von Schubert)，以及 Die Beratung des Bürgerlichen Gesetzbuchs in systematischer Zusammenstellung der unveröffentlichten Quellen (Hrsg. von Jakobs/Schubert)。

[6]　www.bundestag.de/parlamentsdokumentation.

很方便地找到立法过程以及立法过程的月度文件。[1] 在这方面,联邦议院和联邦委员会主页上的搜索引擎也是有帮助的,其中包括文字记录、会议视频和提交的意见。[2] 然而,建议草案(Referentenentwürfe)仅可以在各部门的网站查阅[3],因为它们并不包含在联邦议院或参议院的出版物中。

在州一级,可以在州议会出版物和记录中找到新的立法规划和立法材料,这些资料在很多联邦州也是可以在线访问的。[4]

除了正式的法律草案和个别机构的意见外,其他学术和实践中的意见往往是在立法程序中收集的。例如,教授和受到影响的利益团体有可能对各个法律草案的效果作出评价。

(二) 国内政府部门的法律规范

联邦部委和联邦机构的法律文本持续通过《德意志联邦共和国政府手册》[Bundesrepublik Deutschland Staatshandbuch (Heymanns)]) 出版,其中部分版本包括联邦各州的法律文本。在联邦议会[5]和联邦参议院[6]、联邦部委[7]、其他联邦机构,如联邦卡特尔局[8]、联邦环境局[9]或联邦金融监管局(BaFin)[10],以及州的部委[11]自己的门户网站上也可常见到与其相关的法律的最新版本。可以在联邦政府网站上找到有关各部委的网站链接列表。[12]

虽然通常可以借助作为入门辅助材料的法律评注开始你的家庭作业,但

---

[1] dip. bundestag. de. 另外也可通过联邦的相关各部网站查阅,如 www. bmjv. de, 或 www. bundesfinanzministerium. de。

[2] www. bundestag. de 和 www. bundesrat. de。

[3] 可以在联邦政府网站上找到有关各部门的链接列表:www. bundesregierung. de,在多数情况下,联邦司法部是主管部门,www. bmjv. de。

[4] 例如拜仁州的可访问:www. bayern. landtag. de/dokumente/drucksachen。

[5] www. bundestag. de。

[6] www. bundesrat. de。

[7] 例如:www. auswaertiges – amt. de; www. bundesfinanzministerium. de 或 www. bmjv. de; www. bmu. de。

[8] www. bundeskartellamt. de。

[9] www. umweltbundesamt. de。

[10] www. bafin. de。

[11] 如 www. justiz. bayern. de; www. justizministerium. hessen. de。

[12] www. bundesregierung. de/Webs/Breg/DE/Bundesregierung/Bundesministerien/bundesministerien. html。

为了完成研讨课或博士论文,你经常需要处理新的、未知的话题。在这种情况下,与当局保持联系可能就是有意义的了,这不是为了解决一个法律问题,而是为了从正在进行的立法中寻找信息,或从实践中获取信息。值得注意的是,你问的问题越具体,得到的信息就越准确和有用。

三、国外法

(1)《国际比较法百科全书》(International Encyclopedia of Comparative Law,Mohr)、《国际法律百科全书》(International Encyclopedia of Laws,Kluwer)以及《法律百科全书》(Encyclopedie juridique,Dalloz)特别适合用来深化外国法律知识。外国法律也可以通过 LexisNexis.com 找到。在互联网上也可以查阅到国际法和各国的法律,如奥地利[1]、瑞士[2]、法国[3]、意大利[4]、西班牙[5]、英国[6]或中国。[7]一般来说,建议访问各国司法部的网站,这些网站往往也以英文提供最重要的内容。

萨尔布吕肯(Saarbrücken)大学[8]和基尔(Kiel)大学[9]在它们的网站上提供了关于外国法律渊源的网站链接。康奈尔大学[10]法律信息研究所和瓦士本(Washburn)大学[11]就美国法律提供了联邦各州和许多法院的网站链接。另外,澳大拉西亚法律信息研究所(Australasian Legal Information Institute)[12]将有关澳大利亚和新西兰法律的重要信息汇编在了一起。

(2)在国际法中至关重要的法律规范是联合国条约、协定,这些可在

---

[1] www.ris.bka.gv.at/jus.
[2] www.admin.ch.
[3] www.legifrance.gouv.fr.
[4] www.parlamento.it.
[5] www.congreso.es/portal/page/portal/Congreso/Congreso/Iniciativas.
[6] www.legislation.gov.uk.
[7] www.chinas-recht.de.
[8] www.jura.uni-sb.de.
[9] 对外国法律法规有较好的概括介绍和链接,参见 www.ipvr.uni-kiel.de/de/ipvr-1/linksammlung/linksammlung-zum-auslaendischen-privat-und-verfahrensrecht。
[10] www.law.cornell.edu.
[11] www.washlaw.edu.
[12] 有关澳大利亚和亚洲的法律,参见 www.austlii.edu.au。

联合国官方网站上查询，网站上提供了多种语言版本。[1]另外，因为国际跨境购买商品频率日益增加，《联合国国际货物销售合同公约》[2]在联合国法律中也逐渐占有重要地位。

第三节 法院的裁判

一、法院体系

国内的判决通常只约束当事人（inter partes），而非所有人（erga omnes）。[3]德国的法院分为不同的级别，当事人可以针对下级法院的判决提起上诉，而上级法院也可以废除下级法院的判决。一般情况下，法院裁判的约束效力和优先地位排序为：联邦宪法法院（BVerfG）—联邦最高法院（BGH）—州高等法院（OLG）—州法院（LG）—地方法院（AG）。德国的司法审判权细分为五个部门：普通法院审判权（民事与刑事法院）、行政法院审判权、社会法院审判权、财政法院审判权和劳动法院审判权。

另外，在欧盟中还有欧盟法院审判权。自《里斯本条约》以来，《欧盟条约》（EUV）第19条第1款中以所谓的"欧盟最高法院"的概念指代司法审判权，分为欧盟最高法院（EuGH）、欧盟法院（EuG，曾称为第一法院）和专门法院三级，享有司法审判权。[4]然而，到目前为止，只设置了一个专门法庭，即欧盟公务员法庭（EuGöD）。欧盟最高法院的判决原则上约束诉讼当事人和呈送的法院，在宣布某一法行为无效的情况下，甚至还约束所有与纠纷相关的法院，在事先裁决程序中还约束欧盟机构和欧盟成员国

41

42

---

[1] www.un.org/depts/german/.
[2] www.globalsaleslaw.org/index.cfm?pageID=28.
[3] 参见本书第三章边码30。
[4] 欧盟普通法院成立于1989年，以缓解欧盟最高法院的负荷，参见 Oppermann/Classen/Nettesheim, Europarecht, 7. Aufl. 2016, § 5 Rn. 132 ff. 内部责任分工部分规定在《欧洲联盟运行条约》（AEUV），部分规定在《欧盟最高法院章程（SEuGH）》第51条中。（由于European 同时有欧洲、欧盟的意思，国内有将欧盟最高法院和欧盟普通法院译为欧洲最高法院或欧洲法院，属于误译。这两个法院均属于欧盟之下的组织，应为欧盟最高法院和欧盟（普通）法院，另参见其官方案例网站：https://curia.europa.eu/——译者注）。

(普遍效力)。按照通说，唯有如此才能统一法律的适用。[1] 下文将介绍国内和国际法院判决的重点。

二、欧盟的裁判

43　　（1）欧盟最高法院及欧盟法院裁判集（die Sammlung der Rechtsprechung des Gerichtshofs und des Gerichts 缩略为 Slg.）收录了欧盟最高法院（EuGH）和欧盟法院（EuG）的裁判文书。这一官方汇编包括两个部分：第一部分为欧盟最高法院的裁判，第二部分为欧盟法院的裁判。欧盟公务员法庭（EuGÖD）的裁判目前还没有官方的汇编出版。

2012 年以后，欧盟法院的裁判便不再在官方裁判汇编中公布。[2] 欧盟法院的裁判文书（如何引用，参见本书第六章边码 59 及以下）和裁判文书中总检察官的意见（die Schlussanträge des Generalanwalts）（如何引用，参见第六章边码 63）都有一个单独的欧盟案例识别码（ECLI，European Case Law Identifier），并可通过 EUR‑Lex 和 www.curia.eu 数据库获取。Curia 是欧盟法院官方案例网，包含自 1997 年 6 月 17 日以来的所有裁判文书。根据文件编号或欧盟案例识别码搜索时，用户除了可以使用所有的官方语言搜索具体裁判文书外，还可以搜索该裁判文书的总检察官的意见或法庭的其他裁定。除了欧盟法院的裁判文书外，总检察官的意见中也可能包含重要的信息和论据。

44　　（2）一些重要的德国法学期刊中也公布欧盟的裁判文书。但通常不包括总检察官的意见。对德国学生尤其有帮助的裁判文书汇编是：Hummer/Vedder/Lorenzmeier, Europarecht in Fällen。英文的非正式的欧盟法院裁判汇编刊载于《共同市场法律报告》[Common Market Law Reports（CMLR，Sweet & Maxwell）]，可以在 LexisNexis.com、Westlaw 和 HeinOnline 上查询，另外也可以在《全英法律报告》（All England Reports，All E. R.，Butterworth）的补充卷中找到。

---

〔1〕相关争论参见：*Ehricke*，in：Streinz，EUV/AEUV，2. Aufl. 2012，Art. 267 Rn. 69；*Schwarze*，in：Schwarze，EU Kommentar，3. Aufl. 2012，Art. 267 AEUV，Rn. 68 ff.，*Wegener*，in：Callies/Ruffert，EUV/AEUV，5. Aufl. 2016，Art. 267 Rn. 48 ff.。

〔2〕*Keiler*，euvr 2014，298.

(3) 欧洲人权法院（EGMR）[1]、WTO 争端解决机构[2]和国际法院（IGH）[3]的裁判汇编也可以在互联网上永久查阅使用。

三、国内的裁判

(1) 在德国，只有《联邦法律公报》（BaBL.）可以发布官方裁判汇编。根据《联邦宪法法院法》（BVerfGG）第 31 条第 2 款第 2 句，联邦宪法法院的裁判文书也在公报中发布，《联邦税务公报》（BStBl.）则刊载联邦财政法院的裁判文书。其他的汇编不是官方的，而是由私人出版商运营，但通常同样也被称为官方汇编。然而，这些非正式裁判汇编所收集公布的判决是由其法院成员选定的。这些裁判汇编有：

① 《联邦宪法法院裁判汇编》[Bundesverfassungsgericht（BVerfGE, Mohr)]；

② 《联邦最高法院民事裁判汇编》[Bundesgerichtshof in Zivilsachen（BGHZ, Heymanns)]；

③ 《联邦最高法院刑事裁判汇编》[Bundesgerichtshof für Strafsachen（BGHSt, Heymanns)]；

④ 《联邦行政法院裁判汇编》[Bundesverwaltungsgericht（BVerwGE, Heymanns)]；

⑤ 《联邦劳动法院裁判汇编》[Bundesarbeitsgericht（BAGE, de Gruyter)]；

⑥ 《联邦社会法院裁判汇编》[Bundessozialgericht（BSG, Heymanns)]；

⑦ 《联邦财政法院裁判汇编》[Bundesfinanzhof（BFHE, Stollfuß)]。

帝国法院的裁判同样也有官方汇编：

① 《帝国法院民事裁判汇编》（RGZ, von Veit und Co./de Gruyter，从 1897 年至 1945 年）

② 《帝国法院刑事裁判汇编》（RGSt, von Veit und Co./de Gruyter，从 1880 年至 1944 年）

---

[1] www.echr.coe.int. 网站上有英语和法语的版本。
[2] 网址：www.wto.org/english/tratop_e/dispu_e/dispu_e.htm。
[3] 网址：www.icj-cij.org。

③《帝国财政法院裁判汇编》（RFH, von Veit und Co./de Gruyter, 从1919年至1945年）

通过 Juris 数据库，你可以下载到《帝国法院民事裁判汇编》（RGZ）的 PDF 扫描原件。这些汇编也提供 CD-ROM 或 DVD-ROM 版本。

47 最后，上诉法院，即州高等法院和州高等行政法院也都有自己的裁判汇编。由相关的出版商运营这些官方裁判集，并提供 CD-ROM 或 DVD-ROM 版本，同时提供相应的更新服务。借助裁判的日期、文件号或关键字，可以很好地完成法律检索。

48 （2）非正式裁判集中的判决，有一部分不仅按时间顺序，而且还通过关键词的首字母顺序体系化地编排。其中，《德国判例——司法实务判例选及论文指引》[Deutsche Rechtsprechung – Entscheidungsauszüge und Aufsatzhinweise für die juristische Praxis（DRspr., Deutsche Rechtsprechung Verlag）] 一书，内容超过15000页，是最为详尽的。它包含了关于裁判内容的简短介绍，并提示了该裁判文书是否公布以及在何处公布过。学术文献中有许多判决汇总和评论。另外，也有很多为学生编撰的、来自最高法院的裁判汇编。通过这些汇编你可以了解到各法律领域中的最重要判决的概况。[1]

49 （3）然而，实务中广泛使用的是在法学期刊中复述的案例。主要是《新法学周刊》《法学家报》，另外还有《德国法月刊》以及《有价证券通讯》。[2]

50 （4）在 Juris 数据库中可以找到所有官方裁判汇编的全文，最近数据库中还提供了很多其他判决。但是，这些裁判文书算不上是官方汇编的案例，

---

[1] 例如，民法的：*Schack/Ackmann*, Das Bürgerliche Recht in 100 Leitentscheidungen, 6. Aufl. 2011；劳动法的：*Schoof*, Rechtsprechung zum Arbeitsrecht von A-Z, 6. Aufl. 2010；国际私法和程序法的：*Kulms*, Die deutsche Rechtsprechung auf den Gebieten des Internationalen Privatrechts (erscheint jährlich seit2003)；宪法的：*Menzel/Müller – Terpitz*（*Hrsg.*）, Verfassungsrechtsprechung, 3. Aufl. 2017；*Graßhof*, Nachschlagewerk der Rechtsprechung des Bundesverfassungsgerichts, Loseblattsammlung, Stand Dezember2015；欧盟法的：*Hummer/Vedder/Lorenzmeier*, Europarecht in Fällen, 6. Aufl. 2016；*Pechstein*, Entscheidungen des EuGH, 9. Aufl. 2016；刑法的：*Graf*, BGH – Rechtsprechung Strafrecht2011 und2012/13；*Puppe*, Strafrecht Allgemeiner Teil im Spiegel der Rechtsprechung, 3. Aufl. 2016。

[2] 其他的判例汇编如《新法学周刊民法判例报告》（NJW – RR），有关公法的如《新行政法杂志判例报告》（NVwZ – RR），刑法的如：《新刑法杂志判例报告》（NStZ – RR）。

大多数包含各自法院提供的编码，如果没有法院的编码，则会有一个 Juris 的编码。Juris 还提供了特别指引服务，除了指出这些案例在官方汇编中的位置外，还提示类似案例的位置。

另外，其他法律数据库，如 Beck – Online 或 Jurion 中的裁判汇编也是很全面的。

（5）除法律数据库外，法院本身也在互联网上免费提供它们的裁判文书。例如，在联邦宪法法院的网站上可以查阅自 1998 年 1 月 1 日起的所有裁判文书。[1]联邦最高法院自 2000 年 1 月 1 日开始在网上公布判决。[2]其他在网上公布判决的联邦层面的法院还有联邦劳动法院（BAG）[3]、联邦行政法院（BVerwG）[4]、联邦财政法院（BFH）[5]、联邦社会法院（BSG）[6]和联邦专利法院。[7]遗憾的是，这些判决没有出现在官方汇编的可引用版本中。[8]

而数量庞大的州高等法院、州法院和地方法院的判决，根据各州的情况，通常也是可以在网上查阅的。[9]一般来说，这些判决可以通过日期、文件编号或关键词来查询，但是不能通过诉讼当事人的名称查询，因为在德国法院裁判通常不会提及当事人的名称。[10]

（6）法院裁判的公开一般需要历经数月，至少也要数周的时间。这时，人们可以通过案件日期和识别码，直接在主审法院索要裁判文书。因此，知道我们可以直接向主管法院请求具有日期和档案编号的法院裁决是有用的。

---

[1] 网址：www. bundesverfassungsgericht. de。
[2] 网址：www. bundesgerichtshof. de。
[3] 网址：www. bundesarbeitsgericht. de，可以查阅到当前和过去四年的裁判文书。
[4] 网址：www. bundesverwaltungsgericht. de，提供自 2002 年 1 月 1 日起的裁判文书。
[5] 网址：www. bundesfinanzhof. de，可以查阅自 2007 年 1 月 1 日起的裁判文书。
[6] 网址：www. bundessozialgericht. de，可以查阅到当前和过去四年的裁判文书。
[7] 网址：www. bundespatentgericht. de，可以查阅自 2009 年起的裁判文书。
[8] 如何引用参见本书第六章。
[9] 北莱茵 – 威斯特法伦州新近的裁判文书可以在 http：//www. justiz. nrw. de/BS/nrwe2/index. php 查阅。巴登 – 符腾堡州司法部的判例数据库参见：http：//lrbw. juris. de/cgi – bin/laender_ rechtsprechung/list. py？Gericht = bw&Art = en。柏林和勃兰登堡州司法部的判例数据库参见：www. gerichtsentscheidungen. berlin – brandenburg. de。黑森州法院的裁判文书可以在 www. hmdj. hessen. de 查阅。德国其他法院的链接参见 archiv. jura. unisaarland. de/internet/gericht. html。
[10] 批评意见参见 Hirte，NJW 1988，1698；Pfeiffer，NJW 1994，2996。

但每页通常需要花费 0.5 欧元。《司法手册》（*Handbuch der Justiz*，C. F. Müller 出版）这本书中记载了相关法院的联系地址。在联邦各州的司法部网站上通常也可以找到一些民事、刑事法院的联系地址列表。[1] 如果裁判文书即将在法院网站上公布，这个步骤显然就是多余的了（参见本书第五章边码 51）。

Boorberg 出版社和 ZIP（法律通讯、经济和税法）出版社也提供类似的电子服务，以便我们可以尽早收到法院的裁判文书。在一些法学期刊如《新法学周刊》和《法学家报》的封面折页上有时也可以看到一些提前发布的案例。

四、国外的裁判

53　　最后，我们还需要查阅一些外国法院的裁判（如何引用，参见本书第六章边码 76）。英国裁判文书的官方汇编是高等法院（high court of justice）不同分庭的法律报告[2]，非正式汇编有全英法律报告（All E. R.）。美国[3]最高法院[4]的裁判可以在美国报告（United States Reports，U. S.）中查阅[5]，而且每份裁判都附带有摘要和关键词。另外，还可以通过百科全书找到法院的裁判。这些版本也会通过 CD - ROM、DVD - ROM 来发行。美国的裁判也可以通过 LexisNexis. com、Westlaw 和 HeinOnline 等数据库找到。

54　　另外，在互联网上也可以找到例如奥地利和[6]瑞士的法院[7]、法国

---

〔1〕 如拜仁州的参见 www. justiz. bayern. de/gericht。
〔2〕 Queen's Bench Reports （QB），Chancery （Ch），Family （Fam） und Appeal Cases （AC）。
〔3〕 有关美国法院的链接汇总，请访问 www. uscourts. gov/about - federalcourts，另外，也可以通过网站上的"法庭定位"查询。
〔4〕 www. supremecourt. gov.
〔5〕 关于美国法律的深入介绍，参见 Blumenwitz, Einführung in das anglo - amerikanische Recht, 7. Aufl. 2003。
〔6〕 网址：www. ris. bka. gv. at/jus 和 www. vfgh. gv. at。
〔7〕 网址：www. bger. ch。

最高法院[1]、英国高等法院和[2]澳大利亚高等法院[3]等的案例。

第四节 法学文献

法学文献的任务是系统地理解和评论法院裁判,并进一步提出法律问题的解决方案。而文献和判例的丰富性使得在文献评价框架内进行的文献筛选工作十分必要(本书第五章边码 79 及以下)。下文首先介绍文献的各种类型,其后介绍其检索方法。 55

一、国内的法律文献

(1) 法学文献中首先需要介绍的是法律评注和手册。它们通常会广泛地评价法院的裁判和法律学术文献。法律评注(Kommentar)是德国最重要的二手文献(Sekundärliteratur),因为它们非常适合用来初步了解某一法律规范的概况。 56

评注通常是根据所评议的法律来构造,并评释相关法律条文中所有的构成要件和法律后果(如何引用,参见本书第六章边码 81 及以下)。在评注中,通常会在脚注中提示进一步的参考文献。评注又分为全面性的评注和精简性的评注,前者包含深入的学术论述,后者只是简要和简洁地解决了一些中心问题。 57

而手册主要论述的是一个综合的主题,因此很适合用作特定主题领域的入门书(如何引用,参见本书第六章边码 85 及以下)。 58

下面按照法律领域分类的列表,简要汇总了一些最重要的评注和手册: 59
①关于《德国民法典》的评注和手册

- *Bamberger/Roth*,Kommentar zum Bürgerlichen Gesetzbuch(多卷本)
- *Bamberger/Roth*,Beck'scher Online – Kommentar zum BGB
- *Baumgärtel*,Handbuch der Beweislast im Privatrecht

---

[1] 网址:www. courdecassation. fr。
[2] 网址:www. gov. uk/government/organisations/hm – courts – and – tribunals – service;www. justice. gov. uk/index. htm。
[3] 网址:www. hcourt. gov. au;www. austlii. edu. au。

- *Gsell/Lorenz/Krüger/Mayer*，beck – online Großkommentar zum Zivilrecht：BeckOGK
- *Erman*，Bürgerliches Gesetzbuch（多卷本）
- *Jauernig*，BGB – Kommentar
- *Kropholler*，Studienkommentar BGB
- *Lange*，Schadensersatz，Handbuch des Schuldrechts
- *Langenfeld*，Münchener Vertragshandbuch（多卷本）
- *Palandt*，Bürgerliches Gesetzbuch
- *Münchener Kommentar zum BGB*（mehrbändig） – Hrsg. von Säcker/Rixecker
- *Soergel*，Kommentar zum BGB（多卷本）
- *Staudinger*，Kommentar zum Bürgerlichen Gesetzbuch mit Einführungsgesetz und Nebengesetzen（多卷本）

②关于刑法的评注和手册
- *Fischer*，Strafgesetzbuch
- *von Heintschel – Heinegg*，Beck'scher Onlinekommentar StGB
- *Joecks*，Studienkommentar StGB
- *Joecks/Miebach*，Münchener Kommentar zum Strafgesetzbuch（多卷本）
- *Satzger/Schluckebier/Widmaier*，StGB – Strafgesetzbuch
- *Schönke/Schröder*，Strafgesetzbuch

③关于宪法的评注和手册
- *Dreier*，Grundgesetz Kommentar（多卷本）
- *Epping/Hillgruber*，Beck'scher Onlinekommentar zum Grundgesetz
- *Isensee/Kirchhof*，Handbuch des Staatsrechts der Bundesrepublik Deutschland（多卷本）
- *Maunz/Dürig*，Kommentar zum Grundgesetz（多卷本）
- *Mangoldt/Klein/Starck*，Das Bonner Grundgesetz（多卷本）
- *von Münch/Kunig*，Grundgesetz Kommentar（多卷本）
- *Schmidt – Bleibtreu/Klein*，Kommentar zum Grundgesetz

④关于行政法的评注和手册

- *Bader/Ronellenfitsch*，Beck'scher Onlinekommentar VwVfG
- *Fehling/Kastner/Störmer*，Verwaltungsrecht
- *Hoffmann – Riehm/Schmidt – Aßmann/Voßkuhle*，Grundlagen des Verwaltungsrechts，Handbuch（多卷本）
- *Johlen/Oerder*，Münchener Anwaltshandbuch Verwaltungsrecht
- *Kopp/Ramsauer*，Verwaltungsverfahrensgesetz
- *Kopp/Schenke*，Verwaltungsgerichtsordnung
- *Posser/Wolff*，Beck'scher Onlinekommentar VwGO

⑤关于欧盟法的评注和手册

- *Basedow/Hopt/Zimmermann*，Handwörterbuch des Europäischen Privatrechts（多卷本）
- *Calliess/Ruffert*，EUV，AEUV
- *Geiger/Khan/Kotzur*，EUV/AEUV
- *Grabitz/Hilf/Nettesheim*，Das Recht der Europäischen Union（多卷本）
- *Schulze/Zuleeg/Kadelbach*，Europarecht，Handbuch für die deutsche Praxis
- *Schwarze*，EUV，AEUV
- *Streinz*，EUV，AEUV
- *Vedder/von Heintschel – Heinegg*，Europäisches Unionsrecht
- *von der Groeben/Ehlermann*，Handbuch des Europäischen Rechts
- *von der Groeben/Schwarze/Hatje*，Europäisches Unionsrecht

（2）法学文献还包括教科书（Lehrbücher，如何引用，参见本书第六章边码78）。教科书的重点是对某一主题领域进行系统的论述和介绍。借助它们，读者可以系统地学习与了解一个法律领域。出于教学方法的考虑，判例在教科书中只是作为个别例子来展现。第一学期的学生可以通过一些简明教科书（Kurzlehrbuch）来学习有关法律领域的概况。另外值得一提的是案例研习书，它们从案例着手，用案件解答来处理相关的法律问题，以提高学生对法律案件的处理和论证能力。而那些较为全面、理论层次较高的教科书，比较适合用来深化对个别法律问题的认识和准备考试。[1]因此，你在选择

---

〔1〕 *Mann*，Einführung in die juristische Arbeitstechnik，5. Aufl. 2015，Rn. 124.

教科书时要注意参考自己目前的学习层次。

61 （3）学术文献也发表在法学期刊上（juristischen Zeitschriften，如何引用，参见本书第六章边码 86 及以下）。期刊上的文章主要展示最新的学说发展，并经常会发表一些判例概要。一些期刊只是单纯发表一些文章，另一些期刊则是混合的，既包含判决，又涵括学术文献。

一些比较重要的期刊有：《德国法官报》《法学评论》《法学家报》《德国法月刊》和《新法学周刊》。[1]近年来，几乎所有的德国法学期刊涉及欧盟法，专门涉及欧盟法律的期刊有：《欧盟法杂志》《欧盟法律与经济杂志》和《欧盟私法杂志》。[2]

关于法律学习的期刊有：《法学工作报》《法律学习》和《法学教育》。这些是为学生特别准备的，除了裁判总结外，还包含与考试有关的法律问题的论述。此外，一些大学的学生还自己组织编辑了一些法律学习期刊，例如在柏林和波恩。[3]

除此之外，还有所谓的档案杂志，如《民法实务档案》《公法实务档案》《拉贝尔外国私法与国际私法杂志》《公司法和社团法杂志》《整体商法和经济法杂志》以及《欧盟私法杂志》。

62 （4）对裁判进行评论的案例评议（Entscheidungsbesprechungen, Urteilsanmerkungen，如何引用，参见本书第六章边码 72）。较为严谨的评议会给出判决内容的前后背景，即和早期的裁判及学说观点加以比较。不过，并不是每一个案例评议都会被收进评注中，因此在检索时还要注意查阅期刊和判决汇编。一些重要的案例评议会在《法学家报》《新法学周刊》和《法学评论》以及个别档案杂志中发表。[4]民法中一些较短小的案例评议被系统地

---

〔1〕 另外，还存在大量的定向法学期刊。
〔2〕 另外，国外有关欧盟法值得关注的期刊还有：《欧盟法律》（CDE）、《哥伦比亚欧盟法学杂志》（CJEL）、《欧盟法律评论》（ELR）、《欧盟私法评论》（ERevPL）、《共同市场研究杂志》（JCMSt）和《共同市场杂志》（RevMC）。对于外国期刊来说，最好在第一次引用时提到全称和相应的缩写。
〔3〕 如柏林的洪堡法学论坛（www.humboldt-forum-recht.de）；波恩的《波恩人法律杂志》（www.bonner-rechtsjournal.de）；明斯特的《AD LEGENDUM》。
〔4〕 如《商法和经济法杂志》《公司法杂志》《欧盟法杂志》或《欧盟私法杂志》等。

收录在《林登迈尔/默林民法典评论、判决》中[1],民法—经济法方面的则收录在《经济法判例集》和《经济法和银行法裁判汇编》中,竞争法方面有《竞争法裁判集》,《劳动法实务杂志》中也有《劳动法裁判集》。

(5)专著(Monographien)也属于法学文献的一类(如何引用,参见本书第六章边码78)。与手册相比,专著的目的是对单个问题领域或单一课题进行全面的研究,通常只有一位作者。因此,专著通常服务于对某一具体问题的深化研究。专著中通常有一个较为全面的参考书目,这大大简化了文献检索和进一步的研究工作。专著可以最好地展示相关的文献目录。

(6)在庆典文集(Festschriften)[2]和纪念文集(Gedächtnisschriften)中也有一些简短的专论性文章(如何引用,参见本书第六章边码79)。这些汇编作品是为了祝贺某位著名学者的喜庆事件或者是为了某一特殊机构的周年纪念而发表的,主要围绕被纪念者较为感兴趣的特定主题展开。[3]与专著相似,这些文章也服务于深化讨论某一具体的法律问题。

(7)也可以引用跨地区报纸(überregionalen Zeitungen)中的文章(如何引用,参见本书第六章边码88)。它们的优势在于及时性,因为最新判决的法律案件的案情通常要在几周后才出现在法学期刊中。在一些日报,如《法兰克福汇报》(FAZ)中,人们可以通过订阅获得报纸中的单篇文章。[4]有时也可以在互联网上找到这些文章。[5]通过你大学图书馆的网站,经常也可以免费找到一些大型日报的存档。[6]

(8)另外有用的还有所谓的书评(Buchbesprechungen),即对某一著作的内容加以总结和评论。比较有名的是,自1995年开始,《新法学周刊》和《法学家报》在"当年法律图书——推荐名单"栏目中举办的针对法学著作

---

[1] 可在 Beck - Online 上检索。Lindenmaier - Möhring 收集了 2003 年 1 月 1 日之前的裁判,是联邦法院的参考书。
[2] Festschriften 虽然常指祝寿文集,但实际也有可能是为庆祝某大会或组织成立、某法典颁布多少周年等之类文集,正文中作为统称使用时译为"庆典文集"更为准确。(译者注)
[3] Mann, Einführung in die juristische Arbeitstechnik, 5. Aufl. 2015, Rn. 130.
[4] 但是这个检索是收费的。
[5] 德文版和英语版的《法兰克福汇报》(FAZ)请访问:www.faz.net;《南德意志报》(SZ)见:www.sueddeutsche-zeitung.de;《商报》见:www.handelsblatt.com。
[6] 例如,在奥格斯堡大学,学生可以免费访问《法兰克福汇报》(FAZ)和《南德意志报》(SZ)的存档。

的评议。[1]遗憾的是,德国目前还没有对书评进行系统化的整理。[2]

(9)最后还需要注意和检索的是工作论文(Working Papers)[3](如何引用,参见本书第六章边码90)。这些在英美法律领域中和企业研究人员中是较为常见的。但要注意的是,它们没有一个质量控制程序。这些论文是根据法学期刊的文章结构来写的,但是还没有发表在期刊上,或集结成书出版。这些论文可以在不同的数据库[4]或若干机构的网站上访问。

二、国外的法律文献

(1)我们有时还要检索外国法。英美的百科全书和德国的评注发挥着类似的作用,它们承担了重要的任务,即将英美法中的案例和制定法按照关键词有体系地进行汇编。如美国的《法律依据大全》(Corpus Juris Secundum,缩写:C. J. S.)和《美国法律》(第2版)(American Jurisprudence2d,缩写:Am. Jur. 2d),英国的《英国哈尔斯伯里法》(第4版)(Halsbury's Laws of England, 4th ed),以及澳大利亚的《澳大利亚哈尔斯伯里法》(Halsbury's Laws of Australia)。它们有的超过150卷,甚至比类似的德国法律评注还要全面,而且每个月还会提供内容的更新补充。这些百科全书可以通过索引中的关键字(keywords)来快速查阅。美国法律中的法律重述(Restatements of Law)也尤为重要,它们同样将普通法体系化,尽管它们没有法律效力,但法院也会经常引用。[5]来自整个亚洲和英美法系范围内的论文可以通过访问载于LexisNexis. com 数据库或CD - ROM/ DVD上的AGIS系统来查询。法律杂志和图书索引[6]会筛选论文和图书,它们同样可以通过访问LexisNexis. com 或通过CD - ROM/ DVD来获得。

在英美法中,互联网上有许多付费的和免费的数据库或论文汇编。社会

---

〔1〕 如,Zimmermann, NJW 2007, 3331 ff.。

〔2〕 例如,可以访问以下网站找到一些书评:www. mohr. de; www. jurawelt. de/literatur; www. faz. net/book。

〔3〕 例如,可参见法兰克福大学法律和经济研究中心的文集:www. ilf - frankfurt. de/research/ilf - working - papers/,或者是马普所网站上的工作论文:www. mpg. de/de。

〔4〕 例如,SSRN 数据库,另参见本书第五章边码68。

〔5〕 Schindle, ZEuP 1998, 277 ff.。

〔6〕 Vormals 法律索引(Vormals Index to Legal Periodicals)。

科学研究网（SSRN）的电子图书馆[1]现已收录超过17万份的文档。一方面，它免费提供了在学术期刊上已经发表的论文的摘要，这些论文有时也可以根据作者以可引用的长形式来检索；另一方面，网站上还有一些工作论文，提供全文或者提供原文的下载链接（有些需付费）。

学术服务机构 *EBSCO* 网站[2]提供有偿的工作论文和已在期刊上发表的论文。部分德国大学图书馆已经和其签订了协议，学生可以使用该服务。[3]其他提供收费服务的网站还有：Jstor[4]提供知名期刊发表的论文以及经济学领域的专著的摘录；Proquest[5]主要是检索期刊上的文章；Econpapers[6]根据个人需求，可以获取世界范围内经济学的工作论文、期刊上的论文以及软件。提供免费服务的有 Ideas[7]，提供论文和工作论文。Jstor 上也有免费服务商的链接。 69

（2）作为收费的数据库，之前介绍的 LexisNexis.com、Westlaw 和 Hein Online[8]上也提供大量的外国裁判文书。 70

（3）一些有名的法学院学生组织的期刊和评论通常可以在互联网上免费获取全文并加以引用。[9]例如，关于英国法，需要提及的是数量众多的牛津法学杂志[10]以及《剑桥法律杂志》（Cambridge Law Journal）。[11] 71

三、借助文献目录、数据库和互联网进行文献检索

（1）由于近年来学术文献的数量与日俱增，因此不可避免地要与文献 72

---

[1] www.ssrn.com.
[2] 网址：www.ebscohost.com。
[3] 如奥格斯堡大学图书馆和雷根斯堡大学图书馆就达成了有关使用 EBSCO 服务的协议。
[4] 网址：www.jstor.org。
[5] 网址：www.proquest.com。
[6] 网址：www.econpapers.repec.org。
[7] 网址：https://ideas.repec.org。
[8] 参见本书第五章边码9及以下。
[9] 美国法的如《哈佛法律评论》（Harvard Law Review）、《耶鲁法律杂志》（Yale Law Journal）、《杜克法律杂志》（Duke Law Journal）以及《加利福尼亚法律评论》（California Law Review）。法学院的法学期刊及评论的链接汇总可访问：http://lawstudents.findlaw.com。
[10] 网址：www.oxfordjournals.org/subject/law。
[11] 网址：www.journals.cambridge.org/action/displayJournal?jid=CLJ。

目录打交道，它们提供了专题文献的标题。[1] 特别是在一些较好的专著以及教科书中可以找到文献目录。自 1965 年出版的《卡尔斯鲁厄法学文献目录》（*Karlsruhe Juristische Bibliographie*，C. H. Beck 出版社）每个月公布新出版的专著（有四至五个月的延期）以及从大约 700 个法学期刊中挑选出的论文的目录。每份目录按照作者和关键词的字母顺序进行排列。另外，《德国法学文献目录》（Nomos 出版社）提供二手文献的目录。《法学家报》在其封面页按照主题提供专著和法学论文的目录。简而言之，《公司法和社团法杂志》和《整体商法和经济法杂志》中有关于经济法的目录，《拉贝尔外国私法与国际私法杂志》中有关于国际法的目录，《欧盟法杂志》和《欧盟私法杂志》中有关于欧盟法的目录，《劳动法杂志》中有关于劳动法的目录。《民法、公法、税法、劳动和社会法的分册》（Die Fundhefte für Zivilrecht, öffentliches Recht, Steuerrecht, Arbeits – und Sozialrecht, C. H. Beck 出版社）筛选了一些论文和法院裁判文书，并根据法律条文加以体系化。《外国法学期刊索引》（Uni. of Ca. Press）涵盖了约 60 种德语期刊。德国书商协会也公布有德国图书目录。一般的书商都可以提供可配送图书的汇编目录或者德国图书目录。

73　　（2）互联网对于文献检索也非常有帮助。尤其是图书馆的联机公共检索目录（OPAC）特别有帮助，通过这个系统可以找到图书馆中藏书的位置。除了查找本地藏书之外，还可以通过该系统进行馆际互借。特别值得注意的是卡尔斯鲁厄虚拟目录（http：//kvk. bibliothek. kit. edu）。作为汇总图书目录，它包含了所有联机公共检索目录的联合目录。该目录筛选了来自世界各地的 6000 多万本书籍和论文。在这个系统中检索的命中率很高。由 DFG 资助的另一个汇总图书目录是柏林国家图书馆的 ViFa Recht 目录。[2]

74　　（3）本章开始部分讲述的法律数据库也特别重要（本书第五章边码 9 及以下）。它们使得文献检索更加简单清楚。但是，数据库并不包含所有的期刊，通常只是自家出版社和合作出版社出版的法学期刊。

75　　（4）另外一个提供进一步检索工具的是电子期刊图书馆（EZB）。[3] 通

---

〔1〕 此处参见 Mann, Einführung in die juristische Arbeitstechnik, 5. Aufl. 2015, Rn. 147 ff.
〔2〕 网址：www. vifa – recht. de/volltexte。
〔3〕 网址：http：//ezb. uni – regensburg. de。

常可以在图书馆的主页上找到。这个数据库是由雷根斯堡大学图书馆提供的一个服务,里面包含大量的期刊,但可以理解的是,内容并不完整。在线的大多只是过去十年的期刊。

(5) 除此之外,还有针对教育目的的免费互联网期刊,即所谓在线杂志,例如,《法学教育期刊》(Zeitschrift für das Juristische Studium, ZJS)[1]、《洪堡法学论坛》(Humboldt Forum Recht, HFR)[2]和《汉堡巴塞利乌斯法学期刊》(Bucerius Law Journal, BLJ)。[3]你可以查看这些期刊的所有内容。此外,这些期刊往往也有很好的搜索功能。除了提供付费期刊文献索引之外,KUSELIT[4]还通过电子邮件提供免费杂志内容服务(ZID)。

图书馆中不提供的文章也可以付费订阅。[5]

(6) 最后需要提及的是虚拟图书馆。近年来,Google 已经扫描和数字化了七百多万本图书,并可全文搜索。但是,由此也影响到了作者的版权。美国出版商和作者的利益集团起诉谷歌并达成和解。虽然这些作品并未完全扫描,也不允许下载,但是它们以 PDF 文件的形式准确地再现了文献的原始版本,并可以直接用于文献检索。[6]

(7) 在欧盟层面,自 2008 年以来,一个名为 Europeana[7]的虚拟图书馆得以创建,旨在使全球可以访问所有欧盟成员国的文化遗产。欧盟在建设这个虚拟图书馆上面投资了 1.2 亿欧元。德国数字图书馆(Deutschen Digitalen Bibliothek)的设立是德国对 Europeana 所做的贡献。它链接了三万个数据库,并于 2012 年 11 月底上线。[8]

---

[1] 一些著名的教授也在 www.zjs-online.com 网站发表文章。此外,由于该期刊的结构设计,也可以参照专业期刊的引用方式引用。

[2] 网址:www.humboldt-forum-recht.de。其他的教育期刊,例如:Bonner Recht journal, Bucerius Law Journal, Studentische Zeitschrift für Rechtswissenschaften Heidelberg(StudZR), Freilaw, Marburg Law Review, Ausbildungszeitschrift aus Münster Juridicum(AD LEGENDUM)。

[3] 网址:www.law-journal.de;其他的期刊,例如:Freilaw(www.freilaw.de)和 Höchstrichterliche Rechtsprechung im Strafrecht(www.hrr-strafrecht.de.)。

[4] 网址:www.kuselit.de。

[5] 可访问 www.subito-doc.de 使用图书馆的文献传递服务。

[6] 网址:books.google.de。

[7] 网址:www.europeana.eu/portal,一些作品提供所有的语言版本。

[8] 网址:www.deutsche-digitale-bibliothek.de。

第五节　合理地筛选文献和开始深入的撰写工作

79　　通过上述多种文献检索方式，你可能已经找到了相关的法律文献。现在你必须开始对主题文献进行评估。在你撰写家庭作业或研讨课论文的4至6周中，通常可能会遇到"迷失"在海量文献中的危险。你要阅读许多判决、专著和论文。但是，在工作开始时就搜集完整的文献完全是不经济的，因为你还不能估计什么文献是重要的，以至于不可避免地会缺乏对全局的认识。所以，请不要仅一次复制五个文件夹的文献复印资料。但是，只有少数装饰性的参考书目也是不够的。

80　　明确区分文献筛选、文献收集以及详细的文献评价是非常有意义的办法。通过这些步骤你可以分清楚，并不是所有文献都必须立即收集，也并不是所有文献都需要详细阅读。多数情况下，文献筛选是在准备工作阶段进行，文献的实际收集和文献的评价则直到撰写初稿时才需要完成。另外需要掌握不同的阅读方法，即深度阅读（Intensivlesen）和检视阅读（Querlesen）。重要的部分需要一句一句地读（参见本书第五章边码87及以下）。如果是在处理与你主题相关的一个重要概念，而此前已经有了一个整体的了解时，则可以使用检视阅读的方法快速阅读（参见本书第五章边码91及以下）。[1]

一、文献筛选——文献评价：法律文献的关联性

（一）不同法律文献的关联性

81　　（1）与记者、历史学家或图书馆管理员相比，在对法律文献进行批评性评价方面，法律人受到的训练要少很多。[2]

首先，你要根据法律文献的重要性和重要意义展开你的检索。[3]根据法律渊源理论，只有法律才对公民有直接约束效力。裁判文书只约束当事人，只发挥间接的约束效力（本书第五章边码41及以下）；而法律文献对公民根

---

〔1〕　Reimer, Juristische Methodenlehre, 2016, Rn. 159 f. 不同于"解释阅读"和"查找阅读"。
〔2〕　Schimmel, JA 2015, 643, 650. —文值得参考。
〔3〕　历史考证资料，参见本书第六章边码4和边码31及以下。

本没有约束效力。因此，在写作中你一定要使用现行有效的法律文本。有疑义时，最高法院的判例要比下级法院的判例更重要。通常，判例和法律文献是通过最新的法律评注和案例评议来最好地展示自己的。

（2）为了在一开始就不迷失在海量文献中，你应该将范围缩限在一些基本的文段中。[1]尽早挑选文献是很有帮助的，因为在做家庭作业时，往往同时有许多（甚至上百个）同学是在做同一个题目。这样你就可以尽快复印那些最重要的参考文献，否则可能被他人借走，就不能再查阅了。

比较重要的筛选标准是文献的质量和时效性。期刊一般要比著作更及时。在互联网上检索到的文献并不一定都能使用，因为这里并没有定期对文献进行质量控制（Qualitätskontrolle）。知名期刊或档案杂志上面的文章通常要比对法律问题进行简短介绍的文章更有价值。[2]同样的，如果一篇文章没有脚注，其学术价值会大打折扣。

（3）如果问题是和法条相联系的，则你可以查阅不同的评注作为研究的第一步。评注的任务在于筛选和重述相关的判决和法律文献。通过这个途径，你有很大的机会收获颇丰。大型评注通常要比小型评注更有帮助。

（4）专著中也有一些小暗示，可以不用阅读（全书）即可获知其重要性和内容。例如，该著作是否是在著名的出版社或丛书系列中出版。详细的书评也可以帮助你快速了解这本书的内容。[3]另外，你也可以通过分析目录、序言或结论部分来判断一本书对你所要研究主题的重要性和相关性。总的来说，你要注意以下几个方面：

①文献是什么时候出版的？有比这更新的吗？

②作者是谁？是州法院还是联邦宪法法院，发表专业作品的教授，联邦最高法院法官，还是不知名的实务人士？

③在哪里发表？在知名期刊中还是在什么出版社？是否已经发表？

比较重要的是，作者具备专业背景，而且不属于利益相关团体。[4]如果

---

[1] 比较好的建议，参见 Theisen, Wissenschaftliches Arbeiten, 17. Aufl. 2017, S. 89 ff。
[2] 《法学家报》（JZ）对德国的期刊有一个评级，参见 Gröls/Gröls, Ein Ranking juristischer Fachzeitschriften, JZ 17/2009, Beil. S. 40。
[3] Möllers, AcP 207 (2007), 651 ff.; Lieb, in: FS Medicus, 1999, S. 337 ff.
[4] Schimmel, JA 2015, 643, 645 ff.

对某一文献存有疑问[1],则明确表明不能使用这一文献。[2]

(二)通过深度阅读对重要文献进行分析

86　　(1)对基础文献和需要反复阅读的文献应当尽早进行文献的筛选,以方便初稿的写作。但是,当你已经有了一个初步的解决思路后,写作时只需放一本书在手头。关于这一点布劳尔(Brauer)在1955年已经讲得很清楚了:

在不清楚这本书会告诉你什么的时候,不要打开它,当你已经有了一个明确的主题阅读计划时,再进入图书馆。[3]

在小型的家庭作业中,文献搜集是和文献综述同步的。其他情况下,则要依次进行,以避免"只见树木不见森林"。刚开始的时候,你可能需要相对较多的时间来处理新的文献。

87　　(2)原则上,你需要多次深度阅读重要的、有意义的文献,以掌握所有相关的想法。要逐字逐句地阅读。重要的文献要复印,因为在电脑上阅读,可能会发生电子屏幕前看花眼的风险(本书第一章边码48)。当你筛选出了论文,并借助它们写作时,要在论文的复印件上标注论文的观点、论据以及一些重要的段落。对阅读过的论文,还可以创建一个思维导图来反映文章的结构和最重要的观点。思维导图的好处是,你可以更快速地把握文章的结构并加深印象。这样,在之后的写作中分析一篇30页或40页的文章就要快很多。

或者,直接将文中的论点和论据归纳在一个文件中。这样做的优点在于,之后可以在Word中通过搜索术语更快地找到具体的论点和论据。但是请注意,计算机也带来了弊端。通常来说,计算机仅是"写作工具",因此,只有当你的某些想法已经"确定"时它才有用处。通过手工来设计一个装纸条的盒子通常要比用电脑设计得快。只有当你有了大纲观点时,通过电脑工作才可以节省时间。

88　　(3)在描述观点争论时,你可能会发现,一开始观点的数量并不是那么清楚。事实上,大多数作者只支持一个观点。因此,要通过引用不同的文献来评价一个法律问题,而不是在法律问题之间跳来跳去。在早期阶段,你

---

[1] 互联网上的文献,可参见本书第五章边码7。
[2] *Schimmel*, JA 2015, 643, 649.
[3] Brauer, NJW 1955, 661, 662.

要总结每个主题下多个作者的观点并放在一个脚注中。这样尽早地引用他人的观点可以避免将其作为自己的观点。[1]另外，这样也不必每次都把要引用的文章放在手边。不过，要注意的是，在有疑问的情况下，你不必引用所有文献，而只要引用最基本的文献即可（本书第六章边码31及以下）。

二、进一步的文献搜集和文献评价

（一）阅读技巧——检视阅读

（1）在考试和家庭作业中，对案例的解答需要你发表自己的看法，这是值得肯定的。但不能容忍的是，考生完全忽视其他甚至是主流的观点。更严重的是：律师因为不了解最新法律发展，如忽视了相关的法律或判决，给他的委托人提供错误的建议，是需要承担责任的。[2]一些学生在他们的家庭作业或研讨报告中满足于仅引用几个文献，甚至为自己引用了《帕朗特民法典评注》（Palandt Komentar）而感到自豪。通常来说，这是不够的，并且会导致扣分。因为认真地分析案例和学说恰恰是他们需要完成的任务。

（2）这时你会很快发现你面前的文献已经堆积如山。为了克服这一点，你需要掌握不同的阅读技术。[3]处理文献时为了不绕弯路，不能盲目地阅读，而是要提前审视文献的重要性及其意义（本书第五章边码81及以下）。

（3）阅读前需要明白自己要研究的结构及问题。[4]提前了解一下具体的法律问题会很有帮助，由此你会知道，哪些观点（以及文章）彼此符合。这样，一段时间后你会感觉到，对已知问题的阅读变得越来越得心应手。

（4）正如滚雪球一样，通过脚注可以再找到其他文献。你会发现，一些作者的观点经常会被其他作者引用，因此在经过非常短时间的检索后，你就会经常遇到重复的观点和论证。

（5）不必花费同样的精力阅读所有文献。因此，需要练习快读和检视

---

[1] 关于抄袭的危险，参见本书第六章边码1及以下。

[2] 相关判例（Rechtsprechungsnachweise）可参见 Palandt/*Grüneberg*, BGB, 77. Aufl. 2018, § 280 Rn. 66。

[3] 同样参见 *Herrmann*, Richtig Studieren. Ein Handbuch, 1982, S. 173 ff.；*Klaner*, Richtiges Lernen für Jurastudenten und Rechtsreferendare, 5. Aufl. 2014, S. 84 ff。

[4] *Haft*, Juristische Rhetorik, 8. Aufl. 2009, S. 51，有关主动阅读。

阅读的技能。[1]科学发现了能够证明人们是有跳读能力的重要论据，即使只是正确理解了句子开头和结尾部分的单词，人们也能正确理解其含义。

请尝试快速地理解图5-1中的这段话[2]：

Die Bcuhstbaenrehenifloge in eneim Wrot ist eagl

pps. FKARFNRUT, 23. Sptbemeer.
Ncah enier nueen Sutide, die uetnr aerdnem von der Cmabirdge Uinertvisy dührruchgeft wrdoen sien slol, ist es eagl, in wlehcer Rehenifloge Bcuhstbaen in eneim Wrot sethen, Huaptschae, der esrte und ltzete Bcuhstbae snid an der rhcitgien Setlle. Dié rsetclhien Bshcuteban kenönn ttoal druchenianedr sien, und man knan es tortzedm onhe Poreblme lseen, wiel das mneschilhce Gherin nhcit jdeen Bcuhstbaen enizlen leist, snodren das Wrot als gnazes. Mti dme Pähonemn bchesfätgein shci mherere Hhcochsluen, acüh die aerichmkianse Uivnäseritt in Ptstbigurh. Esrtmlas üebr das Tmeha gchseibren hat aebr breteis 1976 - und nun in der rgchitien Bruecihhsetnafoelngbe - Graham Rawlinson in sieenr Dsiestraiton mit dem Tetil „The Significance of Letter Position in Word Recognition" an der egnlsicehn Uitneivrsy of Ntitongahm.

图5-1

当你在新的文本中发现了已知的论点和论据时，尤其容易实现有效的阅读。最终，你只需要花费一小部分时间就可以理解该文献，而不必全部理解文本的内容，而且很多内容对你来说也是多余的。

---

［1］ *Morris et al.*，Laying Down the Law，4 th ed. 1996，S. 352；*Schmitz*，Schneller lesen，besser verstehen，2010，der das „ Improved Reading Training " von *Rodgers* darstellt und umsetzt.

［2］ *Schmitt*，FAZ v. 24. 9. 2003，S. 9. 图片段落标题为"单词中字母顺序是无所谓的"，整篇文章大部分单词拼写是错误的，类似于英文中将September写为Spetemeer，Frankfurt写为Fkarfnrut。但是，放在句子中，联系前后仍然可以理解。作者借此要说明的是快速阅读和理解能力。——译者注

（二）写作技术：标记、草稿以及"断章取义法"（Steinbruchmethode）

（1）掌握有效的写作方法是十分有益的。[1]在超过10至15篇论文时，写作者通常已经无法注意到它们是否有观点重复的情况，而且也不能确定不同作者所持有的观点。而在写博士论文时，很快就会积累多个复印文件夹，这时就可能会迷失在目前收集的这些文献中，最终彻底失去对全局的把握。如果面临的是新的法律领域，首先去熟悉它似乎是明智的。因此，在第一步中，你应该总结初步草稿和主题框架中的重要结构，即使此步骤纯粹是描述性的，有时也非常适合用于导论部分的写作。这样的总结为随后的评论提供了非常重要的心理准备。

这些复印的文献需要归入到不同的论点和论据下。而你则可以在初稿中直接使用这些已经包含完整脚注的论点。通过这个方法，你可以避免抄袭文献的风险（本书第六章边码1）。即使你一开始只是为自己的文本提供初步草稿，你也可以至少先挑选一部分文献，并可以将就此获得的观点摘录放在你粗略的初稿中使用。另外，通过这一"断章取义法"[2]，你就不必多次重复阅读一篇文章了。不过，这样的摘录需要不停地修订，直到在草稿或初稿中完成最终的文本。

（2）同样，你在论文中想要引用重要的法院裁判作为示例时，也要尽可能地用自己的语言总结具体的案例事实。这样可以避免将案情的特殊性不当地一般化的危险。[3]仅阅读裁判前的说明（Leitsätzen）是不够的，它们经常存在误解甚至是错误的。[4]另外要注意的是，一些法学期刊删减过多的案情和裁判说理，以至于不能阅读到涵摄的过程。而在德国的期刊中也缺少例如欧盟法院总检察官的意见。[5]因此，参考裁判文书时，要尽可能地查看

---

[1] *Brandt*, Rationeller schreiben lernen, 5. Aufl. 2016.
[2] 所谓"断章取义法"（Steinbruch – Methode, proof – texting），是指从一篇文章中选出一部分作为自己观点的论证。但值得注意的是，如果没有通篇阅读原文，用这一方法选出的观点可能会误解原文的观点。——译者注
[3] 例如，参见 BVerfG, Beschl. v. 28. 5. 1993, 2 BvF2/90, BVerfGE 88, 203 – Schwangerschaftsabbruch II und BGH, Urt. v. 16. 11. 1993. VI ZR 105/92, BGHZ 124, 128, 136 ff. – Kind als Schaden; BVerfG, Beschl. v. 12. 11. 1997. 1 BvR 479/92, BVerfGE 96, 375; hierzu *Stürner*, JZ 1998, 317; Deutsch, NJW 1998, 510.
[4] Generell auch *Hirte*, Der Zugang zu Rechtsquellen und Rechtsliteratur, 1991, S. 52 ff.
[5] 参见本书第六章边码63。

不同的文献来源，在引用和分析时，只参考给出最完整的原始裁判内容的文献。

96　　（3）最后，不要将在互联网上或其他地方找来的文献直接复制到你的初稿中。在写作中，仅在很少情况下是允许直接引用原文的。这种情况下，如果你没有写明出处，很容易会被判定为抄袭行为。[1]

（三）技术辅助工具

1. 通过 Microsoft Word 写作

97　　文字编辑软件可以减轻写作初稿的工作量。大范围使用文字编辑软件也是今天能够高效进行学术工作的一个重要前提。雇主也非常看重这一能力。由微软公司研发的 Office Word 2016[2]软件是目前世界上最有名且使用最广泛的一款文字编辑软件。[3]由于其设计布局清晰而深受人们喜爱，即使对初学者来说也十分方便。除了写作功能，它还提供了很多其他非常有用的功能。

本书的附录详细介绍了 Office Word 2016 的主要功能以及学术著作中的格式指导（本书附录四边码 31 及以下）。

2. 复印件及文件夹

98　　存在争议的是，是否需要复印之后要引用的所有文献。一方面，大部分课堂资料都不用复制，只复印与作业相关的书籍就可以。但有时，你需要反复阅读才能完全理解一些章节。这时，复印这些资料后，你能够随时获取并阅读研究，因此比较有帮助，你也可以在上面标注论点和论据等（本书第五章边码 94 及以下）。

另一方面，不应该在复印机前浪费宝贵的时间，并且应避免为一个家庭作业复印多个文件夹的资料。仅复印文献通常是不起作用的。重要的是，去阅读那些已经复印的文献，否则也是在浪费金钱。[4]

---

　　[1] Zu Guttenberg, 参见本书第六章边码 14 及以下。
　　[2] 属于微软公司的注册商标。在微软的网站上（www.office.microsoft.de）提供有非常详细的软件功能在线使用帮助。
　　[3] *Schröder/Steinhaus*, Mit dem PC durchs Studium, 2000, S. 91.
　　[4] 同样的 *Theisen*, Wissenschaftliches Arbeiten, 17. Aufl. 2017, S. 48 f.; *Eco*, Wie man eine wissenschaftliche Abschlussarbeit schreibt, 13. Aufl. 2010, S. 162; *Kosman*, Wie schreibe ich juristische Hausarbeiten, 2. Aufl. 1997, S. 19。

因此，一个中间方法似乎更可取。当你需要对与法律问题相关的段落进行更充分和深入的研究时，则需要复印副本。相反，如果你只是需要补充一些法律观点而不需要论证时，则不必复印副本。这类观点你可以很容易摘录出来，或者直接放入某个脚注中。

你可以按照字母排序把这些复印的文献放在独立的文件夹中。另外你也可以用标签再对文章按字母进行细分，而且需要的话也你可以按照具体法律领域划分。

3. 文献管理

同时，你需要把一些重要的标题放在 Word 文档中，制作一个临时的文献索引，并标记出哪些是需要阅读的，哪些已经读过。杜塞尔多夫大学开发的免费软件"Literat"〔1〕可以实现文献的保存、编辑以及标记。其他的文献管理软件如"Citavi"，可以和 Word 协同使用。〔2〕Citavi 是一个非常有效率的德文文献管理软件，你可以通过这个软件在线检索，并导入图书馆和数据库的数据。最后，这些数据可以在 Word 中生成一个文献索引。但遗憾的是，通过 Citavi 软件不能检索 Juris 和 Beck - Online 数据库的内容，因此法律研究仍然需要大量的手动劳动，而且管理自己的数据库和使用 Citavi 来寻找引用文献时也比较费时间，所以它并不适合于所有的法学工作。〔3〕

对于较为复杂的问题，还需要另外制作需使用的法律和相关判例的一览表。你可以按照法院的层级和时间来排列这个表格。这个目录的更新是一个持续的工作，最终是要合并到文献目录、判例目录和法律目录（本书第六章边码 102 及以下）中。

在英美法系的法律研究教科书中，通常会有一些法律检索的作业用于测试学生是否掌握了法律检索的技能。为了进一步的提高，你需要做一些练习。请检索下述判决、文献和法律〔4〕：

---

〔1〕 网址：www. literat. net。
〔2〕 网址：www. citavi. com。一些大学图书馆提供使用许可和培训，如 www.. bibliothek. uniaugsburg. de/service/literaturverwaltung/Citavi/。
〔3〕 *Beyerbach*, Die juristische Doktorarbeit, 2. Aufl. 2017, Rn 80a f.
〔4〕 答案参见本书第十章。

(1) 在哪里可以找到骑士案（Herrenreiterfall）？

(2) 如何正确引用"Fleischer, in: FS Immenga, 2004, S. 575 ff."这篇论文？

(3) 请检索《割草机条例》（Rasenmäherverordnung）。

第六章 文献引用的规则

第一节 学术研究的基本原则及抄袭

在德国,直到近些年,学术研究的基本原则仍然鲜为人知[1],而且,至今学术引用的规则还是存在一定的随意性。有很多德国的(简明)教科书或概论,甚至偶尔在高级法院的判决中[2],很少看到引用,这(可能)是因为出于字数限制省略了一些必要的脚注。[3]这么做有时也是有道理的,因为某些类型的创作不需要提供例证。但如果作者只是匆忙地写完了初稿,因为没有注明来源,将他人的观点写成是自己的,这就是抄袭了。[4]这些作品显然不能作为如何正确引用的示例。相比较而言,期刊类的文章、(大型)法律评注以及教授资格论文在引用相关文献、判决时,显然要好很多。

1

---

[1] 参见近来的 *Bergmann/Schröder/Sturm*, Richtiges Zitieren, 2010; *Byrd*, *B. Sharon/Lehmann*, *Mathias*, Zitierfibel für Juristen, 2. Aufl. München2016; *Czwalina*, Richtlinien für Zitate, Quellenangaben, Anmerkungen, Literaturhinweise u. ä., 6. Aufl. 1997; *Krämer*, Wie schreibe ich eine Seminar – oder Examensarbeit, 3. Aufl. 2009, 7. Kap; *Theisen*, Wissenschaftliches Arbeiten, 17. Aufl. 2017, S. 159 ff.; *Thieme*, Die Anfertigung von rechtswissenschaftlichen Doktorarbeiten, 2. Aufl. 1963, S. 37 ff.。

[2] 反面的例子参见 BGH, Vorlagebeschluss v. 23. 11. 2010 (II ZB 7/09 NJW2011, 309 ff. – Schrempp)。

[3] 以此认为以教授知识为导向的作品不必那么详尽地写明脚注的观点是欠缺说服力的,因为这么做无疑会造成抄袭的结果。不同的观点参见 *Beyerbach*, Die juristische Doktorarbeit, 2. Aufl. 2017, S. XV。

[4] 有意识地省略脚注,如 *Putzke*, Juristisches Arbeiten erfolgreich Schreiben, 6. Aufl. 2018, S. VII; *Röhl/Röhl*, Allgemeine Rechtslehre, 3. Aufl. 2008 ausdrücklich im Vorwort; *Kötz*, Vertragsrecht, 1. Aufl. 2009, Vorwort (allerdings mit zahlreichen Quellennachweisen im Text)。

自"古滕贝格事件"[1]以来,在学术研究中必须正确、准确地引用的意识已经明显增强(另参见本书第六章边码23)。

2　　在英美法系法域中,关于如何正确引用法律文献存在许多权威著作。[2]在美国法律实践中,哈佛大学的蓝皮书(Bluebook)[3]被视为美国法律界正确引用的"圣经";有类似影响力的还如英国法中的OSCOLA。[4]

为了避免抄袭,我们首先需要明白何为引用(本章第一部分),进而学习掌握不同的引用规则(本章第二至第六部分)。

一、引用的任务

(一)创作者的证明作用

3　　出于理性的要求,在学术讨论中,我们需要把自己的观点和别人的观点区分开来。我们已经介绍,对判决或学说中出现的法律意见和观点,必须要加上引注。脚注中的引用首先承担的是证明作用,因为它可以证明文中某一观点的作者。因此,学术研究中需要通过对应的脚注把自己的观点和别人的观点区分开来。[5]借助脚注提供的来源说明,你可以知道他人的观点,并且知道这个观点是属于某个作者的。同样,在此之前其他作者已经提出的观点,则不能再直接拿来作为自己的观点。[6]否则,即为"知识的剽窃",可能会侵犯他人的著作权,在一定情况下还要面临非常多的法律后果。[7]

---

〔1〕卡尔-特奥多尔·楚·古滕贝格男爵(Karl-Theodor Zu Guttenberg),是因博士论文涉嫌抄袭被剥夺博士头衔并辞职的前德国国防部长。——译者注

〔2〕例如 Neumann, Legal Reasoning and Legal Writing, 6th ed. 2009, Chap20; *Raistrick*, Index to Legal Citations and Abbreviations, 4th ed. 2013; *French*, How to cite legal authorities, 2003。

〔3〕参见 www.legalbluebook.com 及本书第六章边码46。

〔4〕OSCOLA 4 th ed. 2012, Oxford Standard for the Citation of Legal Authorities der Oxford Faculty of Law, s. www.law.ox.ac.uk/published/OSCOL A_4th_edn.pdf; allgemein zu OSCOLA, www.law.ox.ac.uk/oscola。

〔5〕拜罗伊特大学"自律委员会"于2011年5月5日向该大学领导组提交的"对卡尔-特奥多尔·楚·古滕贝格男爵涉嫌抄袭一事的调查报告"(第14页)中引用了本书第5版的这一观点,www.tagesspiegel.de/downloads/4160562/1/guttenbergabschlussbericht。参见本书第5版,第133页。另外,可参见本书第六章边码14及以下。

〔6〕拜罗伊特大学"自律委员会"在报告(参见前注)第14页采纳了本书第5版的观点,参见本书第5版第133页。

〔7〕参见本书第六章边码18及以下。

（二）文献评价：归类、指引和评价功能

通过文献来源的说明，读者可以认识到作者在学术研究中对该问题的思维过程，以及其中包含的论据。通过脚注，我们也可以考证文献的来源，区分出重要的和不重要的文献（本书第五章边码81及以下）。借助这些参考文献来源的提示，读者可以理解作者多大程度上了介绍截至目前学说中的研究成果，或是多大程度上是在他人观点上的继续发展，又或是自己（独立）发展出了新的观点。作者在结论中结合目前他人的观点提出自己的观点时，同样需要列出持有赞同的观点和不赞同观点的文献。如果作者对其提出的观点和论据列出了较为充分的学说或持续的判例来源，则无疑会为其增加说服力。因此，脚注还同时承担了指引和评价功能。相反，自己的新观点也能很快被感兴趣的读者直接认识到。

（三）审查功能

最后，读者还可以通过引用，很快找到原始的文献。[1]这样读者可以检查文中引用的说法是否和原始文献中的观点相符合（审查功能）。因此，我们在引用时应当尽可能地准确。一个良好的、简练的引用方式，可以使得作者的文章显得准确及精细。引用与好的法律语言风格及细致的法律论证一样重要。

二、抄袭

（一）可以引用的观点和抄袭

抄袭在一定程度上可以理解为"违反学术著作要求下的完全或部分照搬他人文本或他人思想"[2]。关于不得抄袭的范围，《德国著作权法》第2条第2款是这么定义的："个人的精神创造"属于受版权保护的作品。因此，这里可以引用的观点一定与某一个体的创造有关，其中包含着精神内容。[3]论点当然属于可引用的观点，另外相关的论据和理由也包含在内。不过，这

---

〔1〕 *Mann*，Einführung in die juristische Arbeitstechnik，5. Aufl. 2015，Rn. 327.

〔2〕 *VDStRL*，Leitsätze "Gute wissenschaftliche Praxis im Öffentlichen Recht" v. 3. 10. 2012，Nr. 1；abrufbar unter www. vdstrl. de/gute-wissenschaftliche-praxis/.

〔3〕 *Nordemann*，in：Fromm/Nordemann，Urheberrecht，11. Aufl. 2014，§2 Rn. 21.

一精神创造必须最终以可认知的形式表现出来[1],或者以其他形式的语言表现出来并能够通过证据证明。

(二)抄袭的种类和要件

(1)文字抄袭是指引用原文时完全不给出引用文献的来源。[2]内容抄袭是指,作者在写作时仅仅稍微修改了原文的表述,但并没有给出引用的文献出处,但是文中的思路仍然是原文中的。[3]翻译抄袭是指将原文翻译成另外一种语言,但并不标注引用。

(2)抄袭与否并不以是否故意为前提;但是否必须要存在主观要件,则是有争议的。[4]故意(刑法中同样如此)可以从客观的证据中推导出,如抄袭的数量和程度。[5]因此,在直接复述他人的观点时,如果不保留作者信息,则无疑可以认定是故意。除了直接复述他人观点,在保留观点进行改写时,如果不保留作者信息,同样也可以认为是故意抄袭。内容的抄袭可能是故意而为,同时也可能是因为工作方式的不妥而造成抄袭的结果,例如,复制互联网上没有作者信息的内容,粘贴之后又没有进一步补全作者信息。这样的工作方式,常常导致抄袭的结果。由于在写作时常常会忘记注明文献的来源,这样的工作方式通常也无法创造出优秀的学术研究成果。[6]关于如何高效、仔细地分析文献,本书前文已加以描述。[7]

最后,需要警惕的是"半吊子"式的法律检索,例如,仅在有限的法律数据库中检索,因而忽略了那些没有在数据库中出现的文献。在图书馆中

---

〔1〕 *Nordemann*, in: Fromm/Nordemann, Urheberrecht, 11. Aufl. 2014, §2 Rn. 23. 通过著作权的保护,另外参见本书第六章边码20。

〔2〕 这里包括脚注以及文末文献索引中的文献来源, s. Kommission "Selbstkontrolle in der Wissenschaft" der Universität Bayreuth (§ 6 Fn. 8), S. 14。

〔3〕 拜罗伊特大学"学术自律"委员会的报告(本书第六章边码8),第14页。Von "Ideenklau" spricht *Löwer*, Bonner Rechtsjournal (BRJ), Sonderausgabe "Plagiate in der Wissenschaft", 2011, 4, 5。

〔4〕 有观点认为完全不需要主观要件。关于美国法律的深入探讨参见 *Gerhardt*, 12 Rich. J. L. &Tech. 10 Rn. 19 ff. (2006)。德国法的参见 *Stumpf*, BRJ, 8, 22 m. w. N。

〔5〕 VG Frankfurt a. M., Urt. v. 23. 5. 2007, 12 E2262/05, Rn. 75 (Juris); VG Berlin, Urt. v. 25. 6. 2009, 3 A 319/05, Rn. 54 f. (Juris)。

〔6〕 最终会不可避免地"彻底忘记", Kommission "Selbstkontrolle in der Wissenschaft" der Universität Bayreuth (§ 6 Fn. 8), S. 22。

〔7〕 如何正确的分析文献,参见本书第五章边码81及以下。

进行完善的法律检索是不可缺少的步骤(本书第五章边码8)。需要再次明确的是:遗漏检索和分析目前已有的文献同样是有瑕疵的,并因遗漏复述当前的文献而导致学术研究成果出现错误。在写作时,引用缺漏问题同样可能会造成抄袭的结果。

(三)争议的非学术表达

在这之前,本书第三章已经介绍过法律论证技术和讨论的客体。一般来说,在讨论问题时故意忽略反对的观点,或者虽有提及反对观点但不言其相关论据,属于学术上的不诚实。仅在它们和要讨论的问题完全无关,或者已经成为绝对通说时才可例外。

10

(四)例外

(1)不过,有些情形也会因为缺少一些前提要件,而不构成抄袭。并不是每一个观点或文献出处都需要加上引用。对于一个无需证明且无需再说明论证过程的事实,例如地球是圆的,再添加脚注说明显然是多余的。一些不言自明的论断是无需再提供证据的。[1]否则,会出现下文哈夫特(Haft)所举示例中的讽刺结果:

11

> 一句话如"星期一之前是星期日",对法律人而言,显得单薄和浅显。同样的一句话,法律精英通过添加注释引用会变成:星期一(相关的判决如:RGSt 7, 14, 18; BGHZ 48, 32 f.; BVerfGE 17, 8)之前(a. M. Müller‑Seibermann, NJW 1977, 1788, "schließt sich an" – dagegen treffend AG Deitzenbach, in: Kritische Justiz 1978, 55)是星期日〔通说观点,但反对星期日优先理论的萨维尼(Savigny)提出不同意见,耶林(Jhering)在其1859年于莱比锡出版的著作《为了星期一而斗争》中也提出了反驳意见。另外参见鲍曼(Baumann: Sonntag, Montag und was dann? Kritische Gedanken zur Woche, Berlin 1977)、本德林的观点(Benderling, JZ 1953, 66 ff.)〕是没有根据的,他反对整个星期系统。[2]

---

[1] 合同中包括对第三人的保护效力,这是被普遍承认的,因此不必再提供判例等证明。S. auch *Theisen*, Wissenschaftliches Arbeiten, 17. Aufl. 2017, S. 161.
[2] *Haft*, Juristische Rhetorik, 8. Aufl. 2009, S. 118; s. auch *Häberle/Blankenagel*, Rechtstheorie 19 (1988), 116, 119; Basedow, ZEuP2008, 671 f.

12　　（2）写作时如果是使用自己的观点没有引注，同样也不是抄袭。这种情况下不是将他人的精神创造据为己有，而只是没有明确说明引用的是自己的观点。[1]不过，将同样的内容在不同的地方多次发表，仍然是不好的行为。因此，作者应当写明这个观点曾发表的地方。

（五）抄袭的无价值评价

13　　基于上述考虑，不允许的引注[2]应被谴责为抄袭。应引用而没有引用或错误引用属于撒谎和偷窃。因为，这种行为是将他人的观点占为己有。[3]总的来说，如果使用他人的成果却没有写上引用，无疑属于抄袭。[4]

三、楚·古滕贝格和抄袭的法律后果

（一）楚·古滕贝格博士论文中的抄袭

14　　由于抄袭的影响，卡尔－特奥多尔·楚·古滕贝格男爵（Karl Theodor Freiherr zu Guttenberg, CSU）的政治前途基本已经断送。《南德意志报》报道了这一消息，并引用了本书第5版。[5]楚·古滕贝格不仅辞去了国防部长的职务，并被剥夺了博士头衔。拜罗伊特大学"学术自律"委员会调查后的最终结论是，楚·古滕贝格存在故意欺骗，其博士论文中有65%的抄袭。[6]《南德意志报》将楚·古滕贝格抄袭的一个段落和原文作了对比[7]：（见图6-1所示）

---

[1] 不同的观点参见 *Rieble*, Das Wissenschaftsplagiat, 2010, S. 32 ff。由于在多个作品中使用里贝勒（Rieble）的概念而被起诉的例子，如 LG Hamburg, Urt. v. 21. 1. 2011, 324 O 358/10 (Juris)。

[2] 罗马诗人马休尔（Martial）将发表诗文和释放奴隶相比较：如果谁再次把他据为己有，就是"盗窃"，是贩卖人口，s. *Schack*, Urheber - und Urhebervertragsrecht, 7. Aufl. 2015, Rn. 283。

[3] 非常形象的介绍见 *Gerhardt*, 12 Rich. J. L. &Tech. 10Rn. 28 (2006)。

[4] 正如普雷斯顿大学说的"使用他人的知识而没有出处"，访问网址：www. princeton. edu/pr/pub/rrr/04/33. htm # d. S. auch Gerhardt, 12 Rich. J. L. &Tech. 10 Rn. 26 (2006)。

[5] *Schulz*, Spurensuche im Graubereich, SZ v. 16. 2. 2011, S. 2 sowie Preuß/Schulz, Verteidi - gungsfall, SZ v. 16. 2. 2011, S. 2. Aufgedeckt wurden erste Plagiatsstellen von *Fischer*, *Lescarno*, KritJustiz2011, 112. Intensiv vertieft wurde die Suche dann von http：//de. guttenplag. wikia. com/wiki/GuttenPlag_ Wiki.

[6] 拜罗伊特大学"学术自律"委员会的报告（本书第六章脚注8）。

[7] *Preuß/Schulz*, Verteidigungsfall, SZ v. 16. 2. 2011, S. 2.

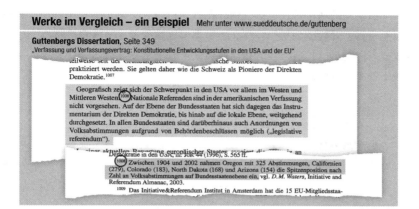

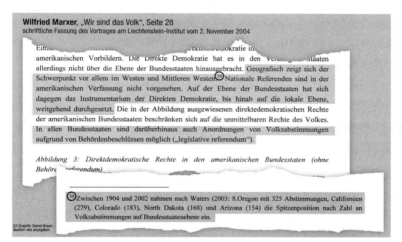

图 6-1 楚·古腾贝格抄袭的部分与原文的对比

尽管"古滕贝格事件"令人瞩目,但绝非孤例。[1]不久前,就有两位科研人员在其发表的成果中捏造或伪造了大量科研数据,因此被辞退。[2]哈

---

〔1〕 同样抄袭的如,安妮特·莎婉(Annette Schavan)、锡尔弗纳·科赫-梅林(Silvana Koch-Mehrin)和乔戈·查茨玛卡基斯(Jorgo Chatzimarkakis)以及曾经的内政部长埃德蒙·施托伊贝尔(Edmund Stoiber)的女儿维罗尼卡·萨斯(Veronica Saβ)。
〔2〕 德国研究基金会对一些优秀的科研行为会授予荣誉奖励,参见 Mehr Disziplin in der Wissenschaft – Der Ehrenkodex der Deutschen Forschungsgemeinschaft, 24.12.1997, S. N2;类似的如高校联盟的决议,参见 www. hochschulverband. de。

第六章 文献引用的规则 175

佛大学法学院的两位教授也被证明存在抄袭行为。[1]最近,德国的法学教授们也面临着公开抄袭的指控。事实上,本书也被抄袭了——直接将本书中的主要观点抄袭去了!这一抄袭作品应当从市场上下架。近年来,直接从网上下载文章为自己使用,似乎已经成了一项全民运动。[2]正如拉胡森(Lahus-

17　en)所说:

> 不准直接抄袭他人的文章并非最严苛的要求,人们还是可以按照自己的意愿来使用这些文章。相反,如果在论文中第一次复制他人的观点时没有写出引用信息,那么按照严格的标准,就无法避开抄袭的嫌疑。[3]

(二)抄袭的法律后果

18　抄袭的行为应当受到明确的警告。近年来,大学各学院逐步安装了一些计算机程序,将文章中的文字自动在互联网上进行对比。[4]近来这些程序检测的正确率已经达到了至少75%。[5]

19　这一"精神盗窃"的法律后果是比较严重的。在美国,有这样欺骗行为的学生会立刻被大学开除。在德国,这样的学生也会面临非常严重的后果。在奥格斯堡大学,如果一个学生妄想通过不允许的手段影响考试结果,最终会得到"不及格"的结果。[6]尝试采取欺骗行为的学生也有可能会被

---

[1] *Hemel/Schuker*, Prof Admits to Misusing Source, Harvard Crimson online v. 27. 9. 2004, abrufbar unter www.thecrimson.com/article/2004/9/27/prof-admits-to-misusing-source-harvard/#.

[2] S. *Finetti/Himmelrath*, Der Sündenfall. Betrug und Fälschung in der deutschen Wissenschaft, 2. Aufl. 2012; *Schmundt*, Mit der Maus zum Diplom, Der Spiegel v. 8. 7. 2002, S. 164; eindringlich auch *Theisen*, Wissenschaftliches Arbeiten, 17. Aufl. 2017, S. 271 ff., 275; Derleder, NJW 2007, 1112 ff.

[3] *Lahusen*, KJ 2006, 398, 416.

[4] 例如 www.plagiarism.org; www.turnitin.com. 德国使用的例子如 www.m4-software.de. 拜罗伊特大学"学术自律"委员会的报告中(第38页)也推荐使用这样的软件(参见本书第六章脚注8)。

[5] 参见:www.heise.de/newsticker/meldung/Programme-zur-Erkennung-von-Plagiaten-werden-besser-215106.html;测试报告和软件介绍参见:http://plagiat.htw-berlin.de/software/2008。

[6] 也同样适用于在给出成绩后五年内才发现的欺骗行为,参见《考试条例》(APrüfO)第20条第5款、第6款。

完全禁止参加整个考试[1]，如大学法律考试等。

此外，抄袭者还违反了《德国著作权法》第 63 条的规定。即便观点和科学成果可以免费使用而不存在著作权[2]，但具体的表达方式，如例子的筛选等，同样受到著作权的保护。[3]《德国著作权法》第 51 条第 1、2 项是在写作中引用他人著作应当标注的法律基础。引用中需要给出文献的来源（《德国著作权法》第 62f 条）[4]，而且是无条件遵守的要求。[5] 根据《德国著作权法》第 97 条及以下条款，著作权受到侵害的，可以请求行使民法中的妨害排除、妨害防止或损害赔偿请求权。

根据《德国著作权法》第 106 条，故意违反该规定的，还可能要承担刑事制裁。在楚·古腾贝格案中，霍夫（Hof）检察院最初在多数情形中确认了一个这样的著作权侵权，但是该程序在经过被告人同意，支付了一定金额以后被依据《刑事诉讼法》第 153a 条第 1 款第 2 句第 2 项作了不起诉（诉讼中止）处理。[6] 博士生和申请教授的人员在提交论文时，必须要确保已经给出了论文中所有相关文献的来源。如果这一原创声明是以代替宣誓方式作出保证的，则根据《德国刑法典》第 156 条，违反这一声明可能要面临最高三年的监禁处罚或罚金处罚。[7]

最后，正如楚·古藤贝格、莎婉（Schavan）、科赫－梅林（Koch－Me-

---

〔1〕 参见《考试条例》（APrüfO）第 20 条第 2 款第 1 句以及《奥格斯堡大学法学专业学习及考试条例》（STO/PO Rechtswiss der Universität Augsburg）第 23 条第 1 款第 2 句。近期，学校就有一名学生因为严重的抄袭行为而被剥夺了考试资格。

〔2〕 参见 WIPO Copyright Treaty（WCT）v. 20. 12. 1996 第 2 条规定："版权保护表达，而不是思想、过程、操作方法或数学概念。"另参见：*Schack*，in：Dreier/Ohly，Plagiate，2013，S. 81，83；*K. Weber*，in：Jänich/Schrader，Fortschritt durch Nachahmung，2013，S. 27，36 f。

〔3〕 *Dreier/Schulze*，Urheberrechtsgesetz，5. Aufl. 2015，§ 2 Rn. 43 f.；s. auch BGH，Urt. v. 7. 12. 1979（I ZR 157/77），GRUR 1980，227，230 – Monumenta Germaniae Historica；BGH，Urt. v. 21. 11. 1980（I ZR 106/78），GRUR 1981，352，353 – Staatsexamensarbeit。

〔4〕 *Lüft*，in：Wandtke/Bullinger，Praxiskommentar zum Urheberrecht，4. Aufl. 2014，§ 51 Rn. 1；Ohly，in：FS Dietz，2001，S. 143 ff.

〔5〕 关于抄袭的其他信息，可访问如柏林技术与经济应用科技大学（HTW Berlin）官方主页查看：http：//plagiat. htw – berlin. de/。美国法中侵犯著作权可参见 *Gerhardt*，12 Rich. J. L. &Tech. 10 Rn. 38 f.（2006）。

〔6〕 *Müller*，Nach aufwendiger Recherche，FAZ v. 25. 11. 2011，S. 4. 感谢我的同事 Hettinger 先生为我提供《刑事诉讼法》第 153a 条这一信息。

〔7〕 参见本书第 8 章边码 27。

hrin）以及许多其他事例所展现的那样，抄袭会导致学术头衔被剥夺[1]，会对个人名誉造成影响，此后的（政治）职业生涯也几乎没有上升的空间了。[2]

23 值得庆幸的是，自从楚·古滕贝格丑闻后，人们已经清晰地意识到应当正确引用，以避免发生抄袭。许多文集也在致力于研究这一主题。[3]许多专业文集也增加了"在出版物中保持良好的学术行为"这一原则要求。[4]

第二节 引用的基本规则

一、可引用的文献

24 所有公开发表的文献原则上都是可以引用的。口头表述可以在给出表述人和日期的情况下予以公开。[5]其他不典型的文献（参见本书第六章边码90），例如未发表的研讨课论文或者其他类似文章，也可以如此标注和引用。互联网上的信息原则上是可以引用的，但也要给出网址和访问日期（本书第六章边码91及以下）。不过，你必须要学会评价文献中的法律文本，不应当引用不严肃的文献（本书第六章边码101）。

二、作为文献来源证据的引语

（一）直接引语

25 直接引语需要加引号作明确标注，并且为了更直观，排版时要缩进。引

---

[1] VGH BW, Urt. v. 19. 4. 2000, 9 S2435/99, KMK – HSchR/NF21A Nr. 19. 在明斯特, 共同抄袭者失去了博士学位。

[2] 在来自柏林和明斯特的教授抄袭事例中，出版社立即下架了抄袭者的作品。达姆施塔特的一位教授因为抄袭永远无缘新版的相关法律评注工作。

[3] *Dreier/Ohly*（*Hrsg.*），Plagiate，2013；*Lahusen/Markschies*（*Hrsg.*），Zitat, Paraphrase, Plagiat, 2015.

[4] 参见例如，www.uni-jena.de/Sicherung_guter_wissenschaftlicher_Praxis-path-1, 112784, 117796. html. Ausgangspunkt sind hier die Grundsätze der DFG, Vorschläge zur Sicherung guter wissenschaftlicher Praxis aus dem Jahre 1998. S. die Nachweise bei *Dreier/Ohly*（*Hrsg.*），Plagiate, 2013, S. 185 ff.

[5] *Theisen*, Wissenschaftliches Arbeiten, 17. Aufl. 2017, S. 160.

用的内容必须和原文内容一致[1]；省略的部分要用加括号的省略号标注出来，不允许歪曲原意的简略引语。作者添加的强调也要加以说明。不过，通常来说，直接引用并不常见（参见本书第六章边码32）。

原文为：

> Der richterlichen Rechtsfortbildung sind durch den rechtsstaatlichen Grundsatz der Rechts – und Gesetzesbindung in seiner den Senat bindenden Auslegung durch das BVerfG Schranken gesetzt（vgl. BVerfGE 65, 182（190 f., 194f.）= NJW 1984, 475; BVerfGE 69, 315（371f.）= NJW 1985, 2395 jew. m. w. Nachw.）. Danach setzt sie voraus, dass die Rechtsordnung, wie sie sich unter Einschluss des Rechtsprechungsrechts und allgemeiner Rechtsüberzeugungen darbietet, Wertentscheidungen, sei es auch nur in unvollkommener Form, für eine Lösung in einem bestimmten Sinne ergibt.

直接引用时可以这样：

> Der richterlichen Rechtsfortbildung sind durch den rechtsstaatlichen Grundsatz der Rechts – und Gesetzesbindung in seiner den Senat bindenden Auslegung durch das BVerfG Schranken gesetzt. （…） Danach setzt sie voraus, dass die Rechtsordnung, wie sie sich unter Einschluss des Rechtsprechungsrechts und allgemeiner Rechtsüberzeugungen darbietet, *Wertentscheidungen, sei es auch nur in unvollkommener Form*, für eine Lösung in einem bestimmten Sinne ergibt. [BGH, Urt. v. 19.9.1989, VI ZR 349/88, BGHZ 108, 305, 309 = NJW 1989, 3273 – Haftung des Arbeitnehmers gegenüber Dritten bei gefahrgeneigter Arbeit. （由作者添加脚注）或（原文没有这一脚注）。]

原文中有错误的可以通过添加（原文如此）来表明[2]，作者自己添加的部分，应当用括号标注。

---

[1] *Theisen*, Wissenschaftliches Arbeiten, 17. Aufl. 2017, S. 169; *Bergmann/Schröder/Sturm*, Richtiges Zitieren, 2010, Rn. 237.

[2] "Ich kam, schlief（sic）und siegte."["我来，我睡（原文如此），我征服。"][这一谚语原文应为：我来，我见，我征服。为拉丁谚语。引用时原文为"我睡"，似有错误，因此，引用时应添加（原文如此）的标注。——译者注]

26   如果是为了展现原作者国际化的观点或知识，直接引用外语原文并不合适。[1]我们可以假设读者通常可以阅读英语，但法语、意大利语或其他语言则不行。如果引用的文本读者不理解则无意义，因此除了英语，其他的语言应当在脚注中写明翻译。

（二）间接引用以及禁止概括引用

27   当不是直接引用时，你需要在脚注中说明他人观点、想法的来源文献。即便对这一观点、想法的表述有所不同，也不能缺少文献来源的说明。没有使用引号的文本的脚注表明，这一观点来自脚注中原作者，但这一表达方式是你自己的。[2]

而且，如果某一观点是在没有外人帮助下自己想到的，但之后却在一些法院判决或学说文献中发现了同样的观点，尽管这让人很恼火，但仍然应当加上脚注。

同样禁止的是，在一篇文章中多次引用他人观点，但却仅在文章结尾处添加一个概括性的脚注。这便是人们常说的不被准许的"粗枝大叶"，因为作者的多个观点实质上是从原作者那里得来的，但只是敷衍性地添加了一个脚注，而不是写上每一个脚注。读者在阅读时就会误以为作者想要把原作者的观点据为己有，因此你应当总是加上引用信息。即便是多次引用的观点，也应当每一处都加上注释。不过，你可以在第一个注释中写明："下面的观点来自于……"但是，这个办法应当少用，因为它并不是那么准确。这种情况下，读者可能无法得知，从哪一部分你又开始写自己的观点和想法了。

（三）盲目引用

28   在引用他人文献时不亲自检查一下，是十分不严谨的，同样也是对他人观点的盗窃。所谓"盲目引用"，即从他人文章中复制的注释，不加检查便用在自己文中。由于很多作者盲目引用，一般会有30%至50%的注释是不正确的。因此强烈建议不要使用这些所谓省时的"技术"，因为有很高的概率，在盲目引用中会使用到错误的注释。[3]

---

[1] *Theisen*, Wissenschaftliches Arbeiten, 17. Aufl. 2017, S. 173.

[2] *Gerhardt*, 12 Rich. J. L. & Tech. 10 Rn. 40（2006）.

[3] 同样还有 *Zuck*, JuS 1990, 905, 911; *Theisen*, Wissenschaftliches Arbeiten, 17. Aufl. 2017, S. 177 ff.; *Bergmann/Schröder/Sturm*, Richtiges Zitieren, 2010, Rn. 3。

另外要注意的是一些所谓的"幽灵书"。尽管每年出版社都发布出版这些作品新版的通告，但从未真正出现过。但令人惊讶的是，这些从未出版的书却会出现在脚注中。[1]因此，每一个引用都要和原始文献进行核对。只有在无法借到原始文献时，才可以例外地根据一些相应的提示进行引用。这种情况下可以通过写上"转引自"加以说明。

（四）观点争议

不同的观点应当清楚地表示出来。在说明通说观点时，也要给出一个少数观点，或至少第二个观点。通说下至少应写明两个代表性的作者。　　29

（五）一致性

一个精确的表达方式要求引用的文献应当保持一致性。例如，在引用银行法案例时，你不能一会儿引自《有价证券通讯》；一会又引自《银行和证券交易法杂志》。要么你全部注明日期，要么全部不加；要么全部写全作者的姓名，要么只写作者的姓氏。[2]评注的缩写也要统一，例如《慕尼黑评注》统一写为 MünchKomm 或者写为 MüKo，中间不要换着用。标点符号也是如此，例如，在作者和作品名称间统一加逗号，作者名称统一用斜体或者全部不用斜体。除此之外，你可以随意设计自己脚注的形式。但要注意一个作品中注释格式的统一性。　　30

三、文献评价和不必要的引用

学术作品的重要任务同样包括让读者了解到有关一个问题的权威观点。以前我们会要求尽可能完美，因此需要引用所有相关的作者。在信息过载的今天，这已经是不可能的了。目前，作者的任务主要是区分出重要的和不重要的，仅仅引用重要的文献就可以了。在重要文献的筛选中，文献评价具有了重要的意义（本书第六章边码4）。这样的话，可以避免"脚注坟墓"。　　31

（1）当有 20 位作者引用了第一位作者的观点时，不必把这 20 位作者全

---

〔1〕 *Schimmel*, Wie Datenmüll die juristische Alltagsarbeit erschwert, Legal Tribune v. 15. 3. 2013, unter www. lto. de/recht/feuilleton/f/juristische – phantombuecher – fachliteratur – verlage – autoren/; *Grube*, Der Bluff mit dem Fußnoten – Phantom, SZ v. 14. 11. 2011, s. www. sueddeutsche. de/wissen/falsch – zitiertder – bluff – mit – dem – fussnoten – phantom – 1. 1217376.

〔2〕 例外情况参见本书第六章边码77。

部列上，只用写上第一个作者的信息即可。我们可以不引用那些只是转述他人观点而没有对观点做实质改变的作者。这一规则不仅适用于学说，同样也适用于判例。

（2）在法学论文写作中，脚注不是用来添加说明性信息，而是为相关的论点和论据提供证据。正文文本离开脚注应当同样是可以读得通的。[1]

（3）引用不是为了展现自己的博学。不应把自己搜集到的已阅读的所有材料全部放在脚注中。而且，这些注释也不能代替你自己最终的观点和论证，也不能代表你所主张观点的正确性。[2]

32 如果构成要件和法律后果可以通过法律条文得出，再加上引用就是多余的了。这种情况下，只用写明法律条文即可。立法者而非判例或学说将相关的法律后果规定为法律。引用法律时，无须添加脚注或引号详细说明。但是，当你引用判例时，则必须添加脚注，如果引用较长段落要加引号。如果是以间接引用的方式表达，也可以省略引号。通过脚注来写明文献的来源，始终需要注意读者是否能认识到你是在表达自己的观点还是在引用别人的观点。最后，涵摄时也不必写明文献来源，因为涵摄的过程是由你进行的。[3]

根据《德国民法典》第280条第1款、第3款、第281条第1款、第437条第3项和第434条第1款，卖方对于标的物瑕疵有过错的，负有损害赔偿责任。这一法律后果的创造者是2002年1月1日《德国民法典》的立法者。此时再引用德国联邦最高法院或帕朗特（Palandt）评注就是不合适的。其他的，例如，请求给付2500欧元货款的依据是买卖合同，而非"根据梅迪库斯"。

四、根据作者的重要性来引用

（一）原始文献的重要性

33 出于学术公平的考虑，我们应当写明最早提出某具体观点的作者。因此，可以将文献分为原作者提出某观点的原始文献和后续作者仅介绍所接受观点的

---

[1] *Harnack*, Über Anmerkungen in Büchern, in: Harnack, Aus Wissenschaft und Leben, Bd. 1, 1911, S. 148, 161.

[2] *Thieme*, Die Anfertigung von rechtswissenschaftlichen Doktorarbeiten, 2. Aufl. 1963, S. 37.

[3] Ebenso *Mann*, Einführung in die juristische Arbeitstechnik, 5. Aufl. 2015, Rn. 402.

引证文献。引证文献原则上只是对原始文献的补充引用。[1]如果判决是采纳学说中的观点,也是如此。此时,写作时应当首先引用原作者的这一观点,然后是法院的判决,这样的话,也可以表明这个观点具有较高的权威性,因为它也被一些判决所采纳。相反,如果某一观点是在复述判决的观点,则引用时就应当排在后面。没有那么重要,甚至是有误导性的观点,则可以在脚注中按照字母表顺序排列。早期的法院判决也要先于之后的判决引用。

"框架权"(Rahmenrecht)的概念来自费肯歇尔(Fikentscher),参见 *Fikentscher/Heinemann*,Schuldrecht,11. Aufl. 2017,Rn. 1571ff。

"禁止克减"(Untermaßverbot)的概念最先由联邦财政法院[2]提出,之后由舒佩特(Schuppert)使用。[3]卡纳里斯(Canaris)也使用了这一概念[但是没有引用舒佩特的文章,参见 *Canaris*,AcP 184 (1984),201,228]。伊森泽(Isensee)仅引用了卡纳里斯的文章,并持同意观点(*Isensee*,HdbStR V,1992,§ 111 Rn. 165)。联邦宪法法院在其判决中仅引用了伊森泽的文章,并没有谈论舒佩特及卡纳里斯的观点(v. 28. 5. 1993,2 BvF2/90,2 BvF 4/92,2 BvF 5/92;BVerfGE 88,203,Leitsätze 6,8 - Schwangerschaftsabbruch II)。

但是,在一些具体研究中仅仅引用一些晚期的、总结性的二手文献也无可厚非。[4]

(二)高级法院的裁判

一些情况下,地方法院的判决会被州初级法院改判,州初级法院的判决会被州高级法院改判,而州高级法院的判决会被联邦最高法院改判。由此,上级法院的判决总是要比下级法院的判决重要。因此,在有疑问时,要优先引用较高级别法院的判决。[5]

---

[1] *Thieme*,Die Anfertigung von rechtswissenschaftlichen Doktorarbeiten,2. Aufl. 1963,S. 38 f.
[2] BFH,Urt. v. 15. 1. 1969,VII R 13/67,BFHE 95,67 Rn. 31. Für den Hinweis danke ich Herrn Kollegen Sachs.
[3] *Schuppert*,Funktionell - rechtliche Grenzen der Verfassungsinterpretation,1980,S. 15. 感谢我的同事 Schulze - Fielitz 先生给出这一提示。
[4] *Thieme*,Die Anfertigung von rechtswissenschaftlichen Doktorarbeiten,2. Aufl. 1963,S. 38.
[5] 案件初审法院的判决通常仅在不存在更高级别法院判决的情况下引用。

(三) 法院裁判与法律文献

35　　写作时,如果错误地评价某些学术观点,也是不符合学术研究规范的。一个高级法院的判例之所以成为一个法律文献,是因为它不仅给出了建议,而且做出了裁判(例外情形参见本书第六章边码33)。尽管根据《德国基本法》第31条第1款的规定,原则上只有宪法法院的裁判对于其他法院有约束力,但其他法院原则上也要参照上级法院的法律意见。[1]因此,只引用法律评注中的一段,而不引用法院判例是不正确的。引用法律评注时,同样要再引用法院判例。

　　为亲属提供保证可能属于《德国民法典》第138条第1款违反善良风俗的情形。下列一些需要引用的基础判例和学说:

BVerfG, Beschl. v. 19. 10. 1993, 1 BvR 567/89 u. a., BVerfGE 89, 214, 234 = NJW 1994, 26 m. Anm. *Honsell* = JZ 1994, 408 m. Anm. *Wiedemann*; BGH, Urt. v. 11. 3. 1997, XI ZR 50/96, BGHZ 135, 66, 70; BGH, Urt. v. 27. 1. 2000, IX ZR 198/98, NJW 2000, 1182; Palandt/*Ellenberger*, BGB, 77. Aufl. 2018, § 138 Rn. 38 ff.; *Zöller*, WM 2000, 1 ff.

第三节　引用的形式规则

36　　和英美法系引用的格式要求不同,德国引用的形式规则相对比较随意。但是在本部分并不存在所谓"正确"与"错误":因为不同的法学期刊和译注会有不同的引用格式要求。不过,为了让读者能方便地检查学术著作中的引用,以下提供一些值得注意的规则。

一、一般格式

(一) 脚注而非尾注

37　　在法学学术文献中通常使用脚注而非尾注。这样的好处是,引用可以放在每页的底部而非文章的末尾,而读者也就不必为了查看引用再费事来回翻

---

〔1〕有关判决先例的论证负担参见本书第3章边码29及以下。

页。文中脚注的缩写是 Fn. 或者 Fußn.，边码的缩写是 Rn. 或 Rdnr.。某个词语后面的脚注只是用来注释这个词语，句子后面的脚注则包括整个句子或句子的具体部分。脚注的文本以大写开始，以句号结束。如果一个脚注中有多个参考文献，则用分号分开。简短的注释可以在脚注中说明，例如"另参见"（s. auch），"类似的"（ebenso），"亦如此"（so auch），"相反的意见"（anders dagegen），"较早的观点"（a. A.）等。但是"参见"（vgl.）本身没有什么说明意义，因此不必写。[1]

通常我们将脚注放在页面的底部而不是文章中，否则太长的脚注会令文章不容易阅读。[2]而较短的引用不会影响到文章的易读性，也不会让读者从正文跳跃到脚注部分。但在正文中通过括号插入引用的文献通常见于法院的判决。

（二）给出明确的来源

引用文献时，不仅是法律，法院裁判和其他文献也都需要给出明确的来源，这样读者可以找到你的观点或论据的证据。法律条文有时候会有 50 到 60 行长。[3]此时，如果引用不够精确，对读者来说是没有意义的，因为无法期待他们从这么多行的条文中去查找一个具体的观点。

基于内容错误而撤销（《德国民法典》第 119 条第 1 款选项 1），而并不能只写"基于错误"。

请求权的依据是《德国民法典》第 812 条第 1 款第 1 句类型 1，而不能只写"根据不当得利法"。请求权基于第 812 条产生的，给出具体的依据是很重要的，因为这一条款中包含了四个不同的请求权基础：给付不当得利（第 812 条第 1 款第 1 句类型 1），权益侵害不当得利（第 812 条第 1 款第 1 句类型 2）、支出费用不当得利（第 812 条第 1 款第 2 句类型 1）和追索型不当得利（第 812 条第 1 款第 2 句类型 1）。

---

[1] 脚注中常见的缩写参见 Höhne, JA 2014, 737 ff.。
[2] 例如，《慕尼黑民法典评注》的作者就采用这一方式。
[3] 例如《民法典》第 1587a 条、第 309 条，或者《反不正当竞争法》第 6 次修正案中第 19 条、第 20 条还要更长。

40　　　有时候法院的裁判文书会有上百页之长[1]，其中不仅标注有页码，也会标注德国很常见的边码，因此可以把引用做得更加精确。[2]

41　　　在法律文献中通常也会在一些著作中发现页码和边码出错的情况。出现这种情况的时候，较好的方式是给出页码及上面的边码，这样比较方便检查给出明确来源的引用是否准确（本书第六章边码62及69）。

（三）完全引用及缩略引用

42　　　在专著开始部分的文献索引中需要使用完全引用。其中会包括作者或编者的姓氏和名字、标题和副标题、卷次、版次、出版地点和出版时间。[3] 相反，在专著或文章的脚注中，通常仅仅是缩略的引用，作者的名称以及出版地点都被删去了。

43　　　为了避免脚注部分过于臃肿，写作时不必每次都给出法学文献的全部引用信息。这些信息通常在第一次引用时给出。在第二次引用时，给出缩略的引用信息即可。在文章以及法律评注或专著中，比较常见的是在脚注中指出完整的引用信息所在的位置。这一提示信息通常是在相关信息之前写上"见上"或"同"。

下面这种引用应当避免，读者对于下面这种引用可能会产生误解。[4]

　　　⁶ Palandt/*Grüneberg*，BGB，77. Aufl. 2018，§ 314 Rn. 2；*Gaier*，in：MünchKomm – BGB，7. Aufl. 2016，§ 314 Rn. 5.

　　　（……）

　　　²¹ 同上 Palandt/*Sprau*，(Fn. 6)，§ 651e Rn. 6.

44　　　有时也会使用仅给出作品关键标题的缩略引用。但前提是必须在文献索引中写明标题缩略的形式。使用缩略引用，一定情况下会混淆作品的标题。你在写作时，应当只在作品标题特别长的时候，才使用这种引用方式，其他情况下应当避免。另外，也要在第一次完整引用时说明。

---

〔1〕BVerfG, Urt. v. 28. 5. 1993, 2 BvF2/90 u. a., BVerfGE 88, 203 – 366 – Schwangerschaftsabbruch II.

〔2〕关于边码的引用，参见本书第六章边码62和69。

〔3〕参见本书第六章边码104及以下。

〔4〕下面的引用中，脚注21指向了脚注6，但脚注6中包含了两个类似的法律评注，而Grabenwarter的著作并未在脚注6中有所体现，会引起误解。——译者注

首先需要在文献索引中提示：

Hix, Jan – Peter: Das Recht auf Akteneinsicht im europäischen Wirtschaftsverwaltungsrecht: dargestellt am Beispiel des Kartell – und Antidumpingverfahrens der EWG, Baden – Baden 1992.（以下引用为：Hix, Das Recht auf Akteneinsicht im europäischen Wirtschaftsverwaltungsrecht, 1992）

然后可以在脚注中写：

Hix, Das Recht auf Akteneinsicht im europäischen Wirtschaftsverwaltungsrecht, 1992, S. 42.

相反，文章只是给出提示同上的信息（a. a. O., ibid, ebenda, passim），就没有那么易读了。这样做，节省不了太多空间，但会给读者带来许多困扰，他们此时需要花费更多的时间和精力，才能找到引用文献的详细信息所在的位置。

在法学著作中，缩略引用时，不能仅标注文献的出版年份或不给出具体的页数。[1]

（四）美国法中的规则

美国法中通常是按照哥伦比亚法律评论协会、哈佛法律评论协会、宾夕法尼亚大学法律评论和耶鲁法律杂志公司推出的蓝皮书（Bluebook）的规则来引用的。为了正确发挥引用的作用，在德文著作中引用美国法的内容也应当按照这一规则进行。此外，著者、版次、页码等也不必译为德文，保留原貌即可，这样别人才能比较方便地找到原始文献。[2]

二、法律

（一）欧盟法

《欧盟业务运作条约》通常会缩写为 AEUV，《欧盟条约》通常会缩写为 EUV。通常会引用到具体的条、款、项和句。欧盟次要法律规范（指令和条例）的关键词和非正式的缩写经常是不统一的。如《防止市场操纵条例》

---

[1] 例如：Hix, 1992; a. A. Brinkmann, Die rechtswissenschaftliche Seminar – und Doktorarbeit, 1959, S. 68。

[2] 关于蓝皮书可访问：www. legalbluebook. com.。如何按照蓝皮书引用，可访问：www. law. cornell. edu/citation/; www. suffolk. edu/law/library/ 19543. php。

（Marktmissbrauchsverordnung）的缩写是 MMVO 或 MAR（英文的缩写，Market Abuse Regulation）。在引用时为了更加清楚，需要在脚注和正文中加上法规的编号，也即 MAR（EU）Nr. 596/2014。指令和条例的法规编号是由发布年份（第一个数字）和序号（第二个数字）组成。在 2014 年 12 月 31 日之前，条例的编号是排号在前，年份在后。2015 年 1 月 1 日之后，两者就没有这种区分了。作为条例制定基础的条约需要在编号前面括号内写明，指令则是在编号后面用斜线隔开。

48 在引用次级法源时，详细引用中需要给出完整的标题。详细的引用信息包括具体的条文（指令/条例）、编号（见上段）、发布机构、发布日期和标题。如果修订条例或指令，则要再给出其修改的条例和指令（指出名称）是哪一个。最后，要写上条例和指令在《欧盟公报》（L 卷）中所处的位置，如果是早期指令，则是其在《欧洲共同体公报》中所处的位置。因为公报每年都会重新编排一下，因此除了给出所处位置的页码，也要给出具体的日期。出于节省空间的考虑，在缩略引用时，可以删去该法规是否是由议会和参议院联合制定，也可以精简标题，使用数字写发布日期；发布该法规的官方公报的日期也可以删去，因为在发布日期中一般已经包含了官方公报的年份。

Verordnung（EU）Nr. 596/2014 des Europäischen Parlaments und des Rates vom 16. April2014 über Marktmissbrauch（Marktmissbrauchsverordnung）und zur Aufhebung der Richtlinie2003/6/EG des Europäischen Parlaments und des Rates und der Richtlinien2003/124/EG, 2003/125/EG und2004/72/EG der Kommission, ABl. Nr. L 173 v. 12. 6. 2014, S. 1.

或者缩写为：

Verordnung（EU）Nr. 596/2014 über Marktmissbrauch（Marktmissbrauchsverordnung）v. 16. 4. 2014, ABl. Nr. L 173, S. 1.

Richtlinie2001/107/EG des Europäischen Parlaments und des Rates vom21. Januar2002 zur Änderung der Richtlinie 85/611/EWG des Rates vom zur Koordinierung der Rechts – und Ver – waltungsvorschriften betreffend bestimmte Organismen für gemeinsame Anlage von Wertpa – pieren（OGAW）zwecks Festlegung von Bestimmungen für Verwaltungsgesellschaften und vereinfachte Prospekte, ABl. Nr. L 41 v. 13. 2. 2002, S. 20.

或者缩写为：

Richtlinie2001/107/EG zur Änderung der Richtlinie 85/611/EWG zur Koordinierung der Rechts – und Verwaltungsvorschriften betreffend bestimmte Organismen für gemeinsame An – lage von Wertpapieren（OGAW）v. 21. 1. 2002, ABl. Nr. L 41, S. 20.

（二）国内法

通常来说，德国的立法者会给德国法律一个描述性名称。但它们的使用频率并不高，因为它们还是太长了。因此，这些法律通常都会有一些非正式的缩略名称。

如 Gesetz über Aktiengesellschaften und Kommanditgesellschaften auf Aktien 会简称为"AktG", Verordnung über die Laufbahn der Bundesbeamten 会简称为"BLV"。

但可惜的是，这些缩略名称并不统一。[1] 只要是官方没有给出具体缩略名称的，我们应采用基什内尔/博星（Kirchner/Böttcher）[2] 书中建议的用法。对于州的法律，我们也可以采取类似的用法，但在前面加上州的缩写即可，如 BayPAG 或 BayBO。但这些缩写一般不属于官方的法律名称。

在引用法律的时候，需要在脚注中写上法律的全称、发布日期以及公布的地方，也即联邦法律和州法律分别所处的联邦法律公报和州法律公报的位置。

Gesetz über die Haftung für fehlerhafte Produkte（Produkthaftungsgesetz – ProdHaftG）v. 15. 12. 1989, BGBl. I, S. 2198.

Kapitalanlagegesetzbuch（KAGB）v. 4. 7. 2013, BGBl. I, S. 1981.

Bayerische Bauordnung（BayBO）v. 14. 8. 2007, GVBl. , S. 588

但只有在引用新的法律或比较特别的法律时，才需要以上全部信息。对

---

[1] 例如，Umwelthaftungsgesetz 就有 UmwelthaftG，UmweltHG 或 UHG 多种缩略方法。
[2] Kirchner/Böttcher, Abkürzungsverzeichnis der Rechtssprache, 8. Aufl. 2015；最近，该书有了在线版本，通常您可以在图书馆电子资源中查阅。有关国际组织缩略语参见 Kavass/Prince（eds.），World Dictionary of Legal Abbreviations, 3. Vol., Loseblatt 1999。

于一些常见的法律，如《德国民法典》《德国刑法典》或《德国行政诉讼法》等则不需要。

52　　此外，也存在一些引入一个新的法律，并随着引入的新法而修改一系列既有法律的立法（即所谓综合立法，Artikelgesetze）。如《德国资本投资法》（Kapitalanlagegesetzbuch，KAGB）便是根据《转化另类投资基金经理指令的法律》（AIFM－UmsG）第 1 条的规定而引入。此外它也修改了《证券法》（BörsG）、《票据法》（WpHG）和《财产投资法》（VermAnlG）。在引用综合立法时，需要引用所有相关法律。

　　　　Kapitalanlagegesetzbuch（KAGB）v. 4. 7. 2013, eingeführt durch das Gesetz zur Umsetzung der Richtlinie2011/61/EU über die Verwalter alternativer Investmentfonds（AIFM－Umsetzungsgesetz－AIFM－UmsG），BGBl. I, S. 1981.

（三）美国法律

53　　引用美国法律时，除了要给出制定机构设置的官方法律名称外，同样需要给出所处的确切的法典位置及公布时间。[1]详细的引用规则可参见蓝皮书的做法。[2]

　　　　Ferderal Deposit Insurance Act, 12 U. S. C. § 1812（a）（1）－（b）（3）（2016）.[3]

　　　　Wilderness Act, 16 U. S. C. § 1131（b）（2016）.[4]

（四）法律规范的引用方式

54　　通常法律规范会引用到款、句、半句、项以及法律规范中包含的具体规范类型等。不过，也只是在法律规范内包含有多个选择可能时，才需要写明具体的类型。款可以用罗马数字指代；句、半句等则用阿拉伯数字指代。

　　有时法律中也包括项、类（字母排序）和折号项需要引用。最后，也可以同时引用多个条款。

---

〔1〕 参见 *Neumann*, Legal Reasoning and Legal Writing, 6th ed. 2009, S. 242 ff。
〔2〕 参见本书第六章边码46。
〔3〕 Bluebook, 20th ed. 2016, R 12. 2. 1; 3. 3; T 1. 1.
〔4〕 Bluebook, 20th ed. 2016, R 12. 2. 1; T 1. 1.

§ 812 Abs. 1 S. 1 Alt. 1 BGB.

Artt. 2 Abs. 1 i. V. m. 1 Abs. 1 GG （Allgemeines Persönlichkeitsrecht）.

Artikel2 Abs. 2 lit. d） Spiegelstrich 1 Richtlinie 1999/44/EG des Europäischen Parlaments und des Rates v. 25. 5. 1999 zu bestimmten Aspekten des Verbrauchsgüterkaufs und der Ga – rantien für Verbrauchsgüter, ABl. Nr. L 171 v. 7. 7. 1999，S. 12.[1]

三、立法资料

（一）欧盟法

在欧盟法方面，立法进程和立法者的意愿可以通过 KOM 或者 SEK 文件查询（参见本书第五章边码 25）。除了给出文档的名称外，还有审议的时间以及文档的边码等。最终版本还会标上"终稿"（endg）。

Vorschlag der Kommission zur Änderung der Richtlinie 85/611/EWG （OGAW） v. 17. 7. 1998，KOM （1998） 449 endg.

Weißbuch v. 2. 4. 2008 "Schadensersatzklagen wegen Verletzung des EG – Wettbewerbsrechts"，KOM （2008） 165 endg.

Mitteilung der Kommission an das Europäische Parlament gemäß Artikel251 Absatz2 Unterabsatz2 EG – Vertrag betreffend den vom Rat angenommenen gemeinsamen Standpunkt im Hinblick auf den Erlass einer Richtlinie des Europäischen Parlaments und des Rates zur Änderung der Richtlinie 85/611/EWG （OGAW） zwecks Festlegung der Bestimmungen für Verwaltungsgesellschaften und vereinfachte Prospekte，SEK （2001） 1003 endg.

（二）国内法

（1）德国法中的立法资料可以在联邦议会或联邦参议院以及相关州的

---

[1] 可直译为：
《德国民法典》第 812 条 1 款 1 句类型 1
《德国基本法》第 2 条 1 款及 1 款 1 款（一般人格权）
欧盟议会及理事会 1995 年 5 月 25 日关于消费品买卖和消费品质量的 1999/44/EG 指令，ABl. Nr. L 171 v. 7. 7. 1999，S. 12. 第 2 条 2 款 d）项类型 1。——译者注

出版物中获取（本书第五章边码35）。引用时需要写上文档的标题和作者。另外需要给出具体的位置。联邦议院出版物前面会有两个数字来标示：前面的数字表示该议会的任期，后面的数字表示该文档的编号。联邦参议院出版物前面的数字表示该出版物的编号，第二个数字表示出版年份。具体位置通过页码来指示。

> Gesetzentwurf der Bundesregierung, Entwurf eines Gesetzes zur Modernisierung des Invest – mentwesens und zur Besteuerung von Investmentvermögen (Investmentmodernisierungsge – setz) v. 19. 09. 2003, BT – Drs. 15/1553, S. 65 ff.
>
> Bericht des Finanzausschusses v. 21. 3. 2002 zum Gesetzentwurf der Bundesregierung zur weiteren Fortentwicklung des Finanzplatzes Deutschland ("Viertes Finanzmarktförderungsge – setz") v. 18. 1. 2002, BT – Drs. 14/8601, S. 21.
>
> Stellungnahme des Bundesrates v. 15. 12. 2006 zum Gesetzesentwurf der Bundesregierung zur Umsetzung der Richtlinie über Märkte für Finanzinstrumente und der Durchführungsrichtlinie der Kommission (Finanzmarkt – Richtlinie – Umsetzungsgesetz) v. 8. 12. 2006, BR – Drs. 833/06 (B), S. 2 f.

州出版物的引用也是如此。

> Gesetzentwurf der Staatsregierung zur Änderung des Landesstraf – und Verordnungsgesetzes v. 27. 2. 2013, Bayerischer Landtag Drs. 16/15831, S. 1ff.

（2）立法中涉及的补充材料（本书第五章边码36）同样会被参考和引用。这其中有不同利益团体、协会和教授等的意见以及行政机关的补充文件。这些材料会给出作者、标题以及日期等信息。由于这些材料通常只能在线查阅，所以需要给出网址以及访问日期。

> BaFin, Auslegungsschreiben zum Anwendungsbereich des KAGB und zum Begriff des "Investmentvermögens" (Geschäftszeichen WA 41 – Wp2137 – 2013/0001) v. 14. 6. 2013, abrufbar unter www. bafin. de/SharedDocs/Veroeffentlichungen/DE/Auslegungsentscheidung/WA/ae_130614_Anwendungsber_KAGB_begriff_invvermoegen. html.

DSW （Deutsche Schutzvereinigung für Wertpapierbesitz）, Öffentliche Anhörung zu dem Gesetzesentwurf der Bundesregierung "Entwurf eines Gesetzes zur Umsetzung der Transparenzrichtlinie – Änderungsrichtlinie" BT – Drs. 18/5010 hier: Stellungnahme der deutschen Schutzvereinigung für Wertpapierbesitz e. V. （DSW）, abrufbar unter www. bundestag. de/blob/386822/2c2fdcc6659ab7ed2ceec1c69590e7b9/04—dsw – data. pdf.

四、裁判文书

可惜的是，对德国法院的判决没有统一的引用方式。因为欧盟最高法院判决的引用方式比较易懂，且比较符合引用的目的和意义，因此通常参考这种引用方式。以下首先介绍欧盟裁判文书的引用方式，然后介绍德国裁判文书的引用方式。

（一）欧盟和国际裁判文书

（1）时至今日，从习惯上，欧盟最高法院的判决是根据案件内容来分类引用的。这样的好处是，在国外的期刊或网站上比较容易找到相应的裁判文书。[1]欧盟最高法院的案件以边码 C 开头，以与欧盟法院（T）和欧盟公务员法院（F）的案件区分。早期的案例（1989 年欧盟法院成立前）在引用时没有字母标识。[2]和德国的判决不同，欧盟最高法院的判决在引用时还经常包含诉讼双方信息。如果是个人的话，只会列出姓氏。如果是企业、国家和机构的话，则会给出通用的名称。

但列出诉讼双方信息会导致引用变长，并且常常没有价值。如果一个诉讼关联了多个案件，则会让引用变得更长。因此，在这种情况下，除了诉讼双方的信息外，还会使用和当事人姓名相符合的关键词。在一些比较重要的裁判中，法院和（法律）公众会预先给出这样的关键词，因此，请你不要自己添加这样的关键词！此外，需要给出判决的时间以及其在官方案例集中的位置。官方案例集的通常缩写是"Slg."另外，通过案例的编号，读者可

---

〔1〕 例如，欧盟最高法院的判决还可以通过访问 http: //curia. europa. eu 网站查阅，参见本书第五章边码 43。

〔2〕 这些案例同样还分为案例集 I（欧盟最高法院）和案例集 II（欧盟法院）。罗马数字会放在具体页码之前。

以方便快捷地通过数据库或一些网站找到被引用的案例。

61　　自 2012 年开始，官方案例集停办。新的裁判文书无法再引用其在官方案例集中的位置。因此，欧盟最高法院建议采用包含欧盟案例标识符（ECLI - European Case Law Identifier）的新的引用方式。欧盟案例标识使得整个欧盟之内统一案例引用方法成为可能。欧盟最高法院为所有的案例设置了案例标识，以前的案例也是如此。为了在论文中统一引用，也建议你在引用欧盟最高法院和欧盟法院早期的案例时使用这一方法。

欧盟案例标识包括国别代码、法院代码、裁判年份和排号，并用冒号分开。在引用时，可以将缩略语［ECLI：］放在引注前面或者省略，因为通过冒号可以清楚地表明这是按照欧盟案例标识的方法在引用。例如欧盟最高法院 2005 年 7 月 12 日对"舒瑞普（Schrempp）案"作出的判决（C403/03）的欧盟案例标识符是："［ECLI：］EU：C：2005：446"。它由如下部分组成：

- "EU"，是指它涉及的是欧盟法院的裁判（如果是欧盟成员国的案例，则采用该国的缩略码），例如 DE 代表德国，NL 代表荷兰；
- "C"，是指该案件由欧盟最高法院（EuG）作出，而欧盟法院的标识是 T，欧盟公务员法院的标识是 F（如果是成员国内的法院作出的，则给出该法院的称谓，例如 BVerwG）；
- "2005"，是指该案件裁决在 2005 年作出；
- "446"，是指该案件是 ECLI 在该年涉及的第 446 个案例。这个编码可以通过 Curia 或者 Eur - Lex 查询。

除了欧盟案例标识符，新的引用方式还包括判决通用名称以及案件的编码和日期。

以一个欧盟最高法院的裁判为例：
此前的引用方式：

EuGH, Urt. v. 12. 7. 2005, C - 403/03, Slg. 2005, I - 6435 - Schrempp/Finanzamt München.

新的方式：

EuGH, Urt. v. 12. 7. 2005, C -403/03, EU：C：2005：446 - Schrempp.

以一个法院的裁判为例：

此前的引用方式：

  EuG, Beschl. v. 22. 4. 2009, T – 217/08, Slg. 2009, II – 41 – Milchviehhalter.

新的方式：

  EuG, Beschl. v. 22. 4. 2009, T – 217/08, EU：T：2009：111 – Milchviehhalter.

（2）在1968年之前，欧盟最高法院在其裁判文书中没有加入边码，1969年之后则开始在裁判理由部分加入边码，但事实部分没有加入边码。1985年之后，则全部加上了边码。

  只要裁判文书中有边码，在引用时就应当写上。通过边码可以指示到具体引用的精确位置。而且，和页码相比，边码也不会改变。读者可以不必通过图书馆去查阅具体期刊或裁判汇集，就可以找到具体的引用信息。[1]如果裁判文书中还没有边码，则需要给出引用信息在官方裁判集中的页码。所以，引用1968年以前的裁判文书需要给出页码，1984年之前的，如果是引用事实部分，也要给出页码。只要有边码，在给出欧盟案例标识符后，你就不必再给出其在官方裁判集中的页码了。

  EuGH, Urt. v. 30. 9. 2003, C – 224/01, EU：C：2003：513, Rn. 42 – Köbler.

  EuGH, Urt. v. 15. 7. 1964, 6/64, EU：C：1964：66, Slg. 1964, 1253, 1269 – Costa/E. N. E. L.

（3）在2013年之前，总检察官的意见有时会在官方汇编中公布。这一意见也有一个欧盟案例标识符。除了具体的位置，还会给出名称、案例编码、当事人以及日期和具体边码。

  Schlussanträge der Generalanwältin*Trstenjank* zu C – 214/10（KHS/Schulte） v. 7. 7. 2011, EU：C：2011：465, Rn. 2.

---

 [1] 关于这一优势，参见 *Bergmann/Schröder/Sturm*, Richtiges Zitieren, 2010, Rn. 471。

4. 欧盟成员国根据《欧洲人权条约》（EMRK）在斯特拉斯堡成立了欧洲人权法院（EGMR）。它的案例也可以像欧盟最高法院的那样引用。引用时需要给出结案形式、日期、案例编码以及以上欧盟案例标识符中包含的信息。比较推荐的是，引用时另外给出案例的关键词，通常是当事人名称。

EGMR, Urt. v. 25. 4. 1978, 5856/72, CE：ECHR：1978：0425JUD 000585672, Rn. 31 – Tyrer v. the United Kingdom.

EGMR, Urt. v. 28. 6. 1978, 6232/73, CE：ECHR：1978：0628JUD 000623273, Rn. 89 – Duration of Proceedings.

（二）国内的裁判文书

（1）在引用德国判决时，全部的引用信息包括文书的日期、官方发布地方、平行出处以及关键词，这样也是最精确的。但这样引用，通常会比较长，因此在德国比较常见的是，引用时进行一定的缩写。主要是在法学期刊和教科书中，出于节省版面的考虑，会采用缩略引用。但出于引用的意义考虑，并不推荐这种引用方式。读者应当能够通过引用中的信息快速简单地了解到作者想要引用的内容（本书第六章边码5）。因此，在不确定如何引用时，详细的信息要比精简的信息更好。但要注意，不能把脚注写得过于"臃肿"。较好的方式是，在首次引用裁判文书时写上全部信息，后面再引用时指引到前面就可以了。

仅仅给出裁判文书的日期肯定是不够的，因为法院通常会在一天内判结多个案件。不过你还是应该给出裁判文书的日期，一般以用"Urt. v."（判决，日期）和"Beschl. v."（裁定，日期）指代。另外，给出裁判文书的日期和编码，也可以避免盲目引用的嫌疑。读者也更易于确定裁判文书。此外，给出裁判文书的关键词，也会让引用更易读。[1]如果读者知道该裁判文书，就可以基于日期和关键词重新辨识出该裁判文书，而不必再核实其发布地方了。

---

〔1〕 例如，参见 *Schack/Ackmann*, Das Bürgerliche Recht in 100 Leitentscheidungen, 6. Aufl. 2011。联邦宪法法院案例的关键词可以在 *Dreier*, GG – Kommentar, Bd. 2, 3. Aufl. 2015 的附录中查询。

你也可以像在法学文献中常用的方法那样，在引用中加上裁判文书所处的官方裁判集，以让读者方便辨识案例（本书第五章边码 45 及以下）。和欧盟最高法院类似，近年来，德国大部分高级法院也给其裁判文书设置了欧盟案例标识符。[1]和欧盟的案例通过欧盟案例标识符代替了官方案例集不同，德国的国家案例集还继续存在。目前的官方案例集还没有欧盟那样的案例标识。案例的识别码可以通过相应的法院网站以及 Juris 数据库查询。它们也会显示出德国的裁判文书是否采纳了欧盟案例标识。

在引用官方案例集中的案例时，通常会使用常用的缩略词，例如 BGHZ、BGHSt、BVerfGE 或 BVerwGE 等，同时列出卷数和案例的始页。如果要引用具体的内容，则还要给出具体的页码。

另外比较重要的是，引用中给出文件编号，也有助于在各个法院的网站上查找该案件。这样，案件就有了一个明确的标识。尽管有时这样引用，脚注会变得很长，但出于引用意义和学术研究的考虑，在引用法院裁判文书时，还是应当加上文书的编号。编号最好写在日期后面，用逗号隔开。

出于保护当事人信息的考虑，德国的裁判文书没有给出当事人的信息，这样，在引用的时候也不必给出。[2]不过在一些比较重要的案例中，通常会将有名的当事人名称作为关键词写入脚注。[3]此外，一些法学文献中通常也会给出与案例主题相符的关键词。

BGH, Urt. v. 26. 11. 1968, VI ZR 212/66, BGHZ 51, 91 – Hühnerpest.

BGH, Beschl. v. 4. 2. 2003, GSSt 2/02, BGHSt 48, 197 – Geladene Schreckschusspistole als Waffe.

BFH, Urt. v. 26. 3. 2009, VI R 15/07, BFHE 224, 444 – Arbeitszimmer.

BVerwG, Urt. v. 13. 4. 2005, 6 C 4. 04, BVerwGE 123, 203.

---

〔1〕 联邦行政法院为欧盟判例标识码设置了一个说明页面：www.bverwg. de/entscheidungen/ecli_ faq. php。

〔2〕 批评的意见参见 Hirte, Der Zugang zu Rechtsquellen und Rechtsliteratur, 1991, S. 63。

〔3〕 例如关于摩纳哥和汉诺威的卡罗琳（Cardine）案件中，就称为 Caroline 案 I – IV[BGH, Urt. v. 19. 12. 1995（Az. VI ZR 15/95）, BGHZ 131, 332 – 346 – Caroline I]。

69 (2)近年来[1],德国的高级法院也以欧盟最高法院为榜样,在其文书中加入了边码(本书第六章边码62)。由于边码能更精确地指向要引用的内容,在引用国内裁判文书时,同样要给出法院裁判文书中的官方边码。这种情况下,给出具体的页码位置是不重要的。

近来大部分法学期刊也使用了边码。官方案例集亦是如此。有边码时,就要再加上边码。

> BVerfG, Urt. v. 30. 6. 2009, 2 BvE 2/08, 2 BvE 5/08, 2 BvR 1010/08, 2 BvR 1022/08, 2 BvR 1259/08, 2 BvR 182/09, BVerfGE 123, 267 Rn. 236 – Lissabon.

或缩写为:

> BVerfG, Urt. v. 30. 6. 2009, 2 BvE 2/08 u. a. , BVerfGE 123, 267 Rn. 236 – Lissabon.

70 在收费的数据库 Juris(本书第五章边码10)中收入了大量法院判决,只要是有官方边码的,案例都会写上。对于早期没有边码的文书,Juris 数据库会给出自己的边码。Juris 的边码需要标示出来。

> BVerfG, Beschl. v. 12. 10. 1993, 2 BvR 2134/92, 2 BvR 2159/92, BVerfGE 89, 155, 175(Juris – Rn. 70) – Maastricht.

71 (3)如果裁判文书没有收录在官方案例集中或案例集不存在,而需要引用法学期刊时,则需要引用那些较常见并容易找到的期刊,例如《新法学周刊》《法学家报》等。不可取的做法是仅引用作者自己手头有的期刊。通常高级法院的裁判文书会在10至15种不同的法学期刊中刊登。但读者对你的引用有疑问需要查阅时,可能手头并没有你引用的那本,这样会导致他们再费力去图书馆查阅。因此,我们在引用时,应当尽量避免引用不太常见的期刊上面的案例。另外,要注意哪些期刊完整地刊登了裁判文书的全文,要避免引用那些省略案件事实或整个裁判理由的期刊。

---

[1] 联邦最高法院自 2005 年 9 月 22 日起在其民事案件中、自 2006 年 1 月 10 日起在其刑事案件中均加入了官方的边码。联邦行政法院自 2002 年开始,也使用了边码。联邦社会法院和联邦劳动法院自 2007 年引入了边码。联邦宪法法院则是从 1998 年即使用了边码。

BAG, Urt. v. 10. 6. 2010, 2 AZR 541/09, NZA 2010, 1227 = BB 2011, 59 – Emmely.

（4）另外需要注意的是，对所谓判决评论（本书第五章边码62）的引用。它们转述判决的全部或部分内容，并加上作者关于某一问题或主题的评论。这些评论一般包括以下部分：裁判文书的内容介绍、问题的大纲、主要问题的介绍以及判决对实践的影响。这些判决评论的引用一般是和文章类似。《林登迈尔/默林民法典的参考书》中对联邦最高法院的判例评论也可以如此引用。

Möllers/Herz, Anm. zu BGH, Beschl. v. 10. 1. 2017, 5 StR 532/16, WuB 2017, 309, 312.

Herchen/Herchen, Anm. zu BVerwG, Urt. v. 13. 4. 2005, 6 C 4.04, EWiR § 25 WpHG 1/05, 747, 748.

Ebers, EuGH：Hypothekenvollstreckungsverfahren und Inhaltskontrolle, Anm. zu EuGH, Urt. v. 14. 3. 2013, C – 415/11, EU：C：2013：164, LMK 2013, 345483.

或缩写为：

Ebers, Anm. zu EuGH, Urt. v. 14. 3. 2013, C – 415/11, EU：C：2013：164, LMK 2013, 345483.

（5）并非强制，但可增加脚注易读性的做法还包括，除了列出在官方案例集中的位置外，还同时给出文献的其他出处。不过，这并不是希望你写出所有相关期刊中的具体页码。你可以方便地通过 Juris 数据库（本书第五章边码 10）查到这些平行的文献出处。通过给出的文献出处，可以展示案例的长短版本和其他出处、诉讼的过程和其他文献索引。

BGH, Urt. v. 26. 11. 1968, VI ZR 212/66, BGHZ 51, 91 = NJW 1969, 269 – Hühnerpest.

BVerfG, Beschl. v. 12. 10. 1993, 2 BvR 2134/92 u. a., BVerfGE 89, 155 = NJW 1993, 3047 = JZ 1994, 1110 = WM 1993, 2056 – Maastricht.

（6）对于尚未在学术期刊中公布，但可以在 Juris 数据库中查询到的法院判决，可以通过日期、文书编号和边码来引用。但应当标明，这一案例来自 Juris 数据库，而你在其他出版物中没有发现，例如，这个标注可以放在末尾的括号中。这样可以保证脚注的检查和引证功能。因为我们可以期待，专业的读者能够登录 Juris 数据库进行检查。通过文书的编号，读者可以在 Juris 中找到引用的判决，因此应当在脚注中写明文书的编号，而不要放在括号内。

此外，也可以在互联网上检索裁判文书并给出链接。不过这并不是硬性要求，你可以将其作为平行的文献出处放在脚注中，而这种引用会导致你的脚注过于"臃肿"。

专业的读者可以仅通过附注 Juris 的位置信息来找到裁判文书。在 Beck 案例数据库（BeckRS）中也可以通过类似方法找到案例。

> VG Frankfurt a. M., Urt. v. 23. 5. 2007, 12 E 2262/05, Rn. 15（Juris）.
> OLG München, Urt. v. 20. 11. 2017, 21 U 2018/16, BeckRS 2017, 131847 Rn. 32.

75 （7）对于既没有在法学期刊中公布又没有收录在 Juris 数据库或 Beck 案例数据库中的裁判文书，则需要通过互联网来查找了。通常来说，这些是法院非常新的案例。初级法院的许多裁判文书是公布在法院的网站上的，在给出具体网址的情况下，可以引用。另外，还有大量初级法院的裁判文书，还没有在专业期刊上公布，而由该法院或律师发布到互联网上。在这种情况下，引用时必须要给出具体的文书编号。为了准确地引用还要给出边码（没有的时候给出页码）。考虑到互联网本身的不严谨性，一般推荐引用官方网站的信息，以确保有存档可以提供，并且你引用的材料也能持久访问。

> BVerfG, Urt. v. 21. 11. 2017, 2 BvR 2177/16, Rn. 27, abrufbar unter www. bverfg. de.

（三）国外的裁判文书

76 德国裁判文书常用的引用规则也可以适用于奥地利和瑞士的裁判文书。法国和意大利的裁判文书也是以作出裁判的法院开始的。美国的判决包括案例名称、所处官方案例汇编的位置、所处非正式案例汇编的位置、法院及年份。案例名称和当事人信息不一致时，要以斜体显示。英国的案例也是将案例的名称放在最前面,不过在名称之后紧接着的是年份。澳大利亚也是如此。蓝皮书中包含了美国案例以及国外案例的通用引用规则,在引用国外案例时也可以参考(本书第六章边码2和46)。

奥地利:
OGH, Urt. v. 26. 4. 1966, EVBl. 1966, 352.
OGH, Urt. v. 3. 2. 1994, JBl. 1994, 477.

瑞士:
BGer, Urt. v. 22. 1. 1969, BGE 95 I 33 – Staubentwicklung.
BGer, Urt. v. 14. 9. 1999, BGE 125 III 425.

法国:
Cass. Civ., 1re, 24. 11. 1993, J. C. P. 1994. II 22334.

意大利:
Cass., 13. 12. 1999, n. 13981.

英国:
Grey v. Pearson [1857] 6 H. L. C. 61, 106:10 E. R. 1216.
Richards v. McBride [1881] 8 Q. B. D. 119.

美国:
Brown v. Board of Education, 347 U. S. 483 (1954).
Planned Parenthood v. Casey, 112 S. Ct. 2791 (1992). United States v. McDonald, 531 F. 2d 196, 199 – 200 (4th Cir. 1976), rev'd, 435 U. S. 850 (1978).

(第二次引用时可缩写为:*McDonald*, 531 F. 2d at 197.)

澳大利亚:
Mabo v. Queensland [No. 2] (1992) 175 CLR 1 [1992], HCA 23.
Com. Radio Coffs Harbour Ltd. v. Fuller (1986) 161 CLR 47, 66 ALR 217.

五、法律文献

(一)脚注中的简短引用

法律文献在脚注中和文献索引(本书第六章边码102及以下)中包含的

信息范围是不同的。脚注中的引用包含法学文献的以下信息：

作者的姓氏，标题，版次，出版年份，页码。

如果存在混淆可能的话，还要加上作者的名字或者名字的首字母。只有作者的姓名信息需要用斜体，逗号以后的信息不用。

以上提到的信息，至少要在第一次引用的时候放在脚注中，之后的引用也推荐这么写。你也可以在文献索引中写明之后该文献在文中的引用格式。不过应当谨慎采用这种方式，因为采用缩写方式经常会歪曲作品的标题，实际上也节省不了多少空间。[1] 为了让读者可以简便地知道目前引用的是什么时候的文献，需要你在脚注中一直加上作品的版次和出版年份。[2]

（二）专著及教科书

专著（本书第五章边码63）和教科书（本书第五章边码60）的引用包括作者、标题、版次（如果是第一版则不用写）和出版年份。如果是重版的话，则在标题后面加括注相关信息。最后，也要给出具体的边码或页码。

如果是引用国外的文献，则通常不使用德国的引用规则。例如德语的缩写Aufl.（版次）、S.（页码）和 Rn.（边码）则需要使用英语的 edition （ed.）、page（p.）和 paragraph（para.）代替。这样可以保留它们统一的面貌。

Hiller, Das Recht über sich selbst, 1908（überarbeiteter Nachdruck 2010），S. 12.

Medicus/Petersen, Allgemeiner Teil des BGB, 11. Aufl. 2016, Rn. 509.

Möllers, Die Rolle des Rechts im Rahmen der Europäischen Integration – Zur Notwendigkeit einer europäischen Gesetzgebungs – und Methodenlehre, 1990, S. 35.

Posner, Economic Analysis of Law, 9th ed. 2014, p. 122.

Fleischer, Empfiehlt es sich, im Interesse des Anlegerschutzes und zur Förderung des Finanzplatzes Deutschland das Kapitalmarkt – und Börsenrecht neu zu regeln?, Gutachten F zum 64. DJT, 2002, S. 20.

---

[1] 不同的观点参见 *Beyerbach*, Die juristische Doktorarbeit, 2. Aufl. 2017, Rn. 454，根据其观点，标题缩写和作品原标题比起来，并不会有太多问题。

[2] 不同的观点参见 *Beyerbach*, Die juristische Doktorarbeit, 2. Aufl. 2017, Rn. 453。

或缩写为:

Fleischer, Gutachten F zum 64. DJT, 2002, S. 20

(三) 论文集

论文集是就某一主题或不同主题汇总的文章合集。通常法学会议的成果会集结成册,并以论文集的形式发表。与庆典文集、纪念文集不同,在引用的时候,除了给出文章的标题和作者外,还要给出论文集的编者、标题、版次和出版年份。一般可以省略掉"编者"(Hrsg.)二字,因为人们一般都知道论文集是由编者将不同的文章集合而来的。引用论文集时和引用专著一样,要在页码前加上缩写"S."。首先要给出文章首页所在的论文集页码,之后写具体引用的页码,用逗号隔开;如果引用的文章有边码,则先给出文章首页所在的论文集页码,然后在具体引用的边码前写上缩写"Rn."。

Möllers, Das Haftungssystem nach dem KAGB, in: Möllers/Kloyer, Das neue Kapitalanlagegesetzbuch, 2013, S. 247, 258.

或缩写为:

Möllers, in: Möllers/Kloyer, Das neue Kapitalanlagegesetzbuch, 2013, S. 247, 258.

(四) 庆典文集和纪念文集

庆典文集和纪念文集(本书第五章边码64)和论文集的引用方式类似,因为它同样是有关一定主题的文章集合。在引用的时候,需要注意的是,文集中包含了不同作者的文章。除了作者,还需要给出文集的标题(庆典文集可缩写为FS,纪念文集可缩写为GS),出版日期和文章的始页。文章的标题也需要给出。不过在脚注中通常不用写上编者或者文集的标题。如果是引用文集中的具体观点,还要给出具体观点所在的页码(或者边码)。和引用专著类似(本书第六章边码78),在引用庆典文集和纪念文集的页码前面会写上页码的缩略语"S."。

Möllers, Sekundäre Rechtsquellen – Eine Skizze zur Vermutungswirkung und zum Vertrau – ensschutz bei Urteilen, Verwaltungsvorschriften und privater Normsetzung, in: Festschrift für Herbert Buchner, 2009, S. 649, 654.

或缩写为：

Möllers, in: FS Buchner, 2009, S. 649, 654.

（五）评注

81　（1）引用评注（本书第五章边码57）时，需要写上引用部分的作者。对于一些早就不再参与撰写的编者［例如帕朗特（Palandt）先生早已不在世了］，同样也用斜体。引用时一般会写上编者、评注的标题、版次和出版年份。这种引用主要涉及多卷本的文献，因此需要明确区分编者和作者。较为常见的是，评注通常会冠以编者的名字（尤其是单卷本的评注）。如果有多个作者，则用斜杠连接，而不是中间符。[1]具体使用哪种引用方式则看自己的喜好。如果脚注中需要写上两个以上的作者，出于节省空间的考虑，可以只写第一个，后面的则用缩写"u. a."（其他）来代替。如果是大型的评注，则只在文献索引中写出编者即可，不用写在脚注里。我们也可以采用评注里面建议的引用规则。一般来说，需要注意的是，在引用的时候要保持前后一致。在法学文献中，大部分的评注文献都有好几个缩写方式（例如慕尼黑评注的缩写有 MünchKomm 或者 MüKo）；有疑问时，以原作中推荐的引用方式为准。

Joost, in: MünchKomm – BGB, 7. Aufl. 2017, § 854 Rn. 3；或者 MünchKomm – BGB/*Joost*, 7. Aufl. 2017, § 854 Rn. 3。

Fischer, StGB, 65. Aufl. 2018, § 223 Rn. 4。

Gsell, in: Soergel, BGB, 13. Aufl. 2005, § 323 Rn. 14；或者 Soergel/*Gsell*, BGB, 13. Aufl. 2005 § 323 Rn. 14。

Möllers/Leisch, in: KK – WpHG, 2. Aufl. 2014, § § 37 b, c Rn. 25 ff.；或者 KK – WpHG/*Möllers/Leisch*, 2. Aufl. 2014, § § 37 b, c Rn. 25 ff。

Sprau, in: Palandt, BGB, 77. Aufl. 2018, § 823 Rn. 11；或者 Palandt/*Sprau*, BGB, 77. Aufl. 2018, § 823 Rn. 11。

Schulze – Fielitz, in: Dreier, Grundgesetz Kommentar, 3. Aufl. 2013, Art. 5 I, II Rn. 101；或者 Dreier/*Schulze – Fielitz*, GG, 3. Aufl. 2013, Art. 5

---

[1] 中间符只用于有两个名字的作者，例如 Coester – Waltjen, Schmidt – Aßmann 等。

I，II Rn. 101。

（2）大型的施陶丁格评注（Großkommentar Staudinger）已经不再按照版次来引用了，因为目前每卷出版的规律都不一样了。所以现在引用时候，你只用给出重新修订的年份即可。

Schilken，in：Staudinger, BGB, Neubearb. 2014, § 181 Rn. 45; oder Staudinger/*Schilken*, BGB, Neubearb. 2014, § 181 Rn. 45.

（3）除了成卷的评注，还有所谓的活页汇编。它们通过定期更新的方式来补充，而不用整本更换。更新时一般会替换整个章节或者仅仅某几页，而将内容更新到最新的研究状态。这样的话，在引用时就会出现特殊的问题，因为不仅是具体的评论，而且具体的页码也会发生变化。所以，可以在文献索引中写出整部作品的最新日期以及最后更新时间。

这样，在脚注中可以只写上所引用页码的更新时间。[1]如此读者一眼就可以明白，引用处是否最新修改过。如果引用的地方不在补充更新的部分，则表明这个部分的评注没有修改，作者仍然保留了之前的观点。另外要注意的是，一些评注长时间没有更新，即没有补充新的内容，在引用的时候，如有疑问就需要另外补充一些较新的文献。

Uhle，in：Maunz/Dürig, Grundgesetz, 53. EL. Okt. 2008, Art. 70 Rn. 11.

或缩写为：

Maunz/Dürig/*Uhle*, GG, 53. EL. Okt. 2008, Art. 70 Rn. 11.

（4）引用在线评注需要给出具体的版本信息。

Spindler, in：Bamberger u. a., BeckOK – BGB, 42. Ed. 1. 2. 2017, § 833 Rn. 4.

或缩写为：

BeckOK – BGB/*Spindler*, 42. Ed. 1. 2. 2017, § 833 Rn. 4.

---

[1] 类似的观点参见 *Putzke*, Juristische Arbeiten erfolgreich schreiben, 6. Aufl. 2018, Rn. 288; 不同的观点参见 *Theisen*, Wissenschaftliches Arbeiten, 17. Aufl. 2017, S. 225 f. ; *Bergmann/Schröder/Sturm*, Richtiges Zitieren, 2010, Rn. 50 und 258。

85 　　（5）手册（本书第五章边码58）包含了某一特定主题，但按照内容分为不同的章节。而这些章节由不同的作者完成。因此它的引用方式类似于评注，也同样需要在脚注中给出具体的作者。

　　　　Edelmann, in：Assmann/Schütze, Handbuch des Kapitalanlagerechts, 4. Aufl. 2015, § 3 Rn. 12; oder Assmann/Schütze/*Edelmann*, Handbuch des Kapitalanlagerechts, 4. Aufl. 2015, § 3 Rn. 12

　　（六）文章与期刊

86 　　引用文章时（本书第五章边码61），通常会给出文章的开始页，然后给出具体引用内容所在的页码，此外，引用时通常只用给出期刊的出版年份，档案类期刊需要给出卷数（例如《民法实务档案》《整体商法和经济法杂志》等）。档案类期刊还需在卷数后用括号标注年份。另外，需要给出确切的页码。不过，页码的缩略语（S.）只是在专著和文集中使用，期刊中的文章则不这么使用。

　　期刊的信息原则上只需给出期刊的缩略语［例如《法学家报》（die Juristenzeitung）的缩略语是JZ］即可。不过，如果期刊没有通用的缩略语或者是外国的期刊的话，又或者是读者不熟悉的期刊，则不能这么引用。[1]

　　你可以给出文章的标题，不过这不是必须的。如果你已经在脚注中给出了上面那些信息，即便没有文章的标题，读者也可以很容易地找到相应的文章。[2]

87 　　如果要引用英美法系持续出版的期刊中发表的文章，则需要遵守蓝皮书中的规则（本书第六章边码46）。在给出作者姓氏和标题后，通常需要在期刊前面写上卷数，年份则放在末尾的括号中。[3]中间写上文章的首页页码和具体引用页码。具体的缩写格式则采用蓝皮书中提供的标准格式。不过和蓝皮书中的规则不同，引用时不用写出作者的名字。

　　　　Möllers/Kastl, Das Kleinanlegerschutzgesetz, NZG 2015, 849, 854.

---

　　〔1〕 *Bergmann/Schröder/Sturm*, Richtiges Zitieren, 2010, Rn. 66 ff.
　　〔2〕 不过要注意的是，你在文章中引用时要保持前后的一致，而且不能只写文章的标题，统一的引用格式另参见本书第六章边码30。
　　〔3〕 美国法中，年份是放在末尾，英国法则是放在卷数的前面。

Lutter, Defizite für eine effiziente Aufsichtsratstätigkeit und gesetzliche Möglichkeiten der Verbesserung, ZHR 159（1995）, 287, 291.

Möllers, Effizienz im Kapitalmarktrecht, AcP 208（2008）, 1, 22.

Oder kürzer:

Möllers, AcP 208（2008）, 1, 22.

Calabresi, The Decision for Accidents: An Approach to Nonfault Allocation of Costs, 78 Harv. L. Rev. 713, 722（1965）.

Möllers, The Takeover Battle Volkswagen/Porsche – The Piëch – Porsche Clan – Family Clan Acquires a Majority Holding in Volkswagen, 10 C. M. L. J. 410, 415（2015）.

（七）跨地区的报纸

非法学期刊上的文章，如跨地区的报纸《法兰克福汇报》《南德意志报》《时代报》（DIE ZEIT）等（本书第五章边码65），如果涉及法律上的相关事实，但出于时间原因尚未出现在法学期刊中的，则可以写上作者姓名、标题、日期和页码来引用。如果报道没有写明作者，则可以标注"佚名"（N. N., *nomen nominandum*）。 **88**

N. N., Bußgeld gegenüber Volkswagen wegen kartellrechtlicher Behinderung, FAZ v. 11. 6. 1996, S. 12.

Roll, Ausgebrannt und abgebrannt, SZ v. 7. 9. 2002, S. 3.

Schultz, Spurensuche im Graubereich, SZ v. 16. 2. 2011, S. 2.

如果在引用报纸时，找不到其所在的版面，又没有档案存储可以查阅的，给出作者、标题和网站链接（本书第六章边码91及以下）即可。 **89**

Röder, Adidas – Aktie hat 100 – Euro – Marke im Visier, Handelsblatt v. 15. 11. 2013, abrufbar unter http: //www. handelsblatt. com/finanzen/anlagestrategie/zertifikate/nachrichten/chartanalyse – adidas – aktie – hat – 100 – euro – marke – im – visier/9070750. html.

（八）行政机关档案

一些行政机关会公布和相关利益团体有关的年报或手册。这些可以通过互联网免费访问，在给出相应网址的情况下，可以引用。推荐的做法是，在文献索引中写出全部信息，在脚注中给出缩略的信息即可。

> BaFin, Jahresbericht 2014, abrufbar unter: www. bafin. de/SharedDocs/Downloads/DE/Jahresbericht/dl_ jb_ 2014. html.

缩写为：

> BaFin, Jahresbericht 2014, S. 12.

（九）准法律文献

90 最后，一些准法律文献也是可以引用的。准法律文献，例如，迄今尚未出版的、因此无法通过出版行业取得的行政机关的档案、教授的报告、"工作论文"等。

因为这类文献还没有出版，所以读者可能无法取得原文以查证所引用的内容。所以只有在没有其他已出版文献可以引用的时候，才能引用这类文献。此外，还应当将引用准法律文献的内容放在文章的附录中。另外，也只有符合学术要求的内容才可以被引用。

第四节 引用互联网上的内容

91 遗憾的是，目前针对引用互联网上内容的规则还没有确定的规范。引用互联网上内容存在的问题是，网站上的内容和作者都是可以变化的，而且被引用的内容也不会在网站上保存太久。因此，如果是重要的内容，你应当作为附录放在文末。

此外，互联网上的内容一般也不存在质量控制。[1]下文试图介绍一些辅助性的引用规则。

一、可引用的网站

92 可引用的网站通常分为两种：其质量达到了出版物质量的网站和基于其严肃性及长期的质量控制而至少可以加以引用的网站。

---

〔1〕 关于互联网上的机遇和风险，参见本书第五章边码 5 及以下。

(一) 有纸质版的文献

互联网上的内容可以直接达到纸质版的质量。近年来，大量的法学数据库便是通过互联网来访问的（本书第五章边码 9 及以下）。例如，通过 Beck - Online 中的 Beck 出版社数据库，可以查阅《新法学周刊》的内容。在这种情况下，你不必告知读者，你只是查阅了电子版，因为对他们来说，你是否参考了《新法学周刊》的纸质版并不重要。因为数据库中已经明确地表明了纸质版的页码，这样你就可以直接引用期刊上面的页码了。所以，当数据库中给出了期刊纸质版的页码，就可以像原始版本一样引用了。

部分出版社另外会提供 PDF 格式的试读文件[1]，一些作者也会将其作品的出版原件上传到其网站上。相比于 Word 文档，PDF 文件的好处是不能事后再做修改。近年来，谷歌也在整本地扫描一些图书。[2]因为是扫描的，所以和原件是一样的，所以在引用的时候就不用再给出网站地址了。如果博士论文以 PDF 格式整本放在网上，也可以这么引用。[3]

(二) 引用网站的严谨性

在选择引用网上的内容时，除了要注意网站上的内容是否会被修改或删除外，还要注意：和出版物类似，网络上的内容也有质量的差别，虽然近来知名期刊上的知名作者也在引用维基百科，但应当避免引用一些质量不佳网站的内容，如 www.frag - einen - anwalt.de（问律师网）等。很多网站上的信息都是错误的或者有利益关联的（本书第五章边码 7）。

(三) 相关网站的名称

原则上对期刊或图书的引用要优先于对网站的引用，因为它们显然保存的时间更久。不过，也有可能会发生要引用的文献只能在网上找到或通过馆际互借也找不到的情况。这样的话，在引用网络内容时要注意以下的引用规则：

(1) 如果引用的网站主页有较好的搜索功能，而且网站可以保存较长时间，则可只写上引用网站的主页，例如：

---

[1] 例如，可访问：www.beck - shop.de。
[2] books.google.de，参见本书第五章边码 21。
[3] 例如：*Oberleitner*, Delisting, 2010, abrufbar unter: http://othes.univie.ac.at/10572/1/2010 - 06 - 05_ 9801590.pdf。

BVerfG, Urt. v. 21. 11. 2017, 2 BvR 2177/16, Rn. 27, abrufbar unter www.bverfg.de.

98 （2）如果网站没有搜索功能（或搜索功能不佳），则需要给出完整的网址，以便他人能够方便找到你引用的信息。例如，《股份公司法》（AktG）第161条所指的《企业管理守则》（Corporate Governance Kodex）是发布在相关委员会的网站上，由于该守则经常会修订，所以你应当给出具体的修订版本。[1]

从经验来看，网址越长越让人难以理解。因此，比较可靠的做法是，同时给出网站主页，例如：

Zum Corporate Governance Kodex in der Fassung v. 13.5.2013, s. www.dcgk.de（s. genau: www.dcgk.de/de/kodex/archiv.html）.

如果是较长的网址时，需要注意换行：在对齐文本时如果出现较大空格，显得不太美观。但是，如果在网址中加入连字符或其他分隔符的话，会导致网址失效。所以你在给网址分行时，不要使用网站中包含的符号，可以加入空格，但不要使用连字符等其他符号。[2]

为了避免文献来源引用过长，同样可以在第一次引用时写上，后面只用指引到前面的脚注即可。此时可以使用Word的互相参照功能，这样可以保证互相参照的脚注自动更新（本书附录四边码54及以下）。除了将网址写在脚注中，还可以将其放在文献索引中，并给出简短引用的格式（本书第六章边码44），然后便可以在脚注中如此引用。

99 （3）只有在要引用的内容有页码时，才需要写上。有些网站需要尤其注意，它的网页内容并不能持续提供，存在很大的风险。[3]主要是一些尚未发表的，或者仅在社会科学网［Social Science Research Network（SSRN）］（本书第五章边码68）中发表的准学术文献，这些一般只能在一定时间内访问。

---

［1］相关网站上的具体引用方式，例如：Corporate Governance Kodex in der Fassung v. 5. 5. 2015, http://www.dcgk.de//files/dcgk/usercontent/de/download/kodex/2015 – 05 – 05 _ Deutscher_ Corporate_ Governance_ Kodex.pdf。

［2］详细说明，参见 *Bergmann/Schröder/Sturm*, Richtiges Zitieren, 2010, Rn. 145 f。

［3］ *S. N. N.*, Das Internet ist ein schlechtes Archiv, Forschung und Lehre 1/2004, S. 32.

之后这些具体的网址链接可能会无效或显示其他内容。你需要明确说明是什么时间下载的这个文档。这也是在引用中给出访问时间的原因（给出具体的访问日期即可，不用给出具体时间）。可以写为："登陆于什么时候"（abrufbar am 或 Abruf v.）。除了在脚注中写出访问时间，你也可以在脚注最开始部分写上："本文所有网站均是在 2017 年 9 月 20 日写作时访问。"[1]

> Möllers, Sources of Law in European Securities Regulation – Effective Regulation, Soft Law and Legal Taxonomy from Lamfalussy to Larosière, abrufbar unter www.ssrn.com/abstract = 1725778（Abruf v. 20.9.2017）.
>
> Noack, Aktienrechtsreform: Die Internet – Hauptversammlung kommt, abrufbar unter www.jurawelt.com/aufsaetze/1454（Abruf v. 20.9.2017）.

或者更好的方式是：

> 所有网站均是在 2017 年 9 月 20 日写作时访问。

问题：应当如何引用瑞士证券交易所《上市规则》（Kotierungsreglement）第 72 条？[2]

（4）如果引用的内容比较重要，最好在附录中附上原文。至少在请他人校对自己文章发生疑问时，可以通过脚注去检查引用的内容确切与否。为了保险起见，你最好将文中所有引用的网址汇总出来。[3]如果在文章完成前，某个网址已经不能再访问，则需要更新一下，或者尝试使用其他的引用来源。

二、不能引用的网站

除了一些比较严谨的网站，还有很多网站不再更新，以至于在使用或参考网站上的法律时会存在较大风险，因为它给出的可能不是最新的版本。这样的网站不能引用，或应当始终和纸质版对照，检查其是否是最新版本。

---

[1] 本书自这一版起，也开始采纳这一方法，参见本书第 1 章第一个脚注。
[2] 答案见本书第十章。
[3] 同样意见参见：Theisen, Wissenschaftliches Arbeiten, 17. Aufl. 2017, S. 80 f.

综上所述，引用互联网上的内容可分为以下情形：

表6-1 互联网内容的引用

不用给出网址	需要给出网址
（1）不用给出网址的情况包括： ①引用法律数据库的内容，如 Juris、Beck - Online 等； ②文献的扫描版，如谷歌图书或者 PDF 文件等。	（1）如果网站搜索功能较好或网站运行比较稳定，仅给出网址主页即可，例如 www.bverfg.de（德国宪法法院网站）。
（2）不严谨的网站原则上不能引用。	（2）其他情形须给出具体的引用网址和访问时间。

第五节 文献索引

一、文献索引的要求

102
研讨课论文、家庭作业和博士论文等都应包含有文献索引，展示其引用的二手文献。我们可以通过保存的文献列表来创建（本书第五章边码 100 及以下）。文献索引放在正文的前面或后面均可。[1] 放在正文前，（页码）一般使用罗马数字；放在文末，则继续使用阿拉伯数字。文献索引中应包括所有在文中引用的文献。引用互联网上的内容也是如此（本书第六章边码 91 及以下）。反之，放在文献索引中的内容，也应在正文中至少引用过一次。[2] 读者可以通过文献索引知道你在文章中引用了多少相关的文献。

103
在文献索引中一些内容是不必给出的：像法律规范和案例这种主要来源。[3] 如果有需要的话，法律规范和案例可以另外单独制作索引（本书第

---

[1] 根据 Theisen, Wissenschaftliches Arbeiten, 17. Aufl. 2017, S. 218 必须放在后面，根据 Gerhards, Seminar -, Diplom - und Doktorarbeit, 8. Aufl. 1995, S. 18，应放在前面。在法学著作中，两种都较为常见。

[2] Kosman, Wie schreibe ich juristische Hausarbeiten, 2. Aufl. 1997, S. 55.

[3] A. A. Brinkmann, Die rechtswissenschaftliche Seminar - und Doktorarbeit, 1959, S. 87 ff.

六章边码 109 及以下)。

文献索引中一般也很少给出 ISBN 号、出版社和丛书名。

二、文献索引的内容

(1) 文献索引中的内容和脚注中的内容有比较大的差别。除了脚注中的信息外(本书第六章边码 42 及以下),还包括作者的名字和出版地点。荣誉称号作为姓名的一部分放在名字前面。[1]不过"Dr.""Prof."和其他学术头衔和行政头衔一般都不用写。[2]另外,有副标题的话,也要写上"—"符号。通常来说,你需要写出以下信息:

> 姓氏,名字,标题,卷,版次,出版地点,出版年份。

一般来说,索引中不需要也不要求区分专著、文章、文集等。但是应当按照作者的姓氏首字母来排序。如果一个著作有多个作者,应当都列出,而且应当按照出版社给的顺序排列。[3]如果无法知道作者是谁,则以"o. V."表示没有给出作者,或者以"N. N."表示佚名(nomen nominandum)。[4]在脚注中引用评注时,如果是精简的方式,即只有著者和标题,而不写编者的话,在文献索引中就不能以编者首字母来排序,而是要按照著者的姓氏首字母排序。这种情况下,例外的先写标题再写编者。一般来说,要写全大标题和小标题。如果是活页作品,还要在标题后面加上(活页)的提示。

如果有多个出版地点,只用给出第一个即可;其他的以"u. a.(其他)"代替即可。如果有多个版次的话,则一般要引用最新版。

文献索引中的每个文献最后都以句号结尾。

Rosen, *Rüdiger von* (Hrsg.), Das Finanzmarktstabilisierungsgesetz (Dokumentation des Seminars vom 4. Dezember 2008), Frankfurt a. M. 2009.

Möllers, *Thomas M. J.*, Die Rolle des Rechts im Rahmen der Europäischen Integration – Zur Notwendigkeit einer europäischen Gesetzge-

---

[1] So auch *Bergmann/Schröder/Sturm*, Richtiges Zitieren, München 2010, Rn. 7.
[2] So auch *Bergmann/Schröder/Sturm*, Richtiges Zitieren, München 2010, Rn. 7.
[3] 如果有三位以上的作者,也可以省略后面的作者(一般写上 Aufl)。
[4] 例如 *N. N.*, Das Familienrecht der DDR, Kommentar, Berlin 1966。

bungs – und Methodenlehre, Tübingen 1990.

Medicus, Dieter/*Petersen*, Jens, Allgemeiner Teil des BGB, 11. Aufl. Heidelberg 2016.

105 如果是没有正式出版的博士论文，则通过"Diss."标记并写出高校所处位置。

Ilg, Luisa, Die Neuregelung der Wohlverhaltensregeln durch die Richtlinie 2004/39/EG – Eine Verbesserung des Anlegerschutzes im Vergleich zum derzeitigen deutschen Recht, Diss. Augsburg 2006, abrufbar unter opus. bibliothek. uni – augsburg. de/opus4/frontdoor/index/index/docId/407.

106 如果是期刊中的文章和判决评论，需要给出其在期刊中的起始页码；文章的结束页则不必强制给出。起始页和结束页中间使用"—"符号分隔；在分隔符号前后不留空格。注意是较长的分隔符，而不是短的那个"-"。[1]

Möllers, Thomas M. J., Europäische Richtlinien zum Bürgerlichen Recht, JZ 2002, 121 – 134.

Gsell, Beate, Die Geltendmachung nachträglicher materieller Einwendungen im Wege der Vollstreckungsgegenklage bei Titeln aus dem Europäischen Mahn – oder Bagatellverfahren, EuZW 2011, 87 – 91.

Möllers, Thomas M. J./*Herz* Pirmin, Anmerkung zu BGH, Beschl. v. 10. 1. 2017, 5 StR 532/16, WuB 2017, 309 – 313.

107 （2）文献索引中的编者也须加上"Hrsg."（编者）。在评注和手册中，只用在文献索引中写上编者，而无须写上具体的作者。编者和"Hrsg."需要设置为斜体。如果是庆典文集、纪念文集和论文集，需要给出文章的作者和文章的标题。此外，也建议写出编者，这时编者不用设置为斜体。由于庆典文集还没有通用的引用规则，所以即便不写编者也是可以的。编者也有可能是行政机关或组织（例如联邦金融监管局，BaFin）。不过，一些著作则需

---

[1] 在 Word 程序中可以通过快捷键 [Ctrl] + [Alt] +数字键盘上的减号 [-]，或通过"插入→符号→符号→其他符号"中找到。

要给出最早的创立人,例如由(Julius von Staudinger)创立的大型民法典评注。这时要在其名字后面加上[*Begr.*(创立人)]。

另外,你也可以在文献索引中决定文献在文中的引用方式,以避免脚注太过臃肿。通常是在索引中文献条目后面用括号标注"引用为:"(zitiert als)。不过这种缩写常见于专著和评注,对于文章则不常见。

Assmann, *Heinz - Dieter/Schütze*, *Rolf A.* (Hrsg.),Handbuch des Kapitalanlagerechts, 4. Aufl.,München 2015(zitiert als:*Bearbeiter*, in: Assmann/Schütze, Handbuch des Kapitalanlagerechts, 4. Aufl. 2015)。

Bader, *Johann/Ronellenfitsch Michael*(Hrsg.),Beck'scher Online - Kommentar zum VwVfG, 37. Ed.,München 1. 10. 2017(zitiert als:*Bearbeiter*, in: Bader/Ronellenfitsch, BeckOK - VwVfG, 37. Ed. 1. 10. 2017)。

Bamberger, *Georg/Roth*, *Herbert/Hau*, *Wolfgang/Poseck*, *Roman* (Hrsg.),Beck'scher Online - Kommentar BGB, 43. Ed.,München 15. 6. 2017(zitiert als:*Bearbeiter*, in: Bamberger u. a.,BeckOK - BGB, 42. Ed. 1. 2. 2017)。

Maunz, *Theodor/Dürig*, *Günther*(Begr.),Grundgesetz Kommentar, Loseblatt, 80. EL.,München Jun. 2017(zitiert als:*Bearbeiter*,in: Maunz/ Dürig, Grundgesetz, 80. EL. Jun. 2017)。

Drexl, *Josef*, Unmittelbare Anwendbarkeit des WTO - Rechts in der globalen Privatrechtsordnung, in: Großfeld, Bernhard/Sack, Rolf/Möllers, Thomas M. J. /Drexl, Josef/Heinemann, Andreas(Hrsg.),Festschrift für Wolfgang Fikentscher, Tübingen 1998, S. 822 - 851.

Münchener Kommentar zum Bürgerlichen Gesetzbuch,*Säcker*, *Franz Jürgen/Rixecker*, *Roland*(Hrsg.),Bd. 1,7. Aufl.,München 2015(zitiert als: MünchKomm - BGB/*Bearbeiter*, 7. Aufl. 2015)。

Möllers, *Thomas M. J.*, Das Haftungssystem nach dem KAGB, in: Möllers, Thomas M. J. /Kloyer, Andreas(Hrsg.),Das neue Kapitalanlagegesetzbuch, München 2013, S. 247 - 267.

Palandt, *Otto*(Begr.),Bürgerliches Gesetzbuch Kommentar, 77. Aufl.,München 2018(zitiert als:Palandt/*Bearbeiter*,BGB,

77. Aufl. 2018）.

Staudinger, *Julius von* (*Begr.*), Kommentar zum Bürgerlichen Gesetzbuch mit Einführungsgesetz und Nebengesetzen, Zweites Buch, Einleitung zum Schuldrecht, §§ 241 - 243（Treu und Glauben）, Neubearbeitung Berlin 2015,（zitiert als：*Bearbeiter*, in：Staudinger, BGB, Neubearb. 2015）.

108 （3）跨地区的报纸（本书第六章边码88及以下）和网站（本书第六章边码91及以下）上的内容，如果需要大量引用，也可以像脚注中的那样，以全部引用格式放在文献索引中。[1]

拓展问题： 如何区分文献索引和脚注中的文献引用内容？[2]

第六节 法律规范和案例索引

109 法律规范索引通常是不需要的，因为我们通常都可以查到相关的法律规范。对于比较难查找的法律规范，例如外国法，需要在文中多次引用或解释的，将其放在附录中或在附录中翻译，对读者来说是比较有帮助的。

110 如果有大量的案例需要研究，为了给读者一些方向指引，可以制作一个案例索引。案例索引应当按照审级来排列，另外，不同的救济途径也要分开。[3] 本书附录五边码77提供了一个示例。

排列的顺序如：地方法院—州法院—州高等法院—联邦最高法院；行政法院—最高行政法院/高等行政法院—联邦行政法院；劳动法院—州劳动法院—联邦劳动法院；宪法法院；欧盟普通法院—欧盟最高法院。[4]

---

[1] 例如，在《法兰克福汇报》《南德意志报》或者《时代报》中的文章通常会有多页A3大小的内容。它们中包含一些法学文章，同样的，如果缺少其他文献可引用时，也可以引用。

[2] 答案见本书第十章。

[3] 法学期刊，如《新法学周刊》和《法学家报》中的案例索引也可以提供帮助。

[4] 在案例索引中，对于欧盟法院的案例，可以在案号后面加上当事人名称，此外，可以写明该案文书在官方文集中的页码。

> 不知目的地在何方的人，也不会识得眼前的路。
>
> [古罗马] 塞涅卡*

第七章　大学学习阶段的学术论文：家庭作业、研讨课论文及学士、硕士学位论文

经过在法律论证（第三章）、法学语言风格（第四章）、法律检索（第五章）和文献引用（第六章）等方面的训练，你现在已经为撰写学术论文做好了准备工作。重要的是，你应当按照一定的时间规划来完成论文的每一步，也就是说，你必须保障自己不会白白地浪费时间（第一节）。而"写作"本身也要按照一定的条理来完成（第二节）。各种学术论文，诸如家庭作业（第三节）、研讨课论文（第四节）以至于博士论文等，虽然总体上相似，但各自也有一些特殊的地方。除此之外，学术论文的外在格式也尤其需要引起你的重视（第五节）。 1

第一节　撰写论文：有目的性的工作

一、日历与具体的时间规划

大学生应当在学期末的假期，即"不用上课的时间"（vorlesungsfreie 2

---

* 此句为比较随意的意译，原文如下："如果一个人不知道要驶向哪个港口，那么什么风对他而言都不是顺风。"（拉丁文：Ignoranti quem portum petat nullus suus ventus est，塞涅卡：《道德书简》，VIII, LXXI, 3。）马丁·路德也有类似形象的表达："立有目标者，才能到达目标。"

Zeit）完成自己的研讨课论文或家庭作业，因为每个学期的课前准备和课后复习已经够人忙活的了。所以，请尽可能把你的假期空出来，预留至少三到四周的时间来撰写家庭作业或研讨课论文。

3 　　和"闭卷考试"一样（见本书第2章，边码77），学术论文的撰写也需要进行严格的时间与工作管理。这一点我们在写家庭作业时恐怕已经体验到了，因为家庭作业通常必须在四个礼拜内提交。对于硕士论文或者博士论文而言，可供写作者支配的时间比较长，对于自己在特定的时间段内究竟完成了哪些工作，你也必须时刻了然于心。毕竟，年华是宝贵的。所以，请拿出日历，在你现有的时间内好好规划接下来工作的每个步骤。

4 　　如果写作期限是四周的话，那么写作者应当在第一个礼拜拟出论文的草稿（eine erste Fassung），同时做好文献的筛选。第二个礼拜则应该开始按照一定的条理来写作，完成论文的初稿（Rohfassung）。在第三、四周进一步优化润色，完成论文的精校稿（Reinfassung）。当然，并不是必须要死板地遵守这一规则，只是你要按照这样的指导精神来写论文，即必须清楚地知道，是否以及在多大程度上可能在特定的时间内完成了既定的目标。

5 　　不过，需要注意的是，上述几个工作阶段也并非一定要顺次进行，它们在时间上可以有所重叠，毕竟各个阶段是互相影响的。在使用打字机的年代，论文的精校是一个完全独立于其他工作阶段的过程。而在计算机时代，初稿、初校稿和精校稿之间已经不那么泾渭分明，因为写作者始终是在其初始手稿的基础上进行自己的工作。因此，不要等到精校稿的时候才使用正确的注释引用规则，在完成初稿的时候就应该按照那些规则来写作，如此才能避免不必要的重复工作（见本书第五章，边码94）。

二、"有目的性的"六个工作阶段以及各自的工具或方法

6 　　任何学术论文的写作都包含如下六个工作阶段。这六个工作阶段彼此截然不同，对此，一个井然有序的写作策略是必不可少的：

7 　　（1）选择主题（Themenwahl）或寻找主题（Themensuche）是论文写作的开始。如果像考试的题干（Bearbeitervermerk）那样，直接给定一个题目，那就容易许多。但如果是教授反过来要求你给他提交一个题目的话，那明显

就难多了。这一点对于硕士或博士论文的撰写而言完全是通例。此时,你就需要阅读法学期刊或报纸,至少对当下讨论的问题获得初步的了解(见本书第五章,边码 61 及以下)。

(2)按照特定的目标,安排学术论文的结构。比如,在撰写研讨课论文时,你首先要做的是限定论文的主题。也就是说,你需要独立地完成问题的提出、选取相关的研究问题(einschlägige Forschungsfragen)等步骤,这本身就已经意味着某种挑战或者一次不寻常的工作。这个时候,头脑风暴(Brainstorming)和跃跃欲试的创新精神,都会对你的工作有所助益(见本书第三章,边码 36 及以下)。

论文的作者必须给自己定一个清楚的目标:此时,通常来说,比较有用的办法是,先给问题拟一个初步的解决方案(erste Lösung),其形式可以是类似完成一次闭卷考试、拟定论文提纲(Gliederung)或者撰写论文的概览(Exposé),等等。在写研讨课论文或者学业论文的时候,还要对主题论文的结构了然于胸。比如,究竟是以解决事实问题为主,还是以研究某个法律原则为主,其间的区别还是很大的(见本书第七章,边码 28 及以下)。

有一个常见的现象是,有的学生阅读量太少,没有充分地利用与论文相关的文献。不过,还存在一个完全相反的现象,就是读得太多,以至于"只见树木,不见森林"。在对待相关的文献时,如果不抱着批判的态度,就很容易迷失在浩如烟海的文献堆里。因此,从一开始就把注意力放在重要的文献(wichtige Literatur)上,然后再好好地研读它们(见本书第五章,边码 81 及以下),才是有意义的。为了能时刻掌握论文文献的全貌,建议你一开始就使用 Microsoft Word(见本书第五章,边码 100 及附录四,边码 31 及以下)和 citavi(见本书第五章,边码 100)等软件。

(3)正式收集并利用文献。研读了最重要的文献之后,你已经清楚了论文相关问题之所在。此时,进一步涉猎其他文献,就变成一件相对容易的事情,因为你已经知道,将按照怎样的结构来写自己的论文。此时,就可以着手第三步的工作了,即开始正式收集并利用文献(本书第五章)。在初稿(Rohentwürfen)的写作过程中,你的任务是初步陈述论文的观点。不过,在这一阶段你就需要注意,论文的引注必须规规矩矩地完成，否则后期可能会陷入抄袭的责难（本书第六章）。

10　　（4）在初稿的基础上，为了理清论文的脉络，你需要不断地升华、"揣摩"或者说加工论文，由此逐渐完成论文的精校稿（Reinfassung）。如果你按照一篇高质量论文的标准来要求自己（见本书第七章，边码 1 及以下；第四章，边码 1 及以下；附录一），那么你的论文对相关法律问题的阐述就应当准确而利落，并能够简明扼要地表达自己的观点。对于这一点，法学的方法论和说理技巧十分必要（本书第三章）。你的论证如何才能达到原创和简洁的要求？为此，你必须有清楚的观点、清楚的思路，并使用清晰明了的语言风格（本书第四章）。如果可以的话，最好让论文的提纲读起来就已经能够像一则故事那般流畅。

11　　（5）在交稿之前，论文还应该再"打磨"一番。你需要再一次注意那些论文写作的重要规则：论文是否写得简明扼要，也就是说，论文的主旨脉络是否已经清晰了然？是否遵循了清楚而准确的法律语言风格（本书第四章）？论文中的德语表达是否已经做到无可指摘？对于最后这一点，一本《杜登词典》以及语法和正字法的相关教材可能会有所帮助。不过，有疑问的时候，也可以向一位精通德语表达的朋友求助。

　　此外，你还需要再问一问自己，是否已经遵守了引用规则（本书第六章）和其他的论文形式方面的要求（本书第七章）？只有完成这些步骤，你才能递交论文的终稿。

12　　（6）大部分的学术论文都还要面临一项任务，即需要用简短的演讲形式，向他人报告自己论文的观点。关于学术报告（Präsentation）时的演说技巧以及相应的策略，比如如何作论点清单（Thesenpapier）、提纲或者幻灯片，将专门用一章进行介绍（本书第九章）。

13　　下文图 7-1 即呈现了上述六个工作阶段及各个阶段的相关辅助手段[1]：

---

〔1〕 相关的时间表可参见 *Scherpe*，JuS 2017，203，205。

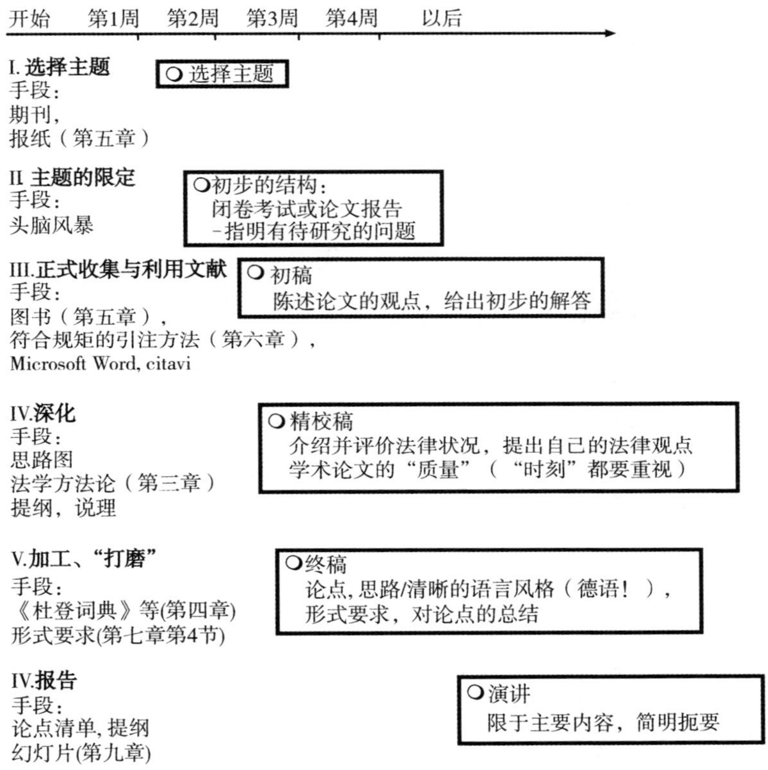

```
开始    第1周   第2周   第3周   第4周   以后
─────────────────────────────────────────────→
```

I. 选择主题
手段：
期刊，
报纸（第五章）

○ 选择主题

II 主题的限定
手段：
头脑风暴

○ 初步的结构：
　闭卷考试或论文报告
　－指明有待研究的问题

III. 正式收集与利用文献
手段：
图书（第五章），
符合规矩的引注方法（第六章），
Microsoft Word, citavi

○ 初稿
　陈述论文的观点，给出初步的解答

IV. 深化
手段：
思路图
法学方法论（第三章）
提纲，说理

○ 精校稿
　介绍并评价法律状况，提出自己的法律观点
　学术论文的"质量"（"时刻"都要重视）

V. 加工、"打磨"
手段：
《杜登词典》等(第四章)
形式要求(第七章第4节)

○ 终稿
　论点,思路/清晰的语言风格（德语！），
　形式要求，对论点的总结

IV. 报告
手段：
论点清单, 提纲
幻灯片(第九章)

○ 演讲
　限于主要内容，简明扼要

图 7-1　学术论文的时间与任务管理

第二节　以目标为导向的写作过程：展现并阐述自己的观点

如果你形成了自己的观点，请不要把你的观点藏在犄角旮旯里，也不要把它们写在脚注里，而是应当将其在正文显眼的地方展现出来。

一、"开胃菜"——问题概览

（一）目标：说服

在各种各样的评论和学术论文中，"导论"起到引入主题的作用。这一部分相当于你作品的"名片"。如果在导论部分就让读者失去兴趣的话，那你的大作估计很快就要被束之高阁了。因此，导论的意义不容小觑。对于研讨课论文、博士论文以及一个学术演讲来说，莫不是如此。通过对论文问题的概览，论文的关键命题已经呈现于你的脑海中。如果论文的问题首先都无法让自己感到兴奋，那你就无法说服其他人。"说服"可以说就是法律人的日常工作。论文的写作并非将几页文字乏味地拼凑在一起，你选择研究某个题目时必须对它抱有足够的热忱，以至于在未来的数周（研讨课或学业论文）、数月（硕士论文）乃至数年（博士论文）的时间内，都不太可能放弃该论文的写作。[1]因此，问题的概览是一个准备性的工作，以此为基础，你才能够逐渐理顺论文的主旨脉络（ein roter Faden）。这样一来，就不用一直黑灯瞎火地苦心钻研，从而白白浪费宝贵的工作时间。

（二）唤起好奇心

从一开始，就要努力唤起读者的好奇心。读者应当抱有继续阅读下去的兴趣。因此，你要假设自己是读者，来试试看能否引起自己阅读的兴趣。

> "从政治上看，欧洲和美国三百年前是相同的。"对于我提出的一个并不算正统的问题——"欧洲究竟是更像美国，还是更像联合国"，我的一个学生如是回答。

再看另一例：

> 我想给你写这些话已经很久了。一年来，有一件事使我忍不住要将之诉诸笔端，那就是：约瑟夫的故事。我的妈妈曾经跟我讲，在她孩提时代的小村庄里，每到晚饭时候，她父母家那个五光十色的花园后面，总会摆放一个没人坐的椅子和一个空荡荡的盘子，那是给"耶稣先生"的。我的外公总会向他祈祷。每次的祷告总是一样的内容：愿他降临寒

---

[1] 如果你提出的问题无法说服他人和自己，那说明这并非你得心应手的题材。

舍，成为"我们的宾客"，将他所要赠予的，恩赐于"我们"。[1]

（三）有待更正的法律状况：基于实际案例的铺陈

有的时候，可以通过讲述一个实践中的案例来展开论文的论证，这一案例应当集中暴露了某些法律问题，并能激发读者的好奇心。为此，你需要及早准备，搜集那些能够反映特定法律问题的相关案例。比如，你可以选取一个在你看来存有错误的法院判决（本书第三章，边码42）。你需要搞清楚的是，（在案例中）哪些利益是受到影响的，哪些利益又是值得法律保护的。通过上述方法，你就可以避免论文主题的研究过于"理论化"的倾向。

通过"问题的概览"这一部分（本书第七章，边码15及以下），对相关领域不熟悉的人或许就能够理解，当下的法律状况为何被认为是有待更正的（unbefriedigend）。比如，从某个似是而非的判决或者某一自相矛盾的学说观点所得来的结论可能没有什么说服力，甚至是错误的。[2]这时，你必须详细地说明其中所存在的法学问题。为了达到这一目的，可以借由几个相关案例，以较为具象化的方式揭示各种利益之间的冲突。

（四）开门见山地提出论点

如果供发挥的空间较为有限，但你还是想引起读者注意的话，那就不妨在论文开篇就指明自己的观点。读者也能由此知道，你的论文是言之有物的。在此之后，你就可以围绕特定的主题展开论文的写作了。

在论文通篇的写作过程中，你都要努力抓住读者的胃口。论文的写作应当形象而生动，因为读者对你的论文内容多半是不够熟悉的。依据个人经验，我可以断言，其实任何学术论文完全都可以写出"引人入胜"的效果（本书第四章，边码30）。

二、从初稿到第一稿

（一）初步草稿：说明个别的法律问题

在向读者（可能是通过介绍一个案例）呈现了问题的概览之后，你的

---

[1] 这段话摘录于某次圣诞节前一个交与我手上的"捐赠倡议书"。
[2] 当然，还存在一种法律史的论文，其目的仅仅在于描述某一法律状况，而对法律的改进并无兴趣。

任务应当是，进一步借由其他案例尽可能生动地阐述接下来所有的法律问题。等一系列的法律问题清晰以后，你就可以通过整理"主题大厦"的方方面面来完成论文的初步草稿。这时，如果你使用"断章取义法"（即断石法，见本书第五章，边码 94 及以下），你可能较为迅速地收获你的第一次"成功体验"，因为这个时候你就已经可以立即投入到论文的写作中去了。现在，你就可以想一想，该如何独立地描述一个特定的法律领域并阐释具体的问题。

（二）进一步限定主题

21 　　提前浏览相关文献并限定论文的主题，是非常必要的，不然的话，就可能白白浪费许多宝贵的工作时间。文献搜寻（本书第五章，边码 79 及以下）的工作做得越踏实，事后发生"悲剧事件"的风险就越低，比如，发现同主题的论文早已发表或者已经有专著详细地讨论了同一主题，等等。

　　从始至终你都要提防一种可能性，即论文的主题可能会过于宽泛，因此在着手初稿的时候，就要不断地限定论文主题的范围。这种工作方法常常有点类似于一个"试错"（try and error）的过程。最后你会发现，终稿的许多部分和当初的提纲相比，已是面目全非了。

第三节　家庭作业

一、一般规则

22 　　在做基础练习或进阶练习的时候，大学生通常要面临撰写家庭作业的任务。家庭作业与闭卷考试有一个相似的地方：所要解的题干同样经常以一个具体案情的问题（Fallfrage）来结尾，因而几乎总是要利用请求权结构或者案例分析结构（本书第二章，边码 12 及以下）来完成一次法学鉴定（Gutachten）。相应地，闭卷考试中的涵摄、结构、论辩技巧等方面的规则（本书第二章），也适用于家庭作业的写作。

　　与闭卷考试不同的是，家庭作业的完成时间不限于 2 个或 5 个小时，而是通常给你 4 到 6 周的作业时间。不同于闭卷考试，你必须利用图书馆的资源，证明你已经充分挖掘了与主题相关的法律法规及法学文献（本书第五章），并能针对它们发表你的观点。[1] 除此之外，你必须依照学术论文所通行的注释规则（本书第六章），指明所引用文献的来源。

另一方面，你还必须合理分配自己的工作时间，有目的性地安排论文的结构以及成文的过程。对此，首先需要一个工作或时间规划，特定的检索方法（本书第五章）以及理性的阅读技巧（本书第五章，边码 89 及以下）。此外，对家庭作业中各种争论点（Streitstände）的论证应当比闭卷考试更为精准、详细。为此，法学方法论和法学论辩技巧（本书第三章）的基本知识是必不可少的。最后，你还需要遵守学术论文其他形式上的要求，制作论文的目录及参考文献清单（详细内容参见本书第六章，边码 102 及以下；第七章，边码 45 及以下）。

二、家庭作业的初步草稿：如同完成闭卷考试

同闭卷考试一样，家庭作业的题目通常由一个案件事实及相应的案情问题组成。因此，论文的撰写者应当像参加闭卷考试那样，解决案件事实的问题，并着手在写作的第一天就拟出案例分析的草图来。[2] 对此，如同闭卷考试，你需要格外注意题目的题干部分（本书第二章，边码 2 及以下）。这样做有如下好处：

（1）写作者在起步阶段就强迫自己使用了特定的结构；类似闭卷考试的解答方法使得论文一开始就有了自己的骨架，从而确定了后面几周的工作纲领；

（2）你不会"迷失"在论文的细枝末节里，也不会陷于文章堆里而无法自拔，从而避免了"只见树木，不见森林"的危险；

（3）你不得不自己独立地思考其中的法律问题，由此也就避免了过早被文献中已经讨论过的解决思路（或者被所谓主流的"权威意见"）牵着鼻子走[3]；

（4）写作者由此可以抛弃一种"执念"，即以为自己只要搜集了文献，就可以在最后两天搞定家庭作业。

---

[1] 有关法学研究的创新性，参见本书第三章，边码 36 及以下。
[2] 参见 Hadding, JuS 1977, 241, 242；以及 Zuck, Jus 1990, 905 ff.。
[3] 参见 Stein, Die rechtswissenschaftliche Arbeit, 2000, S. 102。

不过，你还需要知道以下几点：

（1）你的论文不能只是一个"文献整理库"，而必须是有条理、有结构的；

（2）你论文的初稿中，有可能还有很多问题没有被论及；换句话说，论文的初稿充其量只是助推了论文的起步，和终稿相比，可能还是会有所出入；

（3）因此，你必须时刻准备推翻已有的结论，也就是说，你不能刻板地墨守于论文的初稿。

第四节 研讨课论文、学士学位论文和硕士学位论文

一、自己提出具体的学术问题

24　　研讨课论文、学士学位论文或硕士学位论文与家庭作业有一个相似之处，即都要求充分研习相关法律，并很好地阐述各种观点。对于这个方面，请参照前文"学术论文的时间与任务管理"的图（本书第七章，边码 13）。不过，与家庭作业不同的是，这些论文往往并不会给定一个具体的案件事实，从而有特定的解题套路可供遵循[1]，因此，给写作者提出的要求也就更高。此时，写作者将不得不着手一个或多或少有些狭窄的主题。探明论文题目的布置者究竟想从自己这里获得怎样的答案，就成了论文写作的一个重要任务。为此，你就需要经常限定自己论文主题的范围，并在这个范围之内提出恰当的学术问题（richtige Forschungsfragen）。[2]

25　　在接受某个研讨课（Seminar）的主题之前，你必须先要了解这一题目可能涉及的领域究竟是什么。如果从未涉猎过相关主题，那么你现在至少应当搞清楚，"这究竟是关于什么的"。在某些时候，你的老师会大致介绍一下论文的主题，但在大多情况下，这种介绍毋宁说都是十分简略的。给论文的写作提示，也往往非常简单。有时，老师会为你提供参考文献。不然，你就得自己搜寻相关的文献，以熟悉具体的内容。如此一来，写作者的任务即

---

[1] 参见 Stein, Die rechtswissenschaftliche Arbeit, 2000, S. 102 f.
[2] 有关撰写研讨课论文时的各种工作步骤，参见 Schwab, ZJS 6/2009, 637 ff.

是：独立研究论文的学术问题和法律争议、提炼相应的内容并为之安排合理的结构。

从方法上说，你首先要做的，是熟悉你论文的主题。为此，你需要（像考试的命题人那样）拟出你自己问题的"题干"。由于论文的篇幅可能不过20至40页，如果你能成功地筛选出有待深入解决的学术问题和法律争议，那你就已经完成了一篇高质量论文的重要乃至最为关键的一步。因此，在对论文题目展开细致的写作和研究之前，一定要先和你的指导老师做好沟通。

在撰写研讨课论文时，先完成初步的文献筛选并自己粗略阅读一下相关内容，是非常必要的。由此，你就对相关的法律问题获得了一次概览式的认识。以此为基础，就可以完成第一份论文提纲，并与你的老师讨论提纲的内容（本书第二章，边码64及以下）。只有掌握了足够扎实的相关知识，才能逐渐摸清论文主题的庐山真面目；只有先对各种细节问题建立起具体的认识，才能最终形成论文整体的抽象思路。[1]

由于存在各种不同的论文类型，你必须了解如何依照特定的类型来确定论文的结构。你应当尽可能地精简论文描述性的部分，然后在显著的位置，比如说在问题的概览部分（导论），以富有说服力的方式阐述你自己的观点。对于一篇好的或者说非常出色的论文而言，则有更高的要求：这样的论文应当表现出开创性和原创性。此外，如果你想要依照明确的目标提高论文质量的话，那还必须反复不断地修改、订正。

二、法学论文的不同类型

国家司法考试令法科学生深受其累，因此，不难想见，很多法科学生以为，司法考试的那种请求权结构就是法学写作的唯一形式了。不过，在参加"主题型考试"（Themenklausur）[2]时，他们就会发现，请求权结构并非总能奏效。对于以研究特定主题为目标的研讨课论文、学士学位论文、硕士学位论文而言，这一点更是通例。这些论文的写作须遵循自己的规则。通常而言，尽管彼此之间并非那么泾渭分明且常常有所重叠，不同的论文终究还是

---

[1] Mann, Einführung in die juristische Arbeitstechnik, 5. Aufl. 2015, Rn. 374 ff.
[2] 考试的题目更为抽象，类似于"论述题"。——译者注

有着不同的结构形式。

(一) 案例型结构 (Fallorientierter Aufbau)

29　　法科学生对案例型结构最为熟悉,因为这通常是闭卷考试所要求的格式。此外,案例型结构也可以为范围更广的各种学术论文所采纳。[1] 不过,你需要注意的是,绝不能把论文简单化为纯粹的"案例报告"。如果你的论文无非是罗列一个接一个的案例的话,那你可能永远只是一个"描述者"而已。你应当通过探寻更深层次的观察角度、结构并体系化既有的案例,由此梳理出特定类型的案例群 (Fallgruppen)。

(二) 规范型结构 (Normorientierter Aufbau)

30　　还有不少论文围绕的是某一法律规范以及某一法律规范的具体构成要件。尤其当某一法律是新近的立法成果时,情况更经常是这样。[2] 写这种规范型结构的论文有一点好处,即可以在研究过程中采纳法律解释和法律续造的方法。有的时候,论文研究的是某个一般条款或者某些需要具体化的构成要件,此时,为了让读者获得清楚地了解,相应案例的介绍仍然是不可或缺的。有为数众多的博士论文将公司法和资本市场法领域的最新法律作为其研究对象。

(三) 法律原则

31　　有些学术研究则将目光置于比法律规范更高的层面上。法律制度或法律原则常常并不仅仅体现于某一个具体的法律规范上,例如损害赔偿、预防原则或者法益保护原则等。[3] 各个法律原则之间可能存在着冲突关系。因此,

---

[1] 例如,欧盟最高法院的"弗兰肯 (Francovich) 案"——当然也包括《马斯特里赫特条约》——即催生了数量众多的博士论文。

[2] 参见 Staud, Die Bedeutung der Dokumentationspflichten bei Wertpapiergeschäften (§ 34 WpHG), 1999 (Diss. Augsburg 1999); Leisch, Informationspflichten nach § 31 WpHG, 2004 (Diss. Augsburg 2002); Bertrams, Die Haftung des Aufsichtsrats im Zusammenhang mit dem deutschen Corporate Governance Kodex und § 161 AktG, 2004 (Diss. Augsburg 2004); Fedchenheur, Die Qualifikationsanforderung an Anlageberater (§ 34d Abs. 1 WpHG), 2014 (Diss. Augsburg 2014)。

[3] 参见 Breidenbach, Die Voraussetzungen von Informationspflichten beim Vertragsschluss, 1989 (Diss. München 1988); Möllers, Rechtsgüterschutz im Umwelt- und Haftungsrecht, 1996; P. Müller, Punitive damages und Schadensersatzrecht, 2000 (Diss. Augsburg 1999); Holzner, Private Equity, der Einsatz von Fremdkapital und Gläubigerschutz, 2009 (Diss. Augsburg 2009); Wenninger, Hedge Fonds im Spannungsfeld des Aktien- und Kapitalmarktrechts, 2009 (Diss. Augsburg 2009)。

在这样的论文中，法益或利益衡量是必不可少的工作。[1] 你需要找到（适合的）检索步骤、构成要件要素、法律根据和法律原则，依照这些来组织所要研究的法律问题。有的时候，你可能需要在公法中区分职责（Aufgaben）与权限（Kompetenzen），在民法中区分权利、义务以及法律后果。在参加闭卷考试时，这些通常是在应付"主题型考试"（即论述题）时所必须考虑的问题。[2]

（四）历史类论文

论文的类型还可以进一步细分。例如，还有一种所谓的"历史类论文"。对法制史上（罗马法）的典籍、《学说汇纂》等的诠释，即是其中的一种特殊类型。[3] 还有一种论文被称作"报道型论文"（Journalistische Arbeit），这类论文所聚焦的是某个当下流行的话题。[4]

三、有目的性地进行组织——传统的论文结构

亚里士多德经典的《修辞学》[5]就已经阐述了应当如何清晰地表达思路以及论证观点。[6] 经年以来，这些规则已经得到了世人的普遍认可。无论你的论文是案例型的或主题型的，传统上讲，都包括如下几个组成部分[7]：

1. 导论
2. 主体部分
①事实描述：介绍所关涉的事实；
②证立（本方观点）；
③反驳反方观点。
3. 结尾＝总结

---

[1] 比如"私法自治"与"保护法律交易"。
[2] 例如，*Möllers*, JuS 1999, 1191 ff.。
[3] *Ch. Becker*, Kurzanleitung zur Quellenexegese im Römischen Recht, 8. Aufl. 2014；*Wesel*, Die Hausarbeit in der Digestenexegese, 3. Aufl. 1989.
[4] *Schimmel/ Basak/Reiß*, Juristische Themenarbeiten, 3. Aufl. 2017, Rn. 584.
[5] *Aristoteles* (Hrsg. Franz Sieveke), Rhetorik, 5. Aufl. 1995, S. 1414 b；*Cicero*, De oratore, 2, 315 – 332；s. hierzu *Gast*, Juristische Rhetorik, 5. Aufl. 2015, Rn. 852 ff.
[6] 对此参见 *Gast*, Juristische Rhetorik, 5. Aufl. 2015, Rn. 852 ff.；也参见第一章边码 73 以下。
[7] 在英美法系也是如此，参见 *Gold/Mackie/Twining*, Learning lawyers' skills, 1989, S. 126.

将论文细分为导论、主体（提出并证立观点）和结尾，几乎适用于任何种类的学术成果。研讨课论文、博士论文、学术出版物甚至是判决书，都可以遵循这一体例。

34 根据《德国民事诉讼法》第 313 条第 1 款，判决书由首部（Rubrum）、判决主旨（Tenor）、事实（Tatbestand）和判决理由（Entscheidungsgründe）四个部分组成。在事实部分，将根据争议事实分别叙述原告所指称的事实和法律意见、原告和被告的诉讼请求、被告所指称的事实及法律意见。[1]

35 在一个严格的请求权结构中，导论或总结部分可以只有短短的一句话。写作者可以立即开始检索相应的请求权基础、检视诉讼的正当性以及行为构成犯罪的可能性，等等。[2] 如果写作者的重点不在于分析案件事实，而是要解决一些更为抽象的问题的话，那就应当在"导论—主体—总结"这样的论文结构上多费心思了。

（一）导论

36 论文的导论和结尾部分可以在论文的主体部分已经完成后再完整地补写出来。导论部分所介绍的是论文的整体结构，结尾部分则是总结并复述论文已经得出的主要结论。

37 （1）如果你以"问题的概览"（Problemaufriss）作为论文的开端，那么读者上手起来就会容易很多。你需要用几句话说明，论文的主题是关于什么的（参见本书第七章边码 15 及以下）。判决书或者法学闭卷考试的导论部分通常都很简短。判决式风格的导论会先行亮出裁判的结论，例如："A 根据第 × × 条规定的……有权向 B 请求损害赔偿。"在法学鉴定（Gutachten）中，导言也非常简短，常见的是这种符合鉴定式风格（本书第四章边码 42 及以下）的句型："需要检索的是，某人是否……"通常而言，不需要（在导论部分）指明待检索的各种请求权的顺序。不过，在存在多个当事人的情况下，最好还是一开始就讲明你要检索的各种请求权的顺序，这是较为妥当的做法。学术论文的导论则是对论文的研究对象提供

---

[1] 参见 Knöringer, Die Assessorklausur im Zivilprozess, 16. Aufl. 2016, § 5; Musielak/Voit/Musielak, ZPO, 14. Aufl. 2017, § 313 Rn. 8 f.; Zimmermann, Klage, Gutachten und Urteil, Eine Anleitung für die zivilrechtlichen Ausbildungs – und Prüfungsarbeiten mit Beispielen, 20. Aufl. 2011。

[2] 有关不同类型的请求权结构，参见本书第二章边码 12 以下。

一个概括性的认识。

（2）在导论部分，你需要向读者说明研究的步骤（Gang der Abhandlung）。如同目录那样，读者由此可以获知你论文的结构是怎样的。这个时候，你就已经需要让读者知晓你论文的"主旨脉络"是什么。如此一来，读者在阅读的过程中才能时刻清楚地知道他目前正读到论文结构的什么位置，从而对你论文的主题保持集中的注意力。

你需要描述一下你论文将要研究的事实问题是什么，以及将如何导向一个合理的解决方案。请尽可能用通俗易懂的方式表述论文的问题意识。此外，导论部分也需要介绍一下你的研究方法（Methode）。

此外，在导论部分你也可以向读者简要介绍一下论文的研究成果（Forschungsergebnisse der Arbeit），即自己所形成的观点。这样做虽然会在一定程度上牺牲论文的悬念感，但可以让读者更为关注你的思考方法，尤其是关注你对观点的"论证"部分。这样写论文就有点类似于"判决式风格"，它与判决书的结构是雷同的。

（3）最后一点是，在论文的导论部分，你还可以限定论文的主题（Eingrenzung des Themas）。写作者可以借此说明，有哪些作者同样感兴趣的问题，最终囿于时间或篇幅的限制而无法进一步展开。如果觉得必要，你可以在脚注部分（就未及深入的问题）罗列一下相关的文献。

（二）主体部分的结构

（1）在主体部分，可以先作一个描述性的介绍（Darstellenden），实际上就是"先一般后具体"的思路。这样做的好处是，你选择了一种驾轻就熟的开始方式。第一步，你可以描述法律状况，即当前的法律、判例和法学文献对问题作出的结论是怎样的。此时，先介绍一下问题的历史演进可能会是一种比较有意义的做法。目前来说，许多问题只有置于欧盟的背景当中才能得到恰当的讨论。在比较法研究的论文中，以国别报告（Länderberichten）的形式描述各国的法律状况，则是一种常见的做法。[1] 不过，比较法论文的行文安排也必须以问题为导向。

---

[1] *Zweigert/Kötz*, Einführung in die Rechtsvergleichung auf dem Gebiet des Privatrechts, 3. Aufl. 1996, S. 42 ff.

比较法研究的"经典结构"是，先介绍 A 国，再介绍 B 国，然后在第三部分对两国进行比较。有些论文则采用了更为时髦的做法，即系统地讨论某些法律问题，并在整体框架中融入比较法的思考。[1]

此外，在进行描述性的介绍时，你也必须注意论文的比例问题。如果你是要完成篇幅仅仅 20 多页的研讨课论文，那你就必须尽早地切入具体的法律问题，换句话说，最好在论文的导论部分就进入正题（本书第七章，边码 15 及以下）。

（2）在论文提纲（Gliederung）的帮助下，你的论文可以表现得更有条理，借此，你的思路也能够一步步地趋于明朗（本书第二章，边码 64 及以下）。不过，论文提纲的主要功能还是让读者和审阅人快速而全面地领悟到自己的思路。换句话说，你是通过提纲来"指引"读者的。理想的情况是，论文提纲本身读起来就已经有了故事一般的递进感。需要注意的是，论文提纲的层次也不宜过多、过碎。一般而言，家庭作业或研讨课论文的提纲划分四级、或者最多五级就足够了［也即章、节、一、（一）、1.］。

（3）阶段性结论（"小结"，Zwischenergebnisse），顾名思义，并非出现在论文的篇末，而是位于研究进行过程中的某一章、某一小节或者某次完整的请求权检索结束之后。如果主体部分的讨论尤为庞杂，那么列出阶段性结论对读者来说就非常必要，否则，你的论文可能让读者"找不着北"，以至于无法摸透你的思路。"小结"部分也可以帮助你自己对论文进行排查，比如是否用过多的笔墨探讨了一个不那么重要的问题，等等。当然，你也不能夸大"小结"的重要性。[2] 就篇幅 20 页的研讨课论文来说，最好还是不要做"小结"了。

（三）总结

（1）在"总结"（Zusammenfassung）[3] 部分，你应当复述你自己的研究结论，而不能再重复当前已知或无争议的结论。如此一来，"总结"即是在

---

［1］成功运用的范例参见 *Fleischer*, Gutachten F für den 64. DJT, 2002; *Braun*, Die failing company defense in der deutschen, europäischen und US-amerikanischen Fusionskontrolle, 2003 (Diss. Augsburg 2003).

［2］曾经有位博士在他的博士论文中一个紧接着一个列出了一大堆的"小结"。

［3］或者称作"结语"（Schlussbetrachtung）或者"尾声"（Resümee，法语：Résumé）。

论文的结尾讲述论文最重要的结论,作者由此可以说明自己的研究究竟实现了怎样的"知识增进"。研究结论应当以观点(Thesen)或者总结性陈述的方式提出,并且限于一到两页的篇幅。那些时间紧迫的读者恰好可以据此快速地了解一下你的论文。因此,"总结"部分的写作尤其应当谨慎对待。在"总结"部分的脚注中,你也可以注明正文中具体讨论各个命题的位置。

(2)通常,学术论文还会对未来作出展望(Ausblick),即对于未来的判决和立法(即应然法层面,de lege ferenda)应当如何解决某一法律问题而发表自己的看法。

第五节 外在形式

不论文章内容写的怎样,假如不重视论文的格式要求,那也会面临一个很糟糕的评价。[1] 与闭卷考试相比,这一点也算是一个特殊的挑战。

一、家庭作业和研讨课论文的一般格式

你可以向你的指导老师或者去学院办公室咨询一下,你需要提交几份论文样本。为了排除抄袭的可能性,论文通常还应当同时提交电子版(elektronische Form)。

研讨课论文和家庭作业必须严格遵守规定的篇幅(Umfang)和提交时间(Abgabezeitpunkt)。如果允许某人的论文写作时间多于其他人,那么所谓"机会均等"就会成为一句空话了。[2] 研讨课论文、家庭作业和学业论文的篇幅,大多情况下是 20 页或 4000 字。在字数限制的问题上,你可没办法投机取巧,因为借助 Word 软件事后很容易计算出你文章的实际字数。你必须注意的是,超出规定字数的部分将被视为无效内容,你的论文也会因此被评价为"未完成"。毕竟,遵守字数限制意味着需要对各种问题进行恰当的取舍,并尽可能使用简洁明了的语言,而这也是一篇杰作的必备要素。

---

〔1〕 前文已提及闭卷考试的格式,参见本书第二章边码 77 以下。
〔2〕 因此,超期完成论文就意味着已经退出了研讨课或练习课。

页码的数字可以使用罗马数字或阿拉伯数字。正文部分的页码采用阿拉伯数字，其他部分（目录页、缩略语页、文献索引页）如果置于正文之前，页码则应当使用罗马数字（本书德语原版即如此）。如果文献索引紧随正文之后，则应继续采用阿拉伯数字的页码。扉页上不显示页码，但是如果采取罗马数字计数，则应将扉页一并计入（Word 软件的相关设置，参见本书附录四，边码 49 以下）。

二、论文扉页

46　　研讨课论文、家庭作业、学业论文和硕士论文都包括一个扉页（Deckblatt）或者说"标题页"[1]（可参见本书附录五，边码 74 的示例）。极少情况下会出现题词页（Motto）或前言页（Vorwort）。[2]

论文扉页包含论文的主题（题目），有时可以有一个副标题，此外还包括：

（1）论文的类型（研讨课论文、家庭作业、硕士论文或博士论文）；
（2）姓名；
（3）居住地；
（4）职业名称，例如法科学生（stud. iur. , cand. iur.）、通过第一次或第二次司法考试的候补文官（Rechtsreferendar、Assessor）、律师等；
（5）准确的学校地址及作者的电话、学号；
（6）指导教师的姓名；
（7）论文提交时间。

三、索引

47　　索引页（Verzeichnisse）的功能在于给读者提供论文的概览，从而使其初步了解你的作品（示例参见本书附录五，边码 76 以下）。内容索引（目录）和文献索引是任何论文都不可或缺的（本书第六章，边码 102 及以下），而是否要设置缩略语索引、法律法规索引以及判例索引、附录甚或关键词索

---

[1] 参见 Brinkmann, Die rechtswissenschaftliche Seminar - und Doktorarbeit, 1959, S. 1 ff.；Theisen, Wissenschaftliches Arbeiten, 17. Aufl. 2017, S. 208 f。
[2] 博士论文属于例外，参见本书第八章，边码 39 以下。

引,则完全取决于作者的想法或者论文的风格。[1]索引页不属于正文部分,因此,页码应当使用罗马数字。

(一) 缩略语索引

有时候,为了解释那些较少使用的或者来自外来语的缩略语,缩略语索引的制作就显得很必要。[2]家庭作业或研讨课论文中,缩略语索引通常是可以省略的。

需要注意的是,不要自己发明缩略语,而应当使用通行的表达,就此可以参见柯克纳/伯切尔(*Kirchner/Böttcher*)[3]主编的《法律语言缩略语》一书或者《杜登词典》。另外,在使用缩略语的时候,要切记不可影响文章的可读性:如果缩略语层出不穷,那读者可能会忙于对缩略语的"解码",而无法认真地领悟内容。对于有篇幅限制的研讨课论文和家庭作业,如果你频繁使用缩略语,会很容易给人一种印象——那就是,你只是想通过使用缩略语来腾出更多的篇幅空间。

(二) 内容索引(目录)

内容索引,即目录(Inhaltsverzeichnis),应当与论文提纲一致(参见本书第二章,边码64及以下),其同样反映的是论文的结构。它应当使得读者对你论文的行文安排形成初步的整体印象。目录中的各个大标题必须与正文的段落题目一致。除了段落的题目,目录还指示了具体的页码。为了更为直观清楚,每个低一层级的标题都要首行缩进,必要时还应使用小一号的字体(参见本书附录五,边码75)。在篇幅较长的论文中,比如教授资格论文或者专业书中,除了详细的目录之外,有时还会制作一个内容概览(Inhaltsübersicht)。内容概览只列出最重要的章节标题,因此,比起提供论文全部大小标题的目录,其对论文内容的指示也就更加一目了然。

(三) 文献索引

任何学术论文都应当制作文献索引(参见本书第六章,边码102及以下)。你可以根据自己的选择,将文献索引置于正文前或正文后。若文献索

---

〔1〕 排印时如何制作关键词索引,则参见本书第八章,边码42。
〔2〕 参见本书德文版的缩略语援引。das Abkürzungsverzeichnis dieses Werkes。
〔3〕 *Kirchner/Böttcher*, Abkürzungsverzeichnis der Rechtssprache, 8. Aufl. 2015(本书第六章边码75)。

引在正文前面，则页码应使用罗马数字（本书即如此）；反之，如果文献索引在正文之后，则按照正文阿拉伯数字的页码继续计数。

（四）法律法规索引及判例索引

51　　通常而言，法律法规的索引（参见本书第六章，边码109）是没有必要制作的，因为法律人随时可以找到相关的法律条文。不过，如果涉及的是一些较难接触到的法律渊源，比如外国法，而这些法律又在论文中多次被引用和说明的话，那么在附录中列出相关法律并且提供翻译，则是一种非常有用、且对读者来说非常方便的做法。

52　　判例索引（参见本书第六章，边码110）的制作通常没有什么意义，除非论文讨论了大量的判例，此时制作判例索引可以为读者提供一定的指引性帮助。

四、正文部分

53　　正文部分的写作，通常也需要遵照一系列特定的格式要求。为此，可以充分利用Word等文字编辑软件的功能（参见本书附录四，边码31以下）。

五、附录：图表、数据和实证研究

54　　如果你使用了互联网信息，那么为了便于读者理解你的论文，你就应当将相关的信息列入学术论文的附录当中。使用图表时也应当如此。法学论文中使用图表的例证已经越来越多，因为图表能够帮助读者更好地理解论文。此外，数据或者说实证研究的成果、访谈的内容等，也应当收于附录之中。[1] 如果你只是想陈述被采访者的想法，那么只需要在脚注里注明采访对象的名字就可以了。反之，如果你要介绍大段的谈话内容，则必须对访谈进行录音、做好记录，然后收入论文的附录中。对于私密性的访谈，则应当取得被采访者的同意，或者对其进行匿名化处理。

六、宣誓声明与签字

55　　在学业论文、家庭作业、硕士论文中，采用"替代宣誓的声明"（Ei-

---

[1] Hamann, Evidenzbasierte Jurisprudenz, 2014; ders., Jura 2017, 759 ff.

desstattliche Versicherung，参见本书第八章，边码27）逐渐成为一种常见的做法，因为评定规则通常会对此作出规定。不过，作者在论文最后一页签上自己的名字，也足够说明该论文是由他本人独立完成的。

七、小型论文的发表

（一）发表小型论文的可能性

在美国，著名法学院的法律评论或法律期刊是由学生编辑的。通常，这些期刊中会发表案例评论以及学生所写的论文，因为发表与否更看重的是论文的质量，而非作者的名气。不过，要在一本著名杂志上发表文章，成功的可能性超不过3%。在某本法律评论杂志社做编辑的经历，或者科研论文的发表，不仅是进高校谋职的基本条件，同时也是踏入大型法律公司的敲门砖。因此，市面上有很多书籍会教导学生如何才能将他的学术论文发表出去。[1]

在德国，目前来说，研讨课论文、家庭作业、学士学位论文和硕士学位论文通常不会发表。当然，过去也总是存在一些例外的情况。[2]一直以来，《欧盟私法杂志》会为杰出的学生论文提供奖励，然后择优发表。[3]近年来，有越来越多的法学期刊是由学生负责出版的。[4]根据我个人的经验，如果交给我们教席的研讨课论文可以打17分或18分，那么发表绝对是没有问题的。[5]在"法学改革"之后，研讨课论文和学业论文的数量急剧上升，因此可以想见，未来有潜力发表的研讨课及学业论文也会越来越多。

因此，对于如何发表上述小型论文，本书也略提供一点建议。除了报道型文章外，判决评论（Urteilsanmerkungen）和小论文（Aufsatz）是最值得考虑的类型。发表判决评论时需要注意，出版者尤其青睐那些对最新判决及时

---

〔1〕 近期的作品参见 *Volokh*, Academic Legal Writing, 5th ed. 2016。关于如何在德国发表论文，则参见 *Schimmel/ Basak/Reiß*, Juristische Themenarbeiten, 3. Aufl. 2017, Rn. 710 ff。

〔2〕 比如曾经发表的一些研讨课论文，参见 *Röver*, JuS 1988, 761 ff.；*Cyglakow*, Punitive Damages, Conditions, Limits, Proportionality, 2016。

〔3〕 例如，ZEuP 2017, 520 以及 *Sanders*, ZEuP 2002, 96，*Walter*, ZEuP 2017, 863 等。网上杂志"洪堡法学论坛"也会提供类似奖励。

〔4〕 参见本书第五章边码61。

〔5〕 《海德堡法学学生期刊》（StudZR）的主编即持同样的见解，参见 *Nohlen*, StudZR 2004, Heft 2, 出版者说明。

作出的评论。此外,许多法学期刊都有定期撰写判决评论的固定作者群。因此,相对而言,以学生身份发表小论文的可能性要大得多。通常而言,"档案型期刊"(Archivzeitschriften)采用的是 A5 格式,更易于接受篇幅介于 25 页到 45 页的文章,而每周或每月定期出版的期刊,通常采用 A4 格式,文章的篇幅看起来就明显短很多,大概是在 5 到 15 页。文章主题的时效性如果比较强,并且相关主题的文献很少或几乎没有的时候,文章被采用的机会就会增加许多。

(二)联系法学出版社

59   (1)这里给大家一个建议:在投稿的同时,请向出版社提供一张附函。附函应当用不到半页的篇幅,来说明为何该期刊应当发表你的论文。发表的理由可以是主题的时效性、原创的观点以及研究的学术深度,等等。[1]在图书馆可以容易地找到法学类期刊,在期刊的版权页上会载有期刊的地址信息。

60   (2)由于一篇文章被采用的机会非常渺茫,因此,在美国,一篇文章常常会同时投递多达 30 家法律评论。这样一来就不会白白浪费许多宝贵的时间,因为等到法律评论编辑部的回复常常要好几个礼拜。在德国,这样做的人就很罕见了。你应当专稿专投,否则,万一收到某个期刊的用稿通知你却拒绝发表,可能会让期刊的编辑很难堪。

61   (3)如果收到了文章将付梓出版的承诺,那你必须立即搞清楚,文章具体何时发表以及作为作者的你能拿到几本免费的、特别版本的样刊。令人奇怪的是,这两件事情常常还需要双方商谈。如果出版的等待期多于一年,你就得考虑一下是否应该将文章转投其他期刊。毕竟,一篇法学文章的新鲜期也就三年,超过这个期限的法学文章在许多领域就都属于过时的了。

62   (4)还有一个远未统一解决的问题,即是二次发表的著作权问题。大部分出版社倾向于向作者取得各种可以想到的著作权,这是有些不合理的。因此,建议你为自己保留在一定期限后、在注明首次发表出处的前提下再次发表同一篇文章的权利。[2]此时,将文章以外语形式发表或者登载于自己

---

[1] 作为发件人,你只需要写明你的姓名,不必提供你的学位身份,例如 cand. iur. 等。
[2] 根据《著作权法》第 38 条第 3 款第 1 句,若无相反约定,作者保有二次发表的权利。

的网页上，都是不错的选择。[1]

（5）如果文章已经被发表，那么没有理由不让它家喻户晓。为此，将样刊寄给那些曾经在文章脚注中提及过的作者们不失为良策。如果自己还是不为人知的初生牛犊，最好在附函中简要介绍下论文的观点。

---

[1] 德国的法学期刊通常不会专门就这一问题与作者达成约定，而美国的法律评论则会在所谓的"协议"（Agreementsrecht）法的框架下详细规定该问题。通常，文章都会接着在 SSRN（本书第五章边码68）上发表。

第八章 博士学位论文

第一节 博士的工作阶段

1　你是否想要攻读博士学位?[1]你是否迫切地想要在学术上讨论一个至今悬而未决的法律问题？那你究竟有没有相应的条件以及毅力[2]，特别是学术上的好奇心？你又是否值得为此花费 2-3 年的宝贵光阴？[3]

一、优秀博士论文的标准

（一）形式方面的能力

2　在你开启本章的阅读之旅以前，你要清楚的一点是，在见识过研讨课论文和学士、硕士学位论文之后，博士学位论文（以下简称博士论文）对你而言才是学术论文的"鸿篇巨制"，将需要为其付出生命中一到三年的时间。为此，相信你已经掌握了本书之前的章节所提到的各种能力：准确运用法学方法论的各种规则（第三章）、掌握了良好的法学语言风格（第四章）、熟悉法学检索的方法（第五章）及相关的引用规则（第六章）。若如此，你不仅已经初步掌握了法学论证的技巧，也掌握了收集和利用法律渊源的方法。理想的状况下，你应该已经知道，一篇优秀的博士论文在形式上应当符合的要求：谨小慎微的检索、正确的引注（并由此避免抄袭）以及好的语言风格，这些都不应当成为你的问题。此外，你在研讨课论文和学业论文的

---

[1] 关于撰写博士论文的各种动机（Motivation），参见 *von Bargen*, JZ 2017, 726 ff.
[2] 见弗里德里希·尼采的表述，本书第九章边码 20。
[3] 关于上大学的动机，参见本书第一章边码 1 以下；关于法学博士论文的实证数据，则参见 *Kilian*, JuS 2017, 187 ff.

训练中也已经掌握了：如何抱着学术的好奇心去提出恰当的问题，发现学术上的争议并在你的论文中形成鲜明的主旨脉络（本书第四章，边码 48 及以下；第七章）。这些知识其实已经足够你应付接下来开始的工作了。不过，这一点也是相对的：家庭作业所针对的是一个给定的案件事实；研讨课论文则由于篇幅的限制，几乎没有多少空间可以用来论述自己的观点，更不用说还为之提供翔实的论证了。

（二）博士论文的学术要求

（1）博士论文要求作者必须作出独立的、学术性的成就，并对学术的进步做出贡献。[1]在许多学校的"读博规则"里都有如下一句话：

> 博士论文应为独立学术之成就，并为学术进步做出贡献。[2]

博士论文一般在 150－250 页之间，这样的篇幅才足够我们进行真正意义上的学术研究。并不存在一个成文的评价标准来评判科学研究的质量高低。[3]不过，可以说，起重要作用的始终是论文的质量，而非数量。曾经有篇 400 页的博士论文，我给它的评分还不及另一篇 180 页的论文。一篇学术文章该有的标准，例如清晰、独创、严谨（本书第一章，边码 22 及以下）以及紧扣主旨脉络（本书第四章，边码 42 及以下）等，前文已经论及。除了这些形式上的要求外，舒尔茨－费利茨还列举了论文所应当符合的如下标准：论证不存在自相矛盾；思维论证的步骤在理性和方法上都经得起推演；提供精准的文献来源，例如，随时更新最新的法律文献等。[4]

（2）通常情况下，一篇博士论文包含描述性的组成部分以及增进知识的组成部分。[5]博士生必须引导读者进入他的论文主题，准确地描述法律状况，也就是说，要准确而完整地反映（当前的）法律和判例（"法"）。对于与论文主题相关联的文献，也要如此（即穷尽相关文献——译者注）。无论是对某个判例率先进行了实证上的谨慎研究与整理，还是对新颁布的法律进

---

〔1〕 参见本书第一章，边码 20 及以下。
〔2〕 参见 Art. 8 Abs. 2 PO Augsburg；§ 11 Abs. 1 PO München；也参见 *Beyerbach*, Die juristische Doktorarbeit, 2. Aufl. 2017, Rn. 5 ff。
〔3〕 *Schulze－Fielitz*, JöR 50 (2002), 1, 5.
〔4〕 *Schulze－Fielitz*, JöR 50 (2002), 1, 8 f., 29 ff.
〔5〕 关于学术上的要求，参见本书第一章边码 7 以下；有关采集者、狩猎者的形象比喻，则参见本书第三章边码 36。

行了详尽的评论,都属于了不起的贡献。如果论文是首次系统地阐述某个法律问题,则这篇论文就已经可以算得上"做出了自己的学术贡献"了。

5 一篇优秀的博士论文,除了描述当前的法律问题以外,总能够通过提供自己的解决方案来促进法学的进步。法律人必须学会论证和说理。任何提出的观点,必须以一定的前提和论据为基础。为此,不能仅仅只是"复述"那些曾经出现在某个争论中的人人皆知的论据。你完全可以找到新的论据从而发展出崭新的法学观点。一个合格的法律人,应当熟知相应的论证和解释规则,特别是要知道各种相关论证方法的重要性。因此,除了"权衡法"之外,还存在"论证负担法""推定法""强制优先法"等论证方法。[1]显然,仅仅在博士论文的最后十页列明自己的观点是不够的,因为你根本无法为之提供充分的论证。

6 (3)挑战恰恰在于,在提出新的问题时,如何才能寻得法学上的解决方案。为此,就不得不求助于法学方法论以及法教义学。所谓"法教义学",指的是除了纯粹的立法文本之外,还包括司法和法学学术在内所形成的各种规则之间的互动协调。[2]首先要明白的是,你论文要探讨的是哪类问题。以案例或规范为中心的结构,适合用来解决解释论的法律问题;而以法律原则为中心的法律问题,则需要通过法律原则的具体化以及利益衡量的方法来解决。[3]如果你要采用比较法、法制史(本书第七章,边码28及以下)或者经济学、实证研究(本书第七章,边码54)等方法进行论证,那你的学术论文就会呈现出另一番面貌了。因此,必须使大家清楚你的论文的方法论基础究竟是什么。如果能做到将理论上的想法与实践中的解决方案有机结合起来,从而以更为广阔的理论视野对法律争议进行梳理,那你的论文一定会有更为丰富的内涵。[4]对于新颁行的法律,你可能就只需要研究相关的判例和法学文献。为此,你就需要自己发现和挖掘(新的法律)可能带来的法律争议,并论证相应的法律解决方案。

---

[1] 关于此可参见 Möllers, Juristische Methodenlehre, 2017, § 1 Rn. 49 ff.; § 14 Rn. 100 ff.。
[2] 关于法教义学的概念,可参见 Möllers, Juristische Methodenlehre, 2017, § 11 Rn. 2 ff.。
[3] 详见 Möllers, Juristische Methodenlehre, 2017, 2. Teil und 4. Teil。
[4] Schulze-Fielitz, JöR 50 (2002), 1, 34 f., 60.

因此,"法学"这门学科多少也包含了一定比例的"法学创新"[1]。像奥尔特曼(Oertmann)[2]和冯·耶林[3]等这些"交易基础障碍理论"或"积极侵害债权理论"的"发明者",就是可以想到的例证。一个法律人,必须学会"预先思考""事后思考"和"深入思考"(本书第三章,边码36及以下)。当然,有原创性和开创性不光是对解决方案的要求,可以的话,对论题的选择也应该如此。[4]不过,很多时候,原创性都体现于某个法教义学模型的重构和建构,以及相应的解决建议上。[5]

"创新"固然是好的,但是也要注意法教义学的限制以及法学方法论的规则,由此得出的法律结论才站得住脚。[6]它们(法教义学和法学方法论)能够为"用法"(Rechtserkenntnis)、"寻法"(Rechtsfindung)和"造法"(Rechtsschöpfung)的过程提供正当化的依据,从而限缩(法官)自由造法的空间。因此,必须论证,你的研究结论在解释论上(de lege lata)是否与现行的国内法、欧洲法和国际法相一致。有的时候,则可能会打破法律续造所允许的界限。[7]此时,就必须证明,你的解决方案只有在立法论上(de lege ferenda)通过修法才能实现,也就是说,需要立法者的回应。

因此,一个博士生必须精心研读法学方法论和法教义学,否则就是严重的麻痹大意。[8]

二、正确的时间

最好该在什么时候开始撰写博士论文,是参加完第一次国家司法考试还是第二次国家司法考试之后?这一问题并没有定论,完全取决于个人因素。

出于以下考虑,可以选择在第一次国家司法考试之后开始写博士论文:

---

[1] *Möllers*, Juristische Methodenlehre, 2017, § 14 Rn. 39 ff.
[2] *Oertmann*, Die Geschäftsgrundlage, 1921, vorher schon *ders.*, AcP 118 (1919), 275 ff.
[3] *Von Jhering*, Culpa in Contrahendo, Jb. f. Dogmatik 4 (1861) 1 ff.
[4] *Schulze-Fielitz*, JöR 50 (2002), 1, 42 f.
[5] *Schulze-Fielitz*, JöR 50 (2002), 1, 48.
[6] *Möllers*, Juristische Methodenlehre, 2017, § 14 Rn. 64.
[7] *Möllers*, Juristische Methodenlehre, 2017, § 13. 关于方法意识的重要性,也参见 *Schulze-Fielitz*, JöR 50 (2002), 1, 39。
[8] 见本书附录一有关学术论文的图表。

（1）此时和教授还保持着联系（如果是在第二次国家司法考试之后，估计需要费一番周折才能和教授取得联系，甚或需要重新经营关系）；

（2）博士生的财政开支更少；

（3）个人的羁绊较少（比如，可能不需要照看生活伴侣、配偶或孩子），因此，你也能够比较方便地选择出国留学攻读博士学位；

（4）读博期间不用立即投入到第二次国家司法考试的备战中，可以变相地得到休整；

（5）通过制定相对严苛的时间计划（例如计划参加候补文官的见习），可以强迫自己以更有目的性的方式撰写博士论文；

（6）与以后的职业暂时没有冲突；

（7）相比于那些在第二次国家司法考试前仅仅是通过了第一次国家考试而没有选择读博的候选人而言，既顺利通过考试又完成博士论文的人（明显）有更多的就业机会。

9 如果你决定在第二次国家司法考试后再去攻读博士学位，请注意不要和教授们中断联络。选择第二次国家司法考试后写博士论文的理由可以有：

（1）这样选择可以完全地"专注"于个人职业技能的培养，而不会中途开小差，也不会在一段休整之后还得再去备战国家考试；

（2）在完成职业培养后，相比于刚刚考完第一次国家司法考试的人，凭借实务中积累的经验，可以获得更宽的视野，甚或在法学道路上"修成正果"；

（3）不再有第二次国家司法考试的压力；

（4）由于已经将国家考试见习和第二次国家司法考试抛诸脑后，因此，时间安排上稍微有点放松也没有什么不妥了，交完博士论文之后马上或者仅需几个礼拜就可以去谋求固定的工作岗位了；

（5）也可以相对比较灵活地面对劳动市场上的机遇。

10 如同在大学读书一样，进修或攻读博士学位期间也需要财力的支持。对于读博的这段时间，有多种可以考虑的方案。如果父母或亲属手头宽裕，那么，资助无疑是最方便的选择。申请博士奖学金（Promotionsstipendien）的好处在于，博士生可以不必受兼职之苦，而可以专注于博士论文的写作。目前，博士奖学金每月的金额为 1100 欧元。此外，还会发放家庭补助（Familienzuschlag）、图书金（Büchergeld），以及，如果论文的部分内容需要博士生在国外撰写，还可以申领留学补助。奖学金的发放期限是 1 到 3 年。申请奖学金的前提条件是第一次或第二次国家司法考试的成绩应高于平均水平。[1] 你需要注意，不要错过每年一或两次的固定申请期限，因为奖学金不会溯及既往地补发。因此，你应当及时准备申请材料。上文提到的为大学期间提供奖学金的各种基金[2]，也会为博士生提供奖学金。

另外，还有一些大学会设有由"德国科学基金会"（DFG）资助的"博士生沙龙"。在博士生沙龙（Graduiertenkolleg）中，通常由 10 到 20 名博士生分工负责一系列的研究主题。这种所谓的"博士生学校"，通过安排课程、双导师、辅导练习等，为博士生提供贴心的指导，从而提高了读博成功的机会。

还有一种选择是做教席的学术工作人员（wissenschaftlicher Mitarbeiter an einem Lehrstuhl）。这样做的好处是，你可以"精益求精"地学习如何进行学术研究；通过完成教学任务，可以学会如何克服怯场、如何在演讲中获得自主权；与学生和其他助理打交道，则能锻炼社交能力。最后，在教席团队中，可以很容易的为自己的博士论文找到一个专业的讨论伙伴。

打算在第二次国家考试之后再读博的人，通常会有在读博期间去某个律师事务所执业以此来赚取必要资费的想法。依据我多年的经验，强烈建议各位想读博的同学放弃这种想法。把自己空闲时间的 50% 花在律师事务所，就意味着读博所需要花费的时间将不得不延长 100%，换句话说，要再拖延平均 1 年半甚至 3 到 4 年的时间。由于这类博士生不能"心无旁骛"地做一件事，期间不得不重新捡拾起某个论文主题，四年时间反复钻研的文献就要多于本来一两年内要读的文献，因此博士论文的写作期间可能就会一拖再拖。这种"兼职博士研究生"最大的问题是，他无法拥有一段悠闲的时间（参见本书第一章，边码44）来好好思索如何形成自己的想法。半途而废者大有人在，只有少数人凭借"钢铁般的意志"、历经多年、同时完成了两个重任。不过，有些律师事务所会

---

〔1〕 至少要拿到高一级的"满意"（befriedigend）分或者更好。
〔2〕 联邦范围的奖学金参见本书第一章边码24 及以下。

在此期间提供奖学金,这为读博者减轻了不少压力。

三、选取主题、选择导师

13　　家庭作业或研讨课论文的主题通常是提前给定的。至于学业和硕士论文,导师则可能希望你向他提出写什么题目的建议。即使对于一些已经计划动笔写的博士论文,我的有些同事们,也倾向于期待那些未来的博士生能向自己提出关于题目的建议。有的时候,还会要求他们先写一篇小的研讨课论文,以此来判断,某位"候选人"是否有从事学术研究的能力。如果一个人在大学期间曾经做到了有章法的学习,那么找到一个适合博士论文的主题应该不成问题。在以前参加研讨课的时候,你对于该如何确定论文主题也多少有了一些初步的想法。在备战国家司法考试的过程中,对那些迄今为止尚未解决的,或者解决方案在你看来"不妥"或"不公平"的法律问题,你一定还保留着深刻的印象。新颁布的法律常常需要学术上的讨论。一些重要的基础性判决也是如此。在一些法学类期刊或者全国性报纸的"经济版"(参见本书第五章,边码65)上,你也可以进一步地收获灵感。档案型期刊上的文章(参见本书第五章,边码61)也蕴含着潜在的博士论文主题,而且其中很多问题都有待深入,毕竟30页的篇幅内不可能面面俱到地说清所有问题。[1]

14　　不过,教授也常常会给博士候选人就主题选择提供一些建议。这样对写作者有一个好处,那就是导师通常会比较有兴趣积极对待论文的主题,相比于自己提出论文主题的博士候选人而言,导师对他们论文的指导也就更加细致。因此,在选择导师时,你应当注意,导师的研究领域与自己的学术兴趣是否一致。对许多博士生而言,同样重要的是,论文主题的相关领域是否会为未来的雇主所青睐。[2] 某些博士生导师在论文指导、及时审阅和论文打分等方面,可谓有口皆碑。不过,你最好一次只询问一名教授。同时向多个教席申请博士位置是不礼貌的行为。这种"博士生导师和博士论文选题的撒网行为",只能证明你的社交能力比较低下。

---

〔1〕 关于选取主题详见 *Möllers*, Ad Legendum 2014, 386, 387。
〔2〕 显而易见,经济法教席尤其受博士生们垂爱。

四、可能的"障碍"：论文的开端和结尾

有不少博士生会因为两个典型的错误而耽误很多时间。首先，在动笔之前，很多博士生会动辄花费好几个月的时间。你可以通过及时的选取论文题目，然后撰写论文报告（Exposé，见下文），以避免写作思路的"堵塞"。[1]其次，你需要知道的是，并非每个句子都得万古流芳，也不必要求每句话都能掷地有声。法学的使命仅仅是为当前的问题提供法律上的对策。花4至6年写成的博士论文不见得就更好，写作时遇到的阻力反而会更大（本书第八章，边码8）。在写博士论文的时间里，你应当充满快乐和兴趣，万不可产生心理问题。论文总有修改得已经差不多的时候（参见本书第八章，边码24及以下）。此时，完全可以就此停笔，把它作为终稿交给你的博士生导师。

第二节 有目的性的安排论文结构——论文报告

一、读博的开始：撰写论文报告

在选好了论文题目之后，请不要浪费刚开始的几个月时间。前文说过，在准备写家庭作业时，可以先像完成一次闭卷考试那样（见本书第七章，边码23）起草论文的草稿。在写博士论文时，也可以先就该题目写一篇类似研讨课论文或学业论文的短文，以此展开博士论文的初步工作。博士生申请读博位置时，很多教授都会要求其写这样一篇10到20页的论文报告（Eexposé）。[2]对于博士奖学金（本书第八章，边码10）的资助者而言，他们需要确信某个博士研究生已经开始着手进行了研究、已然对相关问题有了粗略的认识以及有能力在预期的时间里完成相关题目的论文。如果在读博的开始阶段，即敦促自己完成一篇论文报告，那你就可以节省许多宝贵的工作时间。我自己也会要求向我申请读博的人写一篇论文报告，以确定他们已经开始着手博士论文的研究工作。通常而言，半途而废者的比例在30%到60%之间，毫无头绪地消耗工作时间对博士生自己和导师而言都不是什么令人惬意的事情。通过撰写论文报告，有志读

---

[1] 参见 Beyerbach, Die juristische Doktorarbeit, 2. Aufl. 2017, Rn. 283 ff。
[2] 也参见 Beyerbach, Die juristische Doktorarbeit, 2. Aufl. 2017, Rn. 47。

博的人也能够借此考验一下，自己是否真的愿意读博，是否能够应付尚未熟练的科研工作，是否中意论文的题目，以及最重要的一点，是否已经有人发表了同一主题的博士论文。论文报告应当包括如下四个部分：第一部分：问题的概览；第二部分：提纲；第三部分：初步的时间规划以及第四部分：临时的文献目录（参见本书第八章，边码20）。

二、问题的概览

17　　论文报告的第一部分是问题的概览（Problemaufriss）。如果书写论文报告是为了申请奖学金，那你就必须通过论文报告来让自己成为申请人当中的佼佼者。为此，你就必须先要激发读者的阅读兴趣。正如在研讨课上汇报论文那样，需要让读者明白，你论文主题的重要性在哪里。只不过，现在你所面对的不是一个4周之内写完的研讨课论文，而是一个需要付出1到3年的光阴来钻研的题目。你应当说服自己和读者，为何值得花费如此长的时间，去思索这样的题目并为之寻找解决方案。

尽可能用简洁的语言陈述你的主题，也就是说，试着用寥寥数句来表达它，或者尝试一种比较"机智"的方式：比如，你可以试着说服你的岳母或婆婆，你为何要把珍贵的两年岁月花费在这个论文题目上。如果你能让一个外行，也就是说"非法律人"对你论文的重要性感同身受，那也确实说明这一题目值得作为博士论文去研究。

三、提纲：淬炼具体的研究问题

18　　论文报告的第二部分是论文的初步提纲。博士论文的写作与研讨课论文相似，为此，你也应当参考一下研讨课论文的时间框架（参见本书第七章，边码4及以下）。万里长征的第一步是，你需要明确哪些法律问题需要探讨以及如何安排博士论文的结构。在写家庭作业之前，（上文建议你）可以把它当作一次闭卷考试来准备，一样的道理，拟定博士论文的提纲也可以减轻博士生的"心理负担"。

论文提纲有如下两种功能：首先，论文提纲并非纯粹的"头脑风暴"，也就是说，它并不只是将看到论文题目时的各种随想简单地、任意地拼凑在一起。论文提纲必须能够表现出研究的进路，即展现作者清晰的思路与论文的主旨脉络。读者需要借此知道，该博士生将讨论哪些法律问题以及以何种顺序讨论这些问题。在这一阶段，并不要求你已经能够解决这些法律问题。重点是，你现在必须能够先描述具体的研究问题，从而可以在以后的时间里有针对性地展开进一步的研究。为此，你必须对论文的方法和类型了然于胸（参见本书第八章，边码3及以下）。其次，书写论文报告可以实现对论文主题的限定。换句话说，你应当避免涉足其他相近的各种主题，只有这样，才能在适当的时间和适当的篇幅以内，专注地研究你的论文题目。

四、初步的时间规划

与家庭作业和研讨课论文相比，时间规划对于博士论文而言更为重要。由于博士论文的主题宏大，因而很容易犯下一种错误，即执著于某些具体的问题而花去很多时间。如果毫无章法地纠结于细节问题，那么完全可能要浪费1到3年的漫长时间。因此，你必须精打细算，明确自己在什么时间应当完成什么任务。你应当制订一个时间和工作计划，将"博士论文"这一浩繁工程分解为一个个清晰明了的时间及工作阶段。比如，你应当为文献收集预留4-8周的时间；同样多的时间还需要用于撰写论文报告，由此，你才能在开始的3个月之后了解到"漫漫征途该从何处落脚"，从而可以真正地着手论文的写作。读博可以很简单、短促，以至于只持续不到1年；较长的则可能需要比3年更多的时间。[1]博士论文200页的篇幅相当于要写10篇20页的研讨课论文。为此，你可以参照第七章边码13的"学术论文的时间与任务管理"表，只不过得调整一下其中的时间。你只需要根据计划好的博士论文周期，将该表格的时间轴延长一下。

19

第三节 有目的性的写作和润色

一、临时的文献目录

现在，你需要向导师证明，你不会试图仅仅参考一本诸如帕朗特

20

---

[1] 攻读博士的这个时间跨度与准备国家司法考试差不多，参见本书第一章边码39及以下。

(Palandt)之类的小型法律评注来写你的博士论文,你需要证明你会认真地完成文献搜集和文献挖掘的工作(参见本书第五章,边码81及以下)。如果博士论文的题目是你自己选择的,那么就应当保证论文的主题还没有被研究过。不过,就算论文的题目是博士生导师给定的,你也应该在开始的6周内确定相关主题之下究竟已经发表了哪些文献。一个全德层面的法学博士论文数据库是不存在的,从自身利益考虑,博士生应当自己承担起核实的责任。

21 与家庭作业和研讨课论文不同,博士论文的写作不得不就具体的问题穷尽式地考察已有的文献。要写出论文的初稿,这样"细枝末节"的工作是无法避免的。收集相关的文献意味着不仅要收集国内和国际的法律法规,还要涉及判例和出版物。为此,你可以参考法学检索的各种规则和方法。[1] 推崇这种工作方式的理由有如下两点:

(1)只有尽可能全面地涉猎相关文献,才能知晓,究竟已经有哪些问题被研究,论文的题目是否还有价值,是否就相关题目已经有了其他的博士论文。毕竟,论文的写作者在他即将研究的这个领域将成为比他的博士生导师还要专业的专家。

(2)只有提前完整地收集了各种文献,才能避免在后面的写作阶段中重新发现某个重要的文献,以至于不得不大费周章地对其加以考虑和研究。

二、阅读以及逐渐动笔撰写博士论文

22 你可以使用在写家庭作业和研讨课论文时已经掌握的阅读技巧。比如,你可以对重要文献中的相关观点和论据进行标注,必要时把它们摘录到自己的文件里,这便是一种非常理性的阅读技巧。同时,可以参考上文介绍的写作技巧,借助标记和草稿进行工作(参见本书第五章,边码86及以下、边码94及以下)。在写完论文报告后,你应当继续马不停蹄地撰写博士论文,并将博士论文依据主题分解为一个个的小章节。如此一来,你才可以将浩瀚的知识材料串联起来。此时你就可以采取这样一种工作方法,即将博士论文转换为撰写一个个的研讨课论文。等于是说,你需要在每个规划好的时间段内(不宜超过4-6周)写一篇研讨课论文。请把博士论文等同于10篇研讨课论文:写10篇20页的论文,

---

[1] 关于图书检索目录和数据库,参见本书第四章边码72及以下。

比起写一篇200页的论文，在安排论文的结构上就方便很多。这样做的好处还在于，你可以使每个章节的篇幅看起来都比较匀称。每一章的篇幅应在20-40页。你可以避免让某些章节的篇幅过于臃肿，以至于打破整体的平衡。

不过，这一规则仅仅是一个简单化的粗略模式：显然，论文的各个部分应当是互相关联，而非各行其道的。我自己的学术导师曾给我这样一个建议：每天在纸上写一页的论文。如果这样做，相信你也能比较容易地实现论文的时间规划。

三、学术讨论、寻找讨论伙伴

作为一个博士生，首先是一个单枪匹马的作战者。不过，学术研究离不开讨论（Diskurs）。在写博士论文时，你并非只是想重复已经为世人所知的观点，而是试图发现学术的新大陆。你不得不独立研究相关的问题并提出解决方案，这显然不是容易的事。有不少博士生，受请求权结构（Anspruchsaufbau）的影响，总是过于执著于一些本不相关的法律条款。这本是一个老掉牙的问题，不过有些博士生恰好缺乏对相关案例的研究，而使得这一问题更加"不可原谅"[1]。因此，正如我在指导研讨课论文或学业论文时常建议的那样：请寻找一个讨论伙伴——你的男、女朋友，较私密的工作小组、博士生沙龙成员、教席的工作人员，等等。通过讨论的碰撞，你才能更好地收获真知灼见。[2]当然，这一点的前提是，你应当已经掌握了相关的论辩方法与技巧（参见本书第三章，边码13及以下）。

第四节 论文形式和口头结辩

一、论文的修正、使用恰当的德语

有些博士论文会给人一种感觉，即博士生作者可能混淆了"量"与"质"的区别。一篇200页的博士论文，如果其中没有多少自己的独立想法，那最后通常很难得到"最优"（summa cum laude）或"优等"（magna cum

---

[1] 正如普利尼所言："多不等于多彩"（也译作"大非大"，参见书信集第7卷，9，15。
[2] 关于"恶魔的代言人"之辩论技巧，参见本书第1章，边码59；第3章，边码43。

laude）的评价。由于作者本人还需要逐渐熟悉其论文的主题，因此往往会在导论部分使用较多的篇幅。[1]许多论文有一个通病，即作者的写作给人一种"慢热"的感觉。关于主题历史背景的导论部分不宜超过 10% – 15% 的篇幅；在比较法的论文中，国别报告不应超过 50%。简单来说，一篇 200 页的博士论文，其导论最多 30 页，决不应当超过 60 页。

25　　即使博士论文不同于研讨课论文和学业论文，不需要遵照严格的页数限制，但你也必须注意应用论文修改的规则。你应该尽量缩减论文内容，并参考前文对研讨课论文和学业论文的要求。根据我的经验来说，这样写的论文质量通常会高一些。请时刻注意论文的主旨脉络！删掉与主题无关的题外话，并反复修正论文的草稿（参见本书第四章，边码 48 及以下）。

你不仅需要注意遵守引证的规则（见本书第六章），还要确保使用恰当准确的德语（见本书第四章）。请使用 Microsoft Word 软件（参见本书第五章，边码 97 及以下；附录四，边码 31 及以下）。最好找第三人来通读一下你的论文，以保证论文的拼写和语法的无可指摘。

二、外在形式、索引和论文合格所需要达到的其他条件

26　　关于学术论文的格式要求，上文已作阐述（参见本书第七章，边码 45 及以下）。博士论文的扉页格式可以参照下页的附图。攻读博士学位具体还有哪些强制的资格要求（Zulassungsvoraussetzungen），通常规定于学校和学院的各种相关规章制度当中。为了避免犯下格式上的错误从而耽搁读博的进程，你应当尽早熟悉一下相关的规则。一般而言，读博规则（Promotionsordnung）通常都要求博士论文必须用德语书写，尽管例外的情况有所增多。

三、荣誉或代替宣誓的声明

27　　恰当的引证，即要求作者指明相关文献的出处。剽窃是不被允许的行为（参见本书第六章，边码 1 及以下）。因此，博士生以及教授资格申请人在提交论文时，必须保证博士论文或教授资格论文是独立完成的。当年，楚·古

---

〔1〕 有的作者会对他论文的主题作一个很长的历史背景的导论性介绍，这样一种"脑力劳动的投机取巧"为人诟病，参见 Mann, Einführung in die juristische Arbeitstechnik, 5. Aufl. 2015, Rn. 179。

滕贝格（德国前国防部长，因博士论文抄袭事件下台——译者注）事件的调查委员会曾力主引入一个宣誓承诺机制，这一机制迄今为止仅被少数大学采纳。[1]若如此，则意味着不诚实的宣誓将面临三年以下自由刑或罚金的处罚（《德国刑法典》第156条）。[2]如果要宣誓的话，论文将附上如下文字：

在此宣誓承诺，本论文由申请人独立写成，且未由他人帮助，没有使用论文文献目录之外的其他文献，也没有将本论文提交给其他的大学、高校或学院。

Das Verbraucherleitbild
in der deutschen und europäischen
Rechtsprechung

Verhandlungs – und Vertragsparität
als Regelungsgehalt
des § 3 UWG

Dissertation[3]

zur Erlangung der Doktorwürde
der Juristischen Fakultät der Universität zu Augsburg

vorgelegt von

Rechtsanwalt Stefan Niemöller

aus München

图 8 – 1

四、口试或答辩

攻读博士学位的口头结辩（mündliche Prüfung）包括口试（Rigorosum）

---

[1] *Kommission "Selbstkontrolle in der Wissenschaft" der Universität Bayreuth*（§ 6 Fn. 7.），S. 37.

[2] 也见本书第六章边码21。古腾贝格最后也受到了刑事处罚，理由是侵犯著作权，而非基于《德国刑法典》第156条，因为班贝格大学法学院并没有规定宣誓承诺。

[3] 一些大学则要求使用"Inaugural – Dissertation"的称谓。

和答辩（Disputation）[1]两种形式。在一些大学里，口试好比是"第三次国家考试"，论文主题通常不会是口试的考察内容。[2]不过，一般而言，并不会考察所有民法、刑法或公法的内容，而是会提前划好考试的范围。毕竟，有的博士生已经投身实务，对于第一次国家司法考试早已测试过的所有法律领域，不再可能还都掌握着最新的知识。因此，这种类型的口试对他们来说更为适合。不过，既然考试范围已然限缩，那么博士生就应当在相关领域做一些相对深入的研究。

29 口试无非就是要进行一次深度的"学术型的"测试对话。关于口试，读博规则会作出如下规定：

> 在口试中，申请人需证明，自己已经通过了基本的学术训练，并掌握了独立作出学术判断的能力。[3]

因此，博士生不能只是在口试中背诵已经记住的知识，而是应当对法学论断提出质疑并表达独立的批判性观点。比起国家考试的口试，攻读博士学位的口试更需要考试者表现出提出独立观点的勇气。

有些法学院则明文规定口头结辩采取答辩的形式，也就是说，博士生应当为自己书面论文中的观点进行辩护。此时，也应当注意遵守学术讲演的两个最重要的规则，即主次分明、简洁干练（参见本书第九章）。

第五节　博士学位论文的出版

一、出版的义务

30 博士论文必须付梓出版。如此，感兴趣的学者以后才能对其进行引证和讨论。因此，博士生必须在一定的期限内出版其大作。[4]只有这样以后，

---

[1] 拉丁文：disputatio，原意"讨论"。过去人们总是通过"disputatio"来辩护自己被反方质疑的观点。

[2] 奥格斯堡大学则同时规定了两种形式。

[3] 例如，奥格斯堡大学读博规则第9条第1款、慕尼黑大学的第17条第1款。

[4] 比如，奥格斯堡大学读博规则第26条第1款规定：申请人必须在通过口头结辩后的两年内以被许可的形式发表。院长可以出于重要的原因延长该期限。

他才能获得博士头衔。只在例外情况下，他才会被允许提前使用博士之名。如果博士论文最终未能出版，那么他虽然已经取得了博士学位，但不能以博士的头衔行事。

博士生应当向所在的法学院提交特定数量的论文样本（Pflichtexemplaren），学院会再将这些样本以文献交流的方式分发给德国的其他所有法学院。[1] 为此，博士生有两种途径可以选择，要么在打印店将论文打印好几份，要么在某个出版社将论文出版。两种选择各有利弊。

二、出版的途径

（一）复印或在新型出版商出版

在打印店复印论文无疑是最快捷的途径。复印的花费因论文篇幅的不同可在 500 到 1500 欧元之间。不过，这种方式有一个重要的缺点：由于博士论文不是在任何一家出版社出版的，因此，嗣后就无法在任何一家书店被人买到。单就外观而言，打印店打印的博士论文总会给人一种"不够完美"的感觉。此外，这样发表的博士论文也很难被学术界所注意到。

如今，一种新型的出版商涌入了市场。这些出版商以低廉的出版费用和并不严苛的要求而闻名——即使博士论文的评分并不高，也可以在这类出版商那里出版。因此，比起那些在传统出版商付梓的博士论文，这类出版商出版的博士论文在质量上难免良莠不齐。[2]

（二）在传统的法学出版社出版

在传统的出版社出版论文，无疑是一种雄心壮志的选择。这类论文会有 ISBN 书号，通常至少在出版后的五年内可以从任何书店购得。如果博士生以这种方法出版论文，则全德国的高校必须自掏腰包购买。博士生通常只需要向所在学院提交较少的样本，而非动辄就要 150 或 200 本的数量。[3] 博

---

〔1〕 奥格斯堡大学即要求提交 40 个样本，参见其读博规则第 26 条第 2 款第 1 句。
〔2〕 这类出版商有：Ars una Verlagsgesellschaft mbH für Literatur und Wissenschaft, Centaurus Verlags – GmbH & Co. KG, Josef Eul Verlag GmbH, Florentz Verlag, Herbert Utz Verlag GmbH, Logos Verlag Berlin, LIT Verlag, Shaker Verlag, Roderer Verlag, TENEA Medienverlag, VDM Verlag Dr. Müller GmbH & Co. KG, Verlag Dr. Kova, Verlag Peter Lang AG, Vittorio Klostermann, 等等。
〔3〕 这一情况下，比如奥格斯堡大学就规定，只需要提交 6 本论文（读博规则第 26 条第 2 款第 2 句）。

士生也可以凭借出版合同，享有暂时使用博士头衔的权利。[1]不过，出版周期与打印店的打印相比，自然要长得多，有可能会需要 6 到 10 个月的时间。[2]在此期间，博士论文还得做到及时更新。此外，出版的费用也更加高昂。出版商会要求博士生提供出版费用的资助，因出版商和论文页数不同，价格会在 1000 欧元到 6000 欧元不等。此时，你就需要对比一下各个出版商的不同条件了。

34　　一般而言，（传统出版商出版的）博士生论文都会采用所谓的"丛书"（Schriftenreihen）形式。丛书的编排有时是根据所在的大学[3]，有时则是基于论文的主题领域。[4]由于博士论文通常很难赚钱，所以这类出版商对博士论文出版的兴趣逐年递减了。[5]因此，在你和某个知名大出版商联系之前，最好先了解下他们的出版计划和已经发表的相关丛书的各个作品。出版商可能会向你提供一份出版合同，里面载明出版的费用、免费样本的数量、广告宣传，等等。

35　　很多时候，出版商不仅要求你提供博士论文的手稿，同时还要求出具第一次和第二次的鉴定书（Gutachten）。基于此，出版商自己以及（或者）丛书的主编就可以评判，博士论文就主题而言是否符合出版计划及丛书的要求，是否在质量上能达到相应的标准。根据经验，只有被评价为"最优"和"优等"的论文才会被出版商接受。

36　　德国的这类出版商包括 C. H. Beck，Vahlen，Nomos，R. v. Decker's Verlag Duncker & Humblot，Walter de Gruyter，Carl Heymanns – Verlag，Mohr Siebeck，C. F. Müller，Verlag Recht und Praxis，Dr. Otto Schmidt Verlag 以及 Springer，等等。瑞士的传统出版商则有 Stämpfli Verlag，Schulthess Juristische Medien 以及 Helbing & Lichtenhahn Verlag 之类。奥地利则有 die MANZ'sche Verlags – und Universitätsbuchhandlung 和 der WUV – Universitätsverlag Facultas

---

〔1〕 提前打听一下，在哪些出版商处出版，你所在的学院可以赋予你临时使用头衔的权利。
〔2〕 如果你的博士生导师在口试或答辩前已经出具了第一次和第二次的论文鉴定（Gutachten），那么在口头结辩之前，你就已经可以和出版商谈论出版事宜了。
〔3〕 例如"慕尼黑大学丛书""法学院丛书"。
〔4〕 例如"德国和国际银行业研究所金融行业研究丛书"、奥格斯堡全球经济法和规范研究中心（ACELR）主编的"国际经济法和经济规制研究丛书"等。
〔5〕 Duncker & Humblot 是传统出版商中的例外，它几乎就是专注于出版博士论文的。

等出版社。[1]

（三）数字出版

数字出版对于自然科学领域的博士论文来说是通行现象。如今，一些法学院的"先行者"也允许博士生以数字形式替代纸质形式出版博士论文。[2]

三、出版之前的其他工作阶段

（一）更新

数周之内完成论文的鉴定，已经是比较例外的情况了。在提交论文到口试之前，两个鉴定人的审阅工作、为博士论文作批注及打分、确定下学期的口试时间等，都需要花费数月的时间。如果你还要申请出版费用的补助以及想在有声望的出版社出版论文，那么从交论文到论文落实付梓也会动辄花费6到12个月的时间。在博士论文出版前的这段时间里，论文的文本还得适时更新。

（二）前言、关键词索引及其他

在递交法学院的论文样本上，论文扉页的反面应当写明报告人的姓名和口头辩论的日期。论文的结尾还应附上申请人的简历。简历可以采用表格的形式，应当注明申请人的从业经历、就学地点和通过的考试，等等。

有的时候，在论文的正文前可以写一句格言（Motto）或者谚语，这可以更好地说明论文主题的意义，也容易唤起读者的好奇心。这通常是对经典逐字逐句的引用。

无论是家庭作业，还是研讨课论文，都不需要写前言（Vorwort）。通常，只有在已出版的博士论文上才能看到前言。如果前言说明了论文主题的意义，那么它通常也就替代了导论的功能。更多时候，论文的前言被用来感

---

[1] 美国法领域的传统出版商有 Aspen Publishers, Cambridge University Press, Edward Elgar Publishing, Foundation Press, Hart Publishing, Kluwer Law International, Little, Brown and Company, Oceana Publications, Oxford University Press, Sweet & Maxwell, West Group, 等等。

[2] 例如哥廷根大学法学院、奥格斯堡大学法学院，参见《奥格斯堡大学法学博士规则》第9条第3款，也见于 www.dnb.de/DE/Wir/Kooperation/dissonline/dissonline_node.html 以及 www.proquest.co.uk。

谢在读博期间为作者提供帮助的人。[1] 与前言类似，献词（Widmung）也用来向特定的人表达感谢。

42 论文的一个重要部分是目录，有时还会包括缩略语索引以及其他附录（参见本书第七章，边码 49 及以下）。内容索引（Sachregister）有时也被称作关键词或主题词索引，在教授们看来通常是不必制作的。一般来说，只有在论文出版之时才需要制作关键词索引。至少结合关键词索引和目录，那些想匆匆浏览论文的人，就可以管窥论文的全貌。因此，关键词索引也不宜太简略，至少应该在两页的篇幅以上。

为了自行制作关键词索引，你可以在刚开始写论文的初始阶段就在正文中标注出重要的主题词。不过，在这之后你也有必要创造一些新颖的、独创的、有意义的概念，以展示自己论文的精髓。为此，你得设计一些上位概念和下位概念。至于如何安排关键词索引的结构，可以参考法学期刊的索引，以获得一个初步的认识。

（三）版式设计与清样修改

43 如果你要在打印店打印论文，则需要提前做好论文的版式设计。你可以使用相关软件提供的版式设计模板。出版商一般会要求作者承担版式设计的部分工作，这样可以少付一些出版费用。[2]

在即将付梓之前，出版商还会向作者提供博士论文的校稿清样（Druckkfahnen）。作者应当对清样进行审核，必要时还需要作出修改，毕竟在论文打字输入的过程中总是难免会出现一些失误。不过，如果你当初交给出版商的论文本来就是电子格式，那么在出版时因打字而产生的错误就会少许多。在修改清样时，请根据《杜登词典》使用通行的勘误记号（参见本书第四章，边码 59）。

四、费用

（一）自行承担的出版费用

44 出版商在出版博士论文时，会要求博士生自行承担部分出版费用

---

[1] 对此的质疑参见 Schroeder, JZ 2000, 353；相关的回应则参见 Sendler, JZ 2000, 614 以及 Küper, JZ 2000, 614。如果在感谢博士生导师的同时，还感谢自己的宠物马，那就有些不伦不类了。

[2] 此时出版商会向你提供版式设计的模板。

(Druckkostenzuschuss)。对于这笔费用,如果你不想自掏腰包,可以试试申请第三方的资金支持。有时候,博士生所在的法学院会资助出版费用,前提是博士论文本身收录于自家的丛书当中。[1] 在联邦层面,德国文字著作权集体管理组织(VG Wort)和德国科学基金会(DFG)一般会为教授资格论文提供出版费用的资助,例外情况下也会资助博士论文。作者自己不必承担费用的同时也有一个弊端,即需要等待 6 到 12 个月才能走完程序,而且成功的几率也就一半左右。如果把这段时间算进出版的周期,那么等你的大作出现到市面上,总共估计要花费 1 到 3 年的时间。

和出版费用无关的是,作者在出版社出版论文后,可以从 VG Wort 获得大约 300 欧元的一次性稿费,前提是,你需要向该集体管理组织登记该出版物。

(二)奖励与奖金

除此之外,博士生也可以申请角逐一些奖金。当然,只有评分为"最优"或"优等"的博士论文才有这种可能性。在大学层面,会推荐优秀的博士论文参评特定的奖金。在联邦范围内,每年奖励博士论文的各种奖金的数量也是出人意料地壮观。[2]

(三)书评

除了各种奖项外,如果有人就博士论文撰写了一篇或若干篇表示褒赞的书评(Buchbesprechungen),那对作者而言当然也是莫大的荣耀。通常而言,出版商会询问作者,应当将博士论文推荐给何种法学期刊,然后就可以由相关期刊的编辑审核论文的质量,以决定是否值得为该论文撰写书评。因此,作者会被要求提供几个相关专业期刊的名字,这些期刊应当对论文的主题抱有兴趣。不过,一篇博士论文最终是否会被评论,很多时候纯粹取决于偶然因素。

五、结束读博的历程

在向所在的法学院提交论文的必交样本之后,博士生就有权使用博士的

---

[1] 例如,奥格斯堡大学、哈勒大学、慕尼黑大学、图宾根大学的法学院即是如此。
[2] 最新信息可以参考"德国高校联盟"的网页:www.hochschulverband.de/cms1/infothek.html。

头衔了。[1] 至此，读博的经历就算是正式结束了。出于感谢，博士生会送给他的导师一本出版的博士论文样本，这也是一种美好的风俗。越来越多的大学开始推行一种惯例，即在每年举办的博士生庆典上为各位博士生表示祝贺，并为其中的部分博士生授予奖励。一些新鲜出炉的博士们加入这样的庆典，气氛自然也是其乐融融。

---

[1] 因为只有这个时候才会出具获得博士学位的证明，可参见奥格斯堡大学读博规则第27条第1、4款。不过，由于出版社出版论文往往需要较长的周期，因此很多法学院允许博士生在签订出版合同之后就可以暂时使用博士的头衔。

第九章 学术报告
——演讲和口试的修辞技能

第一节 演讲对法律人的重要性

一、口头演讲的意义

"法律"从诞生之日起,直到以后很长的时间里,都是通过口头传播的方式来实现于人间的。早在亚里士多德那里就有了政治式言说、赞颂式言说和庭辩式言说的区分。[1]从古代到现代,"修辞"(Rhetorik)一直被认为是必备的个人技能。如今,修辞技能在英美法系中也同样占据着重要的位置。在英国,自 14 世纪以来,出庭辩论被视为一种"倡导能力"(advocacy skills),平日里这种能力可以在各种谈判活动中得到训练。"沟通能力"(communication skills)[2]则是美国、英国和澳大利亚法学院法学训练的固有部分。法学院学生很早就习得了"演讲、辩护和说服"的技能。[3]即使普通高校的学生也能做到侃侃而谈、巧舌善辩。在这些国家,所谓"怯场"简直已经是不复存在的现象。

1

---

[1] 参见 Aristoteles (Hrsg. Franz v. Sieveke), Rhetorik, 5. Aufl. 1995, Nr. 1414 b。
[2] 参见 Adair, The Effective Communication, 2009; Brayne/Grimes, The Legal Skills Book: A Student's Guide to Professional Skills, 2nd ed. 1998, Chap. 3, 7; Inns of Court (ed.), Advocacy, Negotiation & Conference Skills, 3rd ed. 1991;关于谈判技巧,则参见 Boulle, Mediation: Principles, Process, Practice, 3rd ed. 2009, Chap. 6; Gygar/Cassimatis, Mooting Manual, 1997; Noone, Mediation, 1996, S. 88 ff。
[3] 优秀的大学生在模拟法庭上针锋相对,还请注意本书第九章边码32的介绍。

2　　　德国的法律人也需要口头沟通，例如检察官作的结案陈词，庭上审讯证人或者与当事人谈判，等等。可惜的是，德国的法学教育并不重视古希腊修辞学的"庭辩式言说"传统，更受推崇的是中世纪晚期的"书面审理主义"（Schriftlichkeits – grundsatz）。[1] 这样做难免给人造成一种印象，似乎法律人懂得如何找到法律规定并解释法律就足够了。法律人必须精通书面和口头这两种沟通方式——这一点在过去的法学教育中时常被忽视。[2] 在过去，法律学生通常直到第一次国家司法考试中的口试时才需要用口头的方式呈现自己的观点。因此，在学习如何演讲以及非言语的沟通（这里指使用表情、手势、眼神等方法——译者注）这件事上，他们总是着手太晚。

3　　　正是因为意识到了这一缺憾，（之后推行的）的法学教育改革要求训练法学院学生诸如修辞学、审讯理论或者沟通技巧等方面的执业技能。[3] 当然，法学院不应该也不可能取代那些提供口才训练课程的私人辅导机构。但是，掌握基本的修辞学知识可以使人们意识到"沟通"（包括非言语上的）的重要意义。比如，法学院学生可以更容易知道哪些口头表达的方式方法是不得体的。除了第一次国家司法考试以外，"口试"也成为大学法学院里各种普通考试的结业方式。在有些高校，口试的比例可能还会比其他高校要高一些。之前只在第一次国家司法考试中进行口试的情况已得到完全改观，以

---

〔1〕参见 *Ueding/Steinbrink*, Grundriss der Rhetorik, Geschichte, Technik, Methode, 5. Aufl. 2011, S. 138（mit Verweis auf *Adam Müller*）; *Gräfin von Schlieffen*, in: Römermann/Paulus, Schlüsselqualifikationen für Jurastudium, Examen und Beruf, 2003, S. 192, 196 f.; *Soudry*, in: Ponschab/Schweizer, Schlüsselqualifikationen, 2008, S. 67 ff.

〔2〕（与口头表达）相关的法学文献是比较少的，关于第二次国家司法考试口试部分的"判决分析报告"（Aktenvortrag）可参见 *Schuschke/Kessen/Höltje*, Zivilrechtliche Arbeitstechnik im Assessorexamen, 35. Aufl. 2013, 7. Abschnitt; *Teubner*, Die mündliche Prüfung in beiden juristischen Examina – der Akten – （Kurz –） Vortrag, 4. Aufl. 1994; *Brühl*, Die juristische Fallbearbeitung in Klausur, Hausarbeit und Vortrag, 3. Aufl. 1992, Zweiter Teil. C., S. 174 ff m. w. Nachw.; *Martinek*, Schüchternheit im mündlichen Staatsexamen – Versuch einer Aufmunterung, JuS 1994, 268 ff.; 有关谈判、调解技巧则参见 *Bender/Gottwald*, Lassen Sie sich nicht manipulieren, in: Gottwald/Haft, Verhandeln und Vergleichen als juristische Fertigkeiten, 2. Aufl. 1993, S. 90 ff.; 修辞上的窍门可参见 *Ott*, Juristische Dialektik, 3. Aufl. 2008, VII; 在法学领域之外，还有些通识类的著作值得参考，例如 *Huth u. a.*（Hrsg.）, Duden – Reden gut und richtig halten!, 3. Aufl. 2004; *Flume/Mentzel*, Rhetorik, 3. Aufl. 2015; *Schönherr/von Trotha/Ueding u. a.*, Der neue Reden Berater, Loseblatt, 2011; *Franck*, Rhetorik für Wissenschaftler 2001.

〔3〕《德国法官法》第 5a 条第 3 款第 1 句根据 2002 年 7 月 11 日颁布的《法学教育改革法案》修订，参见 BGBl. I, S. 2592.

口试为主要方式的考试已经显著增加了。

二、修辞与沟通

（一）非言语沟通的意义

在我们说话时，除了语言的内容之外剩下的所有部分即构成所谓的"非言语的沟通"[1]。诸如外表、服装、发型和首饰等外在的形象都属于非言语沟通的"信号"。说话者的举止则主要表现为身体语言，例如手势、面部表情、嗓音等。我们所能感知的，比如听到的和感觉到的一切，都是非言语的沟通。身体语言通常就是说话者情感和意识的表达。无论是否意识到这一点，说话的传达者和接受者之间始终都在进行着非言语的沟通。

非言语的沟通常常为人所忽视。美国的一项研究表明，在评价一个人时，55%取决于他的外在形象，38%取决于他的举止动作，他说话的内容只占不过7%的重要性。[2] 相对于说话的内容，对方通常能够更好地理解你的身体语言。一个出色的哑剧演员，比如马歇·马叟（Marcel Marceau），可以不发一语就能一整晚地娱乐大众。

（二）沟通对于法律人的重要性

每个人都需要与人沟通，每次沟通都包含内容和关系两个维度。非言语和言语的沟通总是一体的。如果非言语和言语的部分是契合一致的，那么二者就可以相互促进；反之，如果接受者获得的是各种互相矛盾的信号，那么他就可能根据自己的直觉，不再相信对方言语的内容，而是宁愿相信他言语之外的东西。如果谈话者忽略非言语的部分，那就极可能被人误解，或者给人产生一种不可信赖的印象。[3]

如果有人以为律师的任务不过是生产一些法学书面材料，那他就大错特

---

[1] 参见 *Watzlawick/Bavelas/Jackson*, Pragmatics of Human Communication. 1967, übersetzt als: Menschliche Kommunikation13. Aufl. 2016; *Argyle*, Bodily Communication, 1975, übersetzt als: Körpersprache und Kommunikation, 10. Aufl. 2013; *Nierenberg/Calero*, How to read a Person Like a Book, 1980; *Pease*, Body Language: How to Read Others' Thoughts by Their Gesture, 1981; *Molcho*, Körpersprache im Beruf, 2001; *Stary*, Visualisieren, 1997; *Morris*, Körpersignale: Vom Dekolleté zum Zeh, 1996。

[2] *Mehrabian*, Silent messages, 1971；同样非常有启发意义的文献还有：*Havener*, Ich weiß, was du denkst, erweiterte Aufl. 2013。

[3] 例如，如果母亲在责骂孩子的同时还总是带着微笑，那么孩子就不会相信这是在责骂他。

错了。如果有人破坏了和法院的"交情",例如提出了荒唐的举证申请或职务监督申诉(Dienstaufsichtsbeschwerde),或者发表了充满敌意的媒体声明,那么他在总结性陈述的时候完全可以"畅所欲言"——反正他再也无法说服法院了。[1] 律师如果无法相信自己的当事人是无罪的,那么他就几乎不可能使法官相信这一点。[2]

法律人必须使得他的听众、他的当事人"相信"他的观点。律师必须为他的当事人提供咨询意见。在调解程序中,调解人的言语和非言语的沟通能力有着特别的重要性。证人的手势、面部表情可以有助于提高证词的信服力。在刑事诉讼中,检察官和辩护人都试图在他的总结性陈词中说服法院相信他们的观点。为此,他们必须掌握一系列沟通方面的个人能力,简单来说,就是所谓的"修辞能力"。

三、非言语、次言语和言语沟通的方法

(一)说话者的行为

7 言语的接受者或受众,首先是从视觉上感知到说话者的身体语言。手势常常能够揭露说话者的内心情感。如果手势自然大方,就更容易让谈话的内容显得生动而可信。重音、停顿、语速缓急、明确易懂,这些都属于"次言语"(paraverbale)的风格要素。舒缓、清澈和有力的嗓音不仅能够给人踏实、可靠的印象;同时,也能折射出一个人的能力、身份和权威。[3] 反之,过低的、颤抖的声音,就跟"山盟海誓"一样让人觉得不可靠。[4]

(二)听众的反应:非言语沟通的一部分

8 既然非言语的沟通有着如此重要的作用,那么在谈话的过程中你就需要

---

[1] 比较形象的介绍可参见 *Haft/Eisele*, Kommunikationsfähigkeit, in: Römermann/Paulus, Schlüsselqualifikationen für Jurastudium, Examen und Beruf, 2003, S. 332, 333。

[2] *Haft*, in: Gottwald/Haft, Verhandeln und Vergleichen als juristische Fertigkeiten, 2. Aufl. 1993, S. 14, 24,这里介绍了一些案例研究,在这些研究中,被测试人员如果违背自己的内心确信而以检察官的角色去起诉,则无法使得法院信服。

[3] 参见 *Waibel*, Ich Stimme, 2000; *Amon*, Die Macht der Stimme, 9. Aufl. 2016; *Nolmeyer*, Die eigene Stimme entfalten, 1998。

[4] 在一个讨论的过程中,那种未经训练的战战兢兢的说话方式,会让人觉得缺乏能力、难以信任。说话的声音同样可以被训练,关于这一点以及呼吸训练法,详细内容可参考 *Inns of Court* (ed.) Advocacy, Negotiation & Conference Skills, 3rd ed. 1991, Chap. 7。

时刻注意听众（也就是你的信息的接受人）的反应，并据此对你说话的方式不断作出调整。尤其重要的是，你一定要与对方保持目光接触。在西方的文化中，目光的接触所表达的是信赖、坦诚和尊重，如果你拒绝眼神接触，那就会给人一种不靠谱的感觉。[1] 特别是在私人性的会谈中，眼神接触就尤其显得重要。因此，律师应当时刻看着当事人的眼睛，并时不时通过点点头与一些姿势来表示自己的理解以及兴趣。[2]

从听众的肢体语言常常也能感受到他的反应。例如，胳膊和腿平行放置，往往说明对方乐意倾听；胳膊、腿交叉起来则表明一种心理的抵御。略微前倾的上身，表明了倾听的兴趣；上身后倾也暗示如此。如果摆出一种俯身低头的样子，则表明对方不是很能听得进去。耸肩的动作则表明对你讲的内容一无所知。

作为非言语的"受众的反应"，面部表情同样很有意义。持续的眼神接触说明听众对你的信息很有兴趣。点头表示同意。闪烁不定的目光则意味着等待澄清。一个训练有素的谈话者，能够熟练地针对听众的各种反应而作出不同的应对。

（三）修辞学的风格要素

伽斯特把修辞学描述为"一种成功沟通的学说"。修辞的目的是为了增进"说服力"[3]。亚里士多德将修辞的风格要素总结为"情感（Pathos）、德性（Ethos）和理性（Logos）"[4]。所谓情感指向的是人的内心。任何提高表现力的都属于"情感"上的修辞方法。诸如语调、音量、表情、手势和肢体姿态等非言语的信号，都属于此类。在法律的语言中，图表、借喻等都能够增强表现力。[5] 理性指向的则是对事物的理解。比如客观性，特别是

---

〔1〕 在亚洲文化中，直接与地位尊贵的人眼神接触反而被视为无礼。
〔2〕 如果谈话的时候只是埋头于自己的文件、懒洋洋地靠在桌子另一侧的椅子里或者无聊地瞥向窗外，那效果自然完全相反。
〔3〕 *Gast*, Juristische Rhetorik, 5. Aufl. 2015, Rn. 11.
〔4〕 *Aristoteles* (Hrsg. Franz Sieveke), Rhetorik, 5. Aufl. 1995, 112, 185 ff., 214；对此可见 *Gräfin von Schlieffen*, in: Römermann/Paulus, Schlüsselqualifikationen für Jurastudium, Examen und Beruf, 2003, S. 192, 213 ff。
〔5〕 比如，"基本权利的反射效果""基本权利的内核"等表述都是很形象的例子。

说话的"理由",就属于这类促进可信度的要素。[1] 这一点经常不被说话者所遵守。要洞察究竟哪些要素是不可靠的,的确是一门高端的艺术:

(1) 人们经常不证实其正确性,就在口头演讲中盲目地援引自以为权威的意见(例如说:"联邦宪法法院在其一贯的判决中认为……");

(2) 对法律原则(比如法的安定性、信赖保护、公平原则)没有根据事实具体化就加以引用,沦为一种"格言论证"(Totschlägerargumente);

(3) 说话者使用一些逻辑技巧,例如类推论证(本书第三章,边码18)或者反推(第三章,边码22),但却不符合规范之目的,或者陷入了循环论证(petitio principii)。[2]

12　　谈话者还必须(保证谈话的内容)有一定的公信力。所谓德性即听众对社会正统、道德、风俗和正义的下意识的判断。[3] 就这一点来说,谈话者的外在形象,例如着装,就是一个不可忽略的要素。对他人表示尊重("正如主席正确指出的")就属于德性方面的要素。在演讲的结尾回答听众的问题,也是一种德性上的要求。

下文将首先介绍口头表达中的几种形式以及谈话的几个重要部分(第二节)。第二阶段,则介绍或许说可以是基本知识的内容,即如何以令人信服的方式来讲话(第三节)。

第二节　口头表达的构成

一、作为研讨课论文和学业论文一部分的口头报告

(一) 抓住重点

13　　在欧盟最高法院审理程序的口头辩论中,一个律师通常只有15分钟或

---

〔1〕 关于"说理充分"这一金科玉律,可参见 *Schnapp*, Logik für Juristen, 7. Aufl. 2016, S. 101 ff. ;关于论题的理据,则参见本书第三章边码5及以下。

〔2〕 *Ott*, Juristische Dialektik, 50 dialektische Argumentationsweisen und Kunstgriffe, um bei rechtlichen Auseinandersetzungen Recht zu behalten, 3. Aufl. 2008.

〔3〕 *Gräfin von Schlieffen*, Rhetorik, in: Römermann/Paulus, Schlüsselqualifikationen für Jurastudium, Examen und Beruf, 2003, S. 192, 214, 226 ff.

者30分钟的时间来表达自己的法律观点。[1] 通常而言，在你完成研讨课论文和学业论文时，你需要作一个简短的口头报告。你只有 20 到 30 分钟的时间来完成你的报告，紧随其后的则是讨论环节。[2] 规定这样的时间限制是有道理的，因为在 20 分钟之后，听众的注意力就会下降。你如果不想惹恼法院（或者你大学的老师），那你就应当严格的遵照规定的时间。有句俏皮话堪称经典："你谈什么都行，但就是不能谈 25 分钟。"[3] 为了整个研讨课的顺利进行，也为了你的听众着想，请你谨记规定的时间。此外，在简短的时间里把论文主题介绍清楚，也是你个人能力的体现。这同样也会是你成绩的一部分，相比于长篇大论，长话短说往往显得更为困难，因为你此时必须能够分清重点与非重点。[4]

（二）结构

一般来说，一个报告包含导论、主体和总结三个部分（参见本书第七章，边码33 及以下）。[5] 请用一个导论来展开你的报告；作报告的时候不要"单刀直入"，而是应该先给听众提供一个问题的概览（本书第七章，边码 15 及以下），从而激发他们的好奇心。你应当安排好报告的结构，并在刚开始时介绍下报告的提纲和要点，这样听众就容易跟进你的报告的内容。

我先会讲一下……接着我会阐述一下……的问题，最后我会……

由于时间的限制，报告的主体部分不可能反映你的书面论文的全部，因此，你不可能面面俱到地讲完论文的所有要点，而只能专注于论文的核心想法。你的论文刚开始很可能只是一些介绍性的内容，之后才是有价值的、发表自己观点的部分。

---

[1] 关于口头辩论中诉讼代理人的角色，参见 NJW 1988, 615 f.；以及 *Glaesner/Wegen/Metzlaff*, Die anwaltliche Praxis im Gemeinschaftsrecht, 1995, Rn. 199。

[2] 国家司法考试中的"判决分析报告"则只给考生 10－15 分钟的时间，例如北威州即是如此。参见 *Brühl*, Die juristische Fallbearbeitung in Klausur, Hausarbeit und Vortrag, 3. Aufl. 1992, S. 184 f。

[3] 当然，视情况而言，这里可以替换成10、15、20 或者 30 分钟。

[4] *Büdenbender/Bachert/Humbert*, JuS 2002, 24, 25.

[5] 参见 *Glückher* 等人, Das Referat, 1995, S. 9－24 以及 *Theisen*, Wissenschaftliches Arbeiten, 17. Aufl. 2017, S.264, 不过这里使用的说法是"开篇、阐述和收尾"。

最后，你需要总结一下报告的主要观点。由于听众通常对报告的结尾尤为印象深刻，因此你应当使用简明扼要的表达来结束报告。如果你此时还对一些未竟的问题提出展望（Ausblick），之后的讨论环节就恰好可以据此展开。

（三）形象、清楚

16 留给你作报告的时间非常短，因此你不得不只讲重点。在欧盟最高法院的审理程序中，律师通常都只讲最关键的论点。因此，你必须学会如何清楚而简单地表达自己最重要的想法。这里需要谨记的基本原则有两个：形象和清楚。

17 首先，最基本的是，要有一个清晰的思路，你的阐述应当严谨可靠，并呈现出一个连贯的主旨脉络（本书第四章，边码52及以下）。[1] 在作报告时，你应该循序渐进地抛出你的每个观点。这里，要遵守逻辑的原则，也就是说，报告应当有一个线性的以及有层次的结构（本书第一章，边码73及以下）。听众需要时刻知道，你现在讲到了什么地方。

18 其次，你报告的质量还取决于，你如何整理并论证你的问题。如果你能用令人信服的方式介绍自己的、原创的观点，那你报告的质量可能还会再上一个台阶。此时，你需要使用法学的论辩方法，为你的论题辩护（本书第一章，边码1及以下）。由于时间有限，因此你只能讲述并重点强调2到3个法律问题。一个严谨的报告人，自己就会提出几个可能出现的相反观点，然后加以反驳，这样在后面的讨论环节就不用再对这些观点予以回应了。[2]

19 如何让自己的演讲易于听众理解？所需要遵守的标准总结起来如下图所示[3]：

---

[1] 现代修辞学的一个窍门是所谓 KISS 法则，即 "Keep it short and simple"。
[2] *Kals*, Machen Sie einen Krimi aus Ihrer Rede, FAZ v. 5. 3. 2005, S. 57.
[3] 关于所谓的"汉堡理解纲要"，请参见 *Schulz von Thun*, Miteinander reden, Bd. 1, 2011, S. 160 ff。

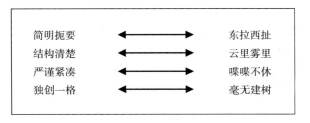

图 9-1 有关理解性的几个维度

（四）报告提要（Handouts）：提纲和观点清单

通常而言，听众不会或者说至少不会经常去查阅你的论文。你是自己论文相关领域的"专家"，听众期待从你这里学到一些东西，对你的题目大多并不熟悉。因此，最重要的一点，就是要使用简洁、易懂的语言。（自己先）大声读一下你的报告，这样你就知道，哪里因为使用了过于生涩的语言，而显得太突兀或者别扭。[1]

对于这一点，图霍夫斯基有点半开玩笑地写道："你必须把什么东西都塞到从句里。不要说'税收太高了'。这么说太简单了。你得这样说：'我想就我刚才所说的再简单补充一点，我觉得吧，税收对我而言很多时候还是太高了……'这样说才像回事嘛。"[2]

此外，提纲以及观点清单（Thesenpapier），都是你作报告的重要辅助手段。通过报告的提纲（本书第二章，边码 67 及以下），听众能够很快了解你报告的结构。他们就不必边听边记，然后就可以更容易对你的报告保持注意力，从而跟上你的思路。

与此不同，观点清单则主要是列明了你所要报告的核心观点，只不过是省去了具体的论证。观点清单对报告本人也是大有助益，因为报告人可以借此简短地总结报告的要点。注意不要在观点清单中写下那些理所当然的东

---

[1] 一种好的语言风格应当尽量避免使用名词化的动词、过多的被动态以及复杂的多重套句，参见本书第四章第 3 节。

[2] Tucholsky, Ratschläge für einen schlechten Redner, aus Kurt Tucholsky, Gesamtwerk, Hrsg. v. Sascha Kiefer, 2003 Bd. 13, S. 466.

西,而是应当呈现你自己独创的研究结论。[1](本书第八章,边码 44 及以下)如果报告人准备了观点清单,听众也会心怀感激,因为观点清单以最简短的篇幅反映了你报告中最为重要的知识。不过,报告提要(Handouts)也不能包含过多的内容:对你的听众而言,首要的事情是聆听报告,而不是把全部注意力放在你发给他们的书面材料上。

(五)讨论

23   在报告之后,如果能就报告的主题进行一场生动的讨论,那对于报告人、老师以及所有的听众或者研讨课的参加者而言,都可谓是一件幸事。如果报告人已经很清楚地阐明了问题,很好地介绍了相反观点,且对法律状况的不足之处进行了透彻的研究,那么讨论环节对他而言就会显得很轻松。(讨论环节中所提的)问题有的是理解所需,有的则是为了进一步深入探讨。讨论中提出的问题有如下几种不同类型:

W 字开头的问句(即特殊疑问句,德语中都以字母 W 打头——译者注),例如"你对……是什么看法""为什么你有……""有什么其他的可能性""你为什么觉得……重要"等,一般都是所谓"开放型的问题"。而"封闭型的问题"则只能用"是"或"否"来回答。

释疑型的问题,则是为了减少疑惑或者解开疑点,例如"如果我说……是否算是正确理解了您的观点?"

假设型的问题则是针对一个假设的未来的事实情况。你需要让报告人在当下的立场之外,考虑一下其他的可能性,例如虚拟语气的句子:"如果……那会怎么样。"[2]

24   一个训练有素的演讲者,在回答问题之前就开始思考了,他能够简短、紧凑地回答问题,而不会兜圈子[3],回答问题时能够一丝不苟、彬彬有礼。他会努力做到正确无误地理解问题。如果你觉得别人的问题表达的不够清

---

[1] 恰如赛尔珀·布莱辛(Scherpe - Blessing)所言:"你要有勇气做一个奠基者。"参见 JuS 2017, 624, 626。

[2] 其他富有启发的例子参见 Franck, Rhetorik für Wissenschaftler, 2001, S. 99 ff.; Neumann/von Rosenstiel, Gesprächsführung, in: Römermann/Paulus, Schlüsselqualifikationen für Jurastudium, Examen und Beruf, 2003, S. 149, 177 ff.。

[3] 做不到这样"高超技艺"的大有人在。

楚，那么在回答之前，你应该先问个明白。如果还是有疑惑，那么自己至少要能分辨，哪些问题是有助于深化主题的，哪些问题则是离题万里的。

二、判决分析报告

在某些联邦州，例如北威州，第二次国家司法考试时还会要求考生作一个判决分析报告（Aktenvortrag）。研讨课论文、学业论文和学位论文口头报告所应注意的事项，原则上也适用于判决分析报告。不过，判决分析报告多是自由会谈的形式。[1] 它的目的在于向律所或者法院的同仁们介绍案件的事实和争议，以及案件可能的法律后果。

在作第二次国家司法考试的判决分析报告时，首先应当对争议事实进行介绍。[2] 在介绍案件事实时，必须将有争议的和没有争议的部分区分开。判决中的"程序历史记录"（Prozessgeschichte）包含了举证环节。最有评价价值的部分则在于判决意见（Entscheidungsvorschlag）。此时，就需要区分程序上的"可诉性"（Zulässigkeit）和实体上的"有理由性"（Begründetheit）两个方面来进行审查。就此而言，还应该区分原告诉讼请求的"充足性"（Schlüssigkeit）和被告抗辩的"相关性"（Erheblichkeit）——也就是所谓的"关系法"（Relationstechnik）。判决意见是判决分析报告的结尾。

在有的大学，学生也会在学期课程的进行过程中作报告，并作为大学法学考试成绩的一部分来考核。对于这类报告，人们就不一定非要严格遵循所谓的"关系法"，而是会更加在意那些在作研讨课论文和学业学位论文报告时所应遵守的规则。

有一点永远是重要的：报告人不能迷失在细枝末节里，而必须时刻牢牢把握报告的主旨脉络（roten Faden）。

---

[1] 也可参见 *Schuschke/Kessen/Höltje*, Zivilrechtliche Arbeitstechnik im Assessorexamen, 35. Aufl. 2013, Rn. 1107；以及北威州"司法考试局"关于判决分析报告的说明，参见 www. justiz. nrw. de/Karriere/landesjustizpruefungsamt/2_ jur_ staatspr/mdl_ pruefung/weisungen_ aktenvortrag_ ab – dem – 22 – 02 – 2018/index. php。

[2] 详细参见 *Schuschke/Kessen/Höltje*, Zivilrechtliche Arbeitstechnik im Assessorexamen, 35. Aufl. 2013, 7. Abschnitt。

三、大学法学考试和国家司法考试中的口试

27　　第一次国家司法考试和大部分法学院的大学法学考试都以口试为尾声（本书第一章，边码 29 及以下）。在法学教育改革后，口试的重要性增加了。第二次国家司法考试同样也以口试收尾，根据所在联邦州的不同，口试在考试总分中所占的比例在 25%[1] 到 40%[2] 之间。

28　　与作报告不同，在参加口试时，你并不需要在 20 分钟的有限时间内完成一次独角戏。相反，口试是以会谈、对话的形式进行的。这里的特殊之处恰恰是前面在讲"讨论环节"的时候所强调的要点：你必须回答考官的问题。请你一定要抓住重点，而不可跑题。要积极思考，并酝酿你的答案。没有什么是比"沉默不语"更为致命的了。相比于知识储备不足，如果你还缺乏配合的积极性，那么口试的成绩就会更加糟糕。因此，在口试的时候，可千万不要行使一个根本不存在的"缄默权"，也不要信奉什么"说话是银，沉默是金"的格言。[3] 如果涉及实质的内容，请尽可能地回答得详细点。

29　　在这里，非言语的沟通同样有重要的意义：请注意考官的反应，比如他的手势和面部表情。[4] 借助于课代表或辅导老师所收集的以前的考试记录（Protokolle），你可以对每个考官的考试风格获得一个初步的印象。即使（考官）没有明确是在向你发问，你也应当表现得谨慎一些，最好通过表情或手势来暗示对方，你熟知这个问题的答案。但是，不要打断别人的话，也不要去纠正考官。

---

〔1〕 例如，《巴伐利亚州法学教育与考试规定》（BayJAPO）第 67 条。
〔2〕 例如，《柏林法学教育与考试规定》第 30 条就规定，判决分析报告的成绩也必须算进去。
〔3〕 关于口试的部分，参见 Petersen, Die mündliche Prüfung im ersten juristischen Staatsexamen, 3. Aufl. 2016。
〔4〕 这有时候就能暗示你是回答对了还是错了。

第三节　脱稿的报告

一、如何作脱稿的口头报告

（一）报告为何要采用脱稿的形式

如果一个人（在演讲时）只会老老实实地对着稿子念，那么他可能是一个很好的作者，但不会是一个优秀的演讲者。听众所期待的是一场思辨的演说，而非一次照本宣科的朗读。就算演讲者偶尔使用了蹩脚的句子结构，或者不符合语法规则的构词，也不是那么要紧。[1] 把报告当作一次对话来对待（本书第九章，边码10及以下），如果你脱稿演讲，就可能吸引听众更多的注意力。可以想见的是，如果你自己都记不住你报告的内容，凭什么指望听众能记住呢?[2]

如果你在作报告的时候，只看着（手头的）文字，而不看你的听众，那等于是丢弃了面部表情最重要的因素——眼神交流。听众很可能会想，你重视的只是文字本身，而不是人。如果听众觉得不被认真对待并开始觉得无聊，他们就可能会"投桃报李"，对你同样表现出缺乏兴趣。因此，来自修辞学的一个专业建议是："眼神必须持续地在他人的鼻梁和嘴唇之间来回逡巡。"[3]

> 对此，图霍夫斯基带着反讽的口吻说道："不要脱稿说话——这给人一种不够平静的印象。你最好啊，就是照着稿子念。这显得多么的踏实、可靠，如果朗读的这个家伙每读几个句子，为了确认大家都还在场，还能时不时抬头瞄一眼，那简直就是皆大欢喜的事情哦。"[4]

（二）前提条件

要做好口头报告，需要满足如下条件，即内在和外显的平静、对事物的

---

[1] *Kühn*, zitiert nach Lemmermann, Lehrbuch der Rhetorik, 6. Aufl. 1997, S. 206.
[2] 与此不同的观点详见 *Brinkmann*, Die rechtswissenschaftliche Seminar – und Doktorarbeit, 1959, S. 183.
[3] *Kals*, Machen Sie einen Krimi aus Ihrer Rede, FAZ v. 5. 3. 2005, S. 57.
[4] *Tucholsky*, Gesamtwerk, 2003, Bd. 13, S. 464.

要点保持精神上的专注、语言和思考都清清楚楚、有洞察力和说服力，而且还得懂得替人着想以及关心自己的听众。[1] 一个训练有素的演讲者知道如何回应听众的身体语言，并在必要时调整自己的演讲方式。

但你不能反应得太夸张，也不能效仿演员的作为。[2] 不过，差不多每个不习惯在许多人面前讲话的人，都会有一定程度的怯场。只有通过不断的练习，这一点才可以被克服。因此，请把握好每个可以作口头报告的机会。[3] "模拟法庭"（Moot Courts）这种在英美法系国家兴起的虚拟庭审程序，在德国的法学院也被推广起来。这个时候，经常会使用摄像机录像。此外，大学生还可以通过在课堂上的积极参与，当然主要还是借助于私人工作小组的形式，来训练自己沟通的能力。但凡能让你当众讲话的机会都应该利用起来。

在脱稿作报告的时候，你就更需要注意分寸的拿捏。不仅要脱稿而谈，还得很好地掌控你的主题。所谓"说话"，意思就是把有具体内容的材料，用自由的、自发的形式表达出来供大家讨论。[4] 首先要做的是保持"本真"。也就是说，你最起码不要去背诵你的报告内容。因为如果一个报告是被背诵出来的话，那么你的报告很可能会显得过于"顺口"，以至于语速太快，导致听众不再能跟得上。你可以在朋友面前作个报告试试，这样，你就能找到语言、时间上的感觉，用不了几次，自然就可以做到表达自如。你可以让朋友试着总结下你的核心观点。由此就能够判断，别人是否已然理解了你报告的内容。

在正式报告的时候，你当然可以找个小帮手，让他在你演讲时坐在最后一排，然后通过手势告诉你，你的报告是否太快、太慢、太大声或者太小声了。[5]

---

[1] 也参见 Brühl, Die juristische Fallbearbeitung in Klausur, Hausarbeit und Vortrag, 3. Aufl. 1992, S. 176。

[2] 正确的见解参见 Haft/Eisele, in: Römermann/Paulus, Schlüsselqualifikationen für Jurastudium, Examen und Beruf, 2003, S. 332, 340。

[3] 在作报告的时候可以通过录影来进行记录和调整，同样的看法参见 Gräfin von Schlieffen, in: Römermann/Paulus, Schlüsselqualifikationen für Jurastudium, Examen und Beruf, 2003, S. 192, 215。

[4] Büdenbender/Bachert/Humbert, JuS 2002, 24, 25.

[5] Klaner, Wie schreibe ich juristische Hausarbeiten, 3. Aufl. 2003, S. 149 f.

二、开讲、第一印象

在演讲之前,你首先得知道受众是谁。你是在学生面前,还是在教授、实务工作者抑或是非法律人面前作报告?你必须根据听众不同的经验水平来调整自己以及报告的内容。这对你的表现将起到决定性的作用。

报告人刚一出场就已经开始对听众施加影响。他究竟是带着自信的目光,从人群中走向讲台,还是头也不抬地在自己的书包里笨手笨脚地找东西?第一印象是关键的。请你保持自然轻松的状态。即使你面向的观众都是著名的专家们,你也不要忘了这句话:"社会大众更愿意被娱乐,而不是被教导。"[1] 如果能有四五次的机会让观众发笑,那么演讲者就可以掌控全局了。

如果你不想马上以"拦腰法"(in medias res)[2] 的方式来讲述问题,那不妨先通过和听众们建立私人关系来拉开报告的序幕。亚里士多德早就认为,向听众表达一下感激之词,也就是拉丁语俗称的"拍马屁"(captatio benevolentiae),在演讲时是一种有效的修辞技巧,这样可以挑起听众的兴致。在美利坚,差不多每个脱稿而作的报告都是用一个成功的笑话来开始的。不过,最好还是讲一些即兴的笑话,例如,你可以毫不刻意的讲一些与举行地点、到会情况、天气等有关的(俏皮话)。讲一点趣闻轶事也是可以的。[3]

图霍夫斯基以讥笑的语气写道:"不要刚开始就入戏,而要先兜个几百米的圈子。比如这样:'我的女士们,先生们!在开始讲我的题目之前呢,请允许我先简单地讲一下……'这样一来,一个报告开篇所应有的要素——俗套的打招呼,开讲前的寒暄,宣告下你要说话以及你要说什么,也就是你要发什么言,等等,你可都具备了。如此,你简直顷刻间就俘获了听众的心与耳。"[4]

但是,讲笑话或者段子也不能勉为其难。你也可以用一个问题概览(参见本书第七章,边码 15 及以下)来展开你的讲演。比如,你可以先讲一个

---

[1] (出自阿道夫·弗莱尔·冯·克尼格 Adolf Freiherr von Knigge,德国著名作家——译者注),转引自 *Franck*, Rhetorik für Wissenschaftler, 2001, S. 93。
[2] (拉丁语)即从事物的中间、中心部分(开始讲述),Horaz, Ars peelica 148。
[3] *Flume*, Karrierefaktor Rhetorik, 2005, S. 144 f.
[4] *Tucholsky*, Gesamtwerk, 2003, Bd. 13, S. 464.

听起来很不合理的事实,以此来吸引听众的注意力。你可以描述下其中的利益冲突,来激发大家的兴趣。你可以把开篇导论讲的和侦探小说一样引人入胜。如果你做到了这一点,要让听众开始关注相关的法律问题,就变得轻而易举。[1] 在上文讲解关于法律语言的风格时,也已经介绍了一些如何让法律德语表达得更为动人的例子(参见本书第四章,边码29及以下)。

不要忘了之前举的例子:"从政治上看,欧洲和美国300年前是相同的。"对于我提出的问题——"欧洲究竟是更像美国,还是更像联合国",我的一个学生是这样回答的。

三、脱稿报告的辅助手段

(一)讲演稿

38 在准备报告的时候你就得意识到,你不能朗读你研讨课论文的书面稿,因为书面稿的篇幅通常很长。一页1.5倍行间距(70行、每行37个字符或者240个单词)的打印稿,读完大概需要3分钟,那么你读完8至9页的论文就需要25分钟。因此,你不得不进行精简(见本书第九章,边码13),除了论文外,你还得另行准备一份讲稿(Redemanuskript)。或者说,你可以专门为报告重新准备一份稿件,然后在上面用记号笔标注出最关键的概念。准备一份讲稿的好处是,万一你不小心脱离了(论文的)主旨脉络,你可以很快地重新切入正题,因为这个时候你直接朗读你的演讲稿就好了,这样做的缺点也恰恰在于此。你最好不要(一开始)就做好朗读的打算。

(二)提示卡片和思维导图

39 或者你也可以试一试,一开始就只借助关键词来准备你的演讲。为此,你可以使用提示卡片(Karteikarten)或者"想法的地图",也即所谓的思维导图(Mind Map,参见本书第一章,边码78及以下)来展开你的工作。在演讲的时候,思维导图能够起到帮助记忆的作用。演讲者以此把演讲内容用图形的方式呈现给自己,这样他就可以确保自己能够面面俱到地完成演讲,而不会有所遗漏。通过使用简短的关键词或者说"刺激词"(Reizwort),你

---

[1] 在美国,要申请比较好的法学院,申请人通常要在申请时附上一份Essay,建议在Essay的开篇也可以讲一个吸引人的故事,比如个人的经历等,来唤起读者的兴趣。

可以顺利完成你的演讲。这样一来，你就不必再准备一个书面的提纲了，并且，你也会打消对着稿子朗读的念头。

（三）图示、幻灯片或 PPT 演示文稿

（1）借助 Power Point 等程序，你只需花费很少的准备时间就可以作出一份演示文稿，而且这样也能让人们更容易记住相关的内容。[1] 有许多 PPT 演示文稿看起来是无聊而乏味的。通常的情况是，演讲者看起来似乎总是被幻灯片所"遥控"着。90% 的 PPT 讲演都是很糟糕的，因为演讲者只是片面的把它当作记忆手段，然后通过一些关键词或者乏味的承上启下的句型把每个幻灯片从语言上串联起来而已。如果演讲者只是和听众一起像念材料清单一样朗读幻灯片的内容，那演讲者本人就成多余的了。不过，与此相反，还存在这样一种风险，那就是：每一页幻灯片的内容常常可能过于拥挤。太多的图示只会让人的注意力不再放在演讲本身，也就增加了和听众之间的距离。[2] 在单个图示里面，如果有 7 个以上的点，（同样也就）显得"太多"了。[3] 因此，重要的一点就是，千万不要在 PPT 当中塞入过多的事实材料。

（2）不过，对人类而言，视觉上提供的信息有 90% 都能够被掌握。图示如果被用来增强理解，那就是非常有必要的。相比于几句话的描述，统计图表和数字更适合以具象的方式呈现出来。换言之，幻灯片或者一份 PPT 演示文稿应当作为报告有意义的补充，而不可喧宾夺主。在电脑上制作演示文稿的时候，字体可以调整为 24 和 30 号之间；对于 20 分钟的演讲，准备十页的幻灯片就足够了。对于其他你不想舍弃而又不宜置于 PPT 当中的信息，你把它们放在提供给听众的观点清单或者报告提要里面就好。也就是说，把简明利落的幻灯片和观点清单配合起来使用，才是良策。

---

[1] 更详细的介绍参见 Lobin, Die wissenschaftliche Präsentation, 2012; Stickel – Wolf/Wolf, Wissenschaftliches Arbeiten und Lerntechniken, 8. Aufl. 2016, S. 298 ff。

[2] 对此的批评可参见 Graf von Westphalen, Verloren geht die Kunst der freien Rede, FAZ v. 15. 8. 2000, S. 12。

[3] 关于"7"这个魔力数字，可参见本书第一章边码72；一个非常适合制作为 PPT 的是上文提到的"遗忘曲线"（本书第一章边码51），不适合作为 PPT 的则是本书第三章边码12 的"过错的意思表示"的示意图。

(四) 非言语及次言语的沟通

42　　（1）在作报告的时候，手势和面部表情尤其重要。演讲者如果能够摆出一副坦率的姿态，例如，双腿从容挺立，用收敛而平静的手和胳膊的动作来辅助自己的发言等，就会起到一种很积极的效果。[1] 反之，如果只是不断地更换支撑重心的腿或者攥紧双手，那就和坐的时候喜欢交叠双腿的人一样，会给人一种不够可靠的印象。此外，如果有人演讲的时候叉着胳膊，那就会增加他跟听众的距离感。只有双手松弛而自由，你才能做到好好讲话。[2]

43　　在留给他人的印象当中，行为举止会占据38％的比例，因此，面部表情就显得十分重要。如果处理得当，它能让你的报告更加令人印象深刻。脱稿作的报告给人一种自信的感觉：选择脱稿演讲的人，对他所讲的内容一定是笃信不疑的（本书第九章，边码30及以下）。相反，总在朗读，或者照着稿子念，就会让人觉得不值得信赖。如果你报告的内容是自己赞同的观点，可以用点头来表达对此的认同；如果报告的观点是你要反对的，你可以用皱眉来强调这一立场。

44　　重音、停顿、语速缓急、明确易懂，这些都属于"次言语"（paraverbale）的风格要素。在学术盛宴里，不存在什么"低等座"，因此，要确保你讲话的音量能够穿透整个房间。[3] 演讲者必须借助语言和表情上的各种手段，来清晰地传达自己的观点：只有不断地改变语速和音量，你的报告才能变得生动而多彩，也才会更容易让听众理解。讲话中途如果出现（长时间的）间断，则只能让人更加紧张。[4]

45　　很多学生误以为，作报告不过就是读一下论文的书面稿。他们忽略了报告自身特有的规则：（论文的）读者可以自行把握接受的速度和强度，但在演讲中，听众则只能完全依赖于演讲者本人。因此，演讲者必须让其他人能够有一种置身其中的感觉。只有一个人（对你自己讲的东西）真正感同身

---

〔1〕不同的观点则参见 Brinkmann, Die rechtswissenschaftliche Seminar - und Doktorarbeit, 1959, S. 183："演讲者应当避免使用任何手势。"

〔2〕不要老是抓着讲台或者眼镜之类的东西，也不要把手交叠在背后或肚子上。

〔3〕参见 Franck, Rhetorik für Wissenschaftler, 2001, S. 64。

〔4〕参见 Brühl, Die juristische Fallbearbeitung in Klausur, Hausarbeit und Vortrag, 3. Aufl. 1992, S. 188。

受了，他才能做到把这些内容传递给他人。

听众在听取你报告的内容时，总会受到自己直观感觉的影响。如果有人作报告的时候声音单调，那就会让人觉得报告人自己对讲的东西都没有兴趣；如果报告人自己都觉得无聊（或者至少看起来如此），那听众也会觉得无聊。反过来：如果报告人对报告的内容本身就充满热情，并在作报告的时候也如此表现，那这种热情就会传递给听众。[1]

演讲者的行为举止如何才是正当的？用下面这句话概括就最好不过了：信心满满而彬彬有礼，激情洋溢但又不能信马由缰。[2]

身体语言暗示了演讲者的情感世界

无故的间断会增加紧张感

双手放松才能好好说话

只有脱稿演讲的演讲者才最让人信赖

图9-2 坦率自然的手势能起到积极的效果

（2）通过观察听众的反应，例如面部表情、身体语言等，报告人自己就能够确认，他的报告究竟是让人感到可信、疑惑还是无聊。

图霍夫斯基如是说："演讲说白了——也不可能是其他的了——就是一场独白。因为毕竟就一个人在说啊。或许你就算是有14年的演讲经验，可能也不见得知道这个事实：演讲其实不光是一场对话，它甚至可以说是一场乐队演奏：观众虽然沉默不语，其实一直都在心里（跟着）默念着。而这，你也必须得听得见。"[3]

---

[1] 这差不多就和学者去电视上作节目一样，如果不这样的话，观众可能根本就不会对学者讲的东西产生兴趣。

[2] *Lemmermann*, Lehrbuch der Rhetorik, 6. Aufl. 1997, S. 188. Die moderne Variante lautet：BAFF: Begeisterung, Autorität, Freunde und Freundlichkeit, s. Franck, Rhetorik für Wissenschaftler, 2001, S. 14.

[3] Tucholsky, Gesamtwerk, 2003, Bd. 13, S. 466.

47　　一个训练有素的报告人会懂得根据听众的表情和身体语言来做出反应。如果他的报告看起来不是那么有信服力，他就会试着随机调整自己的报告风格。比如，他可能开始采用更为自由的讲话方式，或者尝试用几个实例来形象地描述某个法律问题。这些方法固然重要，不过，需要谨记的是：报告人只有表现得足够自然，才能最让人信服。"真实"是最重要的东西，也就是说，你需要毫不做作地真诚待人。

（五）中途提问

48　　是否允许听众在演讲的中途提问，也属于报告人的个人风格。这样做的好处在于，问题可以在"正确的地方"得到回答，提问者的好奇心也就能及时得到满足。但是，太多的问题会让演讲的过程"支离破碎"。凭借一定的第六感，或许你可以判断某个问题究竟是只有提问者自己感兴趣，还是说大家都会感兴趣。（如果是前者）你完全可以搪塞一下，告知对方在报告之后的讨论环节或者休息时间再来讨论该问题。

四、收尾时的要点

49　　如果你给听众分发了报告的观点清单，那么在结尾的时候，就不需要再对报告进行总结了。你可以考虑使用一些毫不新奇的套话，诸如"感谢各位的倾听"或者"至此，想必各位的耐心已经行将耗尽"之类。

　　　　对于这一点，图霍夫斯基也曾戏谑般说道："请在很早的时候就预先告诉大家你的报告要收尾了，以免听众到时候会因为（好不容易等到结束——译者注）过于高兴而中风。在某次令人紧张的婚礼上，作家保罗·林道是这样开始他的祝酒词的：'我最后要说的是……'你可以宣告你要结束你的报告，然后再从头开始，接着又讲个半小时。你可以如此这般，重复好几个来回。"[1]

50　　或者，你也可以让报告的结尾和开头一样生动而富有个性。毕竟，听众对开头和结尾尤其印象深刻。这里，我们也可以举一个例子：

　　　　……欧洲必须着手考虑一些未来的任务，这些任务在过去可能只是

---

〔1〕Tucholsky, Gesamtwerk, 2003, Bd. 13, S. 466.

肇因于各自的共性,而在今天和将来则可能是出于共同利益而亟待处理和解决的。欧洲的一体性也正是建基于此。

为此,我们需要的是人民的热忱,对充满荣光、自信和美感的欧洲的期待,以及整个欧洲休戚与共的精神。这里所说的许多东西,可能不过是南柯一梦。然而,正如菲利普·阿洛特所言:"在各种威力中最有力的就是思想的威力。"[1]

五、如何对待那些不讨喜的讨论者

并非所有提问都是紧扣主题的。你不必粗暴地"扼杀"那些插科打诨的问题,只要用点技巧,你就可以礼貌而轻描淡写地回答这类问题。[2] 总有这样或那样一个提问者会让你觉得不舒服。有的时候,如果参与讨论的人作出此种暗示的话,你就不得不(对提问者)进行"追问",例如,对方会说:"我且不说你论证上的缺陷,只提两个问题。"[3] 对于那些明显不客观的批评,你可以用一些出其不意、化繁为简的客套话敷衍过去,比如说:"我很欣赏您的幽默"或者"您可真是位出色的讨论伙伴,希望您继续保持本我"[4]。理想的情况下,你可以用一些机智的言论搪塞掉那些充满攻击性的评论。

丘吉尔有一次在下议院演讲的时候曾被一位女士以激烈的言辞攻击:"如果你是我的丈夫,我一定会在你的茶水里下毒。""哦,夫人",温斯顿·丘吉尔回答说,"如果我是的话,我会很乐意喝掉它的。"[5]

总而言之,如果你能做到脱稿演讲、使用正确的修辞技巧,并且能恰当清楚地论证你的独创性观点,那么,你的演讲一定会是卓尔不群的。

作为练习,你可以先试着在朋友面前作一个八句话左右的小报告。你可

---

[1] 原文和脚注可参见 Möllers, Die Rolle des Rechts im Rahmen der europäischen Integration, 1999, S. 90 f.。
[2] (比如你可以这样说:)"是的,这确实是一个有趣的问题,但是嘛……"
[3] Franck, Rhetorik für Wissenschaftler, 2001, S. 121, 124 ff.
[4] Berckhan, Die etwas gelassenere Art, sich durchzusetzen, 8. Aufl. 2003, S. 226.
[5] 不过这个段子有点太过时了,参见 www. quoteinvestigator. com/2014/08/27/drink - it/# note - 9637 - 12。

以参考如下几个题目:

(1) 2050年的欧盟会是什么样子?

(2) 汉堡的一个天主教教堂将其一座教堂建筑出售给了某个穆斯林团体。请对此事件谈谈你的看法。

(3) 请描述何为"社会市场经济"(soziale Marktwirtschaft)。

(4) 消费者保护是否应当属于《德国民法典》的组成部分?

代结语 这一切究竟是为了什么?

在上大学或者读博期间,难免有一瞬间会让我们感到心灰意冷。这个时候,你可不要怀疑自己!这种缺乏动力的问题也同样是可以克服的——很多时候,持续(而艰苦)的工作,总会让我们开始品尝到成功的喜悦。[1]

或许,你可审视一下你的"内在态度"[2]:我为什么要上大学或者说为什么要读博?是不是为了那些我追求的外在价值,例如,他人的赞许、野心或者说对高薪酬的憧憬?又或者,更多的是出于好奇心以及求知若渴的向往?如此(问过自己)之后,你便又可以重装上阵了(参见本书第一章,边码1及以下)。

在这个过程中,你万不可"自缚手脚"。你写下的东西固然应当是经过反复斟酌、深思熟虑的,但不必苛求这些文字会万古流传。你的"大作"或者说学术论文,到达某种程度的时候,就算得上是圆满完成了。用法律人的语言来说就是:后果无关紧要,重要的是行为本身。读书或者说读博是一个漫长的旅途,个中滋味,恰如参加夏威夷岛的"铁人三项"一般。最后,

---

[1] 诸如缺乏动力的问题,也见于 von MINCHLNENKAWSKI, 4. Acfl. 2013 S. 110ff.;解决此类问题的方法则可参见 *Klaner*, Richtiges Lernen für Jurastudenten und Rechtsreferendare, 5. Aufl. 2014, S. 41 ff.; *Messing/Huber*, Die Doktorarbeit, 4. Aufl. 2007, S. 105 ff.; *Knigge – Illner*, Der Weg zum Doktortitel, 3. Aufl. 2015, S. 138 ff.; *Schräder – Naef*, Rationeller Lernen lernen, 21. Aufl. 2003, S. 71 ff。

[2] 关于此,可参见经典论著 A. Schopenhauer, Aphorismen zur Lebensweisheit, geb. Ausgabe 1990;较为现代的表达,则参见 *Erich Fromm*, Haben oder Sein, geb. Ausgabe 1996。

不妨以尼采的一段话作为我们的结尾[1]：

> 吾辈当中，时有为严谨之科学事业而孜孜以求者，其意义绝非在于成果本身：概因在浩瀚的知识海洋中，即便偶有所得，亦不过是沧海一粟。其所追求的，唯在于毅力、禀赋、韧性之增益；其所收获的，实为达成目标之方法。此等为实现"学者"之名而付出的努力，均堪为世人所颂扬。
>
> ——弗里德里希·尼采

---

[1] Friedrich Nietzsche, Menschliches, Allzumenschliches, 1. Teil, geb. Ausgabe 1993 (Erstausgabe 1878).

第十章 提问和答案

第一节 成功的学习 （对应本书第一章）

1　　**提问**：骑士案（Reiterfall）。着急的骑士鲁迪试图骑着马跳过三米宽的湍急的河流，不幸落入洪水中。萨宾娜不会游泳，与鲁迪一样是法科新生。她穿着新的夹克与她的狗散步路过此地。萨宾娜是否应当跳入湍急的河流中营救鲁迪呢？

　　答案：在负有保证人义务（Garantenpflicht）的情况下，美丽的萨宾娜应当跳入河中。比如，当她与鲁迪是亲密的生活伴侣并共同生活时。[1]本案中，她与鲁迪只是同年级同学，并未符合上述要求。这里也不构成《德国刑法案》第323c条的见死不救罪（unterlassener Hilfeleistung），因为这里不能期待不会游泳的萨宾娜跳进湍急的河流中。[2]

2　　**提问**：怎样才能有意义地准备考试？请你根据学习内容有效地分配时间。

　　答案：应当根据第一次国家司法考试不同学科的比重来分配准备时间。由此，必须区别第一次国家司法考试与法学院的考试。

　　在理想的情况下，可以在第一次国家司法考试的闭卷考试之前，就完成主要的法学院闭卷考试部分。目前第一次国家司法考试科目仍是以法学教育和考试规定（JAPO）为准。[3]在教育改革之后，选修课已经不是第一次国

---

[1] Satzger/Schluckebier/Widmaier/Kudlich, StGB, 3. Aufl. 2016, § 13 Rn. 26 f.
[2] *Fischer*, StGB, 65. Aufl. 2018, § 323c Rn. 17.
[3] 在拜仁州第一次国家司法考试中，笔试部分民法：公法：刑法的比重为3:2:1。

家司法考试的内容。考试科目仅限定为三个核心科目：民法、公法和刑法。尽管在前三年人们就学习到了这些学科的足够的基本知识，仍应当花 11 个月的时间去充分准备。还需要附带一个月休假时间，因此应当是 12 个月。

以拜仁州地方司法考试规定的教材为蓝本，建议如下安排复习计划。这份计划的前提是你认为最好是每个月同时进行这三个领域的复习。

表 10–1

月份	领域 1	领域 2	领域 3
1	民法总论	刑法总论	国家组织法
2	民法总论	刑法总论	宪法
3	债法总论	物权法	宪法
4	债法总论	物权法	行政法总论
5	债法总论/物权法	商法–/公司法	行政法总论
6	债法分论	商法–/公司法	警察法/安全法
7	债法分论	刑事诉讼法	地方法
8	债法分论	民事诉讼法	建筑法
9	民事诉讼法	刑法分论	行政管理法
10	–	自由安排	–
11	家庭法	刑法分论	欧盟法
12	继承法	刑法分论	劳动法

当然这只是一个建议，每门学科的复习时间还与自己对每个学科的熟悉程度相关，例如发现哪里还有漏洞。一旦参加了一门复习课（Repetitorium）或者考试辅导课（Examinatorium），非常有意义的是，你自己制定与这些课程相适应的复习计划。

第二节　案例分析和闭卷考试答案　（对应本书第二章）

3　　提问：基普的双重效应（Kipp'sche Doppelwirkung）。17 岁的 V 对古董没有任何概念，他从刚去世的奶奶那里继承了一个文艺复兴时期的柜子，价值 5 万欧元。V 以 4000 欧元的价格将这个柜子出售给 K，因为 K 恶意隐瞒了柜子的年代和价值。K 继续把柜子转卖给 D。D 明知这是个恶意欺骗，但是不知 V 是未成年。请编写一个案情框架图。

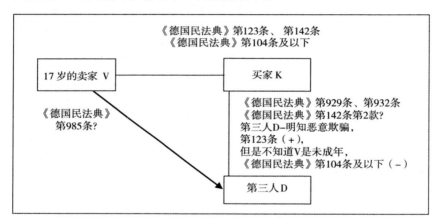

图 10 - 1

答案：基普的双重效应的纲要。

根据《德国民法典》第 985 条，V 针对 D 的返还请求权（Herausgabeanspruch）

1. D 的实际占有（＋）
2. K 的所有权
（1）原始的所有权（ursprünglich）（＋）
（2）通过 V 向 K、K 向 D 的给付行为丧失了所有权，此处：转让 K - D 《德国民法典》第 929 条
①合意（Einigung）
②交付（Übergabe）

③交付当时的合意（Einigsein im Zeitpunkt der Übergabe）

④得利（Berechtigung）

通过 V 向 K 的转让丧失所有权（-），因为与未成年人进行的法律行为无效，《德国民法典》第 107 条及以下。

⑤通过不当得利的取得（Erwerb vom Nichtberechtigten）

然而，根据《德国民法典》第 929 条、第 932 条关于善意取得的条文，D 因是善意第三人而取得所有权。

A. 根据《德国民法典》第 932 条，D 是善意第三人，因为他不知道 V 是未成年人以及不明知该购买合同的无效性。

B.《德国民法典》第 142 条第 2 款明确了，如果第三人明知或者应当知道某处分行为的可撤销性（die Anfechtbarkeit des Verfügungsgeschäftes）而继续行为，那么则认定为，它应当明知或者已经知道了该法律行为的无效性。《德国民法典》第 142 条第 2 款扩大了《德国民法典》第 932 条第 2 款中关于恶意信赖（Bösgläubigkeit）的范围。恶意债权人（Bösgläubig）不仅包括那些明知是符合《德国民法案》第 932 条第 2 款意义上的非财产所有人的地位（Nichteigentümerstellung）的人，而且也包括那些已经明知或者应当知道法律行为的可撤销性（die Anfechtbarkeit des Rechtsgeschäftes）的人。

在本案中，D 是《德国民法典》第 142 条第 2 款意义上的恶意第三人，因为他明知 V 的恶意（Arglist），由此也明知该法律行为的可撤销性。

C.《德国民法典》第 142 条第 2 款只有当 V 可以针对 K 行使撤销权时方可适用！

实际上，这种对撤销权的思考在逻辑上是多余的，因为 V 向 K 的物权的转让由于 V 是未成年人的缘故已经是无效的了。这里未成年人具有保护价值（schützenswert），因此必须要采取措施来保护其对无效法律行为的撤销权。[1]

---

[1] 关于基普双重效应的理论，参见 FS von Martitz, 1911, S. 211 ff.；*Fikentscher*, Methoden des Rechts, Bd. IV, 1977, S. 363；Palandt/*Ellenberger*, BGB, 77. Aufl. 2018, vor § 104 Rn. 35。

第三节 法律论证 （对应本书第三章）

4　　**问题**：父母欲询问关于外国学习的优点和缺点（本书第三章，边码4）。哪一种说法更有说服力，为什么？例如起草如下的图。

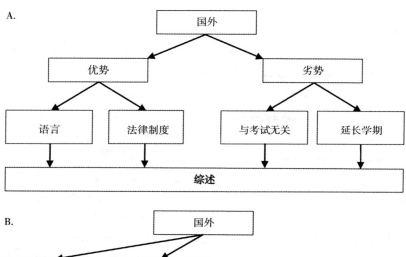

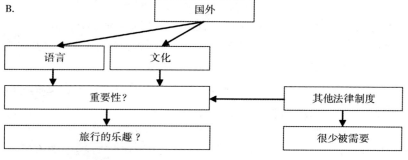

图 10-2

5　　**答案**：（略）

提问：玩具火车案（Spieleisenbahnfall）：父母是否可以送给其五岁的儿子一辆玩具火车作为圣诞礼物？请您运用归谬法（argumentum ad absurdum）来限定《德国民法典》第181条的应用领域。

答案：如果父母因为送五岁的儿子圣诞礼物需要拥有一个监护许可（Vormund）或者需得到监护法院（Vormundschaftsgericht）的许可，这将是非常荒诞的事：在每一棵圣诞树的背后都必须站立着一个监护权以防止在圣诞之日订立了无效的赠与合同。因此德国联邦最高法院表述如下：

> 《德国民法典》第107条持有同样的观点，在纯获得法律利益的情况下，未成年人的意思表示不具有需保护性（schutzbedürftig）。相反，这里应当对《德国民法典》第181条进行语义解释：当父母赠送不具备行为能力的子女礼物时，不在其有效代理之内。如果一开始就不运用这个条文，就能自然避免得出这个因荒唐的而被否定的结论（lebensfremd abgelehnte Ergebnis）——其论证理由偏离核心（den Kern nicht treffende）Begründungen）。因为根据普遍的自然准则，令人担忧的利益冲突在法律上的纯获利（rechtlichen Vorteils）交易中并不存在；规范希望保护被代理人（der Vertretene）结果却令其处于劣势。[1]

提问：酒馆案（Wirtsfall）。当门后是非常陡的楼梯时，酒馆所有人是否应当在地窖的门边使用安全牌提示？如果客人从楼梯上掉下，是否可以请求损害赔偿？

答案：酒保在给客人倒酒的时候就制造了一个危险源（Gefahrenquelle）。从倒酒行为中，酒保也直接获得了经济上的好处。他应当可以预计到，客人喝酒之后注意力会降低。客人相反可以期待其所处的公共空间里不会遇到特别的危险。店主锁上地窖门就可以让客人轻松避免危险。店主应当负责并赔偿损失。[2]

提问：深化案例——损害物品（Vertiefungsfall – Sachbeschädigung）。当拆除一个洗手盆、放出自行车轮胎空气、污染邮箱、拆下旗杆上的旗子以及分拆闹钟时，是否构成《德国刑法典》第303条损害物品罪？

答案：如果令具备特定用途的物品的原有用途受到影响，就属于财产损害。对物质的干涉不是必需的。所保护的是受到尊重的使用利益（respektierende Gebrauchsinteresse）。此案中，构成财产损失。[3]

提问：介绍伴侣的合同（Partnervermittlungsvertrag）。在《德国民法

---

[1] BGH, Urt. v. 27. 9. 1972, IV ZR 225/69, BGHZ 59, 236, 240.
[2] BGH, Urt. v. 9. 2. 1988，VI ZR 48/87, NJW 1988, 1588 f.
[3] Satzger/Schluckebier/Widmaier/Saliger, StGB, 2. Aufl. 2016, § 303 Rn. 9 f.

典》第 656 条的范围内考虑介绍伴侣的合同?

答案: 德国联邦最高法院赞同了该类推,因为《德国民法典》第 656 条的目的是,私生活不应当到法庭上来审判。"谨慎需求的保护价值"(schützenswerte Diskretionsbedürfnis)作为规范的目的既适用于婚姻合同,也适用于伴侣合同。[1]

在各类文献中,最高法院受到了严厉的批评。根据《法院组织法》第 1716 条第 2 款的规定,目前在离婚程序中,私人的问题也会被提交。《德国民法典》第 656 条的规范目的是给予顾客更高的法律保护,所以婚姻中介人不能对中介费提起诉讼。在实践中,这种权利的保护通常通过事先收取费用的方式来实现。类推会降低对顾客的法律保护,而不会增加之,因为婚姻中介人今后在伴侣的介绍合同中会要求顾客事先交费。[2]

第四节 法学语言风格 (对应本书第四章)

9 **提问:打人的酒店老板案。** 请简单转述一下欧盟最高法院(EuGH)的下列观点:《欧共体理事会 1990 年 6 月 13 日关于各种套餐旅游(Pauschalreise)的指令(90/314/EEC)》第 7 条应当如是理解:若参加套餐旅游的旅游者,在旅行前已经向旅游主办人付了住宿费,但由于主办人的支付不能,而不得不再次向酒店老板支付费用,否则(酒店老板)就不允许旅游者离开酒店去赶自己回程的航班。若旅行者此时要求返还支付的费用,即属于本条的适用范围("打人的酒店老板案")。[3]

答案:

(1)《欧共体理事会 1990 年 6 月 13 日关于各种套餐旅游(Pauschalreise)的指令(90/314/EEC)》第 7 条规定,在旅游从业者支付不能或者破产之情形,要确保消费者已支付费用得以返还,并实现其旅游的回程。

---

[1] BGH, Urt. v. 11.7.1990 (Az. IV ZR 160/89), BGHZ 112, 122, 126 – Anwendung des § 656 BGB auf Partnerschaftsvermittlungsverträge.

[2] *Butz*, NJW 1990, 2250, 2252; Vertiefend Möllers, Jivistische Methodenlehre, 2017, §5 Rn. 75.

[3] EuGH, Urt. v. 14.5.1998, C–364/96, EU:C:1998:226.

（2）如果消费者为了实现旅行而不得不承担额外的费用，这一费用根据第7条也应当被返还。

（3）这一费用也包括因酒店老板暴力阻止其离开酒店时，其不得不再次支付的酒店住宿费用。

提问：简写下面的段落："这里经常针对第三人的缔约过失责任所提的批评，对于审计师和投资人之间的责任，只是具备有限的或者说几乎没有说服力。对此要补充的一点是，此处成立这一责任的优点更为明显……" 10

答案：对审计师为投资人承担第三人缔约过失责任的批评是站不住脚的。上述责任成立的好处要更多一些。

提问：简写下面的句子："然而，尽管如此，最后还要强调的是，调解程序虽然可能很有意义且着眼于将来，但是并非在家庭法的所有领域都得适用，也就是说在某些领域会导致一些问题。基于上面所说的问题领域，这里可以总结性的作一个结论。" 11

答案：调解程序并非在家庭法的所有领域都是有意义的。

提问：解释一下《德国民法典》第307条第3款的含义： 12

（1）一般交易条款中的条款，如违反诚实信用的要求，不合理的且不利于合同相对人的条款，不发生效力。条款不清楚或者无法理解的，也可能发生不合理的不利情事。

（2）条款有下列情形之一者，有疑问时，应认为属于不合理的不利于合同相对人：

①与其排除适用的法律规定之基本理念不相符的，或

②基于合同本质所产生之主要权利或义务受到限制，以至于合同目的难以实现的。

（3）第1、2款及第308条、第309条的规定，只适用于一般交易条款中为排除或者补充适用法律规定而约定的条款。其他条款仍得依第1款第2句并结合第1款第1句之规定而不发生效力。

答案：这一条款的含义是这样：

（1）一般交易条款通常只涉及合同的从属条款（accidentalia negotii，合同非必要要素）。例外情况下，则可能是涉及标的价格、内容的主条款（essentialia negotii，合同必要要素）。此时若其表达的不清楚，则需要检查条

文是否构成滥用格式条款。比如，约定医生薪资范围的模糊条款，就要受到"透明原则"的限制。[1]

相比而言，《欧共体消费者合同不公平条款指令》第 4 条第 2 款表达的就清楚多了[2]：只要合同条款表达的足够清楚以及便于理解，那么在评价条款是否为滥用格式条款时，合同的主要内容、货物与价款或者服务与报酬作为对待给付是否相称等都不是要考虑的事项。

反过来说，意思就是：如果一般交易条款表达得不清楚或者难以理解，那么即使是涉及合同标的及价款的条款（essentialia negotii）同样属于一般交易条款审查（AGB – Kontrolle）的对象。

（2）在德国法上，要理解这一"透明原则"对读者而言就有些困难了。

①原则：《德国民法典》第 307 条第 3 款第 1 句。第 1、2 款只适用于一般交易条款中约定排除或补充适用法律规定的条款。

②结论：一般交易条款的审查只涉及从属条款，例如关于履行地、交付时间、担保责任的条款等，而不涉及约定货物本身或价款的条款（essentialia negotii）。

③例外情况下，"透明原则"也适用于合同的必要要素。

第 307 条第 3 款第 2 句规定："其他条款仍得依第 1 款第 2 句并结合第 1 款第 1 句之规定而不生效力。"

由于使用了如此复杂的援引技术，民众以及法学的初学者可能很难从中捕捉到"审查也可以涉及合同的主条款"这一信息。这样的实施与欧盟最高法院的要求相抵触，根据这些要求，成员国必须明确和清楚地将指示转化为国内法。[3]韦克就曾精辟地说道："可以想想那些 60、70 年代糟糕的'导演制歌剧'（Regietheater），过去那些好的剧本被贬得一无是处，被这些导演根据什么现代的审美搞得面目全非。观众选择退票或者提前离场来表达抗议。可是，当法律条文也这样做，人们对此却毫

---

[1] LG Berlin, Urt. v. 5. 10. 1990，6 S 5/90, NJW 1991, 1554, 1555.

[2] Artikel 4 Abs. 2 der AGB – RiL 93/13/EWG v. 5. 4. 1993, ABl. Nr. L 95, S. 39. 对德语译本的批评参见 Möllers, JZ 2002, 121, 128。

[3] EuGH, Urt. v. 18. 1. 2001, C – 162/99, EU：C：2001：35, Rn. 22; hierzu Möllers, Juristische Methodenlehre, 2017, § 8 Rn. 104 ff.

无办法。”[1]

提问： 像“对于这一更正确的意见……表示支持”“这种说法就有两处错误”的说法是否正确，为什么？ 13

答案： “正确”与“错误”是一对互斥矛盾的概念，因此，不存在一个“正确”的不同等级。此外，法学的争论中总是常常存在至少两个观点，轻易地说哪个观点是“错误”的并不得体（也显得过于傲慢）。

提问： 请试着对下文进行缩减，并使用《杜登词典》的修改符号。 14

答案： 见图 10 – 3 所示。[2]

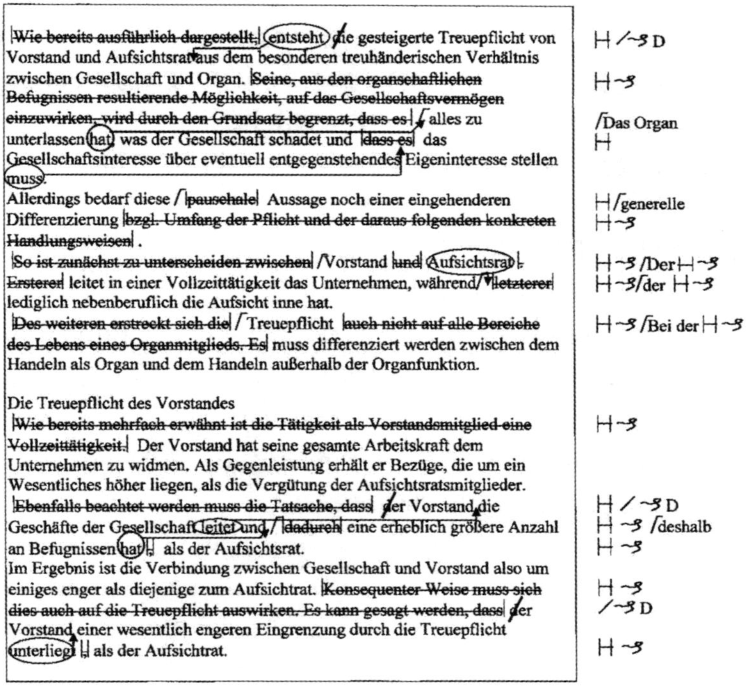
Wie bereits ausführlich dargestellt, entsteht die gesteigerte Treuepflicht von Vorstand und Aufsichtsrat aus dem besonderen treuhänderischen Verhältnis zwischen Gesellschaft und Organ. Seine, aus den organschaftlichen Befugnissen resultierende Möglichkeit, auf das Gesellschaftsvermögen einzuwirken, wird durch den Grundsatz begrenzt, dass es alles zu unterlassen hat, was der Gesellschaft schadet und dass es das Gesellschaftsinteresse über eventuell entgegenstehendes Eigeninteresse stellen muss.

Allerdings bedarf diese pauschale Aussage noch einer eingehenderen Differenzierung bzgl. Umfang der Pflicht und der daraus folgenden konkreten Handlungsweisen.

So ist zunächst zu unterscheiden zwischen Vorstand und Aufsichtsrat. Ersterer leitet in einer Vollzeittätigkeit das Unternehmen, während letzterer lediglich nebenberuflich die Aufsicht inne hat.

Des weiteren erstreckt sich die Treuepflicht auch nicht auf alle Bereiche des Lebens eines Organmitglieds. Es muss differenziert werden zwischen dem Handeln als Organ und dem Handeln außerhalb der Organfunktion.

Die Treuepflicht des Vorstandes

Wie bereits mehrfach erwähnt ist die Tätigkeit als Vorstandsmitglied eine Vollzeittätigkeit. Der Vorstand hat seine gesamte Arbeitskraft dem Unternehmen zu widmen. Als Gegenleistung erhält er Bezüge, die um ein Wesentliches höher liegen, als die Vergütung der Aufsichtsratsmitglieder.

Ebenfalls beachtet werden muss die Tatsache, dass der Vorstand die Geschäfte der Gesellschaft leitet und dadurch eine erheblich größere Anzahl an Befugnissen hat, als der Aufsichtsrat.

Im Ergebnis ist die Verbindung zwischen Gesellschaft und Vorstand also um einiges enger als diejenige zum Aufsichtrat. Konsequenter Weise muss sich dies auch auf die Treuepflicht auswirken. Es kann gesagt werden, dass der Vorstand einer wesentlich engeren Eingrenzung durch die Treuepflicht unterliegt, als der Aufsichtrat.

图 10 – 3

[1] *Weick*, JZ 2002, 442, 445.

[2] 《杜登词典》的修改符号只适用于德文，故示范图未翻译成中文。——译者注

第五节 图书馆及电脑上的法律检索 （对应本书第五章）

15 **提问：** 请检索下列案例、文献和法律：
(1) 在哪里可以找到 "骑士案" （Herrenreiterfall）？
(2) 弗莱舍（Fleischer）关于行为法（Behavioral Law）的文献全称是什么？
(3) 请检索《割草机条例》（Rasenmäherverordnung）。

答案：
(1) 通过谷歌，尽管不能直接找到相关案例的裁判文书，但是可以得到案例编号的线索，即 BGHZ 26, 349。通过这个编号，即可以在相关的联邦最高法院官方案例集或其 CD - ROM 中找到判决书。

其引用格式为：BGH, Urt. v. 14. 2. 1958, I ZR 151/56, BGHZ 26, 349 - Herrenreiter。

(2) 此时，直接在谷歌中搜索 "Fleischer" 和 "行为法" 是不可行的。另外，遗憾的是，通过 Karlsruher 电子目录（http：//kvk. bibliothek. kit. edu）或者检索 JURIS 数据库也不可行。通过互联网检索，需要一定的创造力。大多数教授会在他们教席的网站上发布其著述的目录。弗莱舍教授是汉堡国际私法研究所的所长（www. mpipriv. de）。而借助私法教师协会（Zivilrechtslehrervereinigung）的帮助，可以找到弗莱舍教授的信息。协会的网站上有几乎所有私法领域教授的地址（www. zlv - info. de）。

引用的全文为：Holger Fleischer, Behavioral Law and Economics, in: Wirtschafts - und Privatrecht im Spannungsfeld von Privatautonomie, Wettbewerb und Regulierung, Festschrift für Ulrich Immenga, Tübingen 2004, S. 575 - 587.

(3) 相对而言，检索《割草机条例》是比较困难的。你可能无法在网络上或 Sartorius I [1] 上面找到。这并不奇怪，因为它们已经失效了。《割草机条例》曾包含在《联邦污染防治条例（八）》（die 8. Bundesimmissionsschutzverordnung, BImSchV）中，属于联邦污染防治法。但《联邦污染防治条例（八）》后来被废

---

〔1〕 非官方的法律汇编，该卷为宪法和行政法卷。参见本书第五章边码 32。——译者注

除了，并为《联邦污染防治条例（32）》（die 32. BImSchV v. 29. 8. 2001，BGBl. I S. 3478）和《机械噪音防治条例》（Geräte – und Maschinenlärmschutzverordnung）所取代。

这些可以在例如 Beck – Online 等网站上找到，也可以在最新出版的 Sartorius I 的补充卷上找到。

第六节　文献引用的规则　（对应本书第六章）

提问：应当如何引用瑞士证券交易所《上市规则》（Kotierungsreglement）第 72 条？ 16

答案：可以在瑞士证券交易所的网站上面找到交易所的规则手册。其引用格式为：

> Kotierungsreglement der Schweizerischen Börsev. 6/2015 abrufbar unter www. six – exchange – regulation. com/dam/downloads/regulation/admission – manual/listing – rules/03_ 01 – LR_ de. pdf.

提问：如何区分文献目录和脚注中的文献引用内容？ 17

答案：脚注中文献的引用格式包括以下内容：作者姓氏、标题、页码、版次和出版年份。文献目录中包括姓氏和名字，标题和副标题，卷数，版次，出版地点和出版年份。

特定情况下，文献目录中的一些内容是不用写的。法律法规和案例也不属于文献目录。虽然通常人们在目录中区分专著、文章和文集，但这不是必须的。另外，ISBN 号、出版社或者著作出版的文丛，都是不用写的。

第七节　演讲和口试的修辞技能　（对应本书第九章）

思路图可以作为脱稿讲演的辅助记忆手段，比如弗兰克设计的这个思路 18

图（见图10-4所示）[1]：

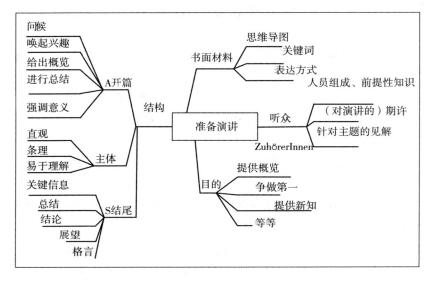

图 10-4

---

[1] *Franck*, Rhetorik für Wissenschaftler, 2001, S. 64.

附录一　学术论文

　　学术论文以大量的文献分析和对具体问题的正确评价为基础（本书第一章，边码7）。一个思路清晰的结构和精确定位的提纲是必不可缺的。　　**1**

　　除了正确地提出要点之外，决定论文质量的还有作者是否掌握和运用法律方法论的规则。唯有掌握了法律方法论规则的作者才能够自己找到正确的解决方案。

　　必须要清晰地思考和准确地构架、描述和论证。这里也需要创造性。最后需要注意学习的是脚注的规范。

　　如下思路图给你提供了一个有关学术论文写作的不同工作步骤的概况：　　**2**

```
                 小心地评价和复述目前的法律状态
脚注正确地标识目前的法律来源

                                           针对提问部分进行工作
                     ┌─────────┐
简洁和严格（风格清晰， │ 学术论文 │         如足球那样有的放矢：要踢
论证深度，独创性）    └─────────┘         最疼的地方（Mülbert）

                                          评论法律意见
              前瞻思考
              跟着思考                    客观论证：
              事后思考（Lerche）          - 论证深度
              （本书第三章边码36等）      - 论证的质量
根据法学方法论与法教义
学发展出自己的法律解决
方案（本书第八章边码3等）
```

图附1　学术论文写作的思路图

附录二 法律检索相关的重要网站

每一个（准）法律人，都应当具备通过图书馆和互联网检索相关法律文献的能力（第四章）。以下是一些可以便利你研究法律的重要网址。首先要提及的是 Beck – Online 和 Juris，它们虽然是收费的，但几乎是最全面的法律搜索。

为了使检索更高效，建议你将这些重要的链接收藏在浏览器的文件夹中。只要在你的浏览器［例如火狐浏览器（Firefox）或微软的网页浏览器（Internet Explorer）］中输入网址，然后保存在收藏夹中即可。这使你可以更快、更方便地访问这些网站。

一、常用数据库（法律、案例和文献）

www. juris. de（§ 5 Rn. 10） 综合性数据库，主要包括期刊文章、裁判文书和法律法规。

www. beck – online. de（§ 5 Rn. 11） C. H. 贝克出版社的综合性数据库，主要包括最新的期刊文章、评注和法律法规。

www. jurion. de（§ 5 Rn. 12） 关于德国法的综合性数据库。

www. eur – lex. europa. eu（§ 5 Rn. 13） 关于欧盟法的免费综合数据库。

www. kapitalmarktrecht – im – internet. de oder kurz：www. caplaw. de（§ 5 Rn. 14） 关于德国和欧盟公司法、资本市场法和竞争法的免费数据库。

www. westlawnext. com（§ 5 Rn. 16）

www. heinonline. org（§ 5 Rn. 18）

www. lexisnexis. com（§ 5 Rn. 19） 关于美国法的数据库。

二、德国法

1. 法律法规

www. gesetze – im – internet. de（§ 5 Rn. 33） 目前生效的联邦法律、综合性法律和规章。

www. dejure. org（§ 5 Rn. 33） 关于欧盟、德国以及巴登符腾堡州法律和案例的信息。

www. kapitalmarktrecht – im – internet. deoder kurz：www. caplaw. de（§ 5 Rn. 14） 关于德国和欧盟公司法、资本市场法和竞争法的法律法规。

www. bgbl. de（§ 5 Rn. 30） 自1949年起的联邦官方法律公报。

www. bundestag. de/dokumente/drucksachen/index. html（§ 5 Rn. 35） 自1976年12月14日起的联邦议会官方出版物（立法草案、提案、报告等）。

http：//dip. bundestag. de/（Informationsdienst des Deutschen Bundestages）（§ 5 Rn. 35） 关于德国立法的档案。

2. 案例

在联邦法院和欧盟法院的网站上可以找到裁判文书的原文及案例报道（第五章边码51）。（网站列表：archiv. jura. uni – saarland. de/internet/gericht. html）

www. bundesgerichtshof. de   www. bundesverfassungsgericht. de

www. bundesverwaltungsgericht. de   www. bundesfinanzhof. de

www. bundesarbeitsgericht. de   www. bundessozialgericht. de

www. lexetius. com

以上网站包含了几乎所有高级法院的裁判文书。

3. 法学文献

http：//kvk. bibliothek. kit. edu（§ 5 Rn. 73） 包含全球范围内图书馆和图书经销商目录中超过6000万本图书和期刊的虚拟目录。

www. zjs – online. com（§5 Rn. 76） 主要面向学生的免费在线期刊网站。

www. ssrn. com（Social Science Research Network）（§ 5 Rn. 68） 内容主要是美国出版物的综合性数据库。

http：//books. google. de（§ 5 Rn. 77） 可以访问超过700万本扫描书

籍的虚拟图书馆。

www. subito – doc. de（§ 5 Rn. 76） 国际图书馆文献传递服务。用户可以搜索和订购期刊文章以及部分书籍的复印件。

三、欧盟法

www. eur – lex. europa. eu/de/index. htm （§ 5 Rn. 13） 关于欧盟法的综合性数据库

www. curia. europa. eu（Entscheidungen）（§5 Rn. 43） 欧盟最高法院网站，包括自 1997 年 6 月 17 日起欧盟法院（EuGH，EuG，EuGöD）的裁判文书。

www. eur – lex. europa. eu/collection/legislative – procedures. html （§ 5 Rn. 13）包括欧盟立法材料（KOM 和 SEK 文档）的综合数据库。

www. kapitalmarktrecht – im – internet. de 或者短的网址：www. caplaw. de（§ 5 Rn. 14） 关于德国和欧盟公司法、资本市场法和竞争法的数据库。

四、外国法（本书第五章边码39 和边码53）

www. vfgh. gv. at （奥地利）

www. bger. ch （瑞士）

www. courdecassation. fr （法国）

www. gov. uk/government/organisations/hm – courts – and – tribunals – service（英国）

www. uscourts. gov/court_ locator. aspx （美国）

www. supremecourtus. gov （美国）

www. law. cornell. edu （美国）

www. hcourt. gov. au （澳大利亚）

附录三　重要引用规则概要

以下通过示例向你展示较为重要的引用规则。每一个引用都以句号结尾。如果在脚注中引用多个脚注的话，则用分号隔开。关于引用规则的具体介绍参见本书第六章。

一、脚注中的引用

1. 法律法规

（1）欧盟法（本书第六章边码47及以下）

指令或条例	官方公报的位置
Richtlinie 2011/83/EU des Europäischen Parlaments und des Rates vom 25. Oktober 2011 über die Rechte der Verbraucher, zur Abänderung der Richtlinie 93/13/EWG des Rates und der Richtlinie 1999/44/EG des Europäischen Parlaments und des Rates sowie zur Aufhebung der Richtlinie 85/577/EWG des Rates und der Richtlinie 97/7/EG des Europäischen Parlaments und des Rates,	ABl. Nr. L 304 v. 22. 11. 2011, S. 64.
Verordnung (EU) Nr. 648/2012 des Europäischen Parlaments und des Rates vom 4. Juli 2012 über OTC – Derivate, zentrale Gegenparteien und Transaktionsregister,	ABl. Nr. L 201 v. 27. 7. 2012, S. 1.

（2）德国法（第六章边码49及以下）

法律名称（官方名称和缩写）	日期	联邦法律公报中的位置
Kapitalanlagegesetzbuch（KAGB）	v. 4. 7. 2013,	BGBl. I, S. 1981.
Neufassung des Gesetzes über den Wertpapierhandel（Wertpapierhandelsgesetz – WpHG）	v. 9. 9. 1998,	BGBl. I, S. 2708.

11 (3) 法律条文（本书第六章边码 54）

§ 812 Abs. 1 S. 1 Alt. 1 BGB.

Artt. 2 Abs. 1 i. V. m. 1 Abs. 1 GG（Allgemeines Persönlichkeitsrecht）.

Artikel 2 Abs. 2 lit. d）Spiegelstrich 1 Richtlinie 1999/144/EG des Europäischen Parlaments und des Rates v. 25. 5. 1999 zu bestimmten Aspekten des Verbrauchsgüterkaufs und der Garantien für Verbrauchsgüter, ABl. Nr. L 171, S. 12.

2. 立法材料

12 (1) 欧盟立法材料（本书第六章边码 55）

名　　称	日期	KOM/SEK/Slg.	（年份）	编号	页码
Vorschlag der Kommission zur Änderung der Richtlinie 85/611/EWG（OGAW）	v. 17. 7. 1998,	KOM	（1998）	449 endg.,	S. 2, 12.
Arbeitsdokument der Kommissionsdienststellen, Begleitunterlagen zum Vorschlag für eine Verordnung zur Änderung der Verordnung（EG）Nr. 1060/2009 über Ratingagenturen und zum Vorschlag für eine Richtlinie zur Änderung der Richtlinie 2009/65/EG zur Koordinierung der Rechts - und Verwaltungsvorschriften betreffend bestimmte Organismen für gemeinsame Anlagen in Wertpapieren（OGAW）und der Richtlinie 2011/61/EU über die Verwalter alternativer Investmentfonds	v. 15. 11. 2011,	SEK	（2011）	1355 endg.,	S. 3.

(2) 德国立法材料（本书第六章边码 56）

标题	日期	机构	Drs.	编号	页码
Gesetzesentwurf der Bundesregierung, Entwurf eines Gesetzes zur Umsetzung der Richtlinie 2011/61/EU über die Verwalter alternativer Investmentfonds (AIFM – Umsetzungsgesetz – AIFM – UmsG)	v. 6. 2. 2013	, BT –	Drs.	17/ 12294,	S. 100.
Stellungnahme des Bundesrates, Entwurf eines Gesetzes zur Umsetzung der Richtlinie 2011/61/EU über die Verwalter alternativer Investmentfonds (AIFM – Umsetzungsgesetz – AIFM – UmsG)	v. 1. 2. 2013	, BR –	Drs.	791/12 (B),	S. 10.

3. 裁判文书

(1) 欧盟法院和国外法院裁判文书（本书第六章边码 59）

只要裁判文书是在官方案例集中公布，就可以采用下面的引用格式：

法院	日期	案号	案例集	页码	– 关键词
EuGH,	Urt. v. 30. 9. 2003,	C – 224/01,	Slg. 2003,	I – 10239 Rn. 42	– Köbler
EuG,	Beschl. v. 22. 4. 2009,	T – 217/08,	Slg. 2009,	II – 41	– Milchviehhalter

引用欧盟裁判文书时，也可以在日期后面括号内写上当事人的名称。

法院	日期	案号	当事人	案例集	页码	– 关键词
EuGH,	Urt. v. 13. 5. 2003	C – 463/00,	(Kommission/ Königreich Spanien),	Slg. 2003,	I – 04581 Rn. 13	– Golden Shares IV.

15 采用欧盟案例标识（ECLI）的最新引用方式为：

法院	日期	案号	ECLI	页码	-关键词
EuGH,	Urt. v. 12. 7. 2005,	C-403/03,	EU：C：2005：446,	Rn. 42	- Schrempp.
EuGH,	Urt. v. 15. 7. 1964,	6/64,	EU：C：1964：66,	Slg. 1964, 1259, 1269	- Costa/ E. N. E. L.
EGMR,	Urt. v. 17. 9. 2009,	10249/03,	CE：ECHR： 2009： 0917JUD001024903,	Rn. 104 ff.	- Scoppola v. Italien.

16 总检察官的意见可以在给出案号和页码的情况下引用。

名称和案号	日期	案例集	页码
Schlussanträge der Generalanwältin *Trstenjank* zu C-214/10（KHS/Schulte）	v. 7. 7. 2011,	Slg. 2011, I-1157,	Rn. 2.

或者：

名称和案号	日期	ECLI	页码
Schlussanträge der Generalanwältin *Trstenjank* zu C-214/10（KHS/Schulte）	v. 7. 7. 2011,	EU：C： 2011：465	Rn. 2.

17 （2）德国裁判文书（本书第六章边码65及以下）

法院	日期	（案号）	案例集/期刊	页码	-关键词
BGH,	Urt. v. 26. 11. 1968,	VI ZR 212/66,	BGHZ 51,	91, 96	- Hühnerpest.
BVerfG,	Beschl. v. 12. 10. 1993,	2 BvR 2134/92 u. a.,	BVerfGE 89,	155, 175（Juris - Rn. 70）	- Maastricht.
BVerfG,	Urt. v. 30. 6. 2009,	2 BvE 2/08,	BVerfGE 123,	267 Rn. 8	- Lissabon.
BAG,	Urt. v. 10. 6. 2010,	2 AZR 541/09,	NZA 2010,	1227	- Emmely.

案件评议可以采用文章的引用方法(参见附录三边码23)。

4. 法学文献
(1) 一般引用方法(本书第六章边码77)

作者(姓氏)	标题	版次	年份	页码
①仅写出姓氏即可,有可能混淆时再写出名字的缩写 ②格式为*斜体*	③原则上只写大标题,不用写副标题	④只有在有多个版次时才注明 ⑤写明当前引用的版次	引用版次的出版年份	①写出具体的页码(引用文章和文集时,还要写上首页页码) ②最后以句号结尾

(2) 专著和教科书(本书第六章边码78)

姓氏	标题	版次	年份	页码
Möllers,	Juristische Methodenlehre,		2017,	§ 14 Rn. 93.
Honsell,	Historische Argumente im Zivilrecht,		1983,	S. 45.
Medicus/Petersen,	Allgemeiner Teil des BGB,	11. Aufl.	2016,	Rn. 509.
Pennington,	Company Law,	8th ed.	2001,	p. 34.

在引用专著、庆典文集、纪念文集和论文集时,不同于文章的引用,要在页码前面加上"S."的缩略语。

(3) 论文集(本书第六章边码79)

姓氏	标题	in:	标题	年份	页码
Möllers,	Das Haftungssystem nach dem KAGB,	in:	Möllers/Kloyer, Das neue Kapitalan-lagegesetzbuch (KAGB),	2013,	S. 247, 250 ff.

(4) 庆典文集、纪念文集(本书第六章边码80)

姓氏	标题	in:	标题	年份	页码
Herdegen,	Präambeln im Text und Kontext von Verfassungen,	in:	FS Broermann,	2010,	S. 211, 215.
Müller,	Sittenwidrigkeit von Bürgschaften naher Angehöriger,	in:	GS Wolf,	2011,	S. 269, 271.

(5) 评注（本书第六章边码81及以下）

撰写人	in:	标题	版次	年份	页码
Uhle,	in:	Maunz/Dürig, Grundgesetz,	53. EL.	Okt. 2008,	Art. 70 Rn. 75.
Joost,	in:	MünchKomm – BGB,	7. Aufl.	2017,	§ 854 Rn. 3.
Schilken,	in:	Staudinger, BGB,	Neubearb.	2014,	§ 181 Rn. 45.
Edelmann,	in:	Assmann/Schütze, Handbuch des Kapitalanlagerechts,	4. Aufl.	2015,	§ 4 Rn. 129.

在简短的引用时（尤其是单卷本的评注），可以将评注人的名字写在编者或评注名称之后。

编者/撰写人	标题	版次	年份	页码
Palandt/*Ellenberger*,	BGB	77. Aufl.	2018,	§ 177 Rn. 4.

(6) 文章和报纸（本书第六章边码86及以下）

姓氏	标题	期刊名	卷数/年份	页码
Möllers/Kastl,	Das Kleinanlegerschutzgesetz,	NZG	2015,	849, 854.
Heck,	Gesetzesauslegung und Interessenjurisprudenz,	AcP	112 (1914),	1, 106.

案例评论的引用方式和文章一样（本书第六章边码72）。

姓氏	标题	期刊	卷数/年份	页码
Herchen/ Herchen,	Anm. zu BVerwG, Urt. v. 13. 4. 2005, 6 C 4. 04,	EWiR	§ 25 WpHG 1/05,	747, 748.

(7) 跨地区的报纸（本书第六章边码88及以下）

作者	标题	报纸名	日期	页码
Schultz,	Spurensuche im Graubereich,	SZ	v. 16. 2. 2011,	S. 2.

5. 网站上的信息（本书第六章边码91及以下）

如果网站上的信息同时有纸质版本，则应首先引用纸质版的。

引用信息	具体网址	发布日期（视情况）
Möllers, Sources of Law in European Securities Regulation – Effective Regulation, Soft Law and Legal Taxonomy from Lamfalussy to Larosière	abrufbar unter www.ssrn.com/abstract =1725778	（Abruf v. 20.9.2017）

二、文献索引

1. 一般规则（本书第六章边码104）

作者	标题	版次	出版地点	年份
①名字与姓氏 ②格式为*斜体*	原则上只写大标题，不用写副标题	①只有在有多个版次时才注明 ②写明当前引用的版次	需写出出版地点	①引用版本的出版年份 ②以句号结尾

原则上在文献索引中除了脚注中给出的信息（*姓氏*、*标题*、*版次*、*年份和页码*），还需要给出作者的名字、出版地点以及相应的卷数（如有）。以下按照专著、论文集、文章等的排列只是为了更清楚地展示不同文献的格式。实际上，在文献索引中不用对不同的文献进行分类。大部分情况下，一个作品中的文献索引是按照姓氏或作品名称的首字母排序的。

2. 教科书、专著、评注、活页汇编和手册（本书第六章边码104及以下）

姓氏，名字	标题	卷数	版次	出版地点	年份	（引用为:）
Assmann, Heinz - Dieter/*Schütze*, Rolf A.（Hrsg.）	Handbuch des Kapitalanlagerechts,		4. Aufl.,	München	2015	（zitiert als: *Bearbeiter*, in: Assmann/Schütze, Handbuch des Kapitalanlagerechts, 4. Aufl. 2015）.

续表

姓氏，名字	标题	卷数	版次	出版地点	年份	(引用为:)
Bader, Johann/ Ronellenfitsch, Michael (Hrsg.),	Beck'scher Online - Kommentar zum VwVfG,		37. Ed.,	München	1. 10. 2017	(zitiert als: Bearbeiter, in: Bader/ Ronellenfitsch, BeckOK - VwVfG, 37. Ed. 1. 10. 2017).
Baums, Theodor/ Thomas, Georg F./Verse, Dirk A. (Hrsg.),	Kommentar zum Wertpapiererwerbs- und Übernahmegesetz, Loseblatt,	Bd. 1,	12. EL,	Köln	Sep. 2017	(zitiert als: Bearbeiter, in: Baums/ Thoma/Verse, WpÜG, 12. EL. Sep. 2017).
Leipziger Kommentar Strafgesetzbuch, Laufhütte, Heinrich Wilhelm/Rissing - van Saan, Ruth/ Tiedemann, Klaus (Hrsg.),		Bd. 1,	12. Aufl.,	Berlin	2007	(zitiert als: Bearbeiter, in: LK - StGB, 12. Aufl. 2007).
Möllers, Thomas M. J.,	Juristische Methodenlehre,			München	2017.	
Palandt, Otto (Begr.),	Bürgerliches Gesetzbuch Kommentar,		77. Aufl.,	München	2018	(zitiert als: Palandt/Bearbeiter, BGB, 77. Aufl. 2018).
Spindler, Gerald/ Stilz, Eberhard (Hrsg.),	Kommentar zum Aktiengesetz,	Bd. 1,	3. Aufl.,	München	2015	(zitiert als: Bearbeiter, in: Spindler/ Stilz, AktG, 3. Aufl. 2015).

续表

姓氏，名字	标题	卷数	版次	出版地点	年份	（引用为：）
Staudinger，*Julius von* (Begr.)，	Kommentar zum Bürgerlichen Gesetzbuch mit Einführungsgesetz und Nebengesetzen，Zweites Buch，Einleitung zu § § 241 ff.，241 – 243（Treu und Glauben），		Neubearb.	Berlin	2015	（zitiert als：*Bearbeiter*，in：Staudinger，BGB，Neubearb. 2015）.

3. 论文集，庆典文集和纪念文集（本书第六章边码 107）

姓氏，名字	标题	编者	标题	出版地点 年份	页码
Möllers，*Thomas M. J.*，	Zur methodischen Arbeit mit allgemeinen Rechtsprinzipien – aufgezeigt am europäischen Kapitalmarktrecht，in：	Siekmann，Helmut（Hrsg.），	Festschrift für Theodor Baums zum siebzigsten Geburtstag，Bd. II，	Tübingen 2017，	S. 805 – 826.
Kort，*Michael*，	Standardisierung durch Corporate Governance – Regeln：Rechtliche Vorgaben für die Größen und die Zusammensetzung des Aufsichtsrats，in：	Möllers，Thomas M. J.（Hrsg.），	Standardisierung durch Markt und Recht，	Baden – Baden 2008，	S. 137 – 175.

4. 文章（本书第六章边码 106）

姓氏，名字	标题	期刊名	卷数/年份	页码
Gsell，*Beate*，	Deliktsrechtlicher Eigentumsschutz bei weiterfressendem Mangel，	NJW	2004，	1913 – 1915.
Heck，*Philipp*，	Gesetzesauslegung und Interessenjurisprudenz，	AcP	112（1914），	1 – 318.

续表

姓氏，名字	标题	期刊名	卷数/年份	页码
Rossi, *Matthias*,	Anmerkung zu BGH, Beschl. v. 10.1.2017, 5 StR 532/16,	NJW	2017,	966 – 969.

5. 跨地区的报纸（本书第六章边码 108）

作者	标题	期刊名	日期	页码
Schultz, *Tanjev*,	Spurensuche im Graubereich,	SZ	v. 16.2.2011,	S. 2.

附录四　利用微软 Word 2016 工作的 12 个步骤

微软的 Office Word 2016[1]大概是目前最有名且使用最广泛的文字编辑软件了。掌握这个软件提供的一些基本功能,可以极大简化你在完成法学学习研究工作中的任务。

下文介绍的 Word 2016 的使用方法,并不是十分详尽的使用方法指引,有专门的书籍介绍详细使用方法。[2]下文的主旨是帮助你建立一个家庭及研讨课作业的常用文档模板,并且可以适用于学业过程中所有其他的学术创作上,模板中包含一些重要的格式要求和样式等。此外,你也可以找到一些对写作有用的建议。

一、Word 的用户界面

在 Office 用户界面的顶部,你可以发现所谓的"功能区卡片"(文件、开始、插入、设计、布局、引用、邮件、审阅、视图,还有其他的功能区可以在设置中自定义)。

当你点击某一功能时,软件会自动打开这一功能内的菜单栏,在这里你可以看到一些比较重要的功能指令。

菜单栏是按照主题以组来分类的(例如在开始功能中有剪贴板、字体、段落、样式等)。点击每个分类功能右下角的箭头,可以打开一个单独的窗口,里面有更多选项。

在屏幕的左侧,你也可以开启导航窗格(参见本书附录四,边码 44)。

---

[1] 微软公司持有该商标。
[2] 更进一步的方法指导参见如 *Haselier/Fahnenstich*, Microsoft Office 2016 – Das Handbuch, 2015; *Franz*, Wissenschaftliches Arbeiten mit Word 2013, 2013。

在这里你可以查看你的目录,或者搜索文档内容等。

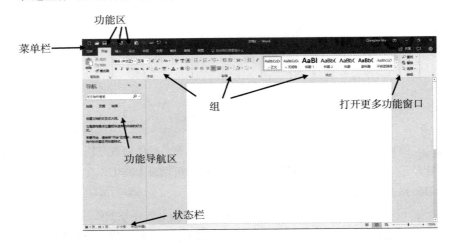

图附2　Word 的用户界面

在屏幕的底部是状态栏,在这里你除了可以看到页码和字数外,还可以进行拼写检查和语言设置。你可以通过调整状态栏右侧的滑块来更改文档的缩放比例,从而更改视图。

二、创建一个样式

1. 样式的优势

样式中包含了诸如字体、字号、间距、大纲级别等的预先设置。如果你使用样式,这些预先设定的设置就可以直接设置在输入的文字和标题上。这样你就不必再一步步设置字体、大小、格式等。样式的优势还包括,可以在一些段落适用样式,自动修改所有设置保持前后的统一。适用样式设置的段落,还可以自动生成文档目录(本书附录四边码45 及以下)。

设置样式后,你可以节省时间,而且你可以集中精力于你的写作内容,而不必不停地修改文字的格式。因此,建议你在一开始就设定好样式。如果这个样式你之后会经常用到,那么就要创建一个 Word 模板,设置好格式后(本书附录四边码36 及以下),在开始写作前要先以 Word "文档模板.dotx"格式将其保存。之后再创建新文档时,以模板的方式创建,就可以使用以前设置好的样式了。如果你这次的写作中使用该样式，在设置好样式后，以常用的 Word 文档格式保存就可以了。

2. 创建样式的八个步骤

样式可以按照以下的顺序创建：

（1）点击功能区的"开始"。

（2）在菜单栏右侧可以找到右侧的"样式"菜单组，其中已经包含有一些不同的样式。但这些样式通常不符合我们的要求。你可以按照自己的需要来设置样式。

（3）点击"样式"菜单组右下角的箭头（或使用快捷键 Alt + Ctrl + Shift + S），此时会打开一个窗口，展示所有可用的样式。选中"显示预览"。

（4）点击窗口下方的"新建样式"图标。此时会打开一个可以选择所有格式设置的窗口。

（5）为每个样式命名。对于标题，建议按照标题级别命名，正文部分则以"正文"命名。标题类样式的样式基准选择 Word 标准的"标题"即可，这样可以采用一些重要的默认设置。不同的地方，按照你的需求改动。非标题的样式，选择"正文"，脚注的样式选择"脚注文本"。其他情况选择"无样式"即可。

（6）创建不同类型样式时会显示一些基本的设置，你可以在预览窗口中查看。如果要进一步设置，点击窗口下方的"格式"图标。此时会出现其他设置选项，如字体、段落和制表位等。但是不要使用编号功能来给你的大纲标号（见后文）。

（7）如果你不仅想在新建的文档中使用设置的样式，还可以在样式主菜单中选中"基于该模板的新文档"。

（8）重复以上步骤，设置其他标题和正文样式。

在设置脚注样式时，可以在标准设置的基础上，按照你的需求来调整：

（1）重复上述 1 – 3 的步骤。

（2）点击右下角的"样式管理"图标。

（3）在管理样式的"编辑"栏中找到"脚注文本"和"脚注引用"。它们通常按照字母顺序排列。

（4）选中后点击"修改"，就可以看到熟悉的设置界面，在这里进行相应的设置。

（5）在这里你可以设置脚注文本和脚注编码之间的间隔距离。另外也可以设置首行缩进和行间距。尤其要注意的是，脚注中的字体与正文中字体的一致性。

（6）样式默认不会应用到脚注。在输入第一行后，点击应有样式，之后的行就可以自动应用。

38　　创建标题时需要一个列表，并分配不同的级别，也可以在样式中设置。可按照下面步骤设置：

（1）点击"开始"功能中的"多级列表"图标，然后点击"定义新的多级列表"。

（2）点击设置窗口左下角的"更多"按钮。

（3）进行格式、缩进、对齐方式、编号样式等的设置。

（4）将级别链接到之前设置好的相应的标题样式，注意相应的标题级别（本书附录四边码 36）。在窗口左边可以选择要修改的级别，在窗口的右边可以选择"将级别链接到样式"和"要在库中显示的级别"。此外，你要选择重新开始列表的间隔（原则上是从下一个高级级别开始）。

39　　技巧：如果你使用编号为双字母（例如 aa 或 bb）的大纲级别，在设置时将其设置为"a) b) c)"编号格式即可。它和之前的大纲级别是相似的。

窍门在于，要改变编号的数值，因为在 Word 中这一编号格式是从 a) b) ……到aa) bb) cc) 等排列的。你将编号设置为从 aa) 开始即可。这个设置是在界面右边的起始编号中设置。

40　　需要多少大纲级别，取决于你论文的长度，以及你自己制定的大纲的长度（本书第二章边码 64 及以下）。

41　　只要你的老师没有提出另外的要求，你论文主要部分的样式应当按照以下标准来设置：

- 字体大小为 12 号，通常为 1.5 倍行间距，两端对齐。
- 字体为 Times New Roman 或 Arial，它们最为常用。
- 正文的大纲级别应为"正文"。
- 段落之间的间距为段前 0 号，段后 6 号。

标题的样式建议如下：

- 一级标题字体大小为 14 号；其他标题为 12 号。
- 所有标题加粗。
- 一级标题段前 18 号，段后 12 号。
- 其他标题段前 12 号，段后 6 号。

脚注可以使用 Word 中默认的样式，自己作相应的优化。

- 字体大小 10 号。
- 不用自己输入编号，在插入脚注时 Word 会自动生成编号。
- 单倍行距。
- 两端对齐。
- 如果是较长的脚注不想分开两页显示，点击"开始"中的段落设置窗口，可以在段落设置中"换行和分页"选项下，选中"段中不分页"。

3. 导航窗格

为了在写作时可以更好地把握文章的整体，你可以将文章的大纲通过导航窗格展示在文档的左侧。在"视图"功能区的"显示"选项卡上，你可以勾选"导航窗格"开启这个功能。当你点击某一个标题时，就可以直接跳转到文档的相应部分。

三、自动生成目录

借助 Word 软件，你可以自动生成一个内容目录。前提是，你借助样式工具格式化了标题，分配了不同的大纲级别。内容目录可以按照下面的步骤设置：

（1）将光标放在你想要插入目录的地方。

（2）选择"引用"功能区中的"目录"菜单栏下的"自定义目录"选项。

（3）此时会出现一个窗口，可以按照你的需要设置。例如，可以选择不同的"制表符前导符"（在法学家庭作业和研讨作业中，通常使用……），以及决定设置多少级别的标题。

（4）为了在目录中显示所有级别的标题（仅仅在标题样式中设置大纲级别还是不够的），先要点击"选项"按钮。在打开的窗口中会显示所有有效的样式。默认情况下，会显示 Word 自带的样式级别。删除默认的样式级别数字，写上你自己设置的，级别仍然按阿拉伯数字标识（1，2，3，…）。

（5）如果你不想在目录中加入超链接，则在自定义目录窗口中取消勾选"使用超链接而不使用页码"。

（6）Word 自带的目录格式通常不能满足你的要求。如果需要按照你的需求来修改，则一开始就在自定义目录菜单处点击"修改"。此时会出现程序自带的目录样式。选择相应的目录样式，然后点击修改。此时可以进一步修改格式。请尤其注意字体、字号、页码和行距。

（7）然后你再按照第 2 步以下的要求进行设置。

建议：你可以随时更新目录。右键点击目录，选择"更新域"。另外你可以选中目录，然后点击 F9 进行更新。

四、分页和分章

借助分页功能，你可以在新的一页输入内容，而不管前面一个是否已经写满了。点击"插入"功能区可以看到"页面"菜单栏，在里面可以找到分页功能。

同样还有分章功能，可以把文档分为不同的章节。在一个章节内，你可以独立设置一些格式，如边码、页码和脚注编号等，不用和前面章节连续。

比较推荐的是，将家庭和研讨会作业分为（至少）两个章节。第一章包括封面、案情、大纲和文献索引，并以罗马数字作为页码（参见本书附录四边码 48 及以下）。一些情况下，可能还需要在案例分析之后有一个原创性声明作为独立的一章。主文部分需要用阿拉伯数字作为页码。

分章的设置方法是：

（1）将光标放在你想要分章的地方。

（2）点击"布局"功能区中的"页面设置"菜单栏，点击"分隔符"按钮，选择相应的分隔符（一般选择"下一页"分节符）。

五、页码

家庭作业的长度通常是需要标注页码的。要在作业中标注不同的页码范围的前提是先分好章节（参见本书附录四边码48）。

为了让页码更加清晰，需要注意：

- 案情、大纲、文献索引，以及原创性声明等需要使用罗马数字的页码。
- 正文部分使用阿拉伯数字的页码。
- 首页不能有页码，但是要计算在内。
- 另外要注意，页码的字体字号要统一。

页码的插入方法为：

（1）点击功能区的"插入"下"页眉和页脚"菜单栏中的"页码"。

（2）这里你可以选择在页面底端或顶端插入。另外可以选择在顶端或底端插入的具体位置。在家庭或研讨会作业中，你通常需要在页面顶端的中部插入页码。

页码的格式设置方法为：

（1）通过双击页眉或页脚位置，可以打开"页眉和页脚"设置菜单。

（2）选中要编辑的页码，点击"页眉和页脚"菜单中的"页码"选项，里面有"设置页码格式"的选项。在这里你可以选择页码是续前节，还是从某一个数字开始。

（3）在"设计"功能区的"选项"菜单栏中，有一个"首页不同"的选项框，勾选后首页不会出现页码，但是仍然计算在总数中。

六、页边距

有时授课老师也会要求在正文留出页边距。如果想在一个文档的不同部分显示不同的页边距，同样需要提前分好章节（参见本书附录四边码48）。

通常来说，页边距可以按照以下方法设置：

（1）将光标放在需要添加边码的段落。

（2）点击"布局"功能区中的"页面设置"菜单下的"页边距"选项。

(3) 点击最下方的"自定义页边距"。

(4) 在打开的窗口中进一步设置边码。

53　　技巧：如果没有比较明确的要求，那么一般建议如下设置页边距：上下和右各 1.5 cm，左边至少要给批改人留出 5 cm 的空白。首页、案情、大纲和文献索引等仍然按照常规的各 2.5 cm 设置即可。

七、脚注

54　　脚注可以通过点击"引用"功能卡中的"插入脚注"选项插入。另外也可以通过快捷键 Alt + Ctrl + F 插入脚注。脚注文本的字号通常为 10 号，单倍行距。添加脚注时，要注意引用方法是否正确（参见本书第六章边码 1 及以下）。

55　　建议：脚注的字体和格式等，你可以通过样式功能来统一格式化（参见本书附录四边码 37 及以下）。

八、交叉引用

56　　通过交叉引用功能，你可以在一个文档内将某一脚注指引向另外一个脚注。交叉引用的使用方法是：

(1) 将光标放在你想要插入交叉引用的脚注位置。

(2) 点击"引用"功能卡中"题注"菜单栏中的"交叉引用"选项。

(3) 在"引用类型"的下拉窗口中选择"脚注"。

(4) 在出现的脚注列表中你可以选择想要指引的脚注。

(5) 确认插入。

57　　建议：交叉引用功能中还提供有自动更新功能。所以你不必担心被引用脚注变更导致交叉引用也无效。用 Ctrl + A 选中所有文本，点击 F9，即可更新交叉引用。

交叉引用本身也可以作为其他脚注的交叉引用来使用，这也是较为常用的一个用法。

九、字体、符号和特殊符号

你可以在"开始"功能卡中的"字体"菜单中对加粗或斜体、下划线以及上标等进行设置,或者选中后点击右键可以看到"字体"的设置选项。有时你会需要一些在键盘上找不到的特殊字符,例如法语的字母 é è ě 等。

字符和特殊字符的插入方法是:

(1)将光标放在想要插入字符的地方。

(2)点击"插入"功能卡中"符号"菜单下的"符号"选项。

(3)点击"其他符号"选项,选择想要插入的符号,并确定插入。

十、快捷键

在撰写文章时,为了不打断写作的流畅性,建议掌握一些常用的键盘快捷键。以下的列表中包含了一些在法学写作中常用的快捷键组合。使用快捷键需要同时按下某几个按键。Shift 键位于键盘左侧,其上标有向上方向箭,和字母按键同时按可以输入大写字母。

撤销上一个动作	[Ctrl] + [Z]
重做上一个动作	[Ctrl] + [Y]
插入脚注	[Ctrl] + [Alt] + [F]
选中光标前或后的所有文本	[Ctrl] + [Shift] + [方向键上或下]
选中所有文本	[Ctrl] + [A]
输入加粗文本	[Ctrl] + [Shift] + [B]
输入斜体文本	[Ctrl] + [Shift] + [I]
剪切文本	[Ctrl] + [X]
复制选中文本	[Ctrl] + [C]
插入复制的文本	[Ctrl] + [V]

十一、利用微软 Word 2016 工作的一般建议

请你每隔一段时间就把文档备份一下,避免之后文档丢失损坏带来的损失。你可以使用"文件"功能区中的"另存为"功能把打开的文档保存在其他地方。"保存"功能只是把改动保存了,没有创建一个新的文档。备份

的文件可以加上数字编号或者日期。比较保险的是，把备份文档保存在移动磁盘中，以及（或）将备份文档发送到你的电子邮箱中。这样做的好处是，你可以在任何可以上网且安装有 Word 软件的设备中打开你的文档。更方便的做法是使用在线存储服务。如果担心数据安全的问题，你可以给你的备份文档加密。

61 Word 软件在你输入文本时会自动检查语法和拼写是否有误。错误拼写的单词下面会标注红色下画曲线，语法错误的地方会标注蓝色下画曲线。在写作中出现这些错误的时候，你需要马上修改一下，以避免后续再花时间检查。

不过要注意的是，程序自带的拼写检查并不能完全替代你自己的检查工作。尤其是对比较复杂的句子和法学概念，自动检查的弱势比较明显。法学概念常常会被误标注为错误的，因为 Word 程序并不认识它们。点击右键，你可以让软件将这个概念添加到字典。之后就不会再被 Word 标注为错误的了。

如果家庭或研讨课作业需要使用外文完成，你也可以借助拼写检查。在状态栏中有语言选择的选项，点击后出现的窗口中可以选择相应的语言。

62 借助同义词库[1]，你可以查找类似的单词。首先选中你想要替换的单词。点击"审阅"功能区中"校对"菜单下的"同义词库"即可。你也可以在打开的窗口中查找其他单词的同义词。如果查找的单词存在同义词，你可以点击选中并插入文档中。

63 在输入法律、法条、款、句、编号、日期等时，如果不想它们分页，你可以插入一些空白的段落，以避免它们被拆开。你也可以通过快捷键 Ctrl + Shift + Enter 键快速插入。

64 为了视图更清楚，你可以把一些编辑标记（例如段落、空格等）在文档中显示。点击"开始"功能区"段落"菜单中的段落标记符号就可以打开。不过可以放心的是，虽然它们可以在电脑上显示，但是打印版并不会显示。

65 如果你已经在文档中打开了导航窗格，你也可以在这里搜索文档中（包括脚注中）的某一关键词。或者你也可以在"开始"功能区"编辑"菜单中

---

〔1〕 目前 Word 程序中的同义词库不支持中文。——译者注

找到查找功能，也可以使用快捷键 Ctrl + F 来查找。一些多处出现的错误，也可以通过替换功能轻松地更改，这一功能在"开始"功能区"编辑"菜单中可以找到，在导航窗格中点击搜索图标右边向下箭头也可以看到。

Word 也提供了自动断字功能。点击"布局"功能区中"页面设置"下的"断字"功能，选择"自动"即可。 66

就如何编辑文档，Word 程序还提供了一个综合性的帮助功能，这个功能在功能区是用一个小灯泡的图形标识的。在这个帮助窗口中你可以搜索你遇到的问题，或根据分类导航找到你遇到的问题。不过这个帮助功能没有提供详细的指导，只是就具体问题提供了简要的回答。 67

十二、提交作业前

在完成写作后，你还需要关注以下几点。

检查断字是否正确（本书附录四边码65），不准确的手动断字。 68

如果某句话分段有问题，你可以将其排除自动断字。选中这句话，在"开始"功能区中"段落"菜单下，点击右下角的箭头会出现段落设置窗口，在"换行和分页"选项卡中，选中"取消断字"选项框。 69

家庭或研讨会作业的长度通常是有最高字数限制的。通过"字数统计"功能，你可以检查你的作业是否符合要求。这个功能位于"审阅"功能区"校对"菜单中。点击后，在打开的窗口中可以看到字数等信息。在屏幕下方的状态栏中也可以直接看到字数，点击字数后也可以看到这个窗口。 70

默认情况下字数统计的是整个文档的字数。另外要注意字数的限制是否包括了脚注和文本框等。你可以在打开的统计窗口中选择是否包括文本框、脚注尾注等。

屏幕下方的状态栏也会直接显示字数。点击后也会打开相应的统计窗口。

单词和语法错误在电脑屏幕上可以清晰地看到，打印版中则没有标注。所以在作业完成后再打印作进一步校对。比较建议的是，把检查出来错误的地方用荧光笔标出，后面再修改时不会把它们忽略掉。 71

另外要避免的是，在一页的末尾处添加标题。当你插入不同大纲级别的标题时，一般 Word 会把它和之后的段落放在一起。如果不是这样，你可以 72

在"开始"功能区"段落"设置窗口中的"换行和分页"选项卡中,选中"与下段同页"。

73 　　最后,你可以把你的文档另存为 PDF 格式的文件。转存后就不会再有其他变化。打印 PDF 文件的好处是,打印过程中不会再出现格式错误等方面的问题。

附录五　封面和目录

以下内容包括封面、内容目录、文献索引以及案例索引等的示例。　**74**

Franziska Löwenstein　　　　　　　　　　　　　　　　1. 10. 2017

Emilienstraße 10

91234 Schafensried

E – Mail：loewenstein@ mail. com

Telefon：0170 7654321

Matrikelnummer 14568394

3. Fachsemester

Hausarbeit im bürgerlichen Recht für Anfänger

bei

Professor Dr. Thomas M. J. Möllers

Universität Augsburg

Wintersemester 2017/2018

75

II
Inhaltsverzeichnis (§ 7 Rn. 49)

Literaturverzeichnis	IV
Rechtsprechungsverzeichnis	VI
Abkürzungsverzeichnis	VIII
A. Ansprüche des A gegen B	1
I. Anspruch auf Kaufpreiszahlung aus Kaufvertrag gem. § 433 Abs. 2 BGB	1
1. Vertragsschluss	1
a) Angebot gemäß § 145 BGB	2
b) Annahme	3
2. Stellvertretung des B durch V	3
a) Zulässigkeit der Stellvertretung	4
b) Eigene Willenserklärung des V	4
c) Offenkundigkeit	6
d) Vertretungsmacht	7
3. Zwischenergebnis	9
II. Herausgabeanspruch gemäß § 812 Abs. 1 S. 1 Alt. 1 BGB	9
1. "Etwas erlangt"	9
2. Leistung	10
3. Ohne rechtlichen Grund	10
4. Zwischenergebnis	12
III. Ergebnis	12
B. Ansprüche des G gegen V	13
...	
C. Gesamtergebnis	39

IV

Literaturverzeichnis (§ 6 Rn. 102 ff.)

Assmann, Heinz – Dieter/Schütze, Rolf A. (Hrsg.), Handbuch des Kapitalanlagerechts, 4. Aufl., München 2015 (zitiert als: Bearbeiter, in: Assmann/Schütze, Handbuch des Kapitalanlagerechts, 4. Aufl. 2015).

Bader, Johann/Ronellenfitsch Michael (Hrsg.), Beck'scher Online – Kommentar zum VwVfG, 37. Ed., München 1. 10. 2017 (zitiert als: Bearbeiter, in: Bader/Ronellenfitsch, BeckOK – VwVfG, 37. Ed. 1. 10. 2017).

Gsell, Beate, Deliktsrechtlicher Eigentumsschutz bei weiterfressendem Mangel, NJW 2004, 1913 – 1915.

Kümpel, Siegfried/Hammen, Horst/Ekkenga, Jens (Hrsg.), Kapitalmarktrecht – Handbuch für die Praxis, Loseblatt, EL. 3/17, Berlin Okt. 2017 (zitiert als Bearbeiter, in: Kümpel/Hammen/Ekkenga, Kapitalmarktrecht, Okt. 2017).

Medicus, Dieter/Petersen, Jens, Allgemeiner Teil des BGB, 11. Aufl., Heidelberg 2016.

Möllers, Thomas M. J., Juristische Methodenlehre, München 2017.

Möllers, Thomas M. J., Das Haftungssystem nach dem KAGB, in: Möllers, Thomas M. J. /Kloyer, Andreas (Hrsg.), Das neue Kapitalanlagegesetzbuch, München 2013, S. 247 – 267.

Münchener Kommentar zum Bürgerlichen Gesetzbuch, Säcker, Franz Jürgen/Rixecker, Roland (Hrsg.), Bd. 1, 7. Aufl., München 2015 (zitiert als: MünchKomm – BGB/Bearbeiter, 7. Aufl. 2015).

Palandt, Otto (Begr.), Bürgerliches Gesetzbuch Kommentar, 77. Aufl., München 2018 (zitiert als: Palandt/Bearbeiter, BGB, 77. Aufl. 2018).

Schäfer, Frank A. /Hamann, Uwe (Hrsg.), Kommentar Kapitalmarktgesetze, Bd. 2, Loseblatt, 2. Aufl. 7. EL., Stuttgart Jan. 2013.

Schrader, Paul, Haftungsrechtlicher Begriff des Fahrzeugführers bei zunehmender Automatisierung von Kraftfahrzeugen, NJW 2015, 3537 – 3542.

Schultz, Tanjev, Spurensuche im Graubereich, SZ v. 16. 2. 2011, S. 2.

Staudinger, Julius von (Begr.), Kommentar zum Bürgerlichen Gesetzbuch mit Einführungsgesetz und Nebengesetzen, Zweites Buch, Einleitung zum Schuldrecht, §§ 241 – 243 (Treu und Glauben), Neubearbeitung Berlin 2015 (zitiert als: Bearbeiter, in: Staudinger, BGB, Neubearb. 2015).

Ullrich, Hanns, Zum Werkerfolgsrisiko beim Forschungs – und Entwicklungsvertrag, in: Großfeld, Bernhard/Sack, Rolf/Möllers, Thomas M. J. / Drexl, Josef/Heinemann, Andreas (Hrsg.), Festschrift für Wolfgang Fikentscher, Tübingen 1998, S. 298 – 328.

Wieacker, Franz, Privatrechtsgeschichte der Neuzeit, 2. Aufl., Göttingen 1967.

VI
Rechtsprechungsverzeichnis (§ 6 Rn. 110)

AG München, Urt. v. 23. 8. 2001, 191 C 9970/01, WM 2002, 594 – 597.

LG München I, Urt. v. 28. 6. 2001, 12 O 10 157/01, WM 2001, 1948 – 1954.

OLG München, Urt. v. 14. 5. 2002, 30 U 1021/01, ZIP 2002, 1727 – 1729.

VGH Baden – Württemberg, Urt. v. 1. 7. 1991, 1 S 473/90, NVwZ – RR 1992, 19 – 20.

BGH, Urt. v. 21. 12. 1994, 2 StR 628/94, BGHSt 40, 385 – 390 = NJW 1995, 892 – 893.

BVerfG, Beschl. v. 20. 12. 2000, 2 BvR 591/00, NJW 2001, 2245 – 2247.

BVerfG, Urt. v. 27. 7. 2004, 2 BvF 2/02, BVerfGE 111, 226 = NJW 2004, 2803 – 2814 – Juniorprofessur.

EuGH, Urt. v. 11. 3. 1997, C – 13/95 (Ayse Süzen/Zehnacker Gebäudereinigung GmbHKrankenhausservice), ECLI: EU: C: 1997: 141 = Slg. 1997, S. I – 1268 – 1277 – Ayse Süzen.

术语索引[1]

A

Abkürzungsverzeichnis 缩略语索引 §7 Rn.48，§8 Rn.42
Abstraktion 抽象 §4 Rn.18 ff.
Advocatus diaboli 少数派辩护人 §1 Rn.59，§3 Rn.43 f.
Ähnlichkeitsargument 相似性论证 §3 Rn.18，32，34
Aktenvortrag 判决分析报告 §9 Rn.25 f.
Aktualisieren 更新 §5 Rn.101
 der Dissertation vor der Veröffentlichung 博士论文出版前的 §8 Rn.38
Amtsblatt, europäisches 官方公报，欧盟的 §5 Rn.13，23 f.
 Zitieren von 引用 §6 Rn.47 ff.
Amtliche Sammlung, europäische 官方裁判汇编，欧盟的 §5 Rn.43
 Zitieren von 引用 §6 Rn.59 ff.
Amtliche Sammlung, nationale 官方裁判汇编，国内的 §5 Rn.45 ff.
 Zitieren von 引用 §6 Rn.66
Analogie s. Einzelanalogie 类推适用，参见术语 Einzelanalogie（个别类推）
Anhang der wissenschaftlichen Arbeit 学术论文的附录 §7 Rn.54
 empirische Untersuchungen 实证研究 §7 Rn.54
 Graphiken 图表 §7 Rn.54
 Statistiken 数据 §7 Rn.54

---

[1] 本索引所示数字指代本书各章之数字及其边码。如§7 Rn.48 表示第七章边码48，§3 Rn.43 f.表示第三章边码43至44，而§4 Rn.18 ff.则为第四章边码18以下数段。

Verzeichnisse 索引，参见该术语
Anschaulichkeit 直观
  des juristischen Stils 法学语言风格的　§ 4 Rn. 24 ff.
Anspruchsaufbau im Zivilrecht 民法中的请求权结构　§ 2 Rn. 12 ff.
  Anspruchsgrundlagen 请求权基础，参见该术语
  Anspruchssteller 请求人　§ 2 Rn. 13
  Anspruchsziele 请求目标　§ 2 Rn. 14
  Reihenfolge der Prüfung von Ansprüchen 请求权检验顺序　§ 2 Rn. 17 ff.
  Subsumtion 涵摄，参见该术语
Anspruchsgrundlagen 请求权基础　§ 2 Rn. 15 ff.，38，65
  Auslegung 解释　§ 2 Rn. 30
  Anspruchssystem 请求权体系　§ 2 Rn. 33
  Prüfung innerhalb der ……内的检验　§ 2 Rn. 34
  Subsumtion 涵摄，参见该术语
Anspruchssteller 请求人，参见术语 Anspruchsaufbau im Zivilrecht（民法中的请求权结构）
Anspruchssystem 请求权体系
  des Bürgerlichen Gesetzbuchs 民法中的　§ 2 Rn. 33
Anspruchsziele 请求目标，参见术语 Anspruchsaufbau im Zivilrecht（民法中的请求权结构）
Anwendungsfälle 适用的案例　§ 1 Rn. 67 ff.
Arbeiten 研究、工作
  systematisches 系统性的　§ 1 Rn. 7，38
  wissenschaftliches 学术的　§ 1 Rn. 1 ff.，§ 3 Rn. 38，§ 4 Rn. 57，§ 6 Rn. 3
Arbeitsgemeinschaft 工作（学习）小组
  private 私下的　§ 1 Rn. 35，55 ff.，§ 9 Rn. 32
Argumentationsstrukturen 论证结构　§ 3 Rn. 13 ff.
Auditorium 听众
  Zwischenfragen（演讲的）中途提问　§ 9 Rn. 48

Auslandsaufenthalt 到外国学习 §1 Rn. 26 ff.
Ausblick 展望 §7 Rn. 44，§9 Rn. 15
Auslegung von Normen 法律规范的解释 §3 Rn. 14 ff.，§5 Rn. 34
Auslegungskanon 解释规则 §3 Rn. 14
Äußere Form 外在形式
 der wissenschaftlichen Arbeit 学术论文的 §7 Rn. 45 ff.
Auszeichnungen 奖励
 für die Doktorarbeit 对博士论文的 §8 Rn. 45
Authentizität 真实 §9 Rn. 47

B

Baumstrukturen 树干结构，参见术语 Strukturen（结构）
Bearbeitervermerk 题干 §2 Rn. 3 ff.
Beck – Online Beck – Online 数据库 §5 Rn. 11
Begriffspyramide 概念金字塔 §1 Rn. 74 f.，§4 Rn. 40
Begründetheit 实体理由，参见术语 Fallaufbau im öffentlichen Recht（公法中的案例结构）
Beispiele 实例 §4 Rn. 29，§9 Rn. 47
Beteiligte 参与人，参见术语 Fallaufbau im Strafrecht（刑法中的案例结构）
Beweisführung 论证 §3 Rn. 40 ff.
Bibliothek 图书馆
 Literatursuche 文献检索 §5 Rn. 3 ff.
Bibliothek, virtuelle 图书馆，虚拟 §5 Rn. 77 f.
 Deutsche Digitale Bibliothek 德国数字图书馆 §5 Rn. 78
 Social Science Research Network (SSRN) 社会科学研究网 §5 Rn. 68
Bibliographien 文献目录 §5 Rn. 72
Bildschirmblindheit 屏幕眼盲 §1 Rn. 48
Billigkeitskontrolle 合理性检验 §2 Rn. 59
Blickkontakt 眼神接触 §9 Rn. 8
Blindzitate 盲目引用，参见术语 Zitieren（引用）

Bluebook 蓝皮书 § 6 Rn. 2, Rn. 46
Buchbesprechungen 书评 § 5 Rn. 66, 85, § 8 Rn. 46
Bundesgesetzblatt 联邦法律公报 § 5 Rn. 30, 45
 Zitieren von 引用 § 6 Rn. 50
Bundesratsdrucksachen 联邦参议院出版物 § 5 Rn. 35
 Zitieren von 引用 § 6 Rn. 56
Bundestagsdrucksachen 联邦议会出版社 § 5 Rn. 35
 Zitieren von 引用 § 6 Rn. 56

C

Celex – Nummer EUR – Lex 数据库识别码 § 5 Rn. 13
Computer 电脑
 Arbeit am 用电脑工作 § 1 Rn. 46 ff.
 CIP – Pool 计算机设备援助工程 § 1 Rn. 50
 Laptop 笔记本电脑 § 1 Rn. 50
 Textverarbeitungsprogramme 文字编辑软件 § 5 Rn. 97
Clustering 聚类分析 § 1 Rn. 75 ff.
Curia 欧盟法院案官方例网 § 5 Rn. 43

D

Datenbanken 数据库 § 5 Rn. 9 ff.
Diskussion 讨论
 nach dem Vortrag 在报告之后 § 9 Rn. 23 ff., 28, 51
Dissertation 博士论文，参见术语 Doktorarbeit（博士论文）
Doktorand 博士生，参见术语 Doktorarbeit（博士论文）
Doktorarbeit 博士论文
 Gliederung 提纲 § 2 Rn. 64 ff., § 8 Rn. 18
 Eidesstattliche Erklärung 替代宣誓的声明 § 8 Rn. 27
 Finanzierung 资助 § 8 Rn. 10 ff.
 Rigorosum 口试 § 8 Rn. 28 f.

Rohentwurf 初稿 § 7 Rn. 20 f.
richtiger Zeitpunkt 正确的时间 § 8 Rn. 8 f.
Stichwortverzeichnis 关键词索引 § 8 Rn. 42
Themenbegrenzung 限定主题 § 7 Rn. 21, 39
Themensuche 选取主题 § 8 Rn. 13 f.
Veröffentlichung 出版 § 8 Rn. 30 ff.
Vorwort 前言 § 8 Rn. 41
Zulassungsvoraussetzungen 资格要求 § 8 Rn. 26
Druckfahnen 校稿清样
 Korrekturvorschriften 修改规则 § 4 Rn. 59
 Layout 版式设计 § 8 Rn. 43
Druckkostenzuschuss 出版费用 § 8 Rn. 44
Duden 杜登 § 1 Rn. 49, § 4 Rn. 32, § 7 Rn. 48

E

ECLI – European Case Law Identifier（europäischer Rechtsprechungsidentifikator）欧盟案例识别码 § 6 Rn. 61, 附录三 Rn. 15
Eidesstattliche Erklärung 替代宣誓的声明 § 7 Rn. 55, § 8 Rn. 27
Einfachheit 简单
 des juristischen Stils 法学语言风格的 § 4 Rn. 24 ff.
Einleitung 导言, 参见术语 Struktur der wissenschaftlichen Arbeit（学术论文的结构）
Einzelanalogie 个别类推 § 3 Rn. 18 ff., 34
Empirische Untersuchungen 实证研究
 im Anhang der wissenschaftlichen Arbeit 学术论文附录中的 § 7 Rn. 54
Endnoten 尾注, 参见术语 Zitieren（引用）
Entscheidungen 判决, 参见术语 Gerichtsentscheidungen（法院裁判）
Entscheidungsbesprechungen 案例评议 § 5 Rn. 62
 Zitieren von 引用 § 6 Rn. 72
Entwurf einer wissenschaftlichen Arbeit 学术论文的草稿

erster Entwurf 初步草稿 §7 Rn. 23

Rohentwurf 初稿 §5 Rn. 94 ff., §7 Rn. 20 ff., §8 Rn. 21

Erfahrungen 经历

berufliche 职业的 §1 Rn. 24

Erfolgsqualifikation，结果加重犯，参见术语 Fallaufbau im Strafrecht（刑法中的案例结构）

Ergebniskontrolle 结论的检查 §2 Rn. 59 ff.

 Alternative Lösungswege 替代性解决方案 §2 Rn. 60

 Billigkeitskontrolle 合理性检验 §2 Rn. 59

 unbekannte Probleme 不认识的问题 §2 Rn. 61 ff.

Erkenntnisse 知识 §1 Rn. 8

Erstes Staatsexamen 第一次国家考试，参见术语 Staatsexamen（国家考试）

Erst – recht – Schluss 举重以明轻 §3 Rn. 18, 32, 34

Erste Juristische Prüfung 第一次国家司法考试

 Juristische Universitätsprüfung 大学考试 §1 Rn. 14, §1 Rn. 30

 Erstes Juristisches Staatsexamen 第一次国家司法考试 §1 Rn. 32 ff.

Eselsbrücken 记忆口诀 §1 Rn. 72

EUR – Lex 欧盟法律数据库 §5 Rn. 13

Europarechtskonforme Auslegung 合欧盟法的解释 §3 Rn. 14

Exposé 论文报告

 als Beginn der Promotion 作为读博的开始 §8 Rn. 16 ff.

F

Fahrlässige Willenserklärung 过失的意思表示 §3 Rn. 12

Fallaufbau im Öffentlichen Recht 公法中的案例结构 §2 Rn. 47 ff.

 Klagearten 诉讼类型 §2 Rn. 48

 Begründetheit 实体理由 §2 Rn. 55

 Obersatz 大前提 §2 Rn. 52

 Verhältnismäßigkeit 合比例性 §2 Rn. 56

 Zulässigkeit 合法性 §2 Rn. 54

Fallaufbau im Strafrecht 刑法中的案例结构 §2 Rn. 35 ff.
 Beteiligte 参与人 §2 Rn. 37
 Erfolgsqualifikation 结果加重犯，§2 Rn. 45
 Konkurrenzen 竞合 §2 Rn. 46
 Obersatz 大前提 §2 Rn. 39
 Tatkomplexe 行为综合体 §2 Rn. 36 ff.
 Qualifikation 加重情节 §2 Rn. 44
Falllösung 案例分析 §2 Rn. 1 ff.
Festschriften 庆典文集 §5 Rn. 64
 Zitieren von 引用 §6 Rn. 80
Fiktionen 拟制 §4 Rn. 37
Filmmethode 影片联想法 §1 Rn. 71
Finanzierung 资助
 der Promotion 攻读博士学位的 §8 Rn. 10 ff.
 der Veröffentlichung einer Doktorarbeit 博士论文出版的 §8 Rn. 44
 des Studiums 学业的 §1 Rn. 24
Folien 幻灯片 §9 Rn. 40 f.
Formalien 格式
 bei der Klausur 考试的 §2 Rn. 77 ff.
 bei der wissenschaftlichen Arbeit 学术论文的 §7 Rn. 45 ff.
Formulierungen 表达
 gedrechselte 矫揉造作 §4 Rn. 12
 weitschweifige 冗长的 §4 Rn. 12
Forschungsergebnisse 研究结论
 Wiedergabe von 复述 §7 Rn. 43
Füllwörter 补助词 §4 Rn. 10
Fußnoten 脚注，参见术语 Zitieren（引用）

G

Garantenpflichten 保证人义务

strafrechtliche 刑法上的　§ 1 Rn. 72 ff.
Gedankengang 思路
　　　klarer 清晰的　§ 1 Rn. 73，§ 2 Rn. 67 ff.，§ 3 Rn. 40 ff.
Gedächtnisschriften 纪念文集，参见术语 Festschriften（庆典文集）
Gegenmeinung 反面观点
Gerichtsaufbau 法院体系　§ 5 Rn. 41 f.
Gerichtsentscheidungen 法院裁判
　　　ausländische 外国的　§ 5 Rn. 53
　　　europäische 欧盟的　§ 5 Rn. 43 ff.
　　　europäische Amtliche Sammlung 欧盟法院官方裁判汇编　§ 5 Rn. 43
　　　nationale 国内的　§ 5 Rn. 45
　　　nationale Amtliche Sammlungen 国内法院官方裁判汇编　§ 5 Rn. 45 f.
　　　nationale inoffizielle Sammlungen 国内法院非正式裁判汇编　§ 5 Rn. 48
　　　Zitieren von 引用　§ 6 Rn. 58 ff.
Gesetze 法律 参见术语 Gesetzestexte（法律文本）
Gesetzesmaterialien 立法材料　§ 5 Rn. 35 ff.
　　　Zitieren von 引用　§ 6 Rn. 55 f.
Gesetzestexte 法律文本
　　　europäische 欧盟的　§ 5 Rn. 23 ff.
　　　Geschichte 立法史　§ 5 Rn. 25 f.
　　　Sammlungen 法律汇编　§ 5 Rn. 23，27
　　　inoffizielle Sammlungen 非正式法律汇编　§ 5 Rn. 27，32
　　　internationale und ausländische 国际与国外的　§ 5 Rn. 39
　　　nationale 国内的　§ Rn. 30 ff.
　　　Geschichte 立法史　§ 5 Rn. 34
　　　Sammlungen 法律汇编　§ 5 Rn. 30
　　　offizielle Sammlungen 正式法律汇编　§ 5 Rn. 23，30
Gesetzgebungsverzeichnis 法律规范索引　§ 6 Rn. 109
Gestik 手势　§ 9 Rn. 4 ff.，28 f.，42 ff.，46
Gliederung 提纲　§ 2 Rn. 64 ff.，§ 9 Rn. 21

eines Vortrages 报告的 § 9 Rn. 14
　　Überschriften 标题 § 7 Rn. 49 f.
　　Vorteile 优点 § 2 Rn. 10 ff.
Gliederungssystem 提纲系统
　　Auswahl 选择 § 2 Rn. 65 f.
　　alphabetisch 字母型 § 2 Rn. 66
　　numerisch 数字型 § 2 Rn. 65
Google 谷歌 § 5 Rn. 21, 77, § 6 Rn. 94, 101, § 10 Rn. 15
Grammatik 语法
Grammatische Auslegung 文义解释 § 3 Rn. 14
Graue Literatur 不典型的文献 § 6 Rn. 24, 90
Gutachtenstil 鉴定式风格 § 4 Rn. 42 ff.
　　Mischformen mit Urteilsstil 与判决式风格的混合形式 § 4 Rn. 45 f.

H

Handbücher 手册 § 5 Rn. 58 ff.
　　Zitieren von 引用，参见术语 Monographien（专著）
Hauptteil 主要部分，参见术语 Struktur der wissenschaftlichen Arbeit（学术论文的结构）
Hausarbeit 家庭论文 § 1 Rn. 12 ff., § 7 Rn. 22 f.
HeinOnline HeinOnline 数据库 § 5 Rn. 18
Herrschende Meinung 通说 § 3 Rn. 29, § 6 Rn. 29
Historische Auslegung 历史解释 § 3 Rn. 14

I

Informationstechnologie 信息技术
　　Vorteile und Gefahren 优点与风险 § 5 Rn. 5 ff.
Inhaltsverzeichnis 目录
　　der wissenschaftlichen Arbeit 学术论文的 § 7 Rn. 49
Internet 互联网 § 5 Rn. 5 ff.

Gefahren 风险 § 5 Rn. 7
Internetzeitschrift 互联网期刊 § 5 Rn. 76
Vorteile 优点 § 5 Rn. 6
wichtige Adressen 重要网址 附录二 Rn. 3 ff.
Zitieren 引用 § 6 Rn. 91 ff.

J

Juris Juris 数据库 § 5 Rn. 10
Juristendeutsch 法学德语 § 4 Rn. 1 ff.
Juristenreform 法学教育改革 § 1 Rn. 29，§ 7 Rn. 57，§ 9 Rn. 3, 27
Juristische Begriffe 法律术语
 Benutzung von 使用 § 4 Rn. 33 ff.
Juristische Kreativität 法学创新 § 3 Rn. 36 ff. ；§ 8 Rn. 6
Juristische Methodik 法学方法 § 3 Rn. 13 ff.
 Einzelanalogie 个别类推 § 3 Rn. 18 ff.，34
 teleologische Reduktion 目的性限缩 § 3 Rn. 21 ff.
 Bewegliches System 动态系统 § 3 Rn. 26
 Vergleichsfallmethode 案件类比的方法 § 3 Rn. 31 f. 参见术语 Methodenlehre（方法论）
Juristische Recherche 法律检索 § 5 Rn. 1 ff.
Juristische Zeitschriften 法学期刊 § 5 Rn. 61 ff.
 Zitieren von 引用 § 6 Rn. 86
Jurion Jurion 数据库 § 5 Rn. 12

K

Kapitalmarktrecht – im – Internet 资本市场法网（也即 www. caplaw. de），§ 5 Rn. 14
Karlsruher virtueller Katalog 卡尔斯鲁厄虚拟目录 § 5 Rn. 73
Karteikarten 索引卡片
 zum Lernen 用于学习 § 1 Rn. 62, 66

als Hilfsmittel beim Vortrag 作为报告的辅助工具 § 9 Rn. 39

Kipp'sche Lehre von der Doppelwirkung 基普提出的"双重效力理论" § 2 Rn. 5, § 10 Rn. 3 ff.

Klarheit 清楚

 des juristischen Stils 法学语言风格的 § 4 Rn. 24 ff. 参见术语 Roter Faden（主线）

Klausur 闭卷考试 § 2 Rn. 1 ff.

 als erster Entwurf einer wissenschaftlichen Arbeit 作为学术论文的初步草稿 § 7 Rn. 23

KOM – Dokument 欧盟委员会文档 § 5 Rn. 25

 Zitieren von 引用 § 6 Rn. 55

Kommentare 法典评注 § 5 Rn. 57 ff.

 Zitieren von 引用 § 6 Rn. 81 ff.

Kommunikation 沟通

 Agieren des Sprechers 说话者的行为 § 9 Rn. 7

 Auftreten 举止 § 9 Rn. 4, 35, 43, 45

 Blickkontakt 眼神接触 § 9 Rn. 8

 Gestik 手势 § 9 Rn. 4 ff., 28 f., 42 ff., 46

 Mimik 面部表情 § 9 Rn. 4 ff., 10, 29, 42 ff.

 nonverbale 非言语的 § 9 Rn. 4, 8 ff., 42 ff.

 paraverbal 次言语的 § 9 Rn. 7 ff., 42 ff.

 Reaktion des Zuhörers 听众的反应 § 9 Rn. 8 ff.

 Stimme 嗓音 § 9 Rn. 7, 44 f.

Konkretisierung von Rechtsnormen 法律规范的具体化 § 3 Rn. 26 ff.

Konkurrenzen 竞合 参见术语 Fallaufbau im Strafrecht（刑法中的案例结构）

Konzentrationsfähigkeit 注意力 § 1 Rn. 44 f., § 9 Rn. 13

Korrekturvorschriften 修改规则 § 4 Rn. 59

Kreativität 创新, 参见术语 Juristische Kreativität（法学的创新性）

Kürzen 缩减 § 4 Rn. 48 ff.

Kurzzitat 缩略引用 § 6 Rn. 43 ff., 77

L

Leerformeln 空白公式 § 4 Rn. 8 f.
Legaldefinitionen 立法定义 § 4 Rn. 34
Legal Research 法律检索 § 5 Rn. 1, 101
Legal Writing 法律写作 § 4 Rn. 3
Lehrbücher 教科书 § 5 Rn. 60
 Zitieren von 引用 § 6 Rn. 78
Lernen 学习 § 1 Rn. 31 ff.；也参见术语 Lerntechniken（学习技巧）
 aktives 主动的 § 1 Rn. 55 ff.
 bildhaftes 带图形的 § 1 Rn. 68 ff.
 strukturiertes 结构性的 § 1 Rn. 73 ff.
Lerntechniken 学习技巧 § 1 Rn. 51 ff.
 akustische 听力的 1 Rn. 55 f.
 visuelle 视觉的 § 1 Rn. 55 f.
Lesen 阅读 § 1 Rn. 4
Lesetechnik 阅读技巧
 rationelle 有效的 § 5 Rn. 89 ff.
LexisNexis. com LexisNexis 数据库 § 5 Rn. 19
Literaturauswertung 文献评价 § 1 Rn. 13，§ 5 Rn. 89 ff.
Literatursammlung 文献搜集 § 1 Rn. 13，§ 5 Rn. 1 ff.
 Literaturverwaltung 文献管理 § 5 Rn. 100 f.
 Ordner 文件夹 § 5 Rn. 98 f.
Literatursichtung 文献筛选 § 5 Rn. 81 ff.
Literaturverzeichnis 文献索引
 der wissenschaftlichen Arbeit 学术论文的 § 6 Rn. 102 ff.
 vorläufiges 临时的 § 5 Rn. 100
Lösungswege 解决方案
 alternative 替代性 § 2 Rn. 60

M

Master of Laws（LL. M.）法学硕士 §1 Rn. 26 f.
Masterarbeit 硕士学位论文 §1 Rn. 19，§7 Rn. 24 ff.
 Aufbau 结构 §7 Rn. 33 f.
Meinung 观点
 herrschende 通说 §3 Rn. 29，§6 Rn. 29
Meta – Katalog 汇总图书目录 §5 Rn. 3，73
Methodenlehre 方法论 §3 Rn. 13 ff.，§8 Rn. 6 f.
Meinungsstreitigkeiten 观点争论，参见术语 Streitstände（争论点）
Mimik 面部表情 §9 Rn. 4 ff.，10，29，42 ff.
Mind Map 思维导图
 Mind Mapping 思维导图 §1 Rn. 78 ff.
 beim Vortrag 报告中的 §9 Rn. 39
Mischformen 混合形式
 zwischen Gutachten – und Urteilsstil 鉴定式风格和判决式风格 §4 Rn. 45 f.
Monographien 专著 §5 Rn. 63
 Zitieren von 引用 §6 Rn. 78
Mündliche Prüfung 口头结辩[1]，参见术语 Staatsexamen（国家考试）

N

Neue Informationstechnologie 新信息技术，参见术语 Informationstechnologie（信息技术）
Niederschrift 草稿 §2 Rn. 64 ff.，§8 Rn. 16
Nomen Nominandum（N. N.）佚名 §6 Rn. 88
Nonverbale Kommunikation 非言语的沟通，参见术语 Kommunikation（沟通）
Normzweck 规范的目的 §3 Rn. 34 f.
Numerisches Gliederungssystem 数字型提纲系统 §2 Rn. 65

---

[1] 口头结辩（mündliche Prüfung）包括口试（Rigorosum）和答辩（Disputation）两种形式。

O

Obersatz 大前提 § 2 Rn. 39, 52
Online Public Acces Catalogue（OPAC）联机公共查询目录 § 5 Rn. 3, 73
Online – Zeitschrift 互联网期刊 § 5 Rn. 76
Optische Hilfsmittel 视觉的辅助工具
 Skizze 草图 § 2 Rn. 5
 Zeittafel 时间表 § 2 Rn. 5
Organisation 组织
 des Studiums 学业的 § 1 Rn. 24 ff.
Orthographie 正字法

P

Präzision 精确
 des juristischen Stils 法学语言风格的 § 4 Rn. 31 ff.
Phantasie 想象
 juristische 法律 § 2 Rn. 63
Plagiat 抄袭 § 6 Rn. 1 ff.
 rechtliche Konsequenzen 法律后果 § 6 Rn. 18 ff.
Plain language movement 简明法律语言运动 § 4 Rn. 3
Power Point 幻灯片 § 9 Rn. 40 ff.
Präjudizien 判例 § 3 Rn. 29 ff.
Probleme 问题
 unbekannte 不认识的 § 2 Rn. 61 ff.
Problemaufriss 问题概览 § 7 Rn. 15 ff.
Propädeutisches 入门的
 Seminar 研讨课 § 1 Rn. 9, 15
Promotionsstipendien 博士奖学金 参见术语 Stipendien（奖学金）

Q

Qualifikation 加重情节 参见术语 Fallaufbau im Strafrecht（刑法案例结构）
Quellen 文献
 Primärquelle 原始文献 § 6 Rn. 31, 33
 Sekundärquelle 引证文献 § 6 Rn. 33
Quellenkritik 文献评价 § 5 Rn. 81 ff., § 6 Rn. 4, 31 f.
Quellensuche 文献检索
 als Bestandteil juristischen Arbeitens 作为法律工作的组成部分 § 5 Rn. 1 ff.
Querlesen 检视阅读 § 5 Rn. 93

R

Randnummer 边码 § 6 Rn. 37, 40, 62, 69, 78
Recherche 检索 § 5 Rn. 1 ff.
 Hilfen 帮助 § 5 Rn. 72 ff.
 mittels Bibliothek 利用图书馆 § 5 Rn. 3 ff.
 mittels Internet 利用互联网 § 5 Rn. 5 ff.
 mittels juristischen Datenbanken 利用法律数据库 § 5 Rn. 9 ff.
 über europäische Gemeinschaftsorgane 通过欧盟机构 § 5 Rn. 29
 über nationale Behörden 通过国内政府部门 § 5 Rn. 37
 von ausländischen Gerichtsentscheidungen 外国法院的判决 § 5 Rn. 53 f.
 von ausländischen Gesetzen 外国法 § 5 Rn. 39
 von ausländischer Rechtsliteratur 国外的法律文献 § 5 Rn. 67 ff.
 von europäischen Gesetzen 欧盟法律 § 5 Rn. 23 ff.
 von europäischer Gesetzesgeschichte 欧盟的立法史 § 5 Rn. 25 f.
 von europäischen Gerichtsentscheidungen 欧盟法院的裁判 § 5 Rn. 43 ff.
 von europäischer Rechtsliteratur 欧盟的法律文献 § 5 Rn. 56 ff.
 von nationalen Gesetzen 国内法 § 5 Rn. 30 ff.
 von nationaler Gesetzesgeschichte 国内的立法史 § 5 Rn. 34 f.
 von nationalen Gerichtsentscheidungen 国内的裁判 § 5 Rn. 45 ff.

von nationaler Rechtsliteratur 国内的法律文献 § 5 Rn. 56 ff.
Rechtsanwalt 律师
 Tätigkeit während der Promotion 在读博士期间执业 § 8 Rn. 12
Rechtsdogmatik 法教义学 § 8 Rn. 6 f.
Rechtsliteratur 法律文献 § 5 Rn. 55 ff.
 Zitieren von 引用 § 6 Rn. 77 ff.
Rechtsprechung 裁判文书
 Bedeutung beim Zitieren 引用的意义 § 6 Rn. 58
 Recherche im Internet 通过互联网检索 § 5 Rn. 5 ff.
Rechtsprechungsidentifikator（ECLI – European Case Law Identifier）欧盟案例识别码 § 6 Rn. 61, 附录三 Rn. 15
Rechtsprechungsverzeichnis 案例索引 § 6 Rn. 110
Rechtstexte 法律规范
 von Instituten, Behörden und Gerichten 研究所、政府部门和法院的 § 5 Rn. 37 ff.
Redemanuskript 讲演稿 § 9 Rn. 38
Reduktion 缩限
 teleologische 目的性 § 3 Rn. 21 ff.
Reform der Juristenausbildung 法学教育改革 参见术语 Juristenreform（法学教育改革）
Rhetorik 修辞学
Rigorosum 博士学位口试 § 1 Rn. 21, § 8 Rn. 28 f.
Rohentwurf der Doktorarbeit 博士论文的初稿 参见术语 Doktorarbeit（博士论文）
Roter Faden 主旨脉络 § 4 Rn. 22 ff., 52 ff.

S

Sachverhalt 案情
 Erfassen des 理解（案情） § 2 Rn. 7 ff.
  Lektüre des 阅读（案情） § 2 Rn. 4
Sachverhaltsquetsche 扭曲案情 § 2 Rn. 8

Sammlung 汇编 参见术语 Gerichtsentscheidungen（法院裁判）
Schachtelstil 嵌套式语言风格 §4 Rn. 5 ff.
Schlagworte 关键词 §1 Rn. 72，§5 Rn. 7，§6 Rn. 60, 65
Schneeballsystem 滚雪球体系 §5 Rn. 92
Schreibtechnik 写作方法 §5 Rn. 94
Schrifttum 文献
  wissenschaftliches（学术的）§5 Rn. 55 ff.
Schuldrechtsmodernisierungsgesetz 债法现代化法 §4 Rn. 9
  Anspruchssystem 请求权体系 §2 Rn. 33
SEK – Dokument 欧盟 SEK 文件 §5 Rn. 25
  Zitieren von 引用自 §6 Rn. 55
Seminararbeit 研讨课论文（作业）§1 Rn. 14 ff.
  Aufbau 结构 §7 Rn. 28 ff.
  Themenbegrenzung 限定主题 §7 Rn. 39
  Vortrag 讲座、报告 §1 Rn. 17
Skizze 草图 参见术语 optische Hilfsmittel（视觉的辅助工具）
Social Science Research Network（SSRN）社会科学研究网 §5 Rn. 68
Soziale Kompetenz 社会竞争力 §1 Rn. 59，§8 Rn. 11
Sprache 语言
  juristische 法学的 §4 Rn. 1 ff.
Staatsexamen 国家考试
  mündliche Prüfung 口试 §9 Rn. 27 ff.
  Vorbereitung auf das erste 准备第一次 §1 Rn. 29 ff.
Statistiken 数据
  im Anhang der wissenschaftlichen Arbeit 在学术论文附录中 §7 Rn. 54
Steinbruchmethode 断石法，即"断章取义法"（Beweistextmethode）§5 Rn. 94
Stellungnahme 意见 参见术语 Struktur der wissenschaftlichen Arbeit（学术论文的结构）
Stichwortverzeichnis 关键词索引
  in der Doktorarbeit 在博士论文中的 §8 Rn. 42

Stiftungen 基金会 参见术语 Stipendien（奖学金）
Stil 风格
  anschaulicher 直观 § 4 Rn. 29 f.
  einfacher 简单 § 4 Rn. 24 ff.
  klarer 清楚 § 4 Rn. 24 ff.
  knapper 紧凑 § 4 Rn. 23
  präziser 准确、精确 § 4 Rn. 31 ff.
Stipendien 奖学金
  für das Studium 学习的 § 1 Rn. 24
  Promotionsstipendien 博士奖学金 § 8 Rn. 10
Streitstände 争议
  Darstellung von 提出 § 3 Rn. 2ff.
Struktur der wissenschaftlichen Arbeit 学术论文的结构
  Begründung 理由 § 3 Rn. 3
  Beweisführung 论证 § 3 Rn. 40 ff.
  Einleitung 导论 § 7 Rn. 15 ff., 36 ff.
  fallorientiert 案例型 § 7 Rn. 29
  Gedankengang 思路 § 2 Rn. 67 ff.
  Hauptteil 主体部分 § 7 Rn. 40 ff.
  normorientiert 规范型 § 7 Rn. 30
  Zusammenfassung 总结、综述 § 7 Rn. 43 f.
Strukturdenken 结构性思维 § 1 Rn. 73 ff.
Strukturen 结构 § 1 Rn. 74
  hierarchische 递阶的 § 1 Rn. 74
  lineare 线状的 § 1 Rn. 74
Studienarbeit 学业论文 参见术语 Seminararbeit［研讨课论文（作业）］
Studium 学习
  Auslandsstudium 境外学习 § 1 Rn. 26 ff.
  Doktorarbeit 博士论文，参见该术语
  Finanzierung 资助 § 1 Rn. 24

Planung des 计划 § 1 Rn. 24 ff.
Seminararbeit 研讨课论文（作业），参见该术语
Vorbereitung auf das erste Staatsexamen 准备第一次国家考试 § 1 Rn. 29 ff.
Subsumtion 涵摄 § 1 Rn. 10, § 2 Rn. 23 ff., § 4 Rn. 42
Systematisch – logische Auslegung 体系 – 逻辑的解释 § 3 Rn. 14

T

Tageszeitungen 报纸 § 3 Rn. 42
    Zitieren von 引用自 § 6 Rn. 88
Tatkomplexe s. Fallaufbau im Strafrecht 行为综合体，参见刑法中的案例结构
Tautologien 同义反复 § 4 Rn. 39
Teleologische Auslegung 目的解释 § 3 Rn. 14
Teleologische Reduktion 目的性缩限 § 3 Rn. 21 ff.
Textbearbeitungsprogramme 文字编辑软件 § 5 Rn. 97 f., 附录四 Rn. 31 ff.
Themenbegrenzung 限定主题 § 7 Rn. 39, 21
Thesenpapier 观点清单 § 9 Rn. 20 ff., 41
Titelblatt 封面 § 7 Rn. 46, § 8 Rn. 26, 附录 5 Rn. 74

U

Überschriften 标题 参见术语 Gliederung（纲要）
Übertreibungen 夸大其词
Umgehungsargument 曲径通幽似的论证 § 3 Rn. 18, 32
Unbekannte Probleme 不认识的问题
    Umgang 处理 § 2 Rn. 61 ff.
Universitätsprüfung 大学考试 参见术语 Erste Juristische Prüfung（第一次法律考试）
Urhebergesetz 著作权法
    Verletzung durch Plagiate 通过抄袭侵犯著作权 § 6 Rn. 20 ff.
Urteilsstil 判决式风格
    Mischformen mit Gutachtenstil 与鉴定式风格的混合形式 § 4 Rn. 45 f.

V

Verhältnismäßigkeit 合比例性 § 2 Rn. 56
Verfassungskonforme Auslegung 合宪性解释 § 3 Rn. 14
Vergessen 遗忘
 von Informationen 信息 § 1 Rn. 51 ff.
Vergleichsfallmethode 案例类比的方法 § 3 Rn. 31 ff.
Verlage 出版社
 für die Veröffentlichung von Doktorarbeiten 博士论文出版 § 8 Rn. 33 ff.
Vermutungen 推定 § 4 Rn. 35 f.
Veröffentlichung der Doktorarbeit 博士论文的出版
 Aktualisieren 更新 § 8 Rn. 38
 Druckfahnen 校稿清样 § 8 Rn. 43
 Finanzierung 资助 § 8 Rn. 44
 im Kopierladen 在打印店 § 8 Rn. 31
 in elektronischer Form 数字出版 § 8 Rn. 37
 Kosten 费用 § 8 Rn. 44 ff.
Verständlichkeit 可理解、易懂
 des Vortrages 合同的 § 9 Rn. 7, 19
Verwaltung 管理
 von Texten 文字的 § 1 Rn. 46 ff.
Verzeichnis 目录、索引
 Abkürzungsverzeichnis 缩略语索引 § 7 Rn. 48
 Gesetzgebungsverzeichnis 法律法规索引 § 6 Rn. 109
 Inhaltsverzeichnis 内容目录 § 7 Rn. 49
 Literaturverzeichnis 文献索引 § 6 Rn. 102 ff.
 Rechtsprechungsverzeichnis 判决索引 § 6 Rn. 110
 Stichwortverzeichnis 关键词索引 § 8 Rn. 39
Vollzitat 完全引用 § 6 Rn. 42 ff.
Vorlesung 大学课程 § 1 Rn. 57

Vortrag 报告、演讲 §9 Rn. 1 ff.
 Aktenvortrag 判决分析报告 §9 Rn. 25 f.
 Anschaulichkeit 直观 §9 Rn. 16 ff.
 Beschränkung auf das Wesentliche 抓住重点 §9 Rn. 13
 Diskussion nach dem（报告）后的讨论 §9 Rn. 23
 Einleitung 导论 §9 Rn. 34 ff.
 freier 自由、脱稿 §9 Rn. 30 ff.
 Gedankengang 思路 §9 Rn. 16
 Hauptteil 主体部分 §9 Rn. 15
 Hilfsmittel 辅助手段 §9 Rn. 40 ff.
 Redemanuskript 讲演稿 §9 Rn. 38
 Relevanz für den Juristen 对法律人的重要性 §9 Rn. 1 ff.
 Thesenpapier 观点清单 §9 Rn. 22
Vorwort 前言
 in der Doktorarbeit 在博士论文中 §8 Rn. 41

W

Wahrnehmen von Informationen 信息的认识 §1 Rn. 51 ff.
Westlaw Westlaw 数据库 §5 Rn. 16
Widmung 献词 §8 Rn. 41
Wiedergabe der Forschungsergebnisse 复述研究结论 §7 Rn. 43
Wiederholen 复习
Wille 意志、意愿
 gesetzgeberischer 立法者的 §6 Rn. 55
Wissen 知识
 Wissenserwerb 获取知识 §1 Rn. 51.
 Wissenskontrolle 检验知识 §1 Rn. 51. , 59
 Wissensumsetzung am konkreten Fall 把知识运用到具体案例中 §1 Rn. 51、59
Wissenschaftlicher Mitarbeiter 学术工作人员

während der Promotion 在读博士期间 § 8 Rn. 11
Wissenschaftliches Arbeiten 学术研究 § 1 Rn. 7 ff., 附录一
Wochenplan 周计划
    für die Phase der Examensvorbereitung 为准备考试阶段 § 1 Rn. 42
Word Word 软件 § 5 Rn. 97 f., 附录四 Rn. 31 ff.

Z

Zebrastreifenfall 斑马线案 § 2 Rn. 1, § 4 Rn. 42
Zeitmanagement 时间管理
    während des Studiums 在学习期间的 § 1 Rn. 24 ff.
Zeitplan 时间规划
    für die Phase der Examensvorbereitung 考试准备阶段 § 1 Rn. 42
Zeitschriften 期刊 § 5 Rn. 61
    Zitieren von 引用自 § 6 Rn. 86 f.
Zeittafel 时间表 参见术语 optische Hilfsmittel（视觉的辅助工具）
Zitat 引用
    Blindzitate 盲目引用 § 6 Rn. 28
    Einordnungs-, Lenkungs- und Bewertungsfunktion 归类、指引、评价功能 § 6 Rn. 4
    Indirektes 间接 § 6 Rn. 27
    Nachweisfunktion 证明作用 § 6 Rn. 3
    Sammelzitat 概括引用 § 6 Rn. 27
    Überprüfungsfunktion 审查功能 § 6 Rn. 5
    Wörtliches 直接 § 6 Rn. 25 f.
Zitieren 引用 § 6 Rn. 1 ff.
    aus der Amtlichen Sammlung 从官方裁判集 § 6 Rn. 66
    Einheitlichkeit 统一性 § 6 Rn. 30
    Endnoten 尾注 § 6 Rn. 37 f.
    Fußnoten 脚注 § 6 Rn. 37 f.
    Kurzzitat 缩略引用 § 6 Rn. 43

nach der Bedeutung des Urhebers 根据作者的重要性 § 6 Rn. 33 ff.
nach Bluebook 根据 Bluebook § 6 Rn. 2, § 6 Rn. 46
Plagiat 抄袭 § 6 Rn. 1 ff.
Primärquellen/Sekundärquellen 原始文献/引证文献 § 6 Rn. 33
Quellenkritik 文献评价 § 6 Rn. 4, 31 f.
Randnummer 边码 § 6 Rn. 37, 40, 62, 69, 78
Vollzitat 完全引用 § 6 Rn. 42 ff., 77
von US – amerikanischen Gesetzen 美国法律 § 6 Rn. 53
von ausländischen Urteilen 美国的判决 § 6 Rn. 76
von europäischen Gesetzen 欧盟法 § 6 Rn. 47 f.
von europäischen Gesetzesmaterialien 欧盟的立法资料 § 6 Rn. 55
von europäischen Urteilen 欧盟的裁判文书 § 6 Rn. 59 ff.
von Fest – und Gedächtnisschriften 庆典文集和纪念文集 § 6 Rn. 80
von grauer Literatur 非典型文献 § 6 Rn. 90
von juristischen Zeitschriften 法学期刊 § 6 Rn. 86 f.
von Lehrbüchern 教科书 § 6 Rn. 78
von Kommentaren 评注 § 6 Rn. 81 ff.
von Monographien 专著 § 6 Rn. 78
von nationalen Gesetzen 国内法 § 6 Rn. 49 ff.
von nationalen Gesetzesmaterialien 国内的立法资料 § 6 Rn. 56 f.
von nationalen Urteilen 国内的裁判文书 § 6 Rn. 65 ff.
von Webseiten 从互联网 § 6 Rn. 91 ff.
von Überregionalen Zeitungen 从跨地区的报纸 § 6 Rn. 88 f.
Zitierfähige Quellen 可引用文献 § 6 Rn. 24 ff.
Zitierregeln 引用规则 参见术语 Zitieren（引用）
Zulässigkeit 合法性，参见术语 Fallaufbau im öffentlichen Recht（公法的案例结构）
Zulassungsvoraussetzungen 资格要求
    bei der Dissertation 博士论文（阶段） § 8 Rn. 26
Zusatzqualifikationen 附加的资格（条件）证明 § 1 Rn. 25
Zwischenergebnisse 阶段性结论 § 7 Rn. 42

译后记

默勒斯教授的《法律研习的方法：作业、考试和论文写作》一书在三位译者一年半时间的共同努力下，终于即将付梓。

这本被德国法学院学生誉为法学院学习入门"蓝宝书"的教科书，自2002年第一版问世以来，收获了多方的美誉，得到了广泛的关注，目前已经发行到第九版。本书即是以2018年4月9日新出版的德文第九版为蓝本。本书对法学院学生而言是一本非常实用的学习工作书。它以时间为顺序，贯穿整个学习过程。从开始规划学习法学，到最后一个学习阶段发表博士论文结束学业，给学生们提供了一些非常重要的提示和有益的建议。该书的目标是向学生介绍法律学习的技巧和学术工作的方法：一方面，指导学生成功地通过第一次国家司法考试；另一方面，帮助学生熟练地应对学习过程中的各种典型的学术工作（闭卷考试、家庭作业、研讨课论文、学业论文、硕士论文和博士论文等）。对于非法律专业的学生而言，从本书法律类的举例中，也可以学习到那些超越法律专业内涵的知识，例如语言修辞、引用文献、书写规范、如何安排学习计划、考试计划乃至人生计划等。

中文版翻译的渊源来自于多位到访奥格斯堡大学法学院的国内教授的动议。每每国内教授来访，默勒斯教授都会赠送《法律研习的方法：作业、考试和论文写作》一书，并虚心询问中文版的发行是否会有益于中国法学院学生。当得到多位贤士，如中国政法大学比较法学研究院张彤教授、北京大学法学院江溯副教授、北京航空航天大学法学院李昊副教授、对外经贸大学法学院傅广宇副教授等的肯定建议后，2016年末，默勒斯教授决定授权翻译本书。在此，特别要感谢此期间到奥格斯堡大学作讲座的李昊副教授。他充分肯定了本书中文版的发行意义，欣然应允将本书纳入其主编的"法律人进阶译丛"，向北京大学出版社推荐出版。北京大学出版社陆建华编辑看到书稿介绍后，积极肯定了本书的价值并迅速与德国瓦伦（Vahlen）出版社联系了版权事宜。瓦伦出版社为了本书中文版的顺利发行也开出了有史以来最优惠的版权条件。

本书的翻译工作由默勒斯教授的学术助理申柳华博士、北京大学和奥格斯堡大学法学院联合培养的民法学博士马强伟和在哥廷根大学法学院攻读知识产权法博士的杜志浩承担。具体分工如下：申柳华（第一章到第三章）、杜志浩（第四章、第七章到第九章）、马强伟（第五章、第六章），第十章以及附录、术语索引等文前、文后部分为三人共同承担。本书的译者遵循严谨与团结互助的精神，在严肃认真地翻译自己章节的基础上，互换校稿多次，共同讨论各种存疑译法。例如，Hausarbeit 和 Studienarbeit 在本书中最后分别翻译为"家庭作业"和"学业论文"，而没有采用此前散见国内各种论文中的翻译法。因为 Hausarbeit 虽然大多数是要求采用鉴定式进行案例分析，但是与闭卷考试中完成的案例分析不同的是：在家庭作业中需要参考引用学术文献并讨论争议。它实际上是介于案例题和论文之间的一种形式。因此，本书采用了这个词本来的字面意义"家庭作业"，即在家里完成的作业。Studienarbeit 最后翻译为"学业论文"，因为德国大学中，它是为硕士论文（Diplomarbeiten 和 Magisterarbeiten）做准备的一种论文形式。通常学生通过先写作这种论文而获得写作硕士论文的资格。又如，EuGH（Der Europäische Gerichtshof）的翻译方法，本书中并没有采用国内通用的欧洲法院的翻译方法，而是根据实际所指译为"欧盟最高法院"，而将 EuG（Gericht erster Instanz der Europäischen Union）译为"欧盟法院"（曾称为第一法院）。因自《里斯本条约》以来，《欧盟条约（EUV）》第19条第1款中以所谓的"欧盟最高法院"的概念指代司法审判权，分为欧盟最高法院（EuGH）、欧盟法院（EuG）和专门法院［到目前为止只设置了一个专门法庭，即欧盟公务员法庭（EuGöD）］三级。在欧洲冠以 Eu（Europäische）开头的法院实际上除了欧洲人权法院（Der Europäische Gerichtshof für Menschenrechte）是真正欧洲意义上的法院之外，其他都仅指欧盟的法院的意思，这源于在英译或德译中经常将 Union 一词省略/而导致的误解。再如 Festschriften 虽然常用作祝寿文集，但实际也有可能是为庆祝某大会或组织成立、某法典颁布多少周年等之类的文集，本书作为统称并未特指祝寿文集，故翻译为"庆典文集"更为准确。

在本书成稿后，北京航空航天大学法学院李昊副教授、北京大学博士生唐志威对全书进行了细致的校译，纠正和修改了不妥或不完美的译法。因此，本书的翻译从严格意义上说是三位译者与校译者共同智慧的结晶。

本书的翻译过程中，恰逢拜仁州高教基金奖学金资助的机缘，奥格斯堡大学法学院欧中法律研究创新中心于 2017 年 7 月 20 日举办了"中国民法改革的新发展"论坛。大会由默勒斯教授主持，来自国内著名高校法学院的七位教授与奥格斯堡大学法学院的四位教授就 2017 年 3 月 15 日颁布的《中华人民共和国民法总则》，按照篇章的顺序进行了系统的中德比较研究，分析了其创新与不足。在此次论坛上三位译者还就翻译问题与默勒斯教授进行了面对面的详细交流。

值本书中文版发行之际，我们希望更多中国法律人能够在这本入门指导书的帮助下，了解德国法学教育的流程、熟悉并掌握德国法学研究的工作方法。一方面，这有益于中国法律人进一步熟悉国内法学院正在逐渐推广的德国鉴定式案例教学；另一方面，也期冀能吸引更多的中国学子赴德国学习法学，并在本书的指导下成功地完成学业。促进中德法学教育更深入地交流，更广泛地发展，正是此书中文版发行的最终愿景。

申柳华、杜志浩、马强伟
2019 年春

法律人进阶译丛

⊙ 法学启蒙

《法律研习的方法：作业、考试和论文写作（第9版）》，
　　〔德〕托马斯·M.J.默勒斯著，2019年出版
《如何高效学习法律（第8版）》，〔德〕芭芭拉·朗格著
《如何解答法律题：解题三段论、正确的表达和格式（第11版增补本）》，
　　〔德〕罗兰德·史梅尔著，2019年出版
《法律人的实习与入职：阶段、机会与申请（第2版）》，
　　〔德〕托尔斯滕·维斯拉格、斯特凡妮·贝格曼等著

⊙ 法学基础

《民法学入门：民法总则讲义·序论（第2版增订本）》，〔日〕河上正二著，
　　2019年出版
《民法的基本概念（第2版）》，〔德〕汉斯·哈腾豪尔著
《民法总论》，〔意〕弗朗切斯科·桑多罗·帕萨雷里著
《物权法（第32版）》，〔德〕曼弗雷德·沃尔夫、马尼拉·威伦霍夫著
《债法各论（第12版）》，〔德〕迪尔克·罗歇尔德斯著
《刑法分则I：针对财产的犯罪（第21版）》，〔德〕鲁道夫·伦吉尔著
《刑法分则II：针对人身与国家的犯罪（第20版）》，
　　〔德〕鲁道夫·伦吉尔著
《基本权利（第6版）》，〔德〕福尔克尔·埃平著
《法律解释（第6版）》，〔德〕罗尔夫·旺克著
《德国民法总论（第41版）》，〔德〕赫尔穆特·科勒著

⊙ 法学拓展

《奥地利民法概论：与德国法相比较》，
　　〔奥〕伽布里菈·库齐奥、海尔穆特·库齐奥著，2019年出版

《民事诉讼法（第4版）》，〔德〕彼得拉·波尔曼著
《所有权危机：数字经济时代的个人财产权保护》，
　　〔美〕亚伦·普赞诺斯基、杰森·舒尔茨著
《消费者保护法》，〔德〕克里斯蒂安·亚历山大著
《日本典型担保法》，〔日〕道垣内弘人著
《日本非典型担保法》，〔日〕道垣内弘人著

⊙ **案例研习**
《德国大学刑法案例辅导（新生卷·第三版）》，〔德〕埃里克·希尔根多夫著，2019年出版
《德国大学刑法案例辅导（进阶卷·第二版）》，〔德〕埃里克·希尔根多夫著，2019年出版
《德国大学刑法案例辅导（司法考试备考卷·第二版）》
　　〔德〕埃里克·希尔根多夫著，2019年出版
《民法总则（第5版）》，〔德〕约尔格·弗里茨舍著
《法定之债（第3版）》，〔德〕约尔格·弗里茨舍著
《意定之债（第6版）》，〔德〕约尔格·弗里茨舍著
《物权法（第4版）》，〔德〕延斯·科赫、马丁·洛尼希著
《德国劳动法案例（第4版）》，〔德〕阿博·容克尔著
《德国商法案例（第3版）》，〔德〕托比亚斯·勒特著

⊙ **经典阅读**
《法学中的体系思维和体系概念》，〔德〕卡纳里斯著
《法律漏洞的发现（第2版）》，〔德〕克劳斯-威廉·卡纳里斯著
《欧洲民法的一般原则》，〔德〕诺伯特·赖希著
《欧洲合同法（第2版）》，〔德〕海因·克茨著
《民法总论（第4版）》，〔德〕莱因哈德·博克著
《法学方法论》，〔德〕托马斯·M. J. 默勒斯著
《日本新债法总论（上下卷）》，〔日〕潮见佳男著